高等院校财务与会计系列丛书

CAIWUKUAIJIANLIFENXI

财务会计案例分析

李朝芳 马荣贵◎编著

立信会计出版社
LIXIN ACCOUNTING PUBLISHING HOUSE

图书在版编目(CIP)数据

财务会计案例分析 / 李朝芳，马荣贵编著. --上海：立信会计出版社，2024.6. -- ISBN 978-7-5429-7581-2

Ⅰ. F234.4

中国国家版本馆 CIP 数据核字第 2024RZ7878 号

策划编辑	孙 勇
责任编辑	孙 勇
助理编辑	战小雨
美术编辑	北京任燕飞工作室

财务会计案例分析
CAIWU KUAIJI ANLI FENXI

出版发行	立信会计出版社
地　　址	上海市中山西路 2230 号　　邮政编码　200235
电　　话	(021)64411389　　传　真　(021)64411325
网　　址	www.lixinaph.com　　电子邮箱　lixinaph2019@126.com
网上书店	http://lixin.jd.com　　http://lxkjcbs.tmall.com
经　　销	各地新华书店
印　　刷	上海华业装潢印刷有限公司
开　　本	787 毫米×1092 毫米　1/16
印　　张	17.25
字　　数	432 千字
版　　次	2024 年 6 月第 1 版
印　　次	2024 年 6 月第 1 次
书　　号	ISBN 978-7-5429-7581-2/F
定　　价	49.00 元

如有印订差错，请与本社联系调换

前　言

会计的发展是反应性的,会计主要是应一定时期的商业需要而发展的,并与经济的发展密切相关(查特菲尔德,1989)①。经济越发展,会计越重要,正如马克思所言,过程越是按社会的规模进行,越是失去纯粹个人的性质,作为对过程的控制和观念总结的簿记就越是必要;簿记对资本主义生产比对手工业和农业的分散生产更为必要,对公有制生产比对资本主义生产更为必要。随着经济的发展,"簿记"不知不觉地演变为"会计"。随着20世纪以来资本市场以及股份制公司规模的迅速扩张,现代会计实现了"财务会计"与"管理会计"的分野。经营权与所有权两权分离是现代公司的基本特征。为维护资本市场秩序,满足资本市场投资者的信息需求,满足公司管理层解除受托责任的信息需求,自20世纪30年代以来,围绕编报高质量对外财务会计报告的核心目标,财务会计信息的决策有用观和受托责任观、财务会计信息的充分披露等问题成为现代西方会计理论研究和争论的焦点,研究和争论目的在于如何改变会计规则和方法以使财务会计信息对使用者决策有用,从而解决现代企业的信息不对称问题。在信息经济学、契约理论、有效资本市场理论等相关经济管理理论的推动下,美国财务会计准则委员会研究制定的财务会计准则,以及国际会计准则理事会研究制定的国际会计准则和国际财务报告准则等不断发展和完善,并深刻影响着资本市场会计实践。

21世纪以来,在全球经济一体化背景下,世界各国会计准则制定机构都走向了会计准则的国际趋同和等效之路。20世纪90年代以来,随着社会主义市场经济体制的逐步确立,"产权明晰、权责明确、政企分开、管理科学"的现代企业制度的逐步形成,在各界的不断探索努力下,我国现行企业会计准则体系形成并逐步发展和完善,迄今已形成包括1个基本准则、40余个具体准则以及相关准则应用

---

① 迈克尔·查特菲尔德. 会计思想史[M]. 文硕,等译. 上海:立信会计出版社,2018.

指南和解释的企业会计准则体系,并实现了与国际会计准则的趋同和等效。企业会计准则在规范我国企业会计实践的同时,有效维护了我国资本市场秩序,在我国社会主义市场经济建设中发挥着不可替代的作用。

21世纪初,美国安然事件的爆发引致关于财务会计准则制定的"原则导向"与"规则导向"之争,也深刻影响了此后国际会计准则的制定导向。我国2006年制定、2007年开始执行的现行企业会计准则体系,和以往的会计制度规范相比,具有明显的"原则导向"特征,这对在应用会计准则的会计人员的职业素养提出了更高的要求。高等会计教育不同于职业技能培训,财务会计教学也不应仅仅局限于教会大学生生搬硬套企业会计准则条款。财务会计教学应适应经济与社会的发展变化,基于会计应用性特点,以"懂原理、会应用"为基本培养目标,引导学生思考财务会计对外报告价值反映的本质,分析财务会计信息的经济后果;促使学生思考并理解制定会计准则条款的意义及其对企业财务信息的影响:不同的准则条款带来的财务信息价值含量有何不同?这些不同可以被资本市场反映吗?

本教材正是基于以上思考编撰而成,以会计信息价值反映为核心,以具体案例公司主要会计问题为切入点,介绍案例公司依据现行准则之规定对相关业务进行的确认、计量和报告过程。本教材的写作思路和特点主要体现在以下四个方面:

(1) 注重"会计反映业务"的基本特点。本教材基于会计视角分析每一个案例中的主要会计问题涉及的公司业务特征和流程。

(2) 注重引入"查原典"思维。对每一个案例涉及的主要会计问题,本教材都会引入相关的准则条款进行说明,再具体分析相应的会计确认、计量和报告。

(3) 注重会计处理结果的财务信息反映和资本市场反应维度,深入解析案例公司披露的定期财务报表数据及相应年度其股票交易价格在资本市场的变动趋势。

(4) 注重问题导向。本教材在每一个案例的最后,均以"讨论要点"的形式引导读者深入思考准则应用中的相关问题,并加入一个相关课程思政问题。

在"业财一体"的财务会计反映观下,案例分析者应能掌握现行企业会计准则的原理和演变轨迹,在深入理解准则的基础上,将之应用于解释和分析案例公司的会计实践,明晰会计本质。基于以上编撰思路,本教材分为两篇。具体编撰

前 言

框架如下：

第一篇是会计准则应用基础篇，包括第1、第2章，主要介绍和阐述了会计准则制定的基础以及我国改革开放以来对企业会计准则的探索、发展和不断完善的历程。

第1章主要基于现行财务会计理论的两个基础视角——决策有用观与有效契约观，讨论会计信息的用途和功能。通过梳理FASB、IASB以及我国准则制定部门对财务会计信息质量认知的变化，本章探析了有用会计信息应具备的质量特征，并基于会计信息的公共物品属性、信息不对称理论初步探讨了会计信息生产的管制问题。

第2章主要介绍了改革开放以来随着经济体制变革，我国企业会计准则体系的探索、发展形成与完善。通过梳理我国适应计划经济时代的分部门、分所有制、分行业的企业会计制度体系，逐步转变为适应社会主义市场经济和现代企业制度、体现国际会计惯例的企业会计准则体系的发展路径，本章探讨了我国企业会计准则体系体现的特殊制度背景和时代脉搏。

第二篇是会计准则应用案例篇，包括第3章、第4章、第5章、第6章、第7章、第8章、第9章、第10章，共介绍8个案例，描述和分析了套期保值、金融工具、收入、租赁、长期股权投资、或有事项、前期差错更正、企业合并等具体会计准则在案例公司中的应用。本教材选择的案例公司具有一定的示范性，相关的业务和具体会计处理在一定程度上反映了当前会计实务的热点问题。

第3章主要介绍套期保值业务的确认、计量与报告。通过描述和分析江西铜业股份有限公司运用金融衍生品对大宗原材料和商品进行的套期保值业务及其账务处理，本章解析了CAS 24"套期会计"的具体应用，明确了套期保值会计的本质和目的。

第4章主要介绍金融资产的确认、计量与报告。通过描述和比较浙江运达风电股份有限公司和重药控股股份有限公司相关金融资产分类、确认和计量的特点，本章深入分析和探讨金融工具准则下两个公司在自身业务特征和资产管理理念的影响下，对金融资产的分类核算。本章案例由国药控股股份有限公司陈燕和河南财政金融学院李朝芳共同编写而成。

第5章主要介绍收入的确认、计量与报告。通过描述和分析CAS 14"收入"(2017)在中国电信股份有限公司电信业务中的具体应用，本章深入解析基于资产负债观的、源自合同的收入确认与计量对业财融合的推动作用,以及其对财务信息列报的影响。本章案例由国药控股财务部陈燕和河南财政金融学院李朝芳共同编写而成。

第6章主要介绍租赁业务的确认、计量与报告。通过对中国东方航空股份有限公司租赁业务相关租赁资产与负债在CAS 21"租赁"(2018)实施前后的会计确认与计量差异,本章解析现行租赁准则条款中租赁会计从"全部风险与报酬实质转移观"向"资产负债观"的转化,继而深入探讨相关报表项目的列报差异及其决策信息有用性。

第7章主要介绍复合金融工具的确认、计量与报告。通过阐明小米公司可转换可赎回优先股确认、计量和报告的会计处理,及其对公司经营业绩披露的影响,本章深入分析金融工具准则应用中相关负债与权益划分及相应会计处理问题,继而深入探讨"现有准则和规定能够准确划分具有双重属性的复合金融工具,如实反映交易和事项的经济实质吗"这一热点问题。

第8章主要介绍或有事项的确认、计量与报告。通过对江苏澄星磷化工股份有限公司重大诉讼、仲裁等或有事项追本溯源,本章分析相应会计期间的会计处理,在明晰CAS 13"或有事项"规定下或有事项、或有负债和预计负债具体会计处理差异的基础上,探析或有事项披露的盈余操控动机及可能性。

第9章主要介绍企业并购、商誉形成及减值的确认、计量与报告。本章通过对汤臣倍健股份有限公司2018年收购澳洲Life-Space Group Pty Ltd(以下简称LSG)公司的重大资产收购流程、相应合并商誉初始确认以及后续计量问题的描述,明确商誉本质,探析现行CAS 20"企业合并"和CAS 8"资产减值"规定下商誉列报对企业财务状况和业绩的影响,继而对我国2018年资本市场上市公司商誉集体暴雷引起的对于商誉会计的热议进行探讨和评述。本章节部分内容脱胎于河南财政金融学院2022级财务管理专业毕业生李千龙的毕业论文资料。

第10章主要介绍会计差错更正及财务报表重述。本章通过介绍康美药业股份有限公司对前期会计差错更正的确认和计量,以及其对相关年度财务报表的重述,分析会计差错更正对康美药业财务业绩信息的影响;透过康美药业财务舞弊案深入分析探讨现行CAS 28"会计政策、会计估计和差错更正"对重大会计差错与财务造假之间关系的描述,审视会计差错更正的市场反应:资本市场投资者行为是否受到了财务报表重述信息的影响。

前　言

本书全文由李朝芳和马荣贵编著,国药控股股份有限公司陈燕参与第4章和第5章案例的编撰。本书的内容框架设计、案例选编凝聚了作者多年来从事财务会计教学与研究的思考与心得,但还会存在不足和疏漏之处,承望读者不吝指正。

时光如梭,岁月荏苒!从开始接触会计学借贷记账原理算起,眨眼间我从事会计学专业理论研究与教育教学实践已逾三十年。这三十年是我国会计学理论与实践飞速发展的三十年,是我国会计规则与国际会计准则协调、趋同的三十年!作为一名会计学者,我身处我国会计转型发展的伟大时代,能够深入探究会计学的前世、今生和未来,何其幸哉!

李朝芳

2023年5月

于河南财政金融学院象湖

目 录

第一篇 财务会计准则应用基础篇

第1章 财务会计准则制定的基础:决策有用观与有效契约观 ··· 3
- 1.1 决策有用观与资本市场研究 ··· 4
- 1.2 有效契约观与机会主义行为研究 ··· 9
- 1.3 有用财务会计信息应具备的质量特征 ··· 15
- 1.4 会计信息的披露观与准则制定的管制问题 ··· 21

第2章 我国企业会计准则体系:探索、发展、形成与完善 ··· 26
- 2.1 20世纪80年代——初步探索期 ··· 26
- 2.2 1992—2002年,我国企业会计准则体系发展期:准则+制度 ··· 34
- 2.3 2003—2007年,我国企业会计准则体系形成期 ··· 39
- 2.4 2007年至今,我国企业会计准则体系完善期 ··· 46

第二篇 财务会计准则应用案例篇

第3章 江西铜业:套期保值业务的确认、计量与报告 ··· 61
- 3.1 案例公司简介 ··· 62
- 3.2 主要会计问题描述 ··· 65
- 3.3 相关准则条款解读 ··· 69
- 3.4 会计处理分析 ··· 72
- 3.5 报表项目列示及财务影响 ··· 81
- 3.6 讨论要点 ··· 84

第4章 运达股份 VS 重药控股:金融资产的确认、计量与报告 ··· 85
- 4.1 案例公司简介 ··· 85
- 4.2 主要会计问题描述 ··· 87
- 4.3 相关准则条款解读 ··· 91
- 4.4 会计处理分析 ··· 95
- 4.5 报表项目列示及财务影响 ··· 114
- 4.6 讨论要点 ··· 117

第5章　中国电信：收入的确认、计量与报告 ... 119
5.1　案例公司简介 ... 120
5.2　主要会计问题描述 ... 121
5.3　相关准则条款解读 ... 123
5.4　会计处理分析 ... 128
5.5　报表项目列示及财务影响 ... 137
5.6　讨论要点 ... 142

第6章　东方航空：租赁业务的确认、计量与报告 ... 144
6.1　案例公司简介 ... 145
6.2　主要会计问题描述 ... 148
6.3　相关准则条款解读 ... 150
6.4　会计处理分析 ... 154
6.5　报表项目列示及财务影响 ... 162
6.6　讨论要点 ... 168

第7章　小米公司：复合金融工具的确认、计量与报告 ... 170
7.1　案例公司简介 ... 171
7.2　主要会计问题描述 ... 174
7.3　相关准则条款解读 ... 176
7.4　会计处理分析 ... 181
7.5　报表项目列示及财务影响 ... 186
7.6　讨论要点 ... 192

第8章　澄星股份：或有事项的确认、计量与报告 ... 194
8.1　案例公司简介 ... 195
8.2　主要会计问题描述 ... 198
8.3　相关准则条款解读 ... 202
8.4　会计处理分析 ... 204
8.5　报表项目列示及财务影响 ... 212
8.6　讨论要点 ... 215

第9章　汤臣倍健：企业并购、商誉形成及减值的确认、计量与报告 ... 217
9.1　案例公司简介 ... 218
9.2　主要会计问题描述 ... 221
9.3　相关准则条款解读 ... 223
9.4　会计处理分析 ... 225
9.5　报表项目列示及财务影响 ... 232
9.6　汤臣倍健溢价收购LSG形成商誉的进一步探讨及商誉会计准则的国际进展 ... 236
9.7　讨论要点 ... 240

第10章　康美药业：会计差错更正及财务报表重述 ················· 242
　10.1　案例公司简介 ···················· 243
　10.2　主要会计问题描述 ················ 246
　10.3　相关准则条款解读 ················ 249
　10.4　会计处理分析 ···················· 250
　10.5　报表项目列示及财务影响 ·········· 257
　10.6　讨论要点 ························ 263

第一篇

财务会计准则应用基础篇

第 1 章　财务会计准则制定的基础：决策有用观与有效契约观

　　1494 年，卢卡·帕乔利《算术、几何、比及比例概要》一书的出版标志着复式簿记方法的系统化成型。随后，这一有助于商人记录和控制其经营行为的复式簿记方法传遍欧洲。1602 年，荷兰东印度公司以股票发行作为资金筹集的手段，这在促使股份有限公司成为世界上最为重要的企业组织形式的同时，也促进会计经历了其发展史上最为浓墨重彩的一次变革——由复式簿记系统发展为向不参与企业日常经营的投资者提供信息的系统，并最终导致现代会计在 20 世纪 50 年代正式形成财务会计和管理会计之分野。虽然会计学界无法确定财务会计这一概念最早产生于什么时期，但大都认为财务报表(financial statements)这一术语最早产生于 20 世纪 30 年代。不管是美国《1933 年证券法》《1934 年证券交易法》，还是美国 1938 年第一份公认会计原则(Generally Accepted Accounting Principles，简称 GAAP)——第 1 号会计研究公报(Accounting Research Bulletins，简称 ARB No. 1)，均提到财务报表这一术语。此外，1943 年乔治·梅(George May)的专著《财务会计——经验的提炼》(*Financial Accounting: A Distillation of Experience*)被认为是财务会计这一会计分支形成的标志。

　　财务会计信息有什么用处？财务会计信息的生成和披露过程是否应当受到管制？应该受到何种程度的管制？20 世纪 30 年代以来，种种相关财务会计问题随着资本市场的不断发展与完善已经成为广泛的争议和辨析的焦点。一直以来，西方主流会计学派的研究焦点是如何改进会计规则和方法以使会计数据更具有实用性。在信息经济学、有效证券市场理论、契约理论等的推动下，财务会计概念框架及有关会计准则制定的基础理论得到快速发展。

　　从信息经济学的角度来看，信息不对称存在两种类型的问题，即逆向选择和道德风险。逆向选择产生于一种类型的市场参与者可能知道一些交易的情况，而另一种类型的市场参与者可能不知道这些情况的场景。柠檬市场、劣币驱逐良币等现象均产生于逆向选择。道德风险源于管理层努力工作的不可直接观测性，有可能导致管理层不尽职、推卸责任等问题。斯科特(Scott，2018)提出，长期以来，财务会计理论与实务的基本问题是如何设计财务会计概念框架与具体准则，以将会计向投资者传递信息以及评价管理者业绩这两个功能最好地结合起来，解决现代企业组织中存在的信息不对称问题。

　　本章主要讨论财务会计信息的用途和功能，基于决策有用观和有效契约观两个视角探析有用的财务会计信息应具备的质量特征。同时，基于财务会计信息的公共物品属性、信息不对称理论，初步讨论财务会计信息生产的管制问题。

1.1 决策有用观与资本市场研究

1966年,美国会计学会(American Accounting Association,简称 AAA)发布的专著《基本会计理论公告》(*A Statement of Basic Accounting Theory*,简称 ASOBAT)[①],和1973年美国注册会计师协会(American Institute of Certified Public Accountants,简称 AICPA)下属特鲁布拉德委员会发布的《特鲁布拉德委员会报告》(*Trueblood Committee Report*)中的一部分《财务报表的目标》(*Objectives of Financial Statements*)的相关阐释,使财务会计信息的决策有用观开始在会计学术界和职业界受到关注并普及,这深刻影响了各国财务会计概念框架和具体会计准则的制定导向。

1.1.1 财务会计信息的决策有用观及信息有用性

决策有用观认为,会计人员需要理解财务报表使用者的特定决策模式和决策需求,以提供有助于投资者评估会计主体期望收益和风险的信息。《财务报表的目标》(1973)明确提出,财务报表目标是"向投资者和债权人提供有用的信息,以使他们对可能获得的现金流量金额、时间分布和相关的不确定性进行预测、比较和评价"。

信息经济学和有效资本市场理论认为,会计是一种机制,能够将相关信息从企业内部传递给外部,从而解决信息不对称导致的逆向选择问题。在有助于投资者做出更好决策的同时,会计信息通过促进资本市场的有效运转带来社会效益。图1-1描述了财务会计信息在有效资本市场中的角色和作用。

理论上,企业的基本价值取决于其自身经营的预期回报,也即预期现金流量和股利。当处在企业经营之外的投资者可以完全感知这些回报信息的时候,企业的交易价格即市场价格能够完全反映企业基本价值。然而,在现代公司制企业组织形式下,管理层和其他企业利益相关者之间存在信息不对称,导致有效资本市场中企业基本价值与市场价格的背离。图1-1描述了有效资本市场中财务会计信息的作用。如图1-1所示,中环实线椭圆形代表的是企业基本价值。信息不对称的存在可能致使企业在资本市场上的交易价格(表现为股票交易价格)背离其基本价值,表现为外环虚线椭圆形所示高估的企业交易价格或内环虚线椭

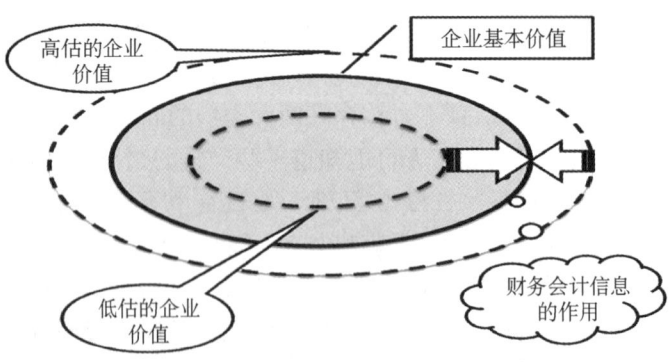

图1-1 有效资本市场中财务会计信息的作用

---

① 1966年,《基本会计理论公告》开创性提出:"假如我们不能提供理论上正确的财务报表,至少应该使财务报表更加有用。"1973年,《财务报表的目标》将"提供具有进行经济决策的信息"列为12项财务报表目标中的基础性目标。

圆形所示低估的企业交易价格,这些高估或低估的企业交易价格均虚估了企业真实价值。有用的财务会计信息可以扩大投资者获取信息的范围,减少信息不对称,促进市场对企业进行有效定价。这进一步推动了虚估的企业价值向企业基本价值靠拢,促进企业股票交易价格更加接近其真实价值,有助于投资者根据企业真实价值进行投资决策、提升决策质量,同时也有助于资本市场的有效运行。

1.1.2　资本市场研究对财务会计信息决策有用观的支持

现有的经典西方资本市场研究结果大都表明①,基于高质量财务会计信息的充分披露,资本市场可以将特定企业风险和与收益相关的价值信息充分反映在企业股票交易价格中。这种做法有助于避免柠檬市场、劣币驱逐良币等由逆向选择带来的资本市场无效现象。

1.1.2.1　关于会计盈余价值相关性的研究结论

由于很难设计直接用于检验会计信息决策有用性的基于经验数据的研究范式,学者们较难找到支持财务会计信息决策有用性的直接证据。换句话说,关于财务会计信息决策有用性的资本市场研究并不直接。西方学者早期关于决策有用性的实证研究多是关于资本市场股票交易价格对上市公司盈余信息公告的反应研究和股票成交量对盈余公告的反应研究。例如,Ball 和 Brown(1968)首次提供了关于市场股票交易价格对公司盈余公告反应的经验证据,检验了会计收益数据对投资者决策的有用性。他们使用了纽约证券交易所 261 家上市公司在 1957—1965 年的样本数据,为会计收益信息的价值相关性提供了可靠证据。同年,Beaver(1968)利用纽约证券交易所 143 家上市公司 1961—1965 年的样本数据开展实证研究,发现公司盈余公布那个星期股票成交量急剧增加。Beaver 等(1979)基于纽约证券交易所 276 家上市公司 1965—1971 年的数据研究发现,公司未预期盈余变化越大,证券市场反应越大。这表明投资者总体上会根据未预期盈余变化修正对公司未来盈余能力及相关投资回报的估计,从而证实了资本资产定价模型与决策有用性的一致性。

这些关于财务会计信息价值相关性的研究证实了财务会计信息能够帮助投资者估计股票回报和风险。具有信息含量的财务会计信息可以改变投资者的观念和行为,从而影响他们的投资政策。投资者及企业会计人员可以从有用的财务会计信息中受益。

1.1.2.2　关于会计盈余质量的研究结论

西方早期关于资本市场的研究在验证财务会计信息决策有用性的同时,也发现了股票市场价格对不同公司盈余信息的反应程度不同。当然,存在多种因素影响反应程度,如公司预期风险程度 β 值、成长机会(Collins 和 Kothari,1989)、资本结构(Dhaliwal 等,1991)等均可解释股票交易价格对公司盈余反应程度的差异。会计盈余质量的差异引起了更为广泛而深入的对资本市场决策有用性的延展研究。Lev(1989)认为,会计盈余质量是对投资者报酬—会计盈余关系中盈余的解释能力,是对投资报酬中非正常报酬的预测能力:若会计盈余越能够预测投资者报酬,盈余质量就越高;列夫研究发现,就单个股票而言,会计盈余信息仅能够解释不到十分之一的投资者报酬差异。在资本市场研究中,计量会计盈余质量的两种基本方式是盈余持续性(earnings persistence)和应计项目质量,基于两种方式计量的会计盈

---

① 我国正式意义上的资本市场开始于 1990 年上海证券交易所和深圳证券交易所的成立。相对而言,英美资本市场发展时间较长,因此,本章相关经典资本市场文献的研究结论基本基于西方学者的研究。

余质量相关研究取得了一致的研究结论。

(1) 关于会计盈余持续性的研究结论。盈余持续性指的是现阶段盈余增长的连续性程度及其对未来盈余期望产生的影响。一般而言,当正向盈余信息来自经营效率的提升、新产品的成功、有效管理带来的成本降低等方面时,盈余持续性较好。Kormendi 和 Lipe(1987)将股票交易价格定义为权益所有者所拥有的公司未来利益的现值,将不经常发生以及不应包括在利润表中的项目定义为非正常项目,并证实了盈余反应系数与盈余持续性的正相关性。Collins 和 Kothari(1989)检验了公司成长机会信息对盈余反应系数的正向影响,证实了当期会计盈余包含的关于公司未来成长机会的信息含量越高,盈余持续性越好。

(2) 关于应计项目质量的研究结论。Sloan(1996)将公司报告净收益分为经营现金流量和净应计项目,如式 1-1 所示,发现经营现金流量与下一年净收益的相关性高于应计项目与净收益的相关性,即报告盈余中的经营现金流的持续性更高。

$$净收益 = 经营现金流量 +/- 净应计项目 \qquad (1-1)$$

式(1-1)中的净应计项目包括非现金营运资本的变动,如应收账款、问题账户的准备金、存货、应付账款、折旧及摊销费用等。DeChow 和 Dichev(2002)首次提出应计项目质量(accruals quality)问题。他们认为,如果管理人员能够控制和操纵这些应计项目的金额以及时机,从而操纵公司报告净收益,则这些应计项目即为可操纵性应计项目(discretionary accruals)。由于应计项目的作用之一是预期公司未来的现金流量,则当应计项目包含大量可操纵部分时,其代表的盈余质量就会变得极差。一般而言,经营现金流量很难受到管理层偏见和会计政策选择的影响,其代表的盈余质量相对较高。因此,净收益盈余质量高低主要取决于非现金营运资本应计项目质量。经典资本市场研究,如 Francis 等(2005)和 Ecker 等(2006)的研究均提供了股票交易价格与应计项目质量正相关的经验证据。

关于会计盈余质量的相关资本市场研究进一步表明,具有更高盈余质量的财务会计信息对于投资者而言是具有决策价值的。财务报告中关于净收益的组成、其他综合收益的列示、分部报告信息披露、表外项目披露等信息对于投资者评价会计盈余持续性都具有显著的决策有用性;不平常、不重复发生的会计盈余信息应当被充分披露,否则会导致投资者高估企业报告盈余的可持续性;利润表的综合收益披露观和分类列示得到了有力的资本市场经验研究支持。[①]

1.1.2.3 关于资本市场股票价格异常现象的研究结论

现有资本市场研究表明,由于过度自信、自我归因偏见、动因性推理等投资者个人行为特质的影响,盈余公告发布后有效证券市场会出现股价漂移等异常现象,这意味着资本市场似乎并不总是能够理解和利用财务报告中的所有信息。但是,Callen 等(2013)的研究认为,投资者的有限理性导致市场需要时间消化新信息。股票交易价格对信息的滞后反应虽然对证券市场的有效性形成了挑战,但这也证明了投资者会通过搜寻信息来降低他们估计的投资风险、调整预期投资收益。更高的会计信息质量与更低的股价滞后水平显著相关。盈余

---

① 综合收益观认为,综合收益比净收益能够更好地反映会计期间会计主体净资产的全部变动,它解决了是否将会计主体因资产价格变动带来的持有损益作为综合收益组成部分的难题。因为在现行收益确定模式下,将价格变动或一些企业外在环境事件所导致的"损益"归类为"经营收益或盈利"不具备充分的理论依据。

信息披露透明度的影响一定程度上得到了实证研究的支持。例如,Elliott 等(2010)利用实验研究方法,在操纵信息披露透明度的前提下,研究了信息披露透明度对投资者决策的影响。在高信息透明度样本组中,其他综合收益信息列示与现行国际会计准则理事会(IASB)和美国财务会计准则委员会(FASB)的会计准则规定一致,即位于利润表的净利润之后;在低信息透明度样本组中,其他综合收益列示于股东权益变动表中(FASB 准则曾经允许这样的列报)。显然,这一盈余信息披露方式被不成熟投资者理解的可能性较低。该研究发现,透明的财务报告信息对于决策制定的有用性仅仅适用于那些对公司内在价值持有兴趣的长期投资者。

显而易见,即使是在非有效的证券市场上,高质量的财务会计信息也承担了帮助具有行为偏差的投资者提升投资决策水平、矫正错误定价的重要角色。会计可以通过调整信息披露的充分性和透明度等措施来提升信息的决策有用性。

1.1.3 决策有用观下的财务会计报告计量偏好:现值基础会计

现值一般指主体因使用资产或持有负债而收到或支付的现金的折现值,也称在用价值。在某种意义上,公允价值是一种类型的现值,是基于脱手价格的现值,也是有序市场中资产买卖或债务清偿的价格。

1.1.3.1 公允价值计量的运用

关于财务会计信息决策有用性的资本市场研究,支持了有效资本市场理论和决策理论,支持了财务会计报告的决策有用观。在基于未来导向的决策有用观下,投资者应能根据对企业未来业绩的预测作出投资决策。企业过去的财务业绩信息有助于投资者预测企业未来回报。然而,以历史成本基础计量的财务会计信息具有滞后性。从这一角度来看,现值基础会计能更恰当地反映企业的内在价值和可持续发展能力。

在具有合理可靠性的前提下,决策有用观认为,会计人员应当尽可能地将现值融入财务报表中,以便于投资者预测企业未来的业绩和价值。实践中,虽然公允价值计量存在广泛争议,尤其是在 2007—2008 年的全球性金融危机中,公允价值受到了极大质疑,但当前世界各国会计准则制定机构都逐步将公允价值引入资产、负债的计量,以提高财务会计信息的价值相关性。

1.1.3.2 基于基本会计变量的企业估值理论——Ohlson 的净剩余收益理论

基于企业收益行为及其与股票交易价格信息(即收益的动态信息)的关系,Ohlson(1995)提出了股票市场交易价格是企业当期收益、账面价值和股利的线性函数的净剩余收益理论。该理论表明,企业价值取决于基本会计变量,认为资产负债表和利润表要素信息与股利或现金流一样,可以用来表述企业价值(Ohlson, 1995;Feltham 和 Ohlson, 1995)。换句话说,奥尔森净剩余收益理论是股利折现模型的变形,如式(1-2)所示,该理论将企业价值表述为企业每一期资产负债表上企业资产账面净值与未来异常盈余的期望现值之和;如果用超额盈利预测计算未来异常盈余期望,则奥尔森净剩余收益股价模型如式(1-2)所示。

$$PA_t = BV_t + G_t \qquad (1-2)$$

式(1-2)中:PA_t 是 t 时点企业价值;BV_t 是 t 时点资产负债表上企业资产的账面净值(即权益的账面价值);G_t 是 t 时点未来异常盈余(实际收益与预期收益之差)的期望现值,也被称为商誉。

$$PA_t = BV_t + \sum_{k=1}^{\infty} E_t[X_{t+k} - rBV_{t+k-1}]/(1+r)^k \qquad (1-3)$$

式(1-3)中：$E_t[X_{t+k} - rBV_{t+k-1}]$是根据$t$时间可获得信息计算的期望值，是会计盈余与资本支出预期收益之差，也即是超额盈利预测；X_t是t时期的会计盈余；r是适用于权益盈余（或现金流）的风险调整后的折现率。

在式(1-2)中，当G_t为零时，表示无偏估计，即所有资产和负债都按照现值计价，不存在异常盈余，企业价值都反映在资产负债表中。这是理想情况，此时利润表没有任何信息含量。

与奥尔森净剩余收益理论相关的资本市场实证研究探讨了本期财务报告信息如何提高预测收益质量。该理论和相关经验研究均支持了现值会计在财务报表中的运用。因为在资产负债表中披露的现值越多，企业价值中包含的未入账商誉也即超额盈利就越少，从而可以帮助投资者更好地预测企业价值，改善投资决策。

1.1.3.3 小结

虽然在很多情况下，管理者和投资者由于诸多考虑更为偏好基于历史成本的稳健性会计，[①]但是资产、负债的现值波动能够很好地捕捉到经济实质，反映资产、负债的风险本质。故而，多年来，很多以现值为计量基础的财务会计准则得以酝酿和发布。例如，资产减值准则中资产可收回金额的计量，租赁准则中租赁负债摊余成本的计量。一些财务会计准则制定者认为，基于现值的公允价值会计是提升利润表预计未来能力的一个尝试，可以降低收入确认时滞，从而提升利润表的决策有用性。[②] 公允价值会计的支持者认为，资产及负债的现值能够提供关于企业未来前景的有用信息，现值是估计资产及负债未来价格的最好依据(Samuelson，1965)，而金融工具的特性意味着公允价值计量是对其价值的最佳反映和度量。事实上，现值会计下不稳定的资产和负债价值固然带来了利润表信息的不稳定，但同时这也恰恰体现了企业经营环境波动的影响。

在现值会计观点下，资产负债表的重要性超过了利润表，但是利润表具有双重决策有用性：第一，投资者可以用它预测企业未来的绩效；第二，管理者通过它向投资者报告受托责任。财务会计信息的决策有用观并不排斥财务会计信息反映企业当局受托责任履行情况的功能。20世纪70年代末，在美国研究制定第2号财务会计概念公告SFAC No. 2的过程中，Solomons提出，可以把会计确定受托责任的作用看作是从属于决策作用的作用，它构成决策作用的一部分。财务会计信息的决策有用观关乎投资、信贷决策，也关乎管理层委托—受托关系是维持抑或终止的决策。国际会计准则理事会(IASB)发布的财务会计概念框架(CF)以及我国《企业会计准则——基本准则》均同时支持了财务会计信息的决策有用观和受托责任观。

最后，值得一提的是，Scott(2018)认为，尽管现值会计在提供增量相关性信息方面表现出色，但其在用价值信息可靠性存在两方面的不足：第一，未来现金流需要估计；第二，资产

[①] 如本章后述有效契约观下有关传统受托责任的会计信息计量偏好即考虑原因之一。

[②] 收入实现前，由于预期未来现金流被纳入资产价值，在用价值或公允价值会计在资产预期现金流变动时确认损益。例如，公允价值变动时确认损益。

或负债的预期用途决定了其未来现金流,而管理者可能会改变这些预期用途。这可能是现值会计基础历来被认为相关性强却会影响信息可靠性和稳健性的最大原因。

1.2 有效契约观与机会主义行为研究

在决策有用观盛行的同时,受托责任观从另一个角度阐释了财务会计信息的作用,开启了基于契约理论的会计理论研究与实践。井尻雄士(Yuji Ijiri,1975)将会计视为一个便于各利益集团顺利履行会计责任的系统,它不是会计人员的武断选择,而是相关集团之间利益博弈的一个均衡结果。如果说基于有效资本市场和决策理论的决策有用观表明财务会计信息在帮助投资者预测企业未来绩效方面具有重要作用,那么有效契约观则基于有效公司治理的视角,阐释了财务会计信息在评估管理者业绩和受托责任、解决利益相关者冲突等方面所发挥的重要作用。

1.2.1 财务会计信息的有效契约观和信息有用性

1.2.1.1 作为契约集合的企业和会计的作用

科斯(Coase,1937)等新制度经济学家发展出来的企业契约理论、产权理论和人力资本理论,从一个崭新的层面拓展了经典西方经济学理论,提供了一种对市场中企业组织的新型解释。企业是一个由物质资本与人力资本组成的特别市场契约,是关于财务资本和经理能力知识资本这两种资本及其所有权的复杂合约(Stigle 和 Friedman,1983;周其仁,1996)。[①] Shyam Sunder(2000)认为,为了理解会计,我们可以将企业看作是理性主体之间的一组契约,这些理性主体具有不同的资源,可以是财务资本、技能或者是信息禀赋,通过各种显性或隐性、短期或长期的契约联结在一起,图1-2描述了作为契约组织的企业及其与各利益相关者之间的契约关系。

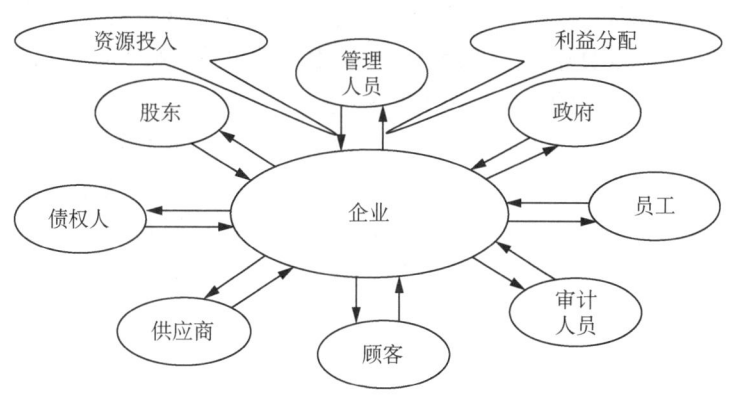

图1-2 企业及其与各利益相关者之间的契约关系

资料来源:夏恩·桑德:会计与控制理论[M].方红星,王鹏,李红霞,译,东北财经大学出版社,2000.

如图1-2所示,契约理论认为,企业在经营过程中与各利益相关者签订了一系列契约,

---

① 1933年,伯勒和米斯(Berle 和 Means,1933)根据对美国市场的观察,提出了经典的伯勒-米斯假设,即股份制公司所有权与经营权的分离;1983年,Stigle 和 Friedman 将人力资本及其产权引入对现代企业制度的阐述,纠正了伯勒-米斯假设对于人力资本产权认识的误差。

如管理者、供应商、客户、债权人、员工、政府等。会计是企业契约订立过程中的一个重要构成因素,发挥着不可替代的作用:契约的有效性与财务会计变量息息相关,契约的签订、监督、执行均依赖于会计变量。Shyam Sunder(2000)认为,会计在以下五个方面有助于实施和推行企业契约:

第一,计量和记录企业缔约主体对企业资源的投入和贡献;

第二,计量、确定并支付缔约主体的约定利益,即利益分配;

第三,将其他主体履行约定义务和获取约定利益的情形告知相应主体;

第四,维持缔约地位的市场流动性,以使一个主体的离职不会危及企业存续;

第五,提供共同知识形式的信息,以便在现有契约参与者之间实现契约的重新协商和拟订,提升经济关系的有效性。

1.2.1.2 典型契约关系中的会计信息

有效契约理论研究财务会计信息如何在缓解企业各利益方之间信息不对称、促进有效契约形成、受托责任履行以及提升公司治理等方面发挥重要作用。现代契约理论主要研究了股东、管理者和债权人三个方面的契约关系及会计在其中所起到的作用。在有效契约观下,管理者作为参与企业经营的缔约方,具有信息优势;而处在企业经营之外的其他缔约方如股东和债权人则具有明显的信息劣势。财务会计信息在这三类契约中的作用如下所述:

1) 委托代理视角下的管理者受托责任和薪酬契约

管理者是企业契约主体中最为重要的利益方之一。由于人力资本不可直接观察和难以计量,这类契约通常被设计为自我履行契约的形式,即契约本身能促使缔约主体发现符合其利益的行为,并且受到激励去完成其他缔约主体期望的任务。受委托代理理论影响,在传统受托责任观下,管理者被认为是企业资产经营管理的受托人,有责任履行其受托义务,并据此得到补偿,即取得薪酬。一方面,财务会计信息通过反映企业资源变动及增值情况,成为解除管理者受托责任的重要途径之一;另一方面,由于净收益等财务会计信息在企业契约中对管理者的作用与对投资者的决策的作用大为不同,对管理者而言,净收益需要能够准确地反映其努力程度并用于预计其报酬,因而管理者薪酬契约对净收益信息极为敏感。如果财务会计系统能够提高净收益信息对管理者努力工作及其回报的反映能力,就可以提高薪酬契约的效率。这意味着可以较好反映管理人员经营绩效的信息最为符合管理层的利益,能够监督、激励管理人员努力工作,促进薪酬激励合约的有效实施。此外,财务会计信息作为对管理者长期职业发展历程和声誉的重要记录,可以促进经理人市场的有效运行,履行为管理人员人力资本定价的职能。

2) 股东(投资者)契约的会计信息需求

传统意义上的投资者等同于股东[①],股东契约有着不同于其他契约的特征:首先,股东契约的缔结先于企业的产生,股东在预期收到回报之前即向企业投入财务资本;其次,股东契约约定的资源权利可转让;再者,股东收益具有特殊性,表现为股东权益资本的收益难以精确而可靠地计量,通常被界定为剩余资源;最后,股东有权挑选管理人员。在契约观下,作为财务资本投入者的股东,其自身利益取决于其他缔约主体的资源投入和利益分配。股东

---

① 本书基于实务中流行的概念,未区分股东与投资者。

的收益分配顺位在其他利益相关集团之后,最易受到其他缔约主体(如管理层和债权人等)超额支取回报的损害。因此,股东更为关注的是如何利用会计等方法来确保其他缔约主体有效履行契约。

以薪酬契约为例,财务会计信息为股东提供了监督、激励与控制管理者的基础。在现代公司制企业中,股东多处于企业经营之外,而管理者控制了企业生产的财务会计信息,并有动机选择性披露、传播这些信息。为了保护股东权益,防止管理者滥用权力侵害股东利益,基于业绩的管理者薪酬契约被设计出来,以控制信息不对称环境下管理者可能存在的道德风险和机会主义行为,以监督、激励和控制管理者努力工作,有效促进契约的订立与执行,且避免管理者利用信息优势侵害投资者利益。有效的管理者薪酬契约反映了股东和管理者之间激励、风险和决策区间的复杂权衡,①可以在协调管理者与股东利益的过程中,在避免管理者承担过多风险的同时,实现较高水平的激励。信息含量较高的业绩指标有助于股东制定更为有效的薪酬契约,更好地报告管理者受托责任的履行情况,激励管理者做出最优投资决策,使企业实现较高的生产效率。故此,财务会计信息对激励管理者业绩和控制管理者权力均具有重要作用。高质量的财务会计信息,在使短期和有信息含量的盈利得到更好的会计确认的同时,将管理者薪酬与长期会计业绩密切挂钩,限制管理者利用权力牟取私利而损害股东财富的行为。

3) 债权人契约的财务会计信息需求

债权人与企业签订的合约表现为债务合同,其根本保障在于企业未来的经营业绩表现。与股东信息需求不同的是,债权人无需特别关注企业业绩较好时的情况,应重点关注如何避免企业在业绩下滑以及发生财务危机时对贷款资金的侵害。因此,债务合约一方面通常包括维持限定水平的营运资本、利息保障倍数、债务比率以及限制股利分配等特定条款,用于保障债权人投入资金的安全性;另一方面,债务合约要尽可能避免管理者通过会计政策选择隐藏不利于债权人利益的业绩,要求企业选择有利于避免财务困境的会计政策,并提供财务预警系统。

1.2.2 会计政策选择和会计准则制定的经济后果说

企业契约将企业股东、管理者、债权人等利益相关者联结到特定的期望行为模式之中,基于财务会计信息订立的契约有利于保障契约的有效性。然而,企业不同利益相关方之间的利益冲突,意味着对财务会计信息的不同利用方式所产生的效果各不相同。例如,管理层薪酬契约通常以净收益高低来决定管理者的报酬;借款契约通常以限制公司利息保障倍数、营运资本水平等限制性条款来保护债权人的利益。于是,在利益冲突的情况下,处于信息优势地位的管理者有动机以各种方式操控报告盈余和营运资本的价值,其他利益相关方则产生了以会计政策控制管理者自利行为的需求。在有效契约理论下,向股东和债权人等企业缔约方报告管理者的受托责任是很重要的,有利于减少管理者信息优势和道德风险。理解和解释不同情况下、不同公司之间管理者的会计政策选择行为、动机和经济后果,在会计准则制定过程中纳入对利益冲突的考量,有助于充分发挥财务会计在提升契约效率方面的作用。

---

① 例如,研发和重大资本投资等长期决策,决策区间时限较长,盈利回报具有滞后性,风险较高。

1.2.2.1 有效契约观下的经济后果说

20世纪70年代发展起来的决策有用观,建立在有效资本市场假设和信息经济学理论之上,其认为决定企业股票交易价格的影响因素是预期未来流入企业的净现金流。只要企业会计政策没有导致未来现金流量产生差别,充分披露所采用的特定会计政策,投资者就能做出必要的计算并明确不同会计政策下净收益的差异。一个完全完美的有效证券市场不会受到不同会计政策的影响,会计政策选择应当不会影响公司股价。

与基于有效市场的决策有用观不同,有效契约理论认为会计政策选择是具有经济后果的:重要的契约条款通常取决于会计变量,如管理人员薪酬合约、债务合同中通常都包含基于会计的监督、激励和控制条款。在现实经济生活中,管理者通常都会关注相关契约中影响薪酬高低的会计政策,有趣的是,这种影响管理者利益的基本会计变量通常与不同的会计政策有关,而不会影响现金流量。然而,在契约期间,当会计准则变化影响企业会计政策选择及经营活动时,其很可能会进一步影响管理者薪酬,影响管理者个人的现金流。因此,从某种意义上看,管理者可以根据自己的信息优势,充分利用会计政策选择的灵活性。一方面,灵活地运用会计政策选择权可以抵消会计准则变动对债务和薪酬契约的影响,提高契约的有效性;另一方面,过高的灵活性会增加管理者实施机会主义行为的可能性。此外,管理者可能通过会计政策选择等来传递一些内部信息,如认为企业股票交易价格被低估的企业可能会选择保守的会计政策来传递关于企业未来经营的内部利好信息,因为未来足够高的现金流及收益可以消化会计稳健性所带来的影响。

泽夫(Zeff,1978)将经济后果定义为"财务会计报告对企业、政府、债权人的决策制定行为的影响"。从本质上看,经济后果说认为不管有效市场有效性如何,会计政策的选择和变化会影响企业价值:会计政策选择先影响管理者,继而影响投资者。泽夫在1978年提出的经济后果说受到会计学界的关注,使当时广为流传的财务会计信息的"信息中立"观念受到极大挑战,[①]从而催生了一系列关于会计政策选择经济后果、会计披露经济后果、具体会计准则的经济后果的研究。由此衍生出的会计盈余管理问题成为会计研究的重要主题之一。这些关于经济后果的会计规范和实证研究,为新的会计准则制定提供了重要的理论参考依据。

1.2.2.2 实证会计理论三大假设

集会计选择经济后果说之大成的是瓦茨和齐默尔曼的专著《实证会计理论》(*Positive Accounting Theory*)(Watt 和 Zimmerman,1986),其阐述了实证会计理论的三大假设,概括了会计政策选择的三大经济后果,明确提出在薪酬契约、债务契约和政治过程中所使用的会计数字会影响一个企业对会计程序和方法的选择。

假设1:分红计划假设——如果薪酬契约设有分红计划,管理者会选择能提高当期会计盈余的会计程序。

分红计划假设以薪酬契约条款为基础。该假设明确提出,如果其他条件保持不变,实施分红计划的企业,其管理者更有可能把报告盈余从未来期间提前至本期确认。这是一个经

[①] Paton 和 Littleton(1940)认为,"信息中立"是指信息应是不受个人左右的、无偏见的。源于20世纪30年代的"信息中立"观念自诞生以来一直是西方会计理论和实务发展的基础。1980年,美国财务会计准则委员会(FASB)在第2号概念公告中将"信息中立"定义为"报告信息不带有达到预定目标或导致特定行为模式的偏见",并将其纳入会计信息质量特征框架。

过实证研究检验的假设,表明管理者可通过提高企业报告盈余的现值实现报酬的现值,验证了薪酬契约中分红计划部分对会计政策选择的影响。

假设2:负债权益比率假设——企业的负债权益比率越高,管理者越有可能选择可增加盈余的会计程序。

负债权益比率假设以债务契约条款为基础。该假设明确提出,如果其他条件保持不变,企业的负债权益比率越高,管理者越有可能选择可将报告盈余从未来期间转移至当期的会计程序。这个假设表明债务契约的限制性契约条款与特定的基本会计变量联系越紧密,管理者越可能采用可增加当前盈余的会计政策和程序。例如,当企业发生亏损时,管理者会选择可以使当前盈余接近债务契约条款规定的限制性数额的会计程序,从而防止技术性违约。

假设3:规模假设——企业规模越大,政治敏锐性越高,越倾向于选择可递延利润或降低报告盈余的会计程序。

规模假设衍生自政治活动对会计政策和程序的影响。该假设明确提出,如果其他条件保持不变,企业的规模越大,管理者越有可能选择那些能够将当期盈余延续到下期的会计程序。这个假设表明,大企业的政治敏锐性和所承受的财富转移额(政治成本)均大于小企业。

1.2.2.3 实证会计理论中的盈余管理研究

基于契约理论的实证会计理论认为,会计之所以会在债务契约和薪酬契约中发挥重要作用,是因为会计政策和程序的变更可在不影响税收的前提下影响代理成本,为管理者影响股票交易价格变化提供了机会,管理者有可能基于此将财富在与企业有关的各利益相关者之间进行转移。契约的重要作用之一在于降低代理成本。如果股东想要使以会计数据为依据的契约条款在限制管理者降低企业价值的行为中行之有效,则需要限定企业管理者计算会计数据的方法和程序。

基于有效契约观的实证会计理论研究充分解释了会计政策及方法选择的盈余管理动机、方法及其对会计准则制定的意义。为了有效监督管理者经营、避免道德风险、控制管理者机会主义行为,加强内部审计等公司治理固然是一个有效的方法和途径,而更为直接的方法之一则是利用会计规则对管理者行为进行限定。股东因而产生了对会计规范的需求,世界各国的会计准则制定机构通过制定会计规则,均在给予管理者会计政策选择灵活性的同时,限制了其盈余管理的空间。

> **知识链接**
>
> **关于盈余管理**
>
> 盈余管理是指管理人员通过会计政策选择,或采取实际经营管理措施影响企业盈余情况,从而实现特定报告盈余目标的行为。
>
> 前者能够达到预期目标,在于"应计项目转回"的规律,一般不会影响企业现金流变化;而后者又称基于真实活动的盈余管理,如通过减少研发投入、维修费支出等活动增加本期收益,一般情况下会影响企业现金流。从长期来看,这种盈余管理会影响企业经营的基础和长远利益。

根据有效契约观,作为具有信息优势的管理层,当契约是不完全的且具有刚性时,适度的盈余管理被认为是一种保护契约免受未预测的现实状况影响的方法,它通过减少盈余波动性提升企业价值。这时,管理层可以利用盈余管理进行多个会计期间收益平滑,将企业内部信息与投资者进行有效沟通,通过盈余管理报告平稳增长的收益可持续发展趋势。西方经典实证研究发现,允许管理者控制会计系统、进行某种程度盈余管理的薪酬契约比不允许管理者进行盈余管理的薪酬契约更加有效(Healy,1985);如果违反债务合同的代价高昂,盈余管理也会成为一种降低违反债务合同可能性的手段(Sweeny,1994;DeFond 和 Jiambalvo,1994)。

根据决策有用观,为了提升投资者信心,提高资本市场上的股票交易价格,管理者同样有各种各样的动机进行盈余管理。例如,在企业计划发行新股或增发股票、未能满足投资者盈利预期等情况下,管理者有动力向上调节盈余,以正向影响企业股票交易价格和权益资本成本。

总而言之,尽管盈余管理在一定程度上降低了盈余的可靠性和敏感性,但作为一种向投资者等企业利益相关者传递内部信息的重要手段,盈余管理在满足市场盈利预测、提高以会计变量为基础的薪酬契约和债务契约的有效性、新股发行等方面,为消除内部信息传递和交流障碍(Demski 和 Sappington,1987)发挥着重要作用。

当然,过度的盈余管理可能会隐藏企业的真实价值,降低向投资者提供的财务会计信息的决策有用性,降低企业契约的有效性。

为了避免过度盈余管理,增加财务会计信息透明度可能是恰当的,例如,增加对持续盈利能力低的项目的披露,以及说明资产减值对核心盈余的影响等。信息透明度的增加一方面有助于提升股票交易结果反映企业基本价值的准确性;另一方面,可以有效提升薪酬契约、债务契约等基于会计变量的企业契约的有效性,有助于加强公司治理。

1.2.3 有效契约观下的计量偏好——历史成本基础会计

历史成本基础会计对收入的确认秉承"实现"原则,一般情况下,净收益是收入和费用配比的结果。Dichev 和 Tang(2008)等认为,基于历史成本的配比过程降低了盈余波动性,继而提升了投资者对企业未来盈余的预测能力。他们继承并发展了 Paton 和 Littleton(1940)的观点,认为基于历史成本计量的净收益代表企业和管理者当期的盈余实现能力,为投资者预计企业未来盈余提供了预测基础。根据该观点,利润表的重要性可能超过了资产负债表。

传统受托责任观仅针对管理层的薪酬契约,基于股东—管理层委托代理关系看待财务会计在企业资源委托受托契约中所发挥的作用,其本质是过去导向的,关注的是财务会计信息报告的企业管理当局在受托运营企业资源过程中的功过得失。历史成本基础会计强调已发生和已实现的经济活动及相关损益计量,具有较强的可靠性和稳健性。

有效契约观发展了受托责任观的观点,将委托代理关系从传统的管理层契约扩展到各利益相关者与企业签订的契约。从有效契约的角度看待管理层契约,如前所述,因其有着激励管理者的作用,内含了未来导向:当管理者明确自己的行为会被有效监督评价,继而影响其未来职业生涯时,其会有效规划未来行为。从这个角度看,现值会计、公允价值会计可以改善受托责任履行情况,因为管理层最终将会对包括现值损益在内的一切企业净收益负责。如果以公允价值计量的企业净资产预期不能给企业带来可接受回报、降低企业价值,管理层将会决定以某种方式处置这些资产。然而,现实中公允价值等现值计量扩大了企业盈余的波动性,会让人觉得现值信息会比历史成本信息更易于被管理人员管理操纵,从而导致企业契约有效性下降。过高的盈余波动性和契约有效性的下降,降低了会计盈余中关于管理层受托责任的信息含量。

因此,基于有效契约理论和受托责任观,以历史成本为基础的计量方式,或者说至少是剔除了未实现损益的现值计量方式,被认为可能会更好地满足投资者激励与评价管理层的需求。实践中发展起来的会计程序条件稳健性,也有着对抑制管理者夸大盈余和资产的相关动机的考量。

知识链接

关于条件稳健性

条件稳健性一般指的是管理者在面临不利情况时注销资产账面价值,但在有利情况下却不相应增加资产账面价值。

在会计实证研究中,条件稳健性一般体现为对损失和收益确认的不对称的及时性,这种不对称的及时性源于会计人员确认好消息比确认坏消息要求更严格的可证实性(Basu, 1997)。

会计实践中常见的条件稳健性例子包括存货计价中的成本与可变现净值孰低、资产减值准备计提等。

1.3 有用财务会计信息应具备的质量特征

财务会计信息质量特征是选择或评价备择会计准则、会计政策、会计程序和方法的标准。财务会计信息是否有用取决于财务会计信息在满足信息使用者需要时是否具有某些特性。这些特性是管理者在选择以何种程序和方法进行会计确认、计量和报告时所追求的质量标准。

1.3.1 决策有用观和有效契约观对有用财务会计信息应具备的质量特征的基本权衡

一直以来,财务会计理论致力于促进财务会计概念框架和具体准则的有效设计和实施,以尽可能地将财务会计向投资者传递决策有用信息的角色与有效评价管理者业绩和受托责任履行情况的角色结合起来,从而提供有用的财务会计信息。净收益等会计信息既可以提供给投资者,供其进行投资决策,继而促进资本市场有效运行;也可以用以激励和监督管理者。但是,当会计信息被用于投资者决策时,其信息有用性程度取决于其能否可靠地提供关于企业未来业绩的信息;而当其被用于激励和监督管理者时,其有用程度取决于其衡量管理者工作回报时的敏感性和准确性。

决策有用观认为,投资决策是未来导向的,其需要有关未来回报的信息,这些信息会有助于投资者衡量其投资的期望收益和风险。因此,一方面,财务会计信息是否有用取决于其是否可以对投资者决策产生影响,即财务会计信息是相关的;另一方面,财务会计信息必须如实反映报告主体意欲呈现的内容,没有遗漏、没有重大错误,即财务会计信息是中立的和真实可靠的。相关性与可靠性(如实反映)一直是西方财务会计理论中有用财务会计信息的两个基本质量特征。斯科特(Sccot,2018)在《财务会计理论(第七版)》中明确提出,"为了满足投资者决策有用性的要求,财务报告无须直接包含对未来公司收益的预测……如果信息具有某些令人满意的特征,如相关性和可靠性,就可以帮助投资者形成有关未来回报的预期"。

有效契约观则认为,为了减少投资者对管理者为避免债务违约以及为提升声誉和薪酬而采取的机会主义盈余管理的担忧,管理者应该提高信息可验证性,提升财务会计信息的可靠性。反映经济真实性的财务会计信息应当是完整的、无重大错误的、中立的(无偏的)。因此,能够提升契约有效性的会计信息应基于已实现的市场交易或事项,并且是第三方可验证的。基于有效契约观,收益的不对称促使各缔约主体产生对条件稳健性的信息需求(即减值测试);债权人对未确认损失的信息需求大于其对未实现损益的信息需求,因为对于债权人而言,未实现损益信息在预测财务危机时没有未确认损失信息有用。基于投资者对管理者履行受托责任的了解,条件稳健性同样受到有效薪酬契约的青睐。在条件稳健性要求下,管理者难以通过将未实现损益引起的利润增加包含在会计盈余中高估企业业绩,同时对未确认损失的确认则将会警示管理者及时采取行动来修正相关经营政策。虽然传统受托责任观下投资者的财务会计信息需求本质上是过去导向的,但在有效契约观下,当管理者明确自己的行为会被有效监督、评价继而影响其未来职业生涯时,其会有效地规划未来行为,此时的信息需求也就有了未来导向。

除了对相关性和可靠性的讨论和权衡,中西方财务会计理论还探讨了其他有用财务会计信息的质量特征,如可比性、可理解性、谨慎性、及时性等。这些讨论和争鸣的结果最终都体现为财务会计概念框架(Conceptual Framework of Financial Accounting,简称CF)对有用财务会计信息质量的界定。

1.3.2 FASB 财务会计概念框架中的财务会计信息质量特征

美国财务会计概念框架发展于20世纪70年代。自1978年以来,美国财务会计准则委员会(Financial Accounting Standards Board,简称FASB)陆续正式公布系列《财务会计概念公告》(Statement of Financial Accounting Concepts,简称SFACs),[①]其中,1980年正式发布的第2号概念公告 SFAC No. 2《会计信息的质量特征》(Qualitative Characteristics of Accounting Information)全面概述了有用会计信息应当具备的一系列质量特征。[②] 这一概念公告秉承了FASB一向的"决策有用观",要求有用会计信息质量应当具有三方面作用:第一,能为制定与财务报告目标一致的会计准则提供指南;第二,能为会计信息提供者在选择表述经济事件的不同会计方法时提供指南;第三,能增进会计信息使用者对企业和其他组织提供的会计信息的有用性和局限性的理解,从而有助于其据以作出更好的经济决策。SFAC No. 2明确提出:"对决策的有用性是其最重要的质量特征。如果没有决策有用性,投

[①] 截至2010年,FASB共发布8项概念公告。
[②] SFAC No. 2概念公告在2010年被FASB发布的其与IASB联合概念框架项目的成果——第8号概念公告中第3章内容替代(Concepts Statement No. 8 Conceptual Framework for Financial Reporting—Chapter 3, Qualitative Characteristics of Useful Financial Information),双方对该成果于2018年进行了修订。但本节对该概念公告中的有用会计信息质量特征的阐述,可以帮助读者更好地理解有用会计信息质量。

资者从信息中获得足以抵偿为获得该项信息花费的成本的利益则无从谈起。"①基于此,SFAC No.2分层次阐述了会计信息的质量特征,图1-3描述了SFAC No.2中会计信息质量的层次结构。

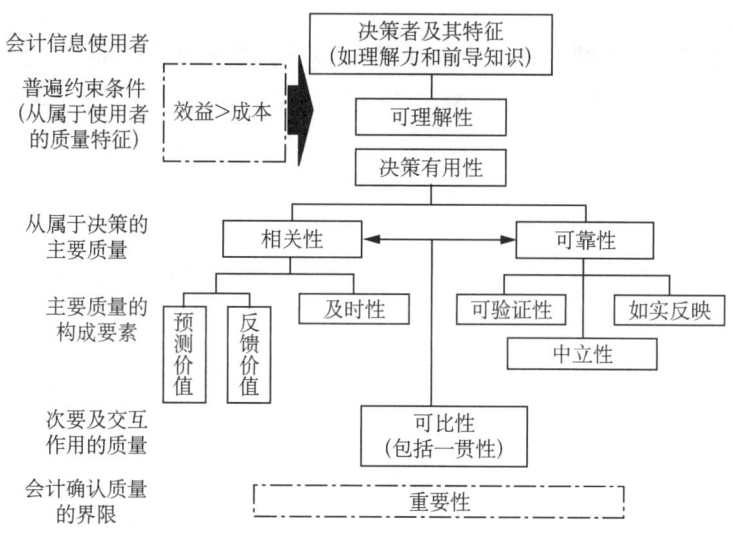

图1-3　SFAC No.2中会计信息质量的层次结构

如图1-3所示,会计信息的决策有用性主要取决于两个主要质量:相关性(relevance)和可靠性(reliability),这是第一层级的会计信息质量特征。

相关性指的是会计信息与决策相关的特征,亦即会计信息通过帮助决策者评价过去、现在和未来事件的结果(预测价值),或证实或修正先前的预测和期望(反馈价值),具备导致决策差异的能力。此外,会计信息具有相关性,意味着会计信息要在失去决策差异能力之前为决策者所用。故此,相关性由预测价值(predictive value)、反馈价值(feedback value)和及时性(timeliness)三要素构成。

可靠性指的是会计信息"应能使信息使用者相信其准备依赖的信息是按其期望的反映形式反映的",这意味着信息的可靠性程度依赖于其对经济事项反映的真实程度。会计信息应如实反映所要反映的现象(如实反映),不偏不倚(中立性)地表述经济活动的过程和结果,尽可能减少不同计量者的偏好,具有可验证性,即会计信息所反映的结果能由不同的独立计量人员采用相同的方法复制出来。故此,可靠性由如实反映(representational faithfulness)、可验证性(verifiability)和中立性(neutrality)三要素构成。

第二层级的会计信息质量特征包括可比性(comparability)和一贯性(consistency)。这要求满足不同企业同一会计期间的会计信息的可比,以及同一企业不同会计期间的会计信息可比。第二层级的会计信息质量特征限制了企业对会计程序和方法的使用。

效益大于成本是会计信息质量的一个普遍性约束条件,要求使用者从信息中获得的效益应当大于相应的成本。因此,信息提供者在生产会计信息并进行传播之前,必须考虑信息

---

① FASB. SFAC No.2, 1980。

提供的效益和成本。

SFAC No.2 将重要性(materiality)列为会计信息确认的门槛,指的是信息的相对重要状态。它要求信息提供者考虑提供的会计信息是否可能对信息使用者的决策产生重要或显著影响。

1.3.3 IASB-FASB 联合概念框架中的财务会计信息质量特征

2002年,国际会计准则理事会(IASB)与美国财务会计准则委员会(FASB)签署《诺沃克协议》,旨在实现国际财务报告准则和美国一般公认会计原则的趋同。作为趋同工作的一项重要内容,从2004年起,IASB和FASB开始联合制定一个趋同的概念框架,以改进现存的IASB和FASB的财务会计概念框架(CF),发展出一个完整的、内在一致的通用财务会计概念框架。这一方面可以为未来财务会计准则的发展提供合理的基础,另一方面可以帮助两个委员会实现以原则为基础、建立内外一致、国际趋同的财务会计准则的共同目标。2010年,IASB和FASB分别发布《财务报告概念框架2010》(*Conceptual Framework for Financial Reporting 2010*)和第8号财务会计概念公报(*Statement of Financial Accounting Concepts No. 8—Conceptual Framework for Financial Reporting*),两者内容基本相同,无实质性差别。① 其中,第3章"有用财务信息的质量特征"(*Qualitative Characteristics of Useful Financial Information*)将有用会计信息质量特征表述为基础性质量特征和增强性质量特征。图1-4描述了IASB《财务报告概念框架2010》对有用会计信息质量层次结构的阐释。

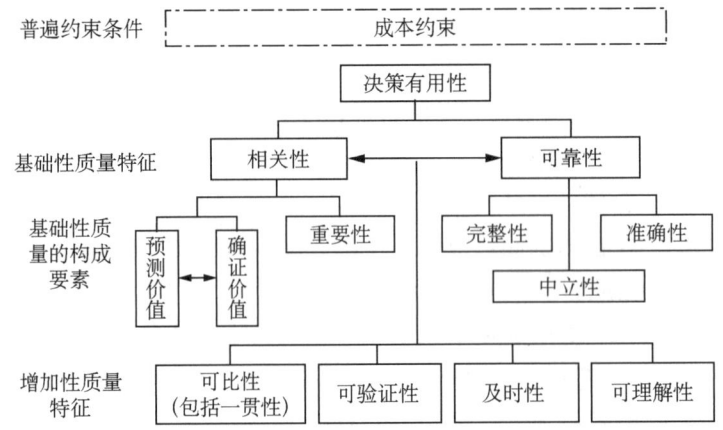

图 1-4 IASB《财务报告概念框架 2010》中会计信息质量的层次结构

如图1-4所示,IASB和FASB认为,决策有用的会计信息必须同时具备相关性和如实反映两个基础性质量特征;可比性(comparability)②、可验证性(verifiability)、及时性(timeliness)和可理解性(understandability)增强了会计信息的有用性,属于第二层级的质量特征。这些增强性的质量特征或增强了信息的相关性,或增强了信息的如实反映能力。成本是有用会计信息的一个普遍性约束条件,其重要性在于,报告信息的收益应能证明提供

---

① IASB-FASB 联合概念框架项目成果于2010年公布后,IASB与FASB暂停联合研究项目。直至2014年,双方选择不再合作,独自重启概念框架研究,并于2018年发表对2010版联合概念框架项目的修订版。

② 可比性包含一贯性(consistency)。

财务信息的成本是合理的。

相关性(relevance)能够引起信息使用者的决策差异,而能引起决策差异的能力在于信息具有预测价值(predictive value)和确证价值(confirmatory value):预测价值指的是信息可以被使用者用以预测未来结果;确证价值指的是信息能够证实(或反馈)先前的评价和预测。预测价值和确证价值具有相关关系,通常具有预测价值的信息也具有确证价值。重要性(materiality)体现的是特定主体层面的相关性,指的是如果一项信息如果被遗漏或错报会影响使用者决策,那么该信息是重要的。《财务报告概念框架2010》指出,ISAB 和 FASB 无法具体化重要性的统一门槛。

如实反映(faithful representation)指的是信息必须如实反映它意欲表述的现象。信息欲实现如实反映,必须具备完整性(completeness)、中立性(neutrality)和准确性(free from error)三个特征;完整性指的是信息包括使用者能够理解的被表述现象的所有信息;中立性指的是信息的选择和呈报没有偏见;准确性不同于精确性(accurate),其指的是现象描述没有错误或遗漏,选择和应用信息的程序没有错误。

1.3.4 IASC/IASB 概念框架中的财务会计信息质量特征

国际会计准则委员会(International Accounting Standards Committee,简称IASC)的概念框架起始于1988年5月发布的《编报财务报表的框架》(*Framework for the Preparation and Presentation of Financial Statements*)(征求意见稿),正式版于1989年7月正式发布。2001年,IASC 改组为国际会计准则理事会(International Accounting Standards Board,简称 IASB)后确认了该框架。《编报财务报表的框架》中"财务报表的质量特征"部分明确指出质量特征是对信息使用者有用的那些属性,图1-5描述了《编报财务报表的框架》中会计信息质量的层次结构。

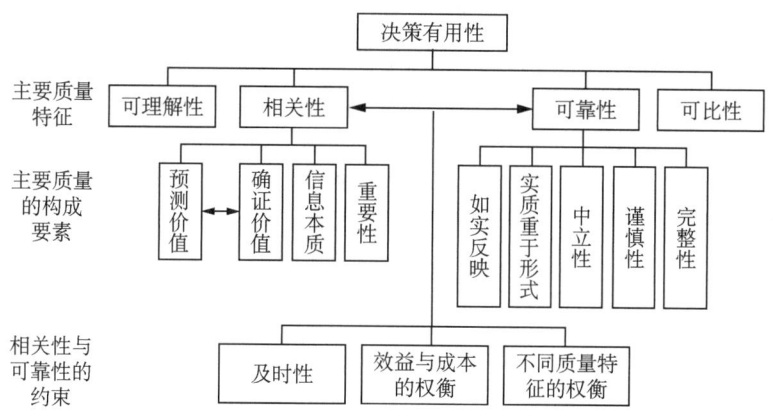

图1-5 《编报财务报表的框架》中会计信息质量的层次结构

如图1-5所示,IASC/IASB 认为有用的会计信息应具备四个主要质量特征:可理解性(understandability)、相关性(relevance)、可靠性(reliability)和可比性(comparability)。相关性由预测价值(predictive value)、确证价值(confirmatory value)、信息本质(nature)和重要性(materiality)构成;可靠性由如实反映(faithful representation)、实质重于形式(substance over form)、中立性(neutrality)、谨慎性(prudence)和完整性(completeness)构

成。《编报财务报表的框架》同时提出了三项关于相关性和可靠性的约束条件,即及时性、效益大于成本和在不同质量特性之间的权衡。

如前所述,IASB 于 2010 年发布了《财务报告概念框架 2010》,这是 IASB-FASB 联合概念框架项目的成果。IASB 于 2018 年对其进行修订并发布《财务报告概念框架 2018》(*Conceptual Framework for Financial Reporting 2018*)。《财务报告概念框架 2018》第 2 章关于有用财务信息质量特征(Chapter 2：Qualitative Characteristics of Useful Financial Information)的表述有了少许变化。图 1-6 描述了变化后的会计信息质量的层次结构。

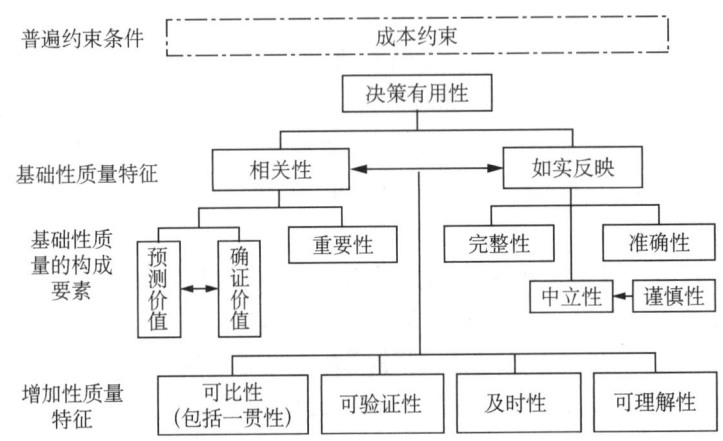

图 1-6 《财务报告概念框架 2018》中会计信息质量的层次结构

如图 1-6 所示,与《财务报告概念框架 2010》中的会计信息质量特征构成相比,《财务报告概念框架 2018》增加了谨慎性作为中立性的支持性信息质量特征,认为在不确定性条件下实施稳健性判断不影响信息的中立性特征。

1.3.5 我国现行《企业会计准则——基本准则》中的会计信息质量特征

在我国,对有用会计信息质量特征的明确要求体现在《企业会计准则——基本准则》(2006)中。《企业会计准则——基本准则》在我国的企业会计准则体系中的作用类似于西方财务会计领域的财务报告概念框架。尽管我国财政部于 1992 年发布的《企业会计准则——基本准则》(1992)并没有明确提出会计信息质量特征的概念,但通常认为其第二章的第十条至第二十一条有关会计核算一般原则之规定,是对会计信息的质量要求,包括客观性(真实性)、相关性、一致性、可比性、及时性、明晰性、划分收益性支出与资本性支出、配比、权责发生制、历史成本、谨慎性和重要性。2006 年我国财政部颁布的《企业会计准则——基本准则》(2006)首次明确提出会计信息质量要求,在其第二章"会计信息质量要求"中规定了八个方面的质量要求:可靠性(客观性)、相关性、明晰性(可理解性)、可比性、实质重于形式、重要性、谨慎性和及时性。这八个会计信息质量要求没有主次之分,处在同一层级。对比 IASB 和 FASB 财务报告概念框架对会计信息质量特征的层次鲜明的要求,显然我国《企业会计准则——基本准则》对会计信息质量特征之要求缺乏对信息质量层级的深入描述,也缺乏完整理论的支持。2014 年,我国财政部修订发布《企业会计准则——基本准则》(2014),相比 2006 版《企业会计准则——基本准则》,其仅修改了对公允价值计量的描述,对会计信息质量要求的规定没有变化。

> **知识链接**
>
> **《企业会计准则——基本准则》(2014)对会计信息质量要求的规定。**
>
> 第二章 会计信息质量要求
>
> 第十二条 企业应当以实际发生的交易或者事项为依据进行会计确认、计量和报告,如实反映符合确认和计量要求的各项会计要素及其他相关信息,保证会计信息真实可靠、内容完整。
>
> 第十三条 企业提供的会计信息应当与财务会计报告使用者的经济决策需要相关,有助于财务会计报告使用者对企业过去、现在或者未来的情况作出评价或者预测。
>
> 第十四条 企业提供的会计信息应当清晰明了,便于财务会计报告使用者理解和使用。
>
> 第十五条 企业提供的会计信息应当具有可比性。
>
> 同一企业不同时期发生的相同或者相似的交易或者事项,应当采用一致的会计政策,不得随意变更。确需变更的,应当在附注中说明。
>
> 不同企业发生的相同或者相似的交易或者事项,应当采用规定的会计政策,确保会计信息口径一致、相互可比。
>
> 第十六条 企业应当按照交易或者事项的经济实质进行会计确认、计量和报告,不应仅以交易或者事项的法律形式为依据。
>
> 第十七条 企业提供的会计信息应当反映与企业财务状况、经营成果和现金流量等有关的所有重要交易或者事项。
>
> 第十八条 企业对交易或者事项进行会计确认、计量和报告应当保持应有的谨慎,不应高估资产或者收益、低估负债或者费用。
>
> 第十九条 企业对于已经发生的交易或者事项,应当及时进行会计确认、计量和报告,不得提前或者延后。

1.4 会计信息的披露观与准则制定的管制问题

如何实现会计信息的最优生产从而帮助会计信息使用者有效辨别不同事件实现的可能性?如何最终实现评价和预测企业价值和预期风险的目标?会计信息的披露观实质上就是关于最优会计信息生产量的观点。关于应当披露的会计信息的数量,存在着两种截然不同的看法:适当披露观和充分披露观。适当披露观认为,为避免误解,应尽量提供最少的信息;充分披露观则要求在财务报告中反映所有对会计信息使用者的决策有用的信息。充分披露可以提升会计系统所反映的企业价值信息含量,帮助会计信息使用者更好地辨别企业相关事件和状况,预测企业风险。大部分的经典西方资本市场研究均获得了支持充分信息披露的经验证据,发现企业可以通过高质量、充分的信息披露,降低企业和市场间的信息不对称程度,提升企业股票的流动性,减少投资者预期风险,降低企业资本成本,从而提升企业股票交易价格(Welker,1995;Healy 等,1999;Easley 和 O'hara,2004;Lamber 等,2007)。

1.4.1 财务会计信息生产的管制需求

市场上存在很多因素激励着企业自愿生产和披露财务会计信息,如股东对管理者业绩评价的需求、投资者评估企业价值和预期风险的需求等。在完全自由竞争的市场环境下,最优会计信息生产数量应当是会计信息生产的社会边际成本等于社会边际收益时的会计信息数量,这个数量意味着会计信息的生产实现了最大社会收益。然而,市场调控下的会计信息生产、私有信息的契约激励因素以及以市场为基础的激励因素不能完全排除信息不对称问题。市场失灵的存在不仅会导致信息生产量低于社会最优需求量,而且会引发信息一致性不足问题。所谓信息一致性,指的是企业自愿提供的信息量没有必要、也不会正好等于投资者需要的信息量。深入认识财务会计信息生产不足的问题,可从以下三个角度入手:

第一,会计信息的收益和成本具有复杂性。概括地看,会计信息生产的收益可能表现为提高投资者投资决策质量、降低资本成本、报告管理者受托责任、帮助投资者及时识别经营失败的企业等方面。会计信息生产成本主要包括准备和发布信息的直接成本、有可能增加的契约成本(例如,采用公允价值会计而增加的盈余波动性)等方面。

第二,会计信息的外部性特征。会计信息具公共物品属性,外部性显著,表现为会计信息生产者并不总是能够因其生产的会计信息而得到相应报酬。一个人使用会计信息不会影响其他人使用同样的会计信息,会计信息的生产者不仅不能限制非会计信息购买者使用会计信息,也不能针对不同的会计信息购买者制定不同的会计信息价格,因为这些情况会导致会计信息使用的搭便车行为。因此,仅靠市场供求无法实现最佳会计信息生产数量,会计信息生产数量一般低于最佳数量。Anilosky 等(2007)的研究证实了这一点,其研究样本中的大多数公司是遵循自身业绩表现发布盈余预测信息的,而不是提供公司未来业绩的决策有用信息,其公告的盈利预测信息的数量和及时性都达不到社会需求。该研究指出,如果更多的公司能够及时发布盈余预测信息,将会扩大盈余预测信息的外部性效益,优化投资者投资决策。

第三,信息不对称理论和有效契约理论。信息经济学提出,如果企业管理者的行为和内部信息是全部可以观察的,不存在信息不对称情况,则监管部门没有必要为了保护处于信息劣势的投资者和债权人免受损失而对企业会计信息的生产决策进行管制。

在实际情况中,由于会计信息收益和成本的复杂性、会计信息公共物品属性等导致的外部性和搭便车行为,资本市场中企业管理者与投资者等企业利益相关者之间的信息不对称不可避免。因此,监管部门对企业会计信息生产决策进行管制也势在必行。

1.4.2 财务会计信息生产的管制程度

在存在信息管制的情形下,企业并不能完全自主决定其财务会计信息生产的数量和时间,企业对外报告的财务会计信息必然要满足最低的管制要求,如资本市场证券监管部门的信息披露要求、会计准则的要求等。然而,确定会计信息生产的管制程度是一个受到多种因素影响的复杂决策问题。以会计准则为例,会计准则的制定和运行在很大程度上取决于会计环境。在监管部门通过会计准则解决市场失灵情况下会计信息生产供给不足的机制性问题的同时,会计信息管制亦面临实施会计准则的成本、会计准则制定者决策失误的成本、政治成本以及监管部门推行的会计准则是否能够满足社会期望等各种管制成本。因此,成本—效益的难以权衡使会计信息生产的管制程度和社会范围难以准确确定。

然而,可以确定的是,虽然市场会失灵,并会带来信息不对称、外部性、逆向选择和道德风险等一系列问题,但是完全消除会计政策选择的成本是高昂的,完全的信息管制是不可能实现的。由于企业对会计准则的遵守需要结合企业内部管理决策,监管部门要提高管制效率,需要给予企业管理者一定的灵活性。虽然这种灵活性可能是以牺牲某种程度的会计信息可比性为代价的,但企业管理者依据企业特定环境采用具体会计准则、会计政策和方法的灵活性,改善了会计信息的相关性。允许选择适用会计准则为企业提供了通过会计政策和方法来选择实现信号传递的可能,会计信息的决策有用性和契约监督功能可能因此而增强。

会计准则制定和信息披露管制是一个复杂并充满争议的过程,不仅需要考虑信息供求的经济问题,而且不能忽视各利益相关者之间进行的信息生产利益分配问题。如果各种利益相关者之间的利益冲突不能为契约和市场力量所化解,则其矛盾会转化为政治决策过程。因此,虽然会计准则制定必须考虑决策有用性、信息不对称及会计准则的经济后果,但会计准则制定不仅是一个经济问题,也是一项政治议题,需要权衡管理层、投资者、债权人等企业利益相关者的合法利益。

参考文献

[1] Ball R J, P Brown. An Empirical Evaluation of Accounting Income Numbers[J]. Journal of Accounting Research, 1968, 6(Autumn):159-178.

[2] Callen J L, M Khan, H Lu. Accounting Quality, Stock Price Delay and Future Stock Returns[J]. Contemporary Accounting Research, 2013, 30(1): 169-295.

[3] Carol Anilosky Cain, Mei Feng, Douglas J Skinner. Does Earnings Guidance Affect Market Returns? The Nature and Information Content of Aggregate Earnings Guidance[J]. Journal of Accounting & Economics, 2007, 44(1-2):36-63.

[4] Collins D W, S P Kothari. An Analysis of the Intertemporal and Cross-sectional Determinants of the Earnings Response Coefficients[J]. Journal of Accounting and Economics, 1989(11): 143-181.

[5] Dan S Dhaliwal, Kyung J Lee, Neil L Fargher. The Association between Unexpected Earnings and Abnormal Security Returns in the Presence of Financial Leverage[J]. Contemporary Accounting Research, 1991, 8(1):20-41.

[6] Daniel W Collins, S P Kothari. An Analysis of Intertemporal and Cross-Sectional Determinants of Earnings Response Coefficients[J]. Journal of Accounting and Economics, 1989, 11(2-3):143-181.

[7] DeChow, Patricia M, Ilia D Dichev. The Quality of Accruals and Earnings: the Role of Accrual Estimation Errors [J]. The Accounting Review, 2002, 77(Supplement):3-59.

[8] DeFond M, J Jiambalvo. Debt Covenant Violation and Manipulation of Accruals: Accounting Choice in Troubled Companies[J]. Journal of Accounting and Economics, 1994, 17:145-176.

[9] Demski J S, D E M Sappington. Delegated Expertise[J]. Journal of Accounting Research, 1987, 25(1):68-89.

[10] Dhaliwal D, K Lee, N Fargher. The Association between Unexpected Earnings and Abnormal Security Returns in the Presence of Financial Leverage[J]. Contemporary Accounting Research, 1991(8):20-41.

[11] Dichev I, V W Tang. Matching the Changing Properties of Accounting Earnings over the Last 40

Years[J]. The Accounting Review, 2008, 83(6): 1425-1460.

[12] Easley D, M O'hara. Information and the Cost of Capital[J]. The Journal of Finance, 2004, 59(4): 1553-1583.

[13] Ecker F, J Drancis, I Kim, et al. A Returns-Based Representation of Earnings Quality[J]. The Accounting Review, 2006, 81(4): 749-780.

[14] Elliott W, Susan D Krische, Mark E Peecher. Expected Mispricing: the Joint Influence of Accounting Transparency and Investor Base[J]. Journal of Accounting Research, 2010, 48(2): 343-381.

[15] Feltham G A, Ohlson J A. Residual Earnings Valuation with Risk and Stochastic Interest Rates[J]. The Accounting Review, 1995, 74(2): 165-183.

[16] Francis J, R LaFond, P Olsson, et al. The Market Pricing of Accruals Quality[J]. Journal of Accounting and Economics, 2005, 39(2): 295-327.

[17] Healy P M. The Effect of Bonus Schemes on Accounting Decisions[J]. Journal of Accounting and Economics, 1985, 7(1): 85-107.

[18] Healy, Paul M, Army P Hutton, et al. Stock Performance and Intermediation Changes Surrounding Sustained Increases in Disclosure[J]. Contemporary Accounting Research, 1999, 16(3): 485-520.

[19] Kormendi R, R Lipe. Earnings Innovations, Earnings Persistence, and Stock Returns[J]. Journal of Business, 1987, 60 (3): 323-345.

[20] Lambert R, C Leuz, R Verrecchia. Accounting Information, Disclosure, and the Cost of Capital[J]. Journal of Accounting Research, 2007, 45(2): 385-420.

[21] Lev B. On the Usefulness of Earnings and Earnings Research: Lessons and Directions from Two Decades of Empirical Research[J]. Journal of Accounting Research, 1989, 27 (Supplement): 153-192.

[22] Ohlson J A. Earnings, Book Values, and Dividends in Equity Valuation[J]. Contemporary Accounting Research, 1995, 11(2): 661-687.

[23] Ray Ball, P Brown. An Empirical Evaluation of Accounting Income Numbers[J]. Journal of Accounting Research, 1968(6): 159-178.

[24] Samuelson P A. Rational Theory of Warrant Pricing[J]. Industrial Management Review, 1965, 6(2): 12-32.

[25] Sloan R. Do Stock Prices Fully Reflect Information in Accruals and Cash Flow about Future Earnings [J]. The Accounting Review, 1996, 71(July): 289-315.

[26] Stigle G, C Friedman. The Literature of Economics, The Case of Berle and Means[J]. Journal of Law and Economics, 1983, 26(June): 237-268.

[27] Sweeney A P. Debt-Covenant Violations and Managers Accounting Responses[J]. Journal of Accounting and Economics, 1994, 17(3): 281-308.

[28] Welker, Michael. Disclosure Policy, Information Asymmetry, and Liquidity in Equity Markets[J]. Contemporary Accounting Research, 1995, 11(2): 801-827.

[29] William H Beaver, Roger Clarke, William F Wright. The Association between Unsystematic Security Returns and the Magnitude of Earnings Forecast Errors[J]. Journal of Accounting Research, 1979, 17(2): 316-340.

[30] William H Beaver. The Information Content of Annual Earnings Announcements[J]. Journal of Accounting Research, 1968(6): 167-192.

[31] Yuji Ijiri. Theory of Accounting Measurement[J]. Studies in Accounting Research No.10, Sarasola, Fla, American Accounting Association, 1975: 42.

[32] Zeff, Stephen A. The Rise of Economics Consequences[J]. Journal of Accountancy, 1978, 146(6): 56-63.

[33] 菲利普·布朗.资本市场会计研究导论[M].2版.杨松令,刘亭立,张卓然,译.北京:中国人民大学出版社,2021.

[34] 罗斯·L瓦茨,杰罗尔德·L齐默尔曼.实证会计理论[M].陈少华,黄世忠,陈光,陈箭深,译.大连:东北财经大学出版社,1999.

[35] 威廉·R.斯科特.财务会计理论[M].7版.陈汉文,鲁威朝,黄轩昊,肖彪,译.北京:中国人民大学出版社,2018.

[36] W A 佩顿,A C 利特尔顿.公司会计准则导论[M].厦门大学会计学翻译组,译.北京:中国财政经济出版社,2004.

[37] 夏恩·桑德.会计与控制理论[M].方红星,王鹏,李红霞,译.大连:东北财经大学出版社,2000.

[38] 周其仁.市场里的企业:一个人力资本与非人力资本的特别合约[J].经济研究,1996(6):71-79.

第 2 章 我国企业会计准则体系：
探索、发展、形成与完善

我国现行企业会计准则体系是随着改革开放以来我国经济体制的转变逐步发展形成的，并随着我国社会主义市场经济和资本市场的不断发展完善而完善。"会计的发展是反应性的，会计主要是应一定时期的商业需要而发展的，并与经济的发展密切相关"（Chatfield，1989）。改革开放后，我国企业会计制度随着社会主义市场经济体制的逐步确立、"产权明晰、权责明确、政企分开、管理科学"的现代企业制度的逐步形成，发生了全面而深刻的变革。适应计划经济时代分部门、分所有制、分行业的企业会计制度体系逐步转变为适应社会主义市场经济和现代企业制度、体现国际会计惯例的企业会计准则体系。我国企业会计准则体系形成、发展并不断完善，不仅在社会主义市场经济建设中发挥了重要作用，而且也展现了一条国家会计国际化转型的特色发展之路。

2.1 20世纪80年代——初步探索期

2.1.1 与计划经济体制相适应的企业会计核算体系

新中国成立后，我国早期与计划经济体制相适应的企业会计核算体系是建立在产品经济基础之上、借鉴苏联经验形成的。这种会计核算体系反映了我国当时单一所有制形式下计划经济体制的特点。虽然在改革开放之前以及改革开放初期我国会计也历经多次改革，但这些改革都是基于简繁角度考虑的对会计科目和会计报表的增减调整，没有改变会计制度框架和会计报告体系，因而也没有改变会计核算体系，不是本质性的会计变革。这一时期企业会计核算制度的基本特点是：以高度集中的计划经济为基础，以直接管理和计划管理为主体，适应计划经济体制管理需要，会计核算采用的是统收统支体制下的资金平衡会计模式（刘玉廷，2012）。资金平衡会计模式体现的是资金管理"三段平衡"要求和专款专用要求：即企业固定资产等于固定资金，流动资产等于流动资金，专项资产等于专项资金；企业资金专款专用，不能相互垫支，如果垫支，要及时偿还。

以当时我国国营工业企业会计核算[①]为例，国营工业企业会计核算最终出具的会计报表体系主要包括资金平衡表、利润表、商品产品成本表和主要产品单位成本表等。表2-1描述了1985年修订后的《国营工业企业会计制度》[②]要求报送的会计报表种类。

[①] 在计划经济时代，我国工业企业按所有制分为国营企业和集体企业，相应的工业企业会计制度划分为国营工业企业会计制度和集体工业企业会计制度。

[②] 1980年，财政部颁布《国营工业企业会计制度——会计科目和会计报表》，并于1985年和1989年两次进行修订，但"三段平衡"会计核算模式总体未发生根本改变。

表 2-1 1985 年国营工业企业会计报表种类

项目		编号	名称
会计报表种类	资金及利润类	会工 01	资金平衡表
		会工 01-1	应上交及应弥补款项情况表
		会工 02	利润表
		会工 03	产品销售利润明细表
		会工 10	应交调节税及企业留利计算表
	成本及费用类	会工 11	商品产品成本表
		会工 12	主要产品单位成本表
		会工 13	生产费用表
		会工 14	车间经费及企业管理费明细表
	专用及专项类	会工 21	专用基金及专用拨款表
		会工 22	基建借款及专用借款表
	关停企业特殊类（1985 年新增）	会工 31	关停企业国家基金增减表
		会工 32	关停企业清理维护费明细表

资料来源：根据《国营工业企业会计制度》整理编制。

表 2-2、表 2-3 描述了国营工业企业会计报表体系中资金平衡表和利润表提供的主要信息。

表 2-2 工业企业资金平衡表

编制单位：××单位　　　　　　××××年×月×日

资金占用	年初数	期末数	资金来源	年初数	期末数
固定资产： 固定资产原价 减：折旧 固定资产净值 待处理固定资产损失			固定基金： 国家固定基金 企业固定基金		
合计			合计		
流动资产： 定额流动资金 材料 在产品 待摊费用 产成品 小计 待处理流动资产损失 其他流动资产			流动基金： 国家流动基金 企业流动基金 流动资金借款 应付账款 其他应付款 预提费用 未留利润		

(续表)

资金占用	年初数	期末数	资金来源	年初数	期末数
现金 银行存款 应收账款 其他应收款 小计					
合计			合计		
专项资产： 专项存款 专项物资 专项工程支出			专项基金： 专用基金 专用拨款 专用借款		
合计			合计		
资金占用总计			资金来源总计		
补充资料					
1. 定额流动资金全年平均余额 2. 每百元工业总产值(按不变价格计算)占用的定额流动资金 3. 每百元销售收入占用的定额流动资金			4. 定额流动资金周转天数 5. 固定资产原价全年平均余额 6. 固定资产净值全年平均余额		

资料来源：石人瑾，林宝瑰，孙铮.会计学原理[M].武汉：武汉大学出版社，1989.

表2-3 工业企业利润表

编制单位：××工厂　　　　　　　××××年×月份

项目	本月数	本年累计数	补充资料	本月数	本年累计数
一、产品销售收入 减：销售税金 　　销售工厂成本 　　销售费用 　　产品销售利润 加：其他销售利润 　　营业外收入 减：营业外支出 二、利润总额 减：应交所得税 　　企业留利 三、未留利润			一、资金利润率 1. 按固定资产原价和定额流动资金全年平均余额计算 2. 按固定资产净值和定额流动资金全年平均余额计算 二、营业外收入 　1. 　2. 三、营业外支出		

资料来源：石人瑾，林宝瑰，孙铮.会计学原理[M].武汉：武汉大学出版社，1989.

如表2-1—表2-3所示，在计划经济体制下，政府全面控制国有经济的生产经营活动，社会资源由政府统一通过行政手段调配，企业投资主体一元化。与此相适应，"三段平衡"会

计核算模式恰当地反映了国民经济公有制属性背景下资金管理统收统支的特征,表现为以下三个方面:

第一,资金"三段平衡""专款专用",企业利润的形成与分配主要反映的是上交国家和企业留利之间的关系,强调会计核算为国家直接管理经济服务。

第二,会计制度依附于计划经济体制,会计工作被视作财政经济工作的基础,会计工作服务于财政经济工作,会计制度基于传统财务制度和税收法规制定,为其贯彻执行提供服务。

第三,会计报表体系体现了这一历史时期我国会计核算体系提供会计信息的本质特征,即主要服务于计划经济体制下国家的资金管理要求。会计报表信息使用者主要是企业领导和职工群众,企业上级主管部门,财政、税务、统计等国家相关部门。

2.1.2 改革开放之后经济体制改革对企业会计核算及信息提供提出的要求

从1978年党的十一届三中全会召开到1992年党的十四大召开这段时间,是我国计划经济体制向有计划的商品经济体制转变的重要阶段。1982年,党的十二大提出建设有中国特色社会主义的指导思想,明确了"以计划经济为主、市场经济为辅"的经济方针,同时确立了实行对外开放的基本国策。1984年,党的十二届三中全会通过了以改革为主题的《中共中央关于经济体制改革的决定》,明确了社会主义经济是有计划的商品经济。随着以经济建设为中心这一基本点的确立和改革开放深入,多种形式的对外经济合作方式在我国经济领域中迅速涌现。在坚持公有制经济主体地位的前提下,多种经济成分、多种经济形式、多种经营方式、多种经营手段迅速发展。

经济体制的转变对改革计划经济时代的资金平衡会计模式提出了迫切要求。1978年改革开放以后,为了适应我国经济体制改革和对外开放的要求,国家对"文化大革命"期间停止使用的会计制度体系进行了必要的恢复与修订。1980年9月,财政部发布《国营工业企业会计制度——会计科目和会计报表》,此后,又陆续发布国营供销企业、国营施工企业、建设单位的会计制度。同时,商业部、铁道部、交通部、中国人民银行等行业的主管部门也分别修订恢复了各自行业的会计制度(许家林等,2009)。至1985年《会计法》颁布前后,我国基本形成了三个层次的会计制度:第一个层次是由财政部统一制定的会计制度,如工业企业会计制度、基本建设(包括对外承包)会计制度、三资企业会计制度等;第二个层次是由财政部与行业主管部门联合发布的会计制度,主要针对商业、粮食、外贸、交通等企业,其具有部门特点,但又不局限于这个部门所属企业执行;第三个层次是主管部门直属企业的会计制度,由主管部门制定,在主管部门报经财政部批准后发布实施,如银行、保险公司等的会计制度。这些制度按所有制继续细分为国营、集体、三资等类型,如工业企业会计制度划分为国营工业企业会计制度、集体工业企业会计制度(刘玉廷,2012)。总体而言,改革开放初期我国的会计制度基本上是一个部门一个会计制度,20世纪80年代我国企业会计制度有40多种,这些企业会计制度没有改变其为计划经济体制下国家资金管理服务的定位,与改革开放后我国经济体制向商品经济转轨的发展要求出现根本性矛盾。当时的企业会计核算制度体系体现了三个方面的突出问题(许家林等,2011):

第一,分行业、分所有制和分部门的企业会计制度造成不同部门和不同所有制企业在会计方法、会计政策和会计报告体系上的不统一和不可比;

第二,跨地区、跨部门、跨行业和跨所有制的联营企业、企业集团、合资企业、合作企业和股份制企业等多种经营形式纷纷出现,只适应单一所有制和单一经营形式的企业会计制度无法指导新的经济形势和经济活动进行全面有效的会计核算;

第三,会计业务处理程序与国际会计惯例存在很大差距,这不仅影响会计工作的对外交流,而且影响国家吸收外商投资和获取国际组织贷款的能力。

经济越发展,会计越重要。改革开放以来,我国会计发展突破了以往以政治需要为导向的格局,转而为经济发展和管理服务。新中国成立以后实施了三十余年的基于"三段平衡"会计核算模式,已无法适应改革开放以后随着经济体制改革而产生的企业投资主体多元化的信息需求,同时也与国际会计惯例相差甚远。我国社会主义商品经济的发展亟须与之相适应的企业会计核算模式,既全面反映以公有制为主体,多种所有制经济并存竞争的经济格局,又全面反映不断扩大规模的企业中多种经济成分共存的投资主体多元化现象,以及由此产生的企业资金来源多渠道和利益分配多元的经济现实。

2.1.3 反映投资主体多元化特征的企业会计改革试点经验

改革开放以后,我国明确提出"对外开放,对内搞活"的方针政策。对外开放的一个重要内容是引进外资,由此,中外合资经营企业、中外合作经营企业和外资企业在我国得以迅速发展。然而我国当时采用的产生于资金统收统支体制背景下的企业会计核算的"三段平衡"会计核算模式已无法满足三资企业在经营中对多元化投资主体投入资金及利润分配的会计核算需求及不同投资主体的信息要求。[①] 同时,我国以资金平衡表为主的会计报表体系与国际通行财务会计报告体系完全不一致。因此,有外商提出,为了促进中外信息沟通与合资合作,中国应借鉴国际会计惯例进行会计改革。由此,中外合资经营企业与中外合作经营企业率先成为我国探索反映投资主体多元化特征的企业会计核算制度的会计改革试点单位。20世纪80年代,不仅"对外开放"影响着我国传统"三段平衡"会计核算模式和一元化资金形态,国有企业相互参股、国有企业与集体企业参股联营、国有企业与事业单位参股联营等多元化投资主体经营业态也对"三段平衡"理论发起挑战:多个单位参与投资经营的企业应该如何进行会计核算和信息披露?随着1984年上海市第一家股份制企业成立并面向社会公开发行股票,内资企业会计制度的全面深化改革也迫在眉睫。在"对外开放、对内搞活"方针政策的引领下,我国企业会计核算制度在三资企业会计核算和股份制会计核算两方面进行了深入的、反映投资多元化特征的改革,为20世纪90年代企业会计准则体系的初步形成和发展提供了宝贵的试点经验。

知识链接

三资企业

三资企业一般指的是经中国有关部门批准,遵守中国有关法规规定,从事某种经营活动,由一个或一个以上的国外投资方与中国投资方共同经营或独立经营,实行独立核算、自负盈亏的经济实体。三资企业按组织形式和中方与外方的合资经营方式,可分为

[①] 杨纪琬(1986)指出:中外经营企业是我国国营或集体的经济组织同外国公司、企业、其他经济组织或个人在经济领域的联合,其会计制度,既不能照搬国营企业那一套,也不能照搬西方会计那一套,应根据合资、合作企业的特点和具体情况,按照平等互利的原则来制定。

中外合资经营企业、中外合作经营企业、外资企业。中国于1979年、1988年、1986年分别颁布《中华人民共和国中外合资经营企业法》《中华人民共和国中外合作经营企业法》《中华人民共和国外资企业法》，以规范三资企业的设立和运营。2020年，《中华人民共和国外商投资法》颁布实施，同时废止了这三部法规。

2.1.3.1 三资企业会计制度改革
1)《中外合资经营企业会计制度》

我国用以规范中外合资经营企业的经济法规出台较早，于1979年便颁布了《中华人民共和国中外合资经营企业法》。我国财政部门对与之相适应的中外合资经营企业会计制度探索也较早：财政部1979年11月起草《关于中外合资工业企业财务会计问题的若干规定》，1982年2月起草《中外合资工业企业会计制度调查纲要》，1982年6月制定《中外合资经营企业会计制度（征求意见稿）》。在广泛征求意见后，财政部于1983年3月制定并全国试行《中外合资经营企业会计制度（试行草案）》和《中外合资经营工业企业会计科目和会计报表（试行草案）》。1985年3月和4月，财政部连续发布《中外合资经营企业会计制度》和《中外合资经营工业企业会计科目和会计报表》。中外合资企业会计制度体系是"新中国成立以来第一部借鉴国际会计惯例制定的全新的会计制度"（杨纪琬，1992），完全打破了计划经济时代适应单一国家投资主体和一元化资金形态的"三段平衡"会计核算模式，初步具备了现行企业会计准则体系的资产、负债、所有者权益的雏形。《中外合资经营企业会计制度》共17章88条，包括基本制度、会计科目和报表、会计凭证和会计账簿、会计档案、结算与清算五大部分。与当时的国营企业会计制度相比，该制度对应的会计核算改革主要体现在以下六个方面(杨纪琬，1986；蔡会诗，1985；王建新，2006；许家林等，2011)：

第一，以会计原则、会计政策和会计假定的形式明确规定了会计核算的合法性、真实性（包括完整、准确、及时性）、配比、历史成本、划分资本性支出与收益性支出、一致性等原则，规定了记账本位币和借贷复式记账法；但没有明确规定国际会计惯例中的持续经营、重要性、充分表达（披露）等要求，对于审慎性（稳健性）也是有选择地采用，如该制度对存货没有采用"成本与市价（可变现净值）孰低"计价，也未对应收款计提坏账准备等。

第二，首次引入资本核算和资本保全概念，规范了资本投入、资本周转、收益分配等方面的会计处理。

第三，把资产、负债、资本、成本、损益定为会计基本要素，确定了"资产＝负债＋资本"的平衡公式，改变了会计科目按照资金占用、资金来源分类的方法。该制度在第12章中明确规定，中外合资经营企业会计科目按照经营管理需要，一般分为资产、负债、资本和损益四类，可以将损益类科目分为收益类科目和费用类科目，工业企业还可以增加成本类科目。

第四，淡化了行业色彩，突出了会计核算的实质内容，并第一次按照会计确认和计量的形式规范会计核算，已经形成不同行业通用会计核算规范标准模式的雏形，适用于我国境内设立的各个行业的中外合资经营企业。

该制度的第4章至第11章按要素项目分别规定了投入资本、货币资金及往来款项、存货、长期投资及长期负债、固定资产、无形资产及其他资产、成本和费用、销售和利润的核算。凡是与国际惯例相类似的会计程序与方法，尽量采用国际上通行的方法和表达方式，如固定资产不提折旧基金,取消专款专用,允许企业经过批准后对固定资产采用加速折旧法;首次引入无形资产概念,规范了无形资产和开办费摊销的核算方法;明确了收入确认原则;成本核算从完全成本法转为制造成本法,把直接材料、直接人工和制造费用列为工业企业成本项目,将管理费用和销售费用作为期间费用计入当期损益。

第五,引入西方财务会计报告体系,规定中外合资经营企业主要会计报表包括资产负债表、利润表、财务状况变动表三大主表和有关附表。① 资产负债表编报采用"资产=负债+权益"的平衡公式,从根本上打破了"三段平衡"的会计核算模式。同时明确规定,季度和年度会计报表应分别报送合营各方、当地税务机关、合营企业主管部门和同级财政部门。

第六,对于谨慎性原则的选择性应用,关于终止经营"结算与清算"的相关规定,首次集中显示了市场风险的终极结果,为应对风险经济提供了初级会计技术方法和理念,为提升会计人员职业判断水平奠定了基础。

《中外合资经营企业会计制度》初步探索了与国际会计惯例接轨的会计原则、核算内容和对外财务报表体系,突破性地引入了当时还不太成熟的西方财务会计概念框架内容,以会计目标,会计假设,会计信息质量要求,会计要素的确认、计量、报告为核心的财务会计概念框架为基础,尝试构建会计制度的基本规则。中外合资经营企业会计制度中有关会计假设、会计核算一般原则、会计等式、成本计算方法、折旧处理方法、会计科目分类、会计报表体系等方面的变革,在实务上奠定了后续会计制度改革的基础(栾甫贵,2008)。可以说,《中外合资经营企业会计制度》的颁布与实施,是我国会计走向国际化的一个重要开端。

2)《外商投资企业会计制度》

我国 1985 年颁布《中外合资经营企业会计制度》时,相关涉外经济法规不够健全,因此,未能对一些应当加以规范的会计实务予以规范。随着外商在华投资的增加,中外合资经营企业已不是独有的组织形式,中外合作经营企业、外商独资企业不断增加,统一规范三资企业的会计核算显然势在必行。1992 年 6 月,财政部在总结实行《中外合资经营企业会计制度》经验的基础上,根据 1991 年颁布的《中华人民共和国外商投资企业和外国企业所得税法实施细则》,发布《中华人民共和国外商投资企业会计制度》②以取代《中外合资经营企业会计制度》。该制度于 1992 年 7 月 1 日实行,在会计确认与计量方面更为广泛地借鉴了国际惯例。

《外商投资企业会计制度》包括基本制度、会计科目和会计报表、会计档案三部分,共 16 章 82 条。其中,基本制度部分除关于会计核算的一般原则之规定外,主要按会计要素项目规定了流动资产,长期投资,固定资产和在建工程,无形资产及其他资产,流动负债、长期负债和其他负债,投资人权益,成本和费用,收入、利润及分配等的会计核算,以及外币业务、清算业务的会计核算。与《中外合资经营企业会计制度》相比,该制度中会计科目略有变化,如将资本类改为投资人权益类,但会计报表体系基本相同。

该制度首次规定:中外合资经营企业年度终了可根据应收账款、应收票据等应收款项或

---

① 资产负债表附表包括:存货表,固定资产及累计折旧表,在建工程表,无形资产及其他资产表,外币资金情况表。利润表附表包括:利润分配表,产品生产成本及销售成本表,主要产品生产成本、销售收入及销售成本表,制造费用明细表,销售费用明细表,管理费用明细表,营业外收支明细表。

② 该制度已被 2001 年颁布的《外商投资企业执行〈企业会计制度〉有关问题的规定》废止。

者放款的年末余额,按照不超过3‰的比例计提坏账准备;存货采用"成本与可变现净值孰低"的方法计价;外资企业投资占被投资企业资本(或股本)总额25%以上时,采用权益法核算。此外,该制度还明确了季度会计报表和年度会计报告应当分别报送主管财政部门、当地税务机关、企业主管部门以及投资人,年度会计报告还应当报送原审批机关。

2.1.3.2 内资企业会计制度改革

我国施行《股份制试点企业会计制度》是另一项较为广泛地借鉴国际会计惯例的会计制度改革。《股份制试点企业会计制度》[①]于1992年5月由财政部和国家体改革委联合颁布,自1992年1月1日起在股份制试点企业施行。

《股份制试点企业会计制度》共15章85条,包括基本制度、会计科目和会计报表、查账、终止与清算等部分,对从组建(改组)到终止清算的股份制企业全过程经济业务的会计核算进行详细规定。该制度的基本核算制度分别对流动资产、长期投资、固定资产、无形资产及其他资产、流动负债和长期负债、股东权益、成本和费用、营业收入、利润及利润分配等进行了原则规定和总体说明。该制度的主要内容与《外商投资企业会计制度》基本相同,只是在个别方面存在少许差异。例如,会计要素中的投资人权益被改为"股东权益";坏账准备提取范围仅包括应收账款,不包括"应收票据",并将其作为应收账款减项在资产负债表中单独列示;企业的对外投资只有在占被投资单位资本总额50%以上时,才采用权益法核算并编制合并报表。

《股份制试点企业会计制度》改变了我国以往按所有制和行业设计会计制度的做法,适用于所有经批准设立的股份制试点企业。不论企业股权构成如何,它具有通用性,并在诸多方面借鉴了国际会计惯例,提供的企业会计信息具有世界性(冯淑萍,1992;徐治怀,1992),主要表现在以下几个方面:

第一,其"会计核算的一般原则"接近国际会计准则的相关规定,提出了合法性、真实性(如实反映)、可比性、及时性、一致性、可理解性、重要性、权责发生制、配比、划分收益性与资本性支出等原则,有条件地采用了稳健性原则,如存货计价采用实际成本而不是"成本与市价孰低",允许应收账款计提坏账准备。

第二,基本形成了资产、负债、股东权益、收入、费用和利润六大会计要素。将管理费用、销售费用、财务费用作为期间费用列支,直接计入利润,简化了成本利润核算,提高了企业反映盈亏的灵敏度;成本核算由完全成本法改为制造成本法。

第三,明确规定企业对外报送的会计报表体系包括资产负债表、利润表、财务状况变动表,以及利润分配表和主营业务收支明细表等附表。

第四,首次提出会计信息必须满足国家宏观经济管理的需要,满足有关各方了解企业财务状况和经营成果的需要,满足企业加强内部经营管理的需要。

《股份制试点企业会计制度》开创了我国内资企业实行适合商品经济需要的会计制度之先河,其相关规定既借鉴了国际惯例,又适应了当时我国从计划经济向有计划的商品经济转变的特有国情。依据该制度第12章第72条对企业报表报送单位之相关规定,企业报表的

---

① 该制度被1998年颁布的《财政部关于贯彻实施〈股份有限公司会计制度——会计科目和会计报表〉有关政策衔接问题的通知》废止。

使用者不仅包括股东等投资人,还包括当地财税机关、开户银行、主管部门和体改部门,充分体现了我国国民经济中公有制经济的主导地位以及国家宏观调控和宏观计划指导的信息需求。

2.2 1992—2002年,我国企业会计准则体系发展期:准则+制度

20世纪90年代,全球经济一体化浪潮对中国经济模式产生强烈冲击,我国迈进从有计划的商品经济体制向市场经济体制转轨时期。1990年,我国证券市场正式形成。1992年10月,党的第十四次全国代表大会明确提出,中国经济体制改革的目标是建设社会主义市场经济机制。1993年11月,党的十四届三中全会通过《关于建立社会主义市场经济体制若干问题的决定》,明确提出建立现代企业制度是社会主义市场经济体制的基础和企业改革的方向。我国社会主义市场经济体制改革目标的确立、资本市场的发展以及以建立现代企业制度为目标的国有企业改革,均对我国企业会计制度改革提出了全面要求:不仅要改革外商投资企业会计核算制度,而且要全面改变单一所有制结构下的内资企业会计制度,以真实、客观地反映企业投资主体多元化情形下的财务状况、利润实现及分配情况。1993年12月,为适应我国所有制结构的重大变化和各种经济组织蓬勃发展的经济环境,我国第一次修订《中华人民共和国会计法》,将其适用范围由原来的国有单位扩大到所有单位。1999年10月,九届全国人大常委会第十二次会议通过第二次修订后的《中华人民共和国会计法》,明确规定"国家实行统一的会计制度。国家统一的会计制度由国务院财政部门根据本法制定并公布",突显了规范会计行为、保障会计资料真实完整的立法宗旨,并增加了公司、企业会计核算的特别规定,要求会计核算贯彻稳健性原则。会计法的两次修订,为我国自1992年下半年开始进行的第三次企业会计制度改革厘清了法律依据。

整个20世纪90年代,我国以《中外合资经营企业会计制度》和《股份制试点企业会计制度》试点经验为基础,借鉴国际会计惯例,探索制定具有中国特色的企业会计准则体系,并初步形成具有鲜明中国特色的企业会计准则与企业会计制度并存的阶段性发展格局,初步实现了中国企业会计核算模式的根本性转变,为中国企业会计核算制度与国际会计惯例的接轨、协调和趋同奠定了坚实基础。始于1992年下半年、结束于2002年的这次会计改革在我国企业会计制度建设中产生了深远的影响,被称为"会计风暴"。但这次改革主要体现为历史成本计量属性下的一般会计技术方法变革,实现的是一般会计核算技术方法与国际会计惯例的接轨。

2.2.1 企业会计准则体系的初步发展

以1992年颁布、1993年实施的《企业会计准则》(1992)为标志,我国开始了以"两则""两制"(《企业会计准则》和《企业财务通则》以及相关行业会计制度和财务制度)为主要内容的全面企业会计制度改革。至2002年,我国初步形成了包括1个基本准则和16个具体准则的企业会计准则体系。这一体系与统一企业会计制度体系一起运行,形成了我国在21世纪初期会计发展的特色格局,改变了我国自1949年以来在计划经济体制下建立起来的会计框架体系,取代了分部门、分行业、分所有制"一统到底"的会计制度,彻底废除了"资金占用=资金来源"的会计等式,确立了资产、负债、所有者权益等会计要素,奠定了与我国社会主义市场经济体制相适应的会计模式基础,初步实现了我国会计制度与国际会计惯例的接轨,使得我国会计制度从形式上开始与国际会计标准趋同。

2.2.1.1 "两则"与"两制"

1992年,我国财政部以财政部令的形式陆续发布《企业会计准则》《企业财务通则》,并同时发布13项行业会计制度和10项行业财务制度,通称为"两则""两制"①。"两则""两制"的发布和实施,正式宣告我国自新中国成立以来借鉴苏联会计模式形成的、与计划经济体制相适应的"三段平衡"会计核算模式的结束,与市场经济体制相适应、与国际会计惯例初步接轨的会计核算模式初步确立。

1)《企业会计准则》(1992)和13项行业会计制度

为与国际会计惯例接轨,制定中国的企业会计准则,财政部于20世纪80年代中期即开启对会计准则的研究。财政部会计事务管理司于1988年9月成立会计准则组,借鉴我国20世纪80年代会计改革试点经验,着手研究《企业会计准则》。1992年11月,财政部发布《企业会计准则》,自1993年7月1日起施行。葛家澍(1993)高度评价《企业会计准则》(1992),认为"它结束了中国没有自己会计准则的历史,并为今后推动社会主义市场经济的发展制定一系列应用准则和会计制度开辟了道路"。

我国在企业会计准则体系建设之初,提出了财务会计体系设想:先建设基本准则,再建设具体准则,在建设基本准则的同时改革现存行业会计制度。根据我国现实国情,先建设基本准则规范分行业会计实务的建设构想,其利有三(葛家澍,1995):第一,可以使会计改革从会计制度走向会计准则,在整体上迈出重要一步;第二,继续发挥分行业会计制度的规范作用,不致立即引起会计改革的过大震荡,减少广大会计人员在准则接受方面的阻力;第三,考虑到当时财政部会计司人力和经验方面的不足,立即制定出一整套可取代行业会计制度的具体会计准则以指导企业各项会计业务存在实际困难。

基于上述考虑,自1992年12月起,依据会计准则的基本口径,借鉴中外合资经营企业会计制度模式,财政部将原有40多项部门会计制度按行业归类合并为13项行业会计制度②,以推动企业基本会计准则的贯彻落实。这13项行业会计制度主要包括:《工业企业会计制度》《商品流通企业会计制度》《运输(交通)企业会计制度》《交通运输(铁路)企业会计制度》《交通运输(民航)企业会计制度》《邮电通信企业会计制度》《旅游、饮食服务企业会计制度》《施工企业会计制度》《房地产开发企业会计制度》《农业企业会计制度》《金融企业会计制度》《保险企业会计制度》《对外经济合作企业会计制度》。这13项行业会计制度建立了资产、负债、所有者权益、收入、费用和利润等会计要素概念,基本统一了各行业的会计处理方法和程序,并在此基础上形成了以资产负债表、损益表、财务状况变动表为主要构成的财务报表体系。

2)《企业财务通则》(1992)和10项行业财务制度

在发布《企业会计准则》(1992)和13项行业会计制度的同时,财政部发布了《企业财务通则》以及《工业企业财务制度》《农业企业财务制度》等10项行业财务制度。

《企业财务通则》(1992)旨在规范企业财务行为,促进企业做好财务收支的计划、控制、核算、分析和考核工作,依法合理筹集资金,有效利用各项资产。该通则共有12章46条,主

---

① 新中国成立以来,我国在统一"财务和会计是两个独立学科"的认识基础上,形成了"财务定政策、会计管核算"的财务会计管理体系,财务通则和会计准则是企业财务、会计管理的两个基本法规(王方明,1997)。

② 1995年12月又发布了《勘察设计企业会计制度》。

要规范企业会计要素的确认、计量和报告,以及企业所得税前扣除标准等内容,具体包括:资金筹集,流动资产,固定资产,无形资产,递延资产和其他资产,对外投资,成本和费用,营业收入、利润及分配,外币业务,企业清算,财务报告与财务评价。

《企业财务通则》(1992)及10项行业财务制度在规范企业财务行为、理顺企业财务关系、强化企业财务管理、推进企业改革、改善宏观调控等方面创造了良好条件。然而,《企业财务通则》以及据此制定、颁布的行业财务制度,与《企业会计准则》(1992)、相关税法及《公司法》的重复程度达到70%~80%(张为国,1995)。作为财务会计管理体系中的重要法规,《企业财务通则》在社会主义市场经济体制改革和现代企业制度确立过程中起到了以下五个方面的积极成效(王方明,1997):第一,建立企业资本金制度,明确出资者权利和责任,打破固定资金和流动资金界限,取消专项资金,从而改革资金供应和管理体制。第二,改革固定资产投资和折旧回收制度,取消专户存储和大修理基金提取办法。第三,成本管理由以记账、算账、报账为主的核算型管理方式转变为以预测、决策、计划、控制、核算、分析评价等为主的经营型管理方式;建立坏账准备金制度、业务招待费提取制度、完善费用和资产摊销方法;理顺利息、地方税、社会劳动保险费、技术开发费等列支渠道。第四,完善企业利润分配制度和税后利润分配程序,规范国家、企业、投资者和职工四者的利益关系。第五,建立财务报告和财务指标评价体系。

2.2.1.2 企业会计准则体系架构

1997—2002年,为适应我国资本市场发展的需要,财政部在原"两则""两制"的基础上陆续发布并实施16项具体会计准则。它们与《企业会计准则》(1992)一起,初步形成包含基本准则、具体准则和应用指南三个层次的中国企业会计准则体系。企业会计准则的制定与实施考虑的是企业会计的对外信息服务职能(阎达五,1992)。因此,其主要目的在于规范企业对外会计报告的格式与内容,以及会计要素的确认、计量方法和口径。

1) 基本准则:《企业会计准则》(1992)

《企业会计准则》(1992)实质上已具备了基本会计准则的雏形,其作用与西方财务会计概念框架大致相同(葛家澍,1995)。《企业会计准则》共分10章66条,内容包括总则、一般原则、资产、负债、所有者权益、收入、费用、利润、财务报告、附则等部分,其典型特征主要体现在以下四个方面:第一,突出了会计四大假设,明确规定了国际通用会计核算方法——借贷记账法,但没能明确提出财务会计目标;第二,以会计核算一般原则的形式明确规定了会计信息的质量特征,包括客观性(真实性)、相关性、可比性、一致性、及时性、明晰性、权责发生制、配比、谨慎性、历史成本、划分收益性支出与资本性支出、重要性;第三,明确了会计六要素是资产、负债、所有者权益、收入、费用、利润,规定了会计要素基本分类和按大类的确认和计量,从根本上改革了传统会计制度中使用的"资金占用=资金来源"的会计公式,采用国际通行的"资产=负债+所有者权益"会计公式,将企业资金来源进一步划分为负债和所有者权益,明确了产权关系,建立了资本金制度;第四,采用国际通行财务会计报告体系,规定财务会计报告包括资产负债表、损益表、财务状况变动表(或者现金流量表)、附表及会计报表附注和财务情况说明书,凸显了对外财务会计报告的"对外"本质。

2) 16项具体准则

虽然《企业会计准则》(1992)以"准则"代替了分行业、分部门、分所有制的"分隔"的会计制度,在会计核算一般原则、基本假设、会计要素和财务报告等若干概念方面做出明确而统一的规范,为统一认识会计基本概念和统一规范会计行为提供了基本保证,但《企业会计准则》(1992)并未直接并具体地规范企业会计行为。在1992年初步形成的"两则""两制"会计制度格局中,具体会计准则的作用被13项行业会计制度取代。

葛家澍(1995,1997)提出,所谓具体会计准则,是指以基本准则为理论基础,跨越部门和行业界限,对企业中带有共性或具有特性的某个或几个会计业务在概念、概念的确认(recognition)、计量(measurement)、记录(recording)和披露(disclosure)方面一一加以具体规范。基本会计准则属于原则性规定,不能直接指导具体会计业务处理,其主要作用在于评估现有具体准则和发展新的具体准则。具体会计业务(交易、事项和情况)的处理,必须由具体会计准则来执行。具体准则提供的会计程序或方法可以是单一的,也可是多种方法的组合(其中,有的是基准方法,有的则是备选方法)。在整个会计准则体系中,具体会计准则是重要且不可或缺的组成部分,是会计准则体系的主体,是财务会计确认、计量和披露的规范,是关于企业应当如何在财务报表上反映具体种类的交易和其他事项的权威表述。会计准则应用指南说明具体会计准则的各个部分,加上必要举例,可提高会计准则的可操作性。

1997年,鉴于当时中国沪深两市资本市场的发展背景和国情,财政部发布并实施第1项具体会计准则——《关联方关系及其交易的披露》。截至2001年11月,财政部共发布16项具体准则,在上市公司或其他企业实施。表2-4列示了1997—2001年财政部颁布的16项具体准则,这16项具体准则根据《企业会计准则》(1992)的原则性要求,对会计核算业务做出具体规定。与我国国情相适应,每项具体准则均包括准则正文和指南两部分,指南是对准则正文所作的解释,与正文一样具有法律效力。

表2-4 1997—2001年颁布的具体会计准则

序号	准则名称	发布时间	实施时间	备注
1	关联方关系及其交易的披露	1997.5	1997.1	
2	现金流量表	1998.3	1998.1	2001年修订
3	资产负债表日后事项	1998.5	1998.1	
4	债务重组	1998.6	1999.1	2001年修订
5	收入	1998.6	1999.1	
6	投资	1998.6	1999.1	2001年修订
7	建造合同	1998.6	1999.1	
8	会计政策、会计估计变更和会计差错更正	1998.6	1999.1	
9	非货币性交易	1999.6	2000.1	2001年修订
10	或有事项	2000.4	2000.7	
11	无形资产	2001.1	2001.1	
12	借款费用	2001.1	2001.1	
13	租赁	2001.1	2001.1	

(续表)

序号	准则名称	发布时间	实施时间	备注
14	中期财务报告	2001.11	2002.1	
15	存货	2001.11	2002.1	
16	固定资产	2001.11	2002.1	

资料来源：根据财政部相关公告整理编制。

知识链接

为什么我国发布的第一个具体准则是《关联方关系及其交易的披露》？

20世纪90年代末，我国新兴资本市场在运行中出现很多问题，其中很多与会计相关。"琼民源"案是第一个和会计有关的上市公司造假案。"琼民源"造假的主要操作方法是利用关联交易虚增利润。这一案件在当时资本市场上引起轩然大波，导致股票交易价格一落千丈。为规范上市公司会计行为，促进资本市场有效运行，我国第一个具体准则便从规范关联方交易及其信息披露开始了。

事实上，20世纪90年代我国经济体制转轨过程中，资本市场的不完善导致一些与国际会计准则趋同的具体准则在执行中成为盈余操纵的工具。这也是我国在1998年发布《债务重组》、1999年发布《非货币性交易》准则后，短短两三年后便在2001年开始对其进行重大修订的原因，这次修订将两项准则中应用的公允价值计量取消，重新采用账面价值计量。

2.2.2 企业会计制度体系的完善

世纪之交，随着我国经济体制改革的深入，会计信息服务对象逐步扩大。为了统一会计信息发布口径，保证企业披露的财务会计报告的真实和完整，提升会计信息披露质量，2000年6月，国务院以287号令的形式发布《企业财务会计报告条例》，用以规范财务会计信息的报告内容和形式。该条例重新界定了资产、负债、所有者权益、收入、费用和利润等会计六要素内核，规范了企业财务会计报告的主表、附注与财务情况说明书三层次结构，明确了会计报表编制要求和财务会计信息公开披露要求。《企业财务会计报告条例》的发布和实施，为我国后续颁布实行的企业会计制度体系奠定了行政基础和业务基础。

为打破行业、企业性质的会计核算界限，实施统一会计标准，进一步提升会计信息质量，2000年12月，以《中华人民共和国会计法》(1999)和《企业财务会计报告条例》为依据，财政部出台《企业会计制度》(2001)。该制度于2001年首先在股份有限公司执行，2002年在所有外商投资企业执行，鼓励国有企业执行。同时，财政部要求国资委监管的所有中央企业在2005年年底之前全面执行该制度。与1992年我国企业会计改革形成的13个行业会计制度相比较，《企业会计制度》(2001)中的重大会计改革主要表现在以下方面：第一，改变了传统企业会计制度的编排体系，将会计要素确认、计量、记录、报告全过程的一般性要求和具体会计科目、会计报表内涵及示例综合规范融为一体，便于实务操作；第二，增加了实质重于形式的会计原则，按照《企业财务会计报告条例》重新界定的会计要素内核，围绕"经济利益"定义会计要素；第三，以《会计法》(1999)为依据，全面贯彻会计信息的谨慎性原则，规定企业可以计提坏账准备、短期投资跌价准备、存货跌价准备、长期投资减值准备、固定资产减值准备、无形资产减值准备、在建工程减值准备、委托贷款减值准备等八项资产减值准备；第四，将当时实践证明已较为成熟的企业会计准则内容纳入会计制度，如非货币性交易、或有事项、会计调整、关联方关系及其交易等，部分引入公允价值计量属性，实现了与国际会计准则的初步协调；第五，调整部分会计科目的名称和内容，调整规范会计报表体系，扩大企业会计政策选择的自主权。《企业会计制度》(2001)包括了较多涉及会计人员根据经验和会计专业知识进行具体业务处理的规定，给予了会计实务工作者职业判断空间，可以更好地发挥会计人员在企业经济管理工作中的主观能动作用。

《企业会计制度》(2001)的颁布和实施，在实现与国际会计惯例"协调"的同时，①解答了自 20 世纪 80 年代末我国开始研究制定企业会计准则以来一直在讨论的一个关键性问题：有了企业会计准则，是否还需要企业会计制度？正如葛家澍(1995，1997)指出的，我国将建立的是一个既符合国际惯例又有中国特色的会计准则体系，它在《会计法》的指导下，以会计准则为核心，以会计准则指南为补充。在过渡时期，还应同时采用相关的行业会计制度。

具体会计准则与行业会计制度在内容上各有侧重、略有交叉，两者相辅相成，企业应当结合使用：具体会计准则主要规范企业有关会计事项的确认、计量和报告，以及必须加以规范的会计政策，针对的是各行业共有或少数行业（企业）特殊会计业务（事项），多为确认、计量和信息列报等方面的横向跨部门、跨行业规定，一般不涉及账户设置、使用和具体账务处理；而行业会计制度是就某一行业中的每个企业应当设置的会计科目（账户）及其使用说明和应当编报的会计报表及其编报说明所作的纵向规定。在坚持具体会计准则可以替代行业会计制度的同时，张福康(1996)认为，在特定历史条件下，在所有具体会计准则尚未颁布实施之前，不能取消行业会计制度。

由于银行、保险公司、证券公司、投资公司和基金公司等金融机构的业务比较特殊，2001 年 11 月，财政部颁布《金融企业会计制度》。为规范小企业会计核算行为，2004 年 4 月，财政部颁布《小企业会计制度》。至此，1992 年形成的 13 个行业会计制度体系简化为包括《企业会计制度》《金融企业会计制度》《小企业会计制度》三个制度在内的企业会计制度体系，基本覆盖全国各行各类企业。考虑到我国国情，为满足各行业、各企业特殊业务的要求，财政部专门拟定了特殊业务的专门核算办法，如《公交企业成本核算办法》《商品购销存核算办法》《进出口业务核算办法》《房地产商品开发核算办法》等，作为企业会计制度体系的补充。

2.3　2003—2007 年，我国企业会计准则体系形成期

2001 年 12 月，我国正式成为世界贸易组织(World Trade Organization，简称 WTO)成员。2003 年，党的十六届三中全会通过完善社会主义市场经济体制的决定，明确提出实施"走出去"战略，推进产权制度改革，建立以公司制为主要形态的现代企业制度。国际经济一体化进程的加快和中国有特色社会主义市场经济的全面发展意味着深化我国企业会计制度

---

① 会计界人士普遍认为，在我国会计国际化进程中，《企业会计制度》(2001)是实现我国会计制度规范与国际会计准则"协调"的里程碑。

体系改革、缩小我国企业会计制度规范与国际会计惯例差距的要求日益迫切。促进中国企业国际化发展,研究制定与我国国情相适应并与国际惯例相协调的企业会计准则体系,实现我国企业会计制度规范从"形式"上的国际趋同向"实质"上的国际趋同的迈进,始终是我国企业会计准则体系建设的目标。企业会计准则建设不变的主旋律是提高企业会计信息质量,最大限度地满足投资者、债权人、政府有关部门和企业管理层等有关方面对会计信息的需求,规范企业会计行为和会计工作秩序,维护社会公众利益。

2.3.1 2006企业会计准则体系建设的目标和理念

世纪之初,我国财政部以我国加入世界贸易组织为契机,积极参加国际会计事务,并争取在国际会计准则制定机构中占据一席之地。与此同时,为全面适应我国市场经济的发展和深化对外开放的国情,构建适应新形势下国内外经济环境的中国企业会计准则体系的时机已然成熟。在总结20世纪90年代我国会计改革和准则制定经验的基础上,财政部于2003年完成会计准则委员会的重大改组,建立全新工作机制。2003年、2004年,会计准则委员会委员们分别主持几十项会计准则研究课题,研究基本准则和多项具体准则的制定和修订。2005年年初,财政部开始启动新会计准则体系建设,至2005年年底陆续发布了21项企业会计准则征求意见稿,修订了17项现行企业会计准则。2005年11月,我国与国际会计准则理事会(IASB)签订"中国会计准则委员会秘书长——国际会计准则理事会主席联合声明",随即国际会计准则理事会(IASB)承认我国2006企业会计准则与国际财务报告准则(International Financial Reporting Standards,简称IFRSs)的实质性趋同,我国2006企业会计准则体系框架基本确立。2006年2月15日,我国2006新企业会计准则体系正式发布,共包括1项基本准则和38项具体准则,并自2007年1月1日开始在上市公司实施。2006企业会计准则体系的发布与实施,在我国会计规范体系建设史上是一个里程碑式事件,是我国会计理论与实务研究取得成果的综合体现,标志着中国会计准则体系的初步完成(葛家澍,2006),其范围之广、程度之深,史无前例。2006企业会计准则体系既实现了与国际财务报告准则(IFRSs)的实质性趋同,又满足了我国社会主义市场经济发展的现实需要,凸显了我国会计系统作为国际通用商业语言的功能,并对国际会计准则体系的制定与完善产生了重要影响。

2.3.1.1 2006企业会计准则体系建设的目标

2006会计准则体系建设的目标是构建起符合我国社会主义市场经济发展要求、与我国国情相适应、同时又充分与国际财务报告准则趋同、涵盖各类企业各项经济业务、可独立实施的准则体系。

1992—2002年,我国初步形成会计准则与会计制度并行的会计发展格局。从某种意义上看,会计制度涵盖范围广泛、内容全面、更具有约束力。完善的会计准则体系应当在范围、内容和约束力方面都有所改善。作为国家社会规范乃至强制性规范的重要组成部分,会计准则体系应能发挥其在社会经济活动中的重要作用。企业会计准则应当具备以下几个条件(王军,2007):第一,企业会计准则应当是反映经济活动、确认产权关系、规范收益分配的会计技术标准,及生成会计信息的重要依据;第二,企业会计准则应当是资本市场的一种重要游戏规则,是实现社会资源优化配置的重要依据;第三,企业会计准则应当是政府规范经济秩序和从事国际经济交往的重要手段。在完善的会计准则体系下,会计制度应起到会计准则操作指南的作用,主要规范会计科目和会计报表形式,指导细节性会计处理。

在2006会计准则体系与国际财务报告准则(IFRSs)的趋同方面,中国会计准则委员会与国际会计准则理事会(IASB)于2005年11月达成三方面的趋同共识:第一,中国将国际趋同作为中国会计准则制定工作的目标之一,但具体趋同方式由中国确定;第二,确认中国会计准则与国际财务报告准则仅在关联方认定、资产减值损失转回等极少数问题上存在差异,中国会计准则实现了与国际财务报告准则的趋同;第三,国际会计准则理事会(IASB)确认了中国会计准则中对中国特殊情况和环境下一些会计问题的处理原则和规范,包括关联方关系及其交易的披露、公允价值计量以及同一控制下的企业合并。IASB认同,在这些会计问题上,中国可以对其寻求高质量的国际财务报告准则解决方案提供非常有价值的帮助。

2.3.1.2 2006企业会计准则体系建设的理念

2006企业会计准则体系的制定坚持了"以原则为导向"的会计准则制定理念,采取了务实开放和双向努力的国际趋同战略,制定出高水平的会计准则体系(王军,2007)。在其建设中,贯彻了以下原则和理念:

(1) 确定了会计准则体系的法律定位。中国企业会计准则体系属于中国法规体系的一个组成部分,具有强制性特征,企业必须执行。其中,基本准则属于部门规章,由财政部以部长令形式签署公布;具体准则、准则应用指南和准则解释属于规范性文件,由财政部以财会字文件形式印发。

(2) 明确了会计准则体系的服务对象。会计准则作为企业重要的管理制度,其规定的一系列会计政策应在规范企业会计行为、提高企业会计信息质量、避免企业出现虚增利润超前分配和短期经营行为等方面发挥作用,有利于企业可持续发展,有利于投资者决策。为此,依据会计准则编制的会计信息应是高质量的,可满足投资者对可持续投资的信息需求。

(3) 会计准则体系的内容既实现了与国际财务报告准则实质上的趋同,又反映了中国具体国情和形势。在国际会计惯例中,企业会计准则体系的核心是会计确认、计量和报告:会计确认解决定性问题;会计计量解决定量问题,即在确认基础上确定金额;会计确认和计量构成会计政策的主要内容;会计报告是会计确认、计量的结果,是连接企业和投资者等企业会计信息使用者的信息载体和桥梁。中国会计准则体系不仅遵循国际会计惯例,规定了会计要素和主要经济业务的确认、计量和报告,同时考虑中国国情,兼顾了会计纪录的要求。会计记录是在会计确认和计量基础上对经济业务事项运用会计科目进行账务处理的方法。我国传统会计制度一般包括基本制度、会计科目和会计报表形式两大主要部分,将会计确认、计量、记录和报告融为一体。我国2006企业会计准则体系将对会计确认、计量和报告的规定作为准则体系的正文,同时根据会计准则正文规定了156个会计科目及主要账务处理,作为准则应用指南的附录。

(4) 2006企业会计准则体系贯彻资产负债表观,有限度地引入公允价值计量,并凸显了财务报告的地位和作用,对会计人员的职业判断和综合能力提出了更高要求。

相对于利润表观而言,资产负债表观强调企业增加财富不应简单关注利润变化,而应关注净资产的变化,关注期末净资产和期初净资产相比是否真正增加。企业真正的利润和亏损本质上是净资产的增加和减少,会计最核心的理念是把握预期经济利益。企业会计准则体系强调财务会计报告在资产负债表日对企业财务状况的真实反映。会计准则的制定自利润表观转向资产负债表观,不仅表现为一种会计理念的变化,而且也是一种对企业增长理念变化的反应。资产负债表观更为强调企业盈利模式和资产营运效率,而不仅仅是效果,更关注企业以后的增长潜能,而不仅仅是对历史的核算和反映。它更重视资产质量以及揭示可能存在的风险、权利、义务。

在资产负债表观下,公允价值计量具有更好的相关性。2006企业会计准则体系虽然依旧以历史成本为主,但其适度、谨慎引入了公允价值计量属性,如在长期股权投资、债务重组、非货币性交易、投资性房地产、生物资产、资产减值、企业年金、股份支付、收入、政府补助、企业合并、租赁、金融工具确认和计量、金融资产转移、套期保值、石油天然气开采、金融工具列报等17项准则中都出现了公允价值计量的影子。

财务会计报告是会计确认、计量和报告的结果,是会计信息使用者的信息载体。在2006企业会计准则体系中,财务会计报告地位凸显,在基本准则中独占一章,如表2-6所示,在38项具体准则中,财务报告类准则占据8项。

2.3.2 2006企业会计准则体系的框架结构

2006年2月15日,我国发布的企业会计准则体系包括1项基本准则和38项具体准则,包括三个层次:基本准则、具体准则以及企业会计准则应用指南和解释。

2.3.2.1 基本准则(2006)

在我国会计准则体系中,基本准则是企业会计准则体系的概念基础,其与西方财务会计概念框架内容类似,但具有鲜明中国特色,在整个企业会计准则体系中起统驭作用,是具体准则、会计准则应用指南和解释的制定依据。

《企业会计准则——基本准则》(2006)是在我国《企业会计准则》(1992)的基础上,借鉴国际会计惯例、结合我国国情发展起来的。《企业会计准则——基本准则》(2006)包括总则、会计信息质量要求、资产、负债、所有者权益、收入、费用、利润、会计计量、财务会计报告和附则等11章共50条,主要规范财务会计报告目标、会计基本假设、会计信息质量要求、会计要素的确认和计量原则,以及财务会计报告等基本会计概念和原则性问题。其作用主要有二:第一,指导具体准则的制定,以确保各具体准则的内在一致性;第二,为尚未有具体准则规范的会计实务问题提供会计处理原则依据。

《企业会计准则——基本准则》(2006)的修订决策是国家根据国内外形势发展需要作出的,充分考虑了《企业会计准则》(1992)的实施经验,在多方面把原则创新和国际趋同结合起来,是协调、连贯和内在一致的规则(葛家澍,2006)。该准则的主要特征体现在以下六个方面:

第一,总则第二条明确规定了基本准则在会计准则体系中的地位和作用,"企业会计准则包括基本准则和具体准则,具体准则的制定应当遵循本准则"。

第二,总则第四条首次提出财务会计报告目标,并采用了决策有用观与受托责任观相结合的观点,即"财务会计报告的目标是向财务会计报告使用者提供与企业财务状况、经营成果和现金流量等有关的会计信息,反映企业管理层受托责任履行情况,有助于财务会计报告使用者作出经济决策"。同时,其明确了财务会计报告使用者包括"投资者、债权人、政府及其有关部门和社会公众等"。

第三,总则第十条和第十一条首次明确表述了会计六要素及要素的确定原则,"企业应当按照交易或者事项的经济特征确定会计要素。会计要素包括资产、负债、所有者权益、收入、费用和利润",为第三章、第四章、第五章、第六章、第七章和第八章会计要素的确认原则奠定了概念基础；而第三章至第八章关于会计要素的确认规定统一采用了要素定义和确认标准的规范形式，体现了我国基本准则的又一鲜明特色。

> **知识链接**
>
> **《企业会计准则——基本准则》(2006)中关于资产要素之规定**
>
> 第三章包括第二十条、第二十一条和第二十二条共三条规定，具体如下：
>
> 第二十条 资产是指企业过去的交易或者事项形成的、由企业拥有或者控制的、预期会给企业带来经济利益的资源。
>
> 前款所指的企业过去的交易或者事项包括购买、生产、建造行为或其他交易或者事项。预期在未来发生的交易或者事项不形成资产。
>
> 由企业拥有或者控制，是指企业享有某项资源的所有权，或者虽然不享有某项资源的所有权，但该资源能被企业控制。
>
> 预期会给企业带来经济利益，是指直接或者间接导致现金和现金等价物流入企业的潜力。
>
> 第二十一条 符合本准则第二十条规定的资产定义的资源，在同时满足以下条件时，确认为资产：
>
> （一）与该资源有关的经济利益很可能流入企业；
>
> （二）该资源的成本或者价值能够可靠地计量。
>
> 第二十二条 符合资产定义和资产确认条件的项目，应当列入资产负债表；符合资产定义、但不符合资产确认条件的项目，不应当列入资产负债表。
>
> 确认会计要素，一是要识别，即交易或事项发生时的初始确认；二是要在财务报表中加以再确认。《企业会计准则——基本准则》(2006)将资产确认的定义和确认条件写在一起，顺理成章，便于财务会计人员应用。

第四，突出了会计信息的质量要求，不再以"会计核算一般原则"的形式描述会计信息质量特征。《企业会计准则——基本准则》(2006)第二章"会计信息质量要求"中第十二条至第十九条虽然没有提出西方会计惯例中的相关会计信息质量特征术语，但明确表述会计信息的可靠性、相关性、可理解性、可比性、实质重于形式、重要性、谨慎性和及时性的八大质量要求，在提出八条会计信息质量要求的同时，提出为保证会计信息质量而必须遵守的若干基本概念，如第十二条关于可靠性的表述包含如实反映、真实可靠和内容完整这些基本概念。

第五，首次在会计准则体系提出了会计计量属性的概念范畴，规范了五大计量属性，即历史成本、重置成本、可变现净值、现值和公允价值。其中，历史成本作为对以往实际成本或原始成本的描述，首次出现在中国会计准则体系中。

第六，凸显了财务会计报告的作用。与《企业财务会计报告条例》(2000)一致，本次基本准则修订中，将"财务报告"统一修订为"财务会计报告"的表述，并增加"披露"术语概念，完善了关于信息"列报""确认"和"披露"的表述。表2-5描述了《企业会计准则——基本准则》(2006)第十章"财务会计报告"规范的财务会计报告构成及其确认和披露属性。

表 2-5 财务会计报告构成

构成分类				确认与披露
财务会计报告	财务报表	会计报表	资产负债表	确认
			利润表	
			现金流量表[1]	
		会计报表附注		披露
	其他财务会计报告			

注:1.《企业会计准则——基本准则》(2006)提出,小企业编制的会计报表可以不包括现金流量表。
资料来源:根据《企业会计准则——基本准则》(2006)分析编制。

2.3.2.2 具体准则(2006)

具体准则依据基本准则制定,主要规范企业具体交易或事项的确认、计量和报告,为企业会计实务处理提供具体而统一的标准。2006年2月,财政部一次性正式颁布38项具体会计准则,表2-6列示了38项具体准则名称及其分类。如表2-6所示,这38项具体准则分为一般业务准则、特殊行业特定业务准则和报告类准则三类,基本涵盖了中国各类企业各类经济业务的会计处理:第一,一般业务准则,主要规范各类企业的一般经济业务的确认和计量,具有普遍适用性。存货、固定资产、投资、无形资产、资产减值、借款费用、收入、外币折算等准则项目都属于一般业务范畴。第二,特殊行业特定业务准则,主要规范特殊行业中特定业务的确认和计量。石油天然气、生物资产、金融工具确认和计量、保险合同等准则项目都属于特殊行业的特定业务范畴。第三,报告类准则,主要规范各类企业通用的报告。财务报表列报、现金流量表、合并财务报表、中期财务报告、分部报告、每股收益等准则项目均属于报告类范畴。

表 2-6 我国 38 项具体会计准则(2006)及其分类

序号	类别	具体准则项目
1	一般业务准则	CAS 1 存货
2		CAS 2 长期股权投资
3		CAS 3 投资性房地产
4		CAS 4 固定资产
5		CAS 6 无形资产
6		CAS 7 非货币性资产交换
7		CAS 8 资产减值
8		CAS 9 职工薪酬
9		CAS 10 企业年金
10		CAS 11 股份支付
11		CAS 12 债务重组
12		CAS 13 或有事项
13		CAS 14 收入

(续表)

序号	类别	具体准则项目
14	一般业务准则	CAS 15 建造合同
15		CAS 16 政府补助
16		CAS 17 借款费用
17		CAS 18 所得税
18		CAS 19 外币折算
19		CAS 20 企业合并
20		CAS 21 租赁
21		CAS 28 会计政策、会计估计变更和差错更正
22		CAS 29 资产负债表日后事项
23		CAS 38 首次执行企业会计准则
24	特殊行业特定业务准则	CAS 5 生物资产
25		CAS 22 金融工具确认与计量
26		CAS 23 金融资产转移
27		CAS 24 套期保值
28		CAS 25 原保险合同
29		CAS 26 再保险合同
30		CAS 27 石油天然气开采
31		CAS 37 金融工具列报[1]
32	报告类准则	CAS 30 财务报表列报
33		CAS 31 现金流量表
34		CAS 32 中期财务报告
35		CAS 33 合并财务报表
36		CAS 34 每股收益
37		CAS 35 分部报告
38		CAS 36 关联方披露

注:1. CAS 37《金融工具列报》也具有报告类准则的实质。
资料来源:根据38项具体会计准则内容分析编制。

在38项具体会计准则中,16项为对2002年之前颁布的具体准则项目的修订,22项为新出台的具体准则。不管是修订的16项老准则,还是全新出台的22项准则,均在实现与国际财务报告准则实质性趋同的同时,考虑了我国社会主义市场经济特征、资本市场完善程度等现实国情,基本形成了一套比较完善的、能够适应经济全球化趋势、具有中国特色的具体会计准则体系。其中,与国际财务报告准则的差异主要包括以下几个方面:

第一,关于关联方的认定问题。国际会计准则IAS 24《关联方披露》将同受国家控制的企业均视为关联方,将它们之间发生的交易认定为关联方交易,要求企业在财务会计报告中予以披露。这一规定不符合我国现实国情。因此,我国 CAS 36《关联方披露》规定"仅仅同受国家控制而不存在其他关联关系的企业,不构成关联方",即企业之间如果没有投资等纽带关系则不构成关联企业,从而限定了国家控制的企业构成关联方的范围,降低了企业披露成本。[①]

第二,关于长期资产减值准备转回问题。国际会计准则 IAS 36《资产减值》规定,如果有迹象表明已确认的资产减值损失可能不再存在或已减少,资产账面金额应增至可收回金额,即资产减值准备在符合条件时可以转回,计入当期损益(但国际会计准则不允许转回商誉减值损失)。我国企业会计准则之所以与国际会计准则有差异,原因有二:一是我国财政部在征求意见后认为长期资产计提减值准备后价值恢复的可能性极小甚至不存在;二是为防止企业利用资产减值准备操纵利润。因此,我国 CAS 8《资产减值》规定,固定资产、无形资产等非流动资产减值准备一经提取不得转回。

第三,关于同一控制下的企业合并。国际财务报告准则 IFRS 3《企业合并》仅规定了企业合并的购买法,取消了权益结合法。其认为企业合并只包含没有任何关联的合并行为,应以公允价值为计量基础。在我国特殊的经济环境下,大多数企业合并重组类似股权联营,并且往往不是企业之间独立完成的。因此,如果不对其加以规定,就会出现会计规范的空白。因此,我国 CAS 20《企业合并》规范了同一控制下企业合并的确认、计量和报告,采用类似于权益结合法的会计处理方法,以账面价值为基础计量。同时,鉴于我国国情,我国 CAS 20《企业合并》规定,同受国家控制的企业之间发生的合并,不应仅仅因为参与合并各方在合并前后同受国家控制而将其作为同一控制下的企业合并。

2.3.2.3 企业会计准则应用指南和解释

企业会计准则应用指南是对具体会计准则相关条款的细化,以及对有关重点难点问题提供的操作性规定。它还在附录中提供了会计科目,列示了主要账务处理示范等。2006年10月,财政部印发《企业会计准则——应用指南》,规定执行《企业会计准则——应用指南》的企业,不再执行现行企业会计准则(指旧的企业会计准则体系)、《企业会计制度》《金融企业会计制度》和各项专业核算办法和问题解答。

企业会计准则解释是主要针对企业会计准则实施中遇到的问题所作出的解释。2007年11月,财政部印发第1号企业会计准则解释。

会计准则应用指南和解释为企业执行会计准则提供了具体的操作性规范。

2.4　2007年至今,我国企业会计准则体系完善期

我国于2006年年初初步建成与国际财务报告准则趋同的企业会计准则体系。自2007年起,这一体系在上市公司开始实施,自2008年起实施范围逐步扩大到所有非上市中央国有企业和所有非上市金融机构。至2009年11月,全国35个省(自治区、直辖市)的大中型企业全部执行2006企业会计准则。2006企业会计准则体系[②]在我国上市公司和其他大中型企业的持续、平稳、有效实施,在明确企业市场主体地位、完善社会主义市场经济规则

[①] 这项差异已随着国际财务报告准则的相关修订而消失。
[②] 2006会计准则体系于2007年在上市公司运行后,财政部经过3年跟踪分析,认为中国会计准则得到了持续、平稳、有效的实施,国际会计准则理事会(IASB)和世界银行等国际组织予以充分肯定。

方面发挥了重要作用,为进一步推动会计国际趋同、持续提高我国财务会计信息质量创造了良好的国内条件。2007年,财政部开始推动内地与中国香港地区会计准则等效,并在同年实现内地与香港企业会计准则等效互认。2008年,财政部开始推动中国与欧盟会计准则等效互认。2012年,欧盟《欧盟委员会实施决定》(2012,194号)认定中国企业会计准则与国际财务报告准则等效,我国《中华人民共和国财政部公告》认定欧盟成员方上市公司在合并财务报表层面所采用的国际财务报告准则与中国企业会计准则等效。2019年,瑞士国家证券交易所监管委员会修订《财务报告指令》,认可在瑞士证券交易所交易(含发行)证券的境外注册发行人采用中国企业会计准则。2021年财政部发布《关于中瑞会计准则等效的公告》,说明瑞士境内注册发行人采用的国际财务报告准则与中国企业会计准则等效。会计准则等效为我国企业参与国际资本市场、双边国际资本流动以及国际贸易和跨境服务等扫清了规则性障碍,为我国企业"走出去"创造了良好的外部条件。

与此同时,产生于美国次贷危机的2008年全球金融危机对国际会计发展产生了重大影响。国际会计准则理事会(IASB)根据二十国集团(G20)和金融稳定理事会(FSB)的倡议,积极研究金融危机中暴露的会计准则问题,以提升现有准则质量。[①] 国际会计准则理事会修订、废止了多项国际财务报告准则和国际会计准则,包括金融工具、合并报表、公允价值计量、收入、租赁等,国际财务报告准则体系发生重要变化。我国财政部一方面根据二十国集团和金融稳定理事会对会计准则的意见,深入参与国际会计准则理事会重大准则项目修订,尽可能督促国际会计准则理事会充分考虑我国等新兴国家的实际情形;另一方面,财政部考虑到我国新兴市场的经济特点,在会计准则全面国际趋同的基础上,进一步完善我国企业会计准则体系。表2-7描述了我国2007—2022年颁布和修订的具体会计准则项目及其对应的国际财务报告准则项目。

表2-7 2007—2022年我国发布、修订的企业会计准则及其对应国际财务报告准则

	序号	中国会计准则		对应的国际财务报告准则	
		准则项目	发布时间(年)	准则项目	发布时间(年)
发布的具体准则项目	1	CAS 39 公允价值计量	2014	IFRS 13 公允价值计量	2011
	2	CAS 40 合营安排	2014	IFRS 11 合营安排	2011
	3	CAS 41 在其他主体中权益的披露	2014	IFRS 12 在其他主体中权益的披露	2011
	4	CAS 42 持有待售的非流动资产、处置组和终止经营	2017	IFRS 5 持有待售的非流动资产和终止经营	2004
发布		小企业会计准则	2011	中小主体国际财务报告准则	2009

[①] 2008年11月,二十国集团领导人在华盛顿召开会议,要求国际会计准则理事会和国际会计准则委员会基金会改进其治理结构以承担全球受托责任。国际会计准则理事会研究了一系列应对金融危机的举措,包括修订金融工具、公允价值计量、表外项目等会计准则,提出了建立全球统一高质量会计准则的倡议。2009年4月,二十国集团伦敦峰会重申上述倡议。2009年6月,金融稳定论坛(FSF)改组形成金融稳定理事会(FSB),其任务之一是监督会计准则修订进展以及各成员方对公开国际财务报告准则在内的12套关键国际监管标准的执行情况。

(续表)

	修订	基本准则	2014		
	序号	准则项目	修订时间（年）	准则项目	发布时间（年）
修订的具体准则项目	1	CAS 2 长期股权投资	2014	IFRS 10 合并财务报表 IFRS 11 合营安排 IFRS 12 在其他主体中权益的披露	2011
	2	CAS 9 职工薪酬	2014	IAS 19 雇员福利	2001[1]
	3	CAS 30 财务报表列报	2014	IAS 1 财务报表列报	2001
	4	CAS 33 合并财务报表	2014	IFRS 10 合并财务报表	2011
	5	CAS 37 金融工具列报	2014	IFRS 7 金融工具：披露	2005
		CAS 37 金融工具列报	2017		
	6	CAS 14 收入	2017	IFRS 15 源自客户合同的收入	2014
	7	CAS 16 政府补助	2017	IAS 20 政府补助的会计和政府援助的披露	2001
	8	CAS 22 金融工具确认和计量	2017	IFRS 9 金融工具	2014
	9	CAS 23 金融资产转移	2017		
	10	CAS 24 套期会计	2017		
	11	CAS 21 租赁	2018	IFRS 16 租赁	2016
	12	CAS 7 非货币性资产交换	2019	IAS 16 不动产、厂房及设备 IAS 38 无形资产 IAS 40 投资性房地产	2001
	13	CAS 12 债务重组	2019	IAS 39 金融工具：确认和计量	2001
	14	CAS 25 保险合同	2020	IFRS 17 保险合同	2017

注：1. 国际会计准则委员会（IASC）发布的国际会计准则 IAS 系列，均于 IASC 在 2001 年改组为国际会计准则理事会（IASB）后确认，因此，本表中 IAS 发布时间均采用 2001 年。

资料来源：根据中国企业会计准则体系与国际会计准则和国际财务报告准则分析编制。

2.4.1 发布 CAS 39《公允价值计量》等具体准则与《小企业会计准则》

2007 年至今，在原有 38 项具体准则的基础上，我国财政部陆续发布 CAS 39《公允价值计量》等 4 项具体准则（表 2-7），分别对公允价值计量、合营安排、在其他主体中权益的披露以及持有待售非流动资产等的会计确认、计量和报告进行规范。同时，财政部借鉴国际财务报告准则对小企业会计处理的规范，颁布《小企业会计准则》，进一步完善了企业会计准则体系。

1）关于 CAS 39《公允价值计量》

我国 2006 企业会计准则体系中关于公允价值计量之规定散见于相关准则之中。2011 年 5 月，国际会计准则理事会（IASB）发布第 13 号国际财务报告准则 IFRS 13《公允价值计量》,明确了非活跃市场条件下的公允价值计量原则,统一了国际财务报告准则体系内的公允价值计量规定。2014年7月,财政部颁发CAS 39《公允价值计量》,规范了公允价值的定义、计量和披露,确定了公允价值计量的三个层次。

2) 关于CAS 40《合营安排》和CAS 41《在其他主体中权益的披露》

在我国2006企业会计准则体系中,CAS 2《长期股权投资》(2006)是将国际会计准则IAS 27《合并财务报表和子公司投资会计》、IAS 28《联营中的投资》以及IAS 31《合营中的权益》中相关内容重新整合后形成的,符合当时我国会计实务的需要。2011年,国际会计准则理事会(IASB)发布国际财务报告准则IFRS 11《合营安排》和IFRS 12《在其他主体中权益的披露》,取代了IAS 27、IAS 28、IAS 31。鉴于国内外经济形势的变化,我国于2014年颁布CAS 40《合营安排》和CAS 41《在其他主体中权益的披露》,与2014年修订的CAS 2《长期股权投资》一起,共同规范了控制、共同控制和重大影响这三种情况下企业权益性投资的确认、计量和报告问题。

3) 关于CAS 42《持有待售的非流动资产、处置组和终止经营》

国际会计准则理事会(IASB)在2004年即发布IFRS 5《非流动资产、持有待售和终止经营》,但在我国2006企业会计准则体系中,没有专门准则规范持有待售的非流动资产和终止经营业务的会计处理,对这一类业务的会计处理散见于《固定资产》《财务报表列报》等相关准则。2017年,我国发布CAS 42《持有待售的非流动资产、处置组和终止经营》,用于单独规范持有待售的固定资产、无形资产等非流动资产,以及划分为准备出售的企业车间、分部和子公司等终止经营的会计处理,规定企业应将这一类业务涉及的非流动资产及处置组转出作为流动资产管理,停止计提折旧或摊销,采用账面价值与公允价值减去销售费用后净额孰低计量,账面价值高于公允价值减去出售费用后净额的,应将账面价值减记至公允价值减去出售费用后净额,减记金额确认为资产减值损失计入当期损益。

4) 关于《小企业会计准则》

2009年7月,国际会计准则理事会(IASB)发布《中小主体国际财务报告准则》,为没有公众受托责任但需披露财务报告的企业提供了一套简化版国际财务报告准则。2011年10月,借鉴国际会计准则理事会的经验和我国具体国情,财政部发布《小企业会计准则》,于2013年1月1日起在小企业范围内施行,鼓励小企业提前执行,同时废止2004年发布的《小企业会计制度》。

2.4.2 修订金融工具会计准则等多项会计准则

2009—2020年,国际会计准则理事会在制定颁布国际财务报告准则IFRS 9《金融工具》和IFRS 17《保险合同》的同时,多次修订多项现行国际会计准则和国际财务报告准则。这一期间,如表2-7所示,我国财政部也在不断变化的环境中陆续修订《企业会计准则——基本准则》[①]和十余项具体准则,以实现与国际财务报告准则的持续全面趋同,推动中国资本市场有序稳定持续发展。

2.4.2.1 CAS 22《金融工具确认与计量》等四项金融工具会计准则的修订

我国2006会计准则体系首次以4个具体准则规范了金融工具会计处理问题,以公允价

---

① 2014年修订后的《企业会计准则——基本准则》与2006《企业会计准则——基本准则》相比变化不大,主要将2006《企业会计准则——基本准则》中的第四十二条第五项关于公允价值的定义修改为:"在公允价值计量下,资产和负债按照市场参与者在计量日发生的有序交易中,出售资产所能收到或者转移负债所需支付的价格计量。"

值计量衍生金融工具,并将其从表外移入表内。如表2-6所示,这4项准则分别是CAS 22《金融工具确认和计量》、CAS 23《金融资产转移》、CAS 24《套期保值》和CAS 37《金融工具列报》,实现了与国际会计准则在金融会计方面的全面接轨:CAS 22、CAS 23、CAS 24源自对当时国际会计准则 IAS 39《金融工具:确认与计量》相关内容的分解,旨在将复杂的金融业务细分,以更好地适合中国国情,指导中国金融会计实务;CAS 37与 IAS 32《金融工具:列报》和IFRS 7《金融工具:披露》趋同。

2009年11月,国际会计准则理事会(IASB)发布 IFRS 9《金融工具》中关于金融工具分类的相关章节,将对金融工具的原四分类简化为基于管理层意图和现金流量特点的两分类,分别以公允价值和摊余成本计量,并采用预期信用损失模型对以摊余成本计量的金融工具计提减值,降低了金融工具会计准则的复杂性,简化了金融资产的会计处理。2013年,IASB在IFRS 9《金融工具》中增添套期会计章节;2014年,IASB正式发布完整的IFRS 9《金融工具》,意图取代 IAS 39《金融工具:确认与计量》。与此同时,IASB多次对IFRS 7《金融工具:披露》进行修订。

与此相对应,我国财政部2017年全面修订CAS 22、CAS 23、CAS 24与CAS 37四项金融工具会计准则,以期与国际财务报告准则全面趋同,修订后的主要变化如下:

第一,根据企业管理金融资产的业务模式和金融资产现金流量特征,将金融资产的分类由原按金融资产持有意图和目的的四分类修订为三分类,即以摊余成本计量的金融资产、以公允价值计量且其变动计入其他综合收益的金融资产、以公允价值计量且其变动计入当期损益的金融资产。其减少了金融资产分类类别,提高了分类客观性和会计处理一致性。

第二,综合考虑各种可获得前瞻性信息,将原根据减值迹象确认金融资产减值损失的"已发生损失法",修改为以预期信用损失为基础确认和计量金融资产减值损失的预期信用损失法,并推出"三阶段"预期信用损失模型以判断金融工具违约风险,将信用损失确认时点前移。

第三,简化了衍生工具的会计处理。修订后的金融工具准则规定,若混合合同主合同为金融资产,可以将混合合同视为一个整体进行确认和计量,不再分拆;如果混合合同主合同不属于金融资产,则沿用2006金融工具准则,在满足条件时进行分拆,作为单独衍生工具处理。

第四,强调套期会计与企业风险管理活动的有机结合,拓宽了套期工具和被套期项目的范围;改进套期有效性评估,明确套期关系有效性要求的"三条件①+再平衡",允许企业通过套期工具和被套期项目的数量实现套期关系的"再平衡";增加套期会计中期权时间价值的会计处理方法,以及信用风险敞口的公允价值选择权。

2.4.2.2 CAS 2《长期股权投资》、CAS 33《合并财务报表》、CAS 30《财务报表列报》、CAS 9《职工薪酬》的修订

1) CAS 2《长期股权投资》、CAS 33《合并财务报表》的修订

2011年,国际会计准则理事会(IASB)发布 IFRS 10《合并财务报表》、IFRS 11《合营安

---

① 三条件指的是CAS 24《套期会计》(2017)中关于套期有效性判断的规定:第一,被套期项目和套期工具之间存在经济关系;第二,被套期项目和套期工具经济关系产生的价值变动中,信用风险的影响不占主导地位;第三,套期关系的套期比率应当等于企业实际套期的被套期项目和套期工具实际数量之比,但不反映被套期项目和套期工具相对权重的失衡,这种失衡会导致套期无效,并可能产生与套期会计目标不一致的会计结果。

排》和 IFRS 12《在其他主体中权益的披露》，分别取代 IAS 27《合并财务报表和子公司投资会计》、IAS 28《联营中的投资》和 IAS 31《合营中的权益》。为与国际财务报告准则实现持续趋同，2014 年我国不仅颁布 CAS 40《合营安排》和 CAS 41《在其他主体中权益的披露》，同时修订 CAS 2《长期股权投资》、CAS 33《合并财务报表》，从而对投资相关业务进行了内在协调、与国际趋同的系统性规范，与金融工具准则一起，形成完整的、全面规范权益性投资的投资会计准则体系。

2) CAS 30《财务报表列报》的修订

国际会计准则理事会(IASB)自从 2001 年认可 IAS 1《财务报表列报》以来，除了在 2003 年对其进行重大修订外，在 2007 年、2011 年、2014 年、2018 年、2020 年均对其进行了修正改良，如 2007 年引入了"综合收益"概念，2011 年改善了其他综合收益的列示。鉴于相关国际会计准则的改动以及我国相关具体准则项目的重大变化，我国财政部 2009 年即在《企业会计准则解释第 3 号》中要求企业利润表增加其他综合收益和综合收益总额项目。2014 年财政部修订发布 CAS 30《财务报表列报》，主要变化是：

第一，采用综合收益观，将综合收益、其他综合收益概念正式写入准则，并规定其他综合收益分为两大类列报：以后会计期间不能重分类进损益的其他综合收益项目；以后会计期间在满足规定条件时将重分类进损益的其他综合收益项目。

第二，强调了持续经营评价，要求在编制财务报表的过程中，企业管理层应当利用所有可获得信息来评价企业自报告期末起至少 12 个月的持续经营能力。评价时需要考虑宏观政策风险、市场经营风险、企业目前或长期的盈利能力、偿债能力、财务弹性以及企业管理层改变经营政策的意向等因素。

第三，具体化财务报表项目重要性质和量的判断。企业判断项目性质的重要性，应当考虑该项目在性质上是否属于企业日常活动，是否显著影响企业的财务状况、经营成果和现金流量等因素；判断项目金额大小的重要性，应当考虑该项目金额占资产总额、负债总额、所有者权益总额、营业收入总额、营业成本总额、净利润、综合收益总额等直接相关项目金额的比重或所属报表单列项目金额的比重。

3) CAS 9《职工薪酬》的修订

CAS 9《职工薪酬》(2006)主要规范了我国现行法律法规框架下短期职工薪酬和辞退后福利，规范了基本养老保险和补充养老保险等类似于国际会计准则中设定提存计划的离职后福利计划。虽然其与国际会计准则 IAS 19《雇员福利》中对设定提存计划和设定受益计划两种类型的离职后福利具体规定不同，但国际会计准则理事会(IASB)认同这一处理。随着我国社会保障法律的逐渐完善，企业向职工提供福利的形式不断丰富，《职工薪酬》(2006)准则中相关规定显现出会计处理规范不完整、不明确等缺陷。2011 年，国际会计准则理事会(IASB)对 IAS 19《雇员福利》作出重大修订，取消区间法，要求企业全额确认重新计量设定受益计划净负债和净资产的变动，简化设定受益计划列报模式，为我国完善《职工薪酬》准则提供了有益借鉴。

2014 年，财政部修订发布 CAS 9《职工薪酬》，明确了职工薪酬、职工的基本概念；规范了短期薪酬的概念、范围和具体核算要求，以及短期带薪缺勤、短期利润分享计划的会计处理；明确提出离职后福利计划分为设定提存计划和设定受益计划，规定了设定提存计划和设定受益计划的会计处理;对其他长期福利的确认和计量进行了规范。

2.4.2.3 CAS 14《收入》的修订

2014年5月,国际会计准则理事会(IASB)发布IFRS 15《源自客户合同的收入》,用它取代IAS 18《收入》和IAS 11《建造合同》,该准则提供了与现行收入准则完全不同的收入确认与计量方法,即基于客户合同确认收入的五步骤综合框架,提供了一个以合同履约为基础的收入确认与计量的原则性方法体系,提高了跨企业、跨地区、跨行业的收入信息可比性。

2017年7月,我国财政部在经过多年酝酿之后,发布与IFRS 15《收入》几乎一致的CAS 14《收入》(2017),取代了CAS 15《建造合同》(2006),即原《收入》(2006)和《建造合同》(2006)合并为CAS 14《收入》(2017),并规定了分阶段实施CAS 14《收入》(2017)的时间表:自2018年1月1日起,在境内外同时上市的企业以及在境外上市并采用国际财务报告准则或企业会计准则编制财务报表的公司实施;自2020年1月1日起,在其他境内上市公司实施;自2021年1月1日起,在执行企业会计准则的非上市企业实施。修订后的CAS 14《收入》(2017)相较于《收入》(2006)的主要变化如下:

第一,全面贯彻资产负债观,将现行收入准则和建造合同准则纳入统一的收入确认模型,确立了基于合同确认收入的五步骤框架:识别与客户订立的合同;识别合同中的各项履约义务;确定交易价格;将交易价格分摊至合同中各项履约义务;履行履约义务时确认收入。

第二,将收入确认分为在某一时段内履行履约义务的收入和在某一时点履行履约义务的收入,提供具体衡量标准;明确了以控制权转移替代风险报酬转移作为收入确认时点的确认原则和判断标准。

第三,明确规定确定合同交易价格时,应考虑可变对价、合同中存在的重大融资成分、非现金对价和应付客户对价等因素的影响。

第四,明确规定合同成本包含合同履约成本和合同取得成本,相关会计处理及其在财务报告中的列示和披露。

第五,对包含多种交易安排的合同的会计处理提供明确指引。

第六,明确规定某些特定交易的收入确认与计量,如退货权、质量保证、主要责任人与代理人、额外购买选择权、知识产权、售后回购、客户未行使权利、无需退回的初始费用等。

2.4.2.4 CAS 21《租赁》准则的修订

2016年1月,国际会计准则理事会(IASB)发布IFRS 16《租赁》。IFRS 16《租赁》源自旧准则IAS 17《租赁》中对经营租赁和融资租赁两类租赁业务的会计处理结果差别太大,造成租赁实务中承租方和出租方都想方设法构架交易,使之按经营租赁处理,导致占总金额85%以上的租赁业务未能纳入承租方资产负债表,投资者和信息使用者难以获知承租方通过租赁取得的资产和承担的负债,难以比较通过借款或租赁取得固定资产公司的财务状况和经营成果。IFRS 16《租赁》保留了出租方经营租赁和融资租赁的基本分类方法及会计处理原则,但规定承租方不再将租赁业务分为经营租赁和融资租赁。除短期和低价值资产租赁外,所有按IAS 17应归类为经营租赁的业务都将纳入承租方资产负债表,采用和原融资租赁相同的会计处理原则处理。

为保持与国际财务报告准则全面趋同,可靠反映日趋复杂的租赁交易及相关资产和负债情况,提高租赁业务信息质量,我国财政部于2018年12月修订发布CAS 21《租赁》

(2018),主要变化如下:

第一,完善了租赁的定义,将租赁定义为"在一定期间内,出租人将资产的使用权让与承租人以获取对价的合同",并增加了租赁识别、分拆和合并等内容,明确识别合同是否为租赁或包含租赁关键要看两点:已识别资产和承租方对资产的使用拥有控制权。

第二,取消承租人经营租赁和融资租赁的分类,要求承租人对所有租赁(短期租赁和低价值资产租赁除外)采用统一会计处理模型,确认使用权资产和租赁负债。

第三,改进承租人后续计量,增加选择权重估和租赁变更情形下的会计处理。修订后的租赁准则明确规定发生承租人可控范围内的重大事件或变化,且影响承租人是否合理确定将行使相应选择权的,承租人应当对其是否合理确定将行使续租选择权、购买选择权或不行使终止租赁选择权进行重新评估;应视租赁变更情况,将其作为一项单独租赁进行会计处理或重新计量租赁负债。

第四,保留了出租人将租赁分为经营租赁和融资租赁的基本分类,丰富了出租人的信息披露要求,要求出租人除在报表附注中披露各类租出资产的账面价值之外,还应增加披露相关租赁收入及未折现租赁收款额等信息。

2.4.2.5 CAS 7《非货币性资产交换》、CAS 12《债务重组》的修订

我国 2006 企业会计准则体系中包括专门规范非货币性资产交易和债务重组事项会计确认、计量和报告的具体准则:CAS 7《非货币性资产交换》(2006)和 CAS 12《债务重组》(2006)。然而,国际会计准则没有对非货币性资产交易和债务重组发布相应具体会计准则,而是将其会计处理包含在相关准则中:非货币性资产交换散见于 IAS 16《不动产、厂房及设备》、IAS 38《无形资产》和 IAS 40《投资性房地产》中;债务重组包含在 IAS 39《金融工具:确认和计量》中。另外,随着我国发布实施多项新企业会计准则以及对 2006 企业会计准则体系中多项准则的修订,出现了一些新发布或修订的准则与现有准则体系不协调的情形,而《债务重组》(2006)及《非货币性资产交换》(2006)未对准则适用范围进行规范。当《债务重组》及《非货币性资产交换准则》所规定的会计处理原则与其他准则规定不一致时,可能因准则适用范围不清而导致实务差异。基于上述考虑,我国财政部于 2019 年修订发布 CAS 7《非货币性资产交换》(2019)和 CAS 12《债务重组》(2019)。

1) CAS 7《非货币性资产交换》准则的修订

修订后的 CAS 7《非货币性资产交换》(2019)总体上保持了关于商业实质的判断和原有计量原则,即满足条件的采用公允价值计量,否则采用账面价值计量。相对于修订前,该准则主要变化如下:第一,修订了非货币性资产交换的定义,由于以存货换取客户非货币性资产的交换不再适用《非货币性资产交换》准则,定义中删除"存货",改为"企业主要以固定资产、无形资产、投资性房地产和长期股权投资等非货币性资产进行的交换"。第二,新增了准则适用范围,协调了与其他准则之间的关系:以存货换取客户的非货币性资产的,适用收入准则;非货币性资产交换涉及金融资产的,适用金融工具相关准则;非货币性资产交换涉及企业合并的,适用长期股权投资、企业合并和合并财务报表等相关准则;非货币性资产交换涉及使用权资产和应收融资租赁款的,适用租赁准则;实质上是权益性交易的非货币性资产交换,适用权益性交易相关准则规定。第三,规范了换入资产确认时点和换出资产终止确认时点的确认原则,明确了换入换出资产确认和终止确认时点不一致时在资产负债日的处理

方法。第四,保留了原准则中以公允价值为基础的计量和以账面价值为基础的计量两类计量属性,但删除了关联方关系是否影响商业实质的判断规定,考虑了不同准则之间的协调一致,细化了不同计量基础下的会计处理规范。第五,修订细化了非货币性资产组交换的会计处理。

2) CAS 12《债务重组》准则的修订

修订后的 CAS 12《债务重组》(2019)相较于《债务重组》(2006)的主要变化如下:第一,修订了债务重组的定义,删除了《债务重组》(2006)中对于"债务人发生财务困难"和"债权人做出让步"的前提条件,增加了"不改变交易对手"的前提条件。第二,协调了与其他准则之间关系,澄清了与金融工具准则、企业合并以及权益性交易之间的关系,相应减少了《债务重组》(2019)的适用范围。第三,对债权人和债务人的会计处理分别进行了修订,明确了不同债务重组方式下的计量属性。第四,债务重组利得和损失不再计入营业外收支,而是与固定资产、无形资产以及金融工具准则等相关准则中关于资产处置损益处理保持协调一致。

2.4.2.6　CAS 25《保险合同》的修订

我国财政部对 2006 企业会计准则体系中 CAS 25《原保险合同》和 CAS 26《再保险合同》的制定,采用了将国际财务报告准则 IFRS 4《保险合同》分拆为原保险合同和再保险合同加以规范的方法,因而对保险合同的确认、计量和报告的规范比国际财务报告准则更为详尽系统。CAS 25、CAS 26 及 2009 年财政部发布的《保险合同会计处理规定》,通过规范原保险、再保险合同、保险混合合同分拆、重大保险风险测试和保险合同准备金计量等会计问题,很好地指导了我国保险行业保险合同的会计处理,提升了保险行业会计信息的透明度。然而,随着我国保险市场快速增长和金融创新不断深化,2006《保险合同》准则在实施过程中遇到了一些问题,如提前确认收入导致收入与费用确认期间不配比、收入中包含投资成分导致保险公司与其他金融机构收入信息不可比、精算假设调整对未来利润的影响计入当期损益导致个别保险公司粉饰业绩等。

2017 年,国际会计准则理事会(IASB)颁布 IFRS 17《保险合同》,替代 2004 年颁布实施的 IFRS 4《保险合同》①。2018 年,我国开始启动修订保险会计准则项目。2020 年 12 月,财政部修订印发 CAS 25《保险合同》(2020),要求在境内外同时上市的企业以及在境外上市并采用国际财务报告准则或企业会计准则编制财务报表的企业,自 2023 年 1 月 1 日起执行;其他执行企业会计准则的企业自 2026 年 1 月 1 日起执行。CAS 25《保险合同》(2020)合并了 2006《原保险合同》和《再保险合同》准则,统一了原保险合同和再保险合同的会计处理,明确规定除了关于合同服务边际确认等少数差异外,再保险合同适用与原保险合同相同的会计处理原则,并在保险服务收入确认、保险合同负债计量等方面作出较大修改。CAS 25《保险合同》(2020)主要修订内容如下:

第一,完善保险合同定义,规范了合同合并和分拆,明确规定合同必须在特定保险事项对保单持有人产生"不利影响"且转移了"重大保险风险"时,才符合保险合同的定义。

---

① 国际财务报告准则 IFRS 4《保险合同》本就是一个过渡性准则,在 IFRS 17《保险合同》项目完成之后即被取代,该准则允许会计实体对保险合同采用多种会计实务。

第二,引入保险合同组合概念,要求保险公司将具有相似风险且统一管理的保险合同归为一个保险合同组合,并以盈利水平等为基础,将合同组合细分为合同组,确认和计量均以合同组为基础单元;规定保险公司不得将签发时间间隔超过一年的合同归入同一合同组。这解决了保险行业实务中由于计量单元大小不一可能导致的利润分摊不合理、损失确认不及时等问题。

第三,不再将保险合同区分为寿险合同和非寿险合同,而是以保险合同组基于组内各合同权利和义务估计的未来现金流量按照当前可观察折现率折现后的现值为基础,考虑非金融风险影响和未赚利润,计量保险合同负债,作为保险合同计量的一般模型。

第四,调整保险服务收入确认原则,使其与银行等其他金融机构收入确认原则保持一致。要求保险公司必须分拆保险合同中可明确区分的投资成分和其他非保险服务成分,对于不可分拆的投资成分,其对应保费不得计入保险服务收入。

第五,改进合同服务边际计量,要求保险公司在保险合同组初始确认时确定合同服务边际,且企业应在每个资产负债表日根据未来提供服务变化对合同服务边际进行调整,在后续提供服务期间内摊销;对于具有直接参与分红特征的保险合同,因投资收益率变动等金融假设变化引起的与未来服务相关的浮动收费现金流量变动,应当调整合同服务边际;明确规定精算假设调整对未来利润的有利影响不允许计入当期损益,必须在未来提供服务期间逐步确认。这在一定程度上抑制利润操纵行为,有助于提高会计信息质量。

第六,优化了财务报表列报,与现行收入准则中关于合同资产和合同负债的规范保持一致。资产负债表中列示保险合同资产、保险合同负债、分出再保险合同资产和分出再保险合同负债;利润表中分类按利润驱动列示保险服务业绩(如保险服务收入和保险服务费用)和投资业绩(如承保财务损益和分出再保险财务损益)。

2.4.3 发布多项企业会计准则解释

2006企业会计准则体系于2007年1月1日开始实施,针对实施过程中出现的问题,截至2022年8月,财政部共发布15项企业会计准则解释,表2-8描述了2007—2021年我国发布的企业会计准则解释。这些企业会计准则解释,与上述新颁布和修订的企业会计准则一起,不断完善着中国企业会计准则体系,实现了企业会计准则的持续国际趋同。

表 2-8　2007—2021年我国发布的15项企业会计准则解释

企业会计准则解释项目	主要内容	发布时间
企业会计准则解释第1号	"企业在编制年报时,首次执行日有关资产、负债及所有者权益项目金额是否要进一步复核"等10个问题	2007.11
企业会计准则解释第2号	"同时发行A股和H股的上市公司,应当如何运用会计政策及会计估计"等6个问题	2008.9
企业会计准则解释第3号	"采用成本法核算的长期股权投资,投资企业取得被投资单位宣告发放的现金股利或利润,应当如何进行会计处理"等8个问题	2009.6
企业会计准则解释第4号	"非同一控制下的企业合并中,购买方发生的相关费用,应当如何进行会计处理"等10个问题	2010.7

(续表)

企业会计准则解释项目	主要内容	发布时间
企业会计准则解释第5号	"非同一控制下的企业合并中,购买方应如何确认取得的被购买方拥有的但在其财务报表中未确认的无形资产"等6个问题	2012.11
企业会计准则解释第6号	企业因固定资产弃置费用确认的预计负债发生变动的,应当如何进行会计处理?在被合并方是最终控制方以前年度从第三方收购来的情况下,合并方应如何确定被合并方资产、负债的账面价值	2014.1
企业会计准则解释第7号	投资方因其他投资方对其子公司增资而导致本投资方持股比例下降,从而丧失控制权但能实施共同控制或施加重大影响的,投资方应如何进行会计处理?对于授予限制性股票的股权激励计划,企业应如何进行会计处理?	2015.11
企业会计准则解释第8号	商业银行及其子公司应当如何判断是否控制其按照银行业监督管理委员会相关规定发行的理财产品等	2015.8
企业会计准则解释第9号	关于权益法下投资净损失的会计处理	2017.6
企业会计准则解释第10号	关于以使用固定资产产生的收入为基础的折旧方法	2017.6
企业会计准则解释第11号	关于以使用无形资产产生的收入为基础的摊销方法	2017.6
企业会计准则解释第12号	关键管理人员服务的提供方与接受方是否为关联方	2017.6
企业会计准则解释第13号	关于企业与其所属企业集团其他成员企业等相关的关联方判断;关于企业合并中取得的经营活动或资产的组合是否构成业务的判断	2019.12
企业会计准则解释第14号	关于社会资本方对政府和社会资本合作(PPP)项目合同的会计处理;关于基准利率改革导致相关合同现金流量的确定基础发生变更的会计处理	2021.1
企业会计准则解释第15号	关于企业将固定资产达到预定可使用状态前或者研发过程中产出的产品或副产品对外销售的会计处理;关于资金集中管理相关列报;关于亏损合同的判断	2021.12

资料来源:根据财政部相关公告及企业会计准则解释内容分析编制。

参考文献

［1］蔡会诗.涉外经济工作的一项重要法规——中外合资经营企业会计制度简介［J］.会计研究,1985(3):23-28.
［2］冯淑萍.《股份制试点企业会计制度》介绍［J］.财务与会计,1992(7):18-23.
［3］葛家澍.创新与趋同相结合的一项准则［J］.会计研究,2006(3):3-6.
［4］葛家澍.关于会计准则与会计制度的关系等问题［J］.会计研究,1995(1):18-27.
［5］葛家澍.基本会计准则与财务会计概念框架——关于进一步修改完善1992年《企业会计准则》的个人看法［J］.会计研究,1997(10):1-4.
［6］葛家澍.我国《企业会计准则》的基本特点［J］.会计研究,1993(1):7-9.
［7］刘玉廷.会计中国二十年［M］.上海:立信会计出版社,2012.
［8］楼尔行,石人瑾,石成岳,等.中外合资经营企业会计讲座第一讲:概论［J］.外国经济与管理,1985(4):

42-44.
[9] 栾甫贵.中外合资企业会计制度的历史贡献及其启示[J].审计与经济研究,2008(6):5-9.
[10] 石人瑾,林宝瑰,孙铮.会计学原理[M].武汉:武汉大学出版社,1989.
[11] 王方明.科学评价《企业财务通则》[J].财经论丛,1997(5):71-74.
[12] 王建新.新会计准则体系构建:趋同创新,继往开来[J].财政研究,2006(10):73-75.
[13] 王军.认真学习贯彻企业会计准则体系,切实维护资本市场稳定持续发展[J].会计研究,2007(1):3-9.
[14] 王军.新会计准则体系顺利建成并平稳实施——2月26日在伦敦国际会计准则理事会准则咨询委员会2007年第一次会议上的发言[N].中国财经报,2007-03-16(1).
[15] 徐治怀.《股份制试点企业会计制度》简介[J].上海会计,1992(10):42-45.
[16] 许家林,蔡传里,等.中国会计发展与改革研究[M].武汉:华中科技大学出版社,2011.
[17] 许家林,朱廷辉,李朝芳,等.会计流行语变迁[J].财会通讯,2009(10上):6-14.
[18] 阎达五.关于中国会计准则模式、结构的研究[J].会计研究,1992(2):20-25.
[19] 杨纪琬.股份制与会计改革[J].会计研究,1992(6):10-13.
[20] 杨纪琬.中外合资、合作经营企业、外资企业的会计问题和我国注册会计师制度[J].会计研究,1986(2):11-14.
[21] 张福康.具体会计准则可以取代行业会计制度[J].会计研究,1996(4):21-22.
[22] 张为国.《企业财务通则》的问题与出路[J].上海会计,1995(5):7-8.
[23] 中华人民共和国财政部.企业会计准则2002[M].北京:经济科学出版社,2002.
[24] 中华人民共和国财政部.企业会计准则——基本准则2006[M].北京:经济科学出版社,2006.
[25] 中华人民共和国财政部.企业会计准则——应用指南2006[M].北京:中国财政经济出版社,2006.
[26] 中华人民共和国财政部会计司编写组.企业会计准则讲解2008[M].北京:人民出版社,2008.

第二篇

财务会计准则应用案例篇

第3章　江西铜业：套期保值业务的确认、计量与报告

衍生金融工具是在原生金融工具基础上派生出来的新型金融工具，其价值随特定利率、金融工具价格、商品价格、汇率、价格指数等变量的变动而变动。一般可将衍生金融工具分为金融远期、金融期货、金融期权和金融互换等四类。在世界经济一体化背景下，企业生产经营离不开国际原材料，难免受金融市场变动和风险的冲击，衍生金融工具的功能主要是对冲风险，它的出现为企业有效防范和化解风险提供了一条思路，即企业选取并使用金融衍生产品进行交易，对生产经营中暴露的风险进行套期保值，可以有效对冲和规避风险。套期保值的实质是通过在期货市场上买入或者卖出和现货数量相当、但是方向相反的产品期货合约，然后在未来某一个时间点卖出或者买入同等数量的期货合约，使因现货市场价格波动产生的风险在期货市场得到对冲，从而使风险和收益可控。国内外相关研究表明，运用金融衍生品进行套期保值的企业显著降低了风险（Guay，1999），衍生金融工具使用者的现金流波动性比非使用者降低了接近50%，金融衍生工具使用者的股票回报波动性比非使用者降低了接近18%（Bartram等，2009）；合理运用金融衍生品在一定程度上可以减少公司内生性风险（赵旭，2011）；利用金融衍生品进行套期保值可以增加企业价值（Cater等，2003；Allayannis和Weston，2001；Beighitar等，2009；黄玉娟，2009；郭飞，2012）。

中国期货市场随中国经济飞速增长而不断发展成熟。2022年，《期货和衍生品法》的颁布与实施，从司法角度明确了套期保值的内涵：套期保值是指交易者为管理因其资产、负债等价值变化产生的风险而达成与上述资产、负债等基本吻合的期货交易和衍生品交易的活动。我国期货市场发展进入全新阶段，套期保值理念日益普及。21世纪以来，参与套期保值业务的中国上市公司日益增多，据统计，2022年共有1 137家上市公司发布总计2 819条使用衍生品的相关公告，其中1 130家发布的2 798条是关于套期保值的，939家提及外汇套保，359家提及商品套保，310家提及利率套保。①

从会计核算角度看，在套期保值业务中，实体经济企业的经营性资产在常规会计方法中是运用非金融工具计量方法核算的，如果应用金融工具管理经营性资产定价和存货风险，则应改常规会计方法为金融工具公允价值计量方法。否则，企业在经营性资产采用常规会计方法的同时采用金融工具公允价值计量方法核算金融工具，则这两类计量方法会在企业风险管理过程中产生会计错配，严重的会计错配必然会导致当期财务列报信息的扭曲。如果企业开展套期业务进行风险管理，按照常规会计处理方法，由于企业被套期的风险敞口和对

---

① 数据来源：《中国上市公司套期保值评价年度白皮书（2022年）》，http://www.cbca.org.cn/。

风险敞口进行套期的金融工具的确认和计量基础不一定相同,反而可能会导致损益产生更大的波动。①套期会计是将企业套期工具(通常为衍生金融工具)和被套期项目(企业经营性资产和存货)产生的利得或损失在相同会计期间计入当期损益(或其他综合收益)以反映风险管理活动影响的会计方法,其目的是通过改变被套期风险敞口的计量或确认(对于确定承诺),或改变套期工具的会计处理,消除或减少企业风险管理业务中的会计错配问题。

2006年2月,我国财政部发布第24号企业会计准则CAS 24《套期保值》,基本实现了与国际会计准则IAS 39《金融工具:确认和计量》中套期会计规定的趋同。但是IAS 39《金融工具:确认和计量》中80%~125%的套期高度有效性量化标准以及回顾性评估的应用门槛过高、处理复杂,致使财务报告不能恰当体现企业风险管理活动。有鉴于此,2013年,国际会计准则理事会(IASB)在第9号国际财务报告准则IFRS 9《金融工具》中增添了套期会计章节。2014年,IASB正式发布了完整的IFRS 9《金融工具》,降低了套期会计运用门槛。2017年,我国财政部修订发布第24号企业会计准则CAS 24《套期会计》,与IFRS 9持续趋同,并将《套期保值》更名为《套期会计》,体现了"将套期会计与风险管理紧密结合,使企业风险活动能够恰当反映在财务报告中"的核心理念,在拓宽套期工具和被套期项目的范围、以定性的套期有效性要求取代定量要求、允许通过调整套期工具和被套期项目的数量实现套期关系"再平衡"等方面实现了诸多突破。依据CAS 24《套期会计》准则,在套期保值业务满足准则规定的条件下,企业可以运用套期会计方法将套期工具和被套期项目产生的利得或损失在相同会计期间内计入当期损益(或其他综合收益)。

江西铜业股份有限公司(以下简称"江西铜业")是我国最大的有色金属生产企业之一,自20世纪末开始积极参与期货市场,通过运用铜期货、黄金期货、外汇远期、利率互换和期权合约等衍生金融工具对冲企业风险。江西铜业因对套期保值理念的坚持和积极运用,多次被中国证监会评为模范国企,根据2021年衍联中国上市公司套期保值评级排行榜,江西铜业套期保值实践评级为AAA,排名第五,在有色金属行业排名第二,其套期保值实践的持续性、成熟度、主营业务稳定性和持续性等方面均受到业内肯定。本章以江西铜业主要经营产品铜产品的套期保值业务为例,介绍我国现行企业会计准则背景下企业的套期会计分类账务处理过程及其对企业损益的影响,以及相关财务信息列报的特点。本章数据资料主要来源于江西铜业年度报告、官方网站等公开披露信息。

3.1 案例公司简介

3.1.1 公司发展概况

1997年1月,江西铜业集团有限公司(以下简称"江铜集团")与香港国际铜业(中国)投资有限公司、深圳宝恒(集团)股份有限公司等共同发起设立江西铜业,同年6月,江西铜业发行境外上市外资股(H股),在香港联合交易所(The Stock Exchange of Hong Kong Ltd,简称联交所)挂牌上市交易,募集资金16.1亿港元,成为有色金属行业和江西省第一家在境外上市的企业。2001年12月21日,江西铜业发行每股面值1元的人民币A股普通股230 000 000股,并于2002年1月11日在上海证券交易所挂牌上市交易,股票代码:600362。

---

① 国家外汇管理局:《企业汇率风险管理|使用套期保值会计的主要疑惑有哪些?》,http://www.safe.gov.cn/。

发行 A 股以后,江西铜业股本总额增至人民 2 664 038 200 元。

江西铜业的母公司江铜集团成立于 1979 年,1991 年其经批准成为具法人地位的经济实体。2006 年 4 月,其股权分置改革实施完毕。2008 年,其发行 68 亿元分离交易可转债,实现整体上市。2011 年,其成为千亿级企业。自 2013 年起,其进入世界 500 强企业行列。2017 年,集团完成公司制改革,成为国有独资公司。2019 年,集团战略并购恒邦股份,成为双上市平台企业。

3.1.2 公司主要经营业务

江西铜业主要经营业务涵盖铜和黄金的采选、冶炼与加工;稀散金属的提取与加工;硫化工以及金融、贸易等领域。在追求卓越品质的发展历程中,江西铜业致力于打造完整铜产业链,在铜以及相关有色金属领域建立了集勘探、采矿、选矿、冶炼、加工于一体的完整产业链,是中国重要的铜、金、银和硫化工生产基地。江西铜业生产经营涉及阴极铜、黄金、白银、硫酸、铜杆、铜管、铜箔、硒、碲、铼、铋等 50 多个品种,在中国、阿富汗、阿尔巴尼亚和秘鲁等多国建立了矿业基地。"贵冶牌""江铜牌"及恒邦股份的"HUMON-D 牌"阴极铜为伦敦金属交易所注册产品,"江铜牌"黄金、白银为伦敦金银市场协会注册产品。表 3-1 描述了江西铜业 2015—2022 年的财务状况及营业收入结构。如表 3-1 所示,公司多年来经营规模不断扩大,营业收入和利润不断攀升,2019 年成功战略并购恒邦股份后更是取得显著效益。从营业收入的产品构成看,多年来,江西铜业阴极铜、铜杆线和铜加工产品等铜相关制品营业收入占营业收入总额比例基本高于 80%,其主要从事阴极铜、铜杆线及其他相关铜产品的商品贸易。

表 3-1 江西铜业 2015—2022 年财务状况及营业收入结构

单位:亿元

项目	2015 年	2016 年	2017 年	2018 年	2019 年	2020 年	2021 年	2022 年
期末总资产	898.56	874.81	974.69	1 028.66	1 349.14	1 408.82	1 610.35	1 673.30
营业利润	9.91	19.06	28.86	32.66	31.98	33.19	74.30	76.46
净利润	6.85	9.35	17.12	24.54	21.79	24.43	59.14	60.89
加权平均净资产收益率	1.39%	1.7%	3.39%	5.03%	4.81%	4.11%	8.69%	8.36%

项目	2019 年		2020 年		2021 年		2022 年	
	金额	毛利	金额	毛利	金额	毛利	金额	毛利
营业收入	2 403.60		3 185.63		4 427.68		4 799.38	
阴极铜	1 366.03	4.47%	1 666.80	3.90%	2 211.13	4.66%	2 518.02	3.13%
铜杆线	451.16	2.27%	588.95	1.27%	1 024.44	1.17%	1 082.59	0.79%
铜加工产品	46.15	6.49%	42.91	4.65%	64.42	7.92%	61.19	6.17%
铜精矿、粗杂铜及阳极板	143.05	0.76%	135.04	3.76%	314.54	1.28%	199.88	0.84%
铜产品占营收比重	83.47%		76.39%		81.63%		80.46%	

资料来源:根据江西铜业 2015—2022 年年度报告整理编制。

迄今为止,江西铜业是中国大型阴极铜生产商及品种齐全的铜加工产品供应商,已具备中国最大的铜冶炼生产规模:①公司是中国最大的铜生产基地,拥有国内规模最大的德兴铜矿及多座在产铜矿。截至2022年12月31日,公司拥有100%所有权的铜金属保有资源量约为899.3万吨,公司联合其他公司所控制的铜金属资源中,按该公司所占权益计算,属于公司的铜金属资源量约为443.5万吨。②公司是中国最大的综合性铜生产企业,已形成以黄金和铜的采矿、选矿、冶炼、加工,以及硫化工、稀贵稀散金属提取与加工为核心业务的产业链。公司年产铜精矿含铜超过20万吨。③公司为国内最大的铜加工生产商,在江西南昌、贵溪以及广东部分地方先后建成了包括铜杆、铜线、电缆、光纤、铜箔、铜管等产品在内的铜加工企业,年加工铜产品超过170万吨。④公司是国内首家在伦敦金属交易所(简称LME)注册成功的阴极铜生产商,近年来年阴极铜产量超过170万吨,旗下贵溪冶炼厂为全球单体冶炼规模最大的铜冶炼厂,大约1/7的投放中国市场阴极铜产品出自江西铜业。

3.1.3 主要原料采购及产品销售模式下的风险敞口

图3-1描述了江西铜业铜冶炼加工业务流程及风险敞口。江西铜业铜冶炼加工生产流程为:①将自有精铜矿原料或外购铜矿冶炼成阴极铜。②将阴极铜直接对外出售或继续加工。③阴极铜继续加工为铜杆线对外销售。表3-2描述了江西铜业主要原材料采购模式及产成品销售模式,将公司铜冶炼加工流程及原材料采购模式和产成品销售模式相对应,可以发现,江西铜业铜生产经营相关风险主要包括采购环节形成的进口端资产结算风险敞口、销售环节形成的销售端资产结算风险敞口和库存环节形成的存货价值核算风险敞口。

同时,江西铜业生产加工链条上的风险敞口主要表现为:

(1)用自产矿冶炼阴极铜继而加工铜杆线链条相应存在三个方面的风险。第一,在阴极铜销售环节中,阴极铜价格同时受到国内国外铜价波动的影响。第二,将阴极铜加工成铜杆线的过程中,需要有一定数量的阴极铜库存以保证铜杆线的生产持续性,再加上实际库存量与最佳库存量可能存在的偏离,库存管理存在一定的风险。第三,铜杆线销售会受到铜价波动影响。

(2)采购原料加工销售链条相应存在三个方面风险。第一,原材料采购受到国内国际铜价波动的影响。第二,铜杆线销售受到铜价波动的影响。第三,原材料采购和产品销售定价模式可能造成交货和定价之间的时滞,由此产生铜价风险敞口。

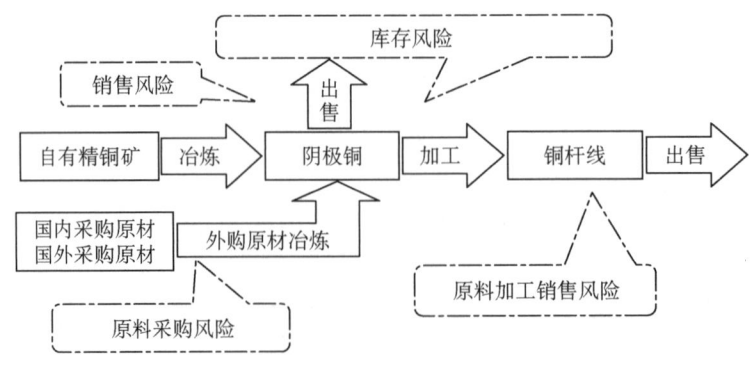

图3-1 江西铜业铜加工业务流程及对应风险敞口

简而言之,江西铜业同时从事铜原料自产、原料采购和铜产品销售业务,产业链齐全;铜类产品处在铜产业链的不同环节,整个业务流程较为复杂且业务类型多样。一方面,如表3-1所示,通过自有矿加工成的阴极铜类产品利润空间较大,而外购原材料加工的铜杆线等产成品毛利率相对较低,因为很大一部分产品为委托加工产品,公司只能赚取加工费;另一方面,如表3-2所示,江西铜业原材料采购和定价方式、产成品销售模式存在很大差异。江西铜业风险敞口方向也较为复杂多样:既有自有铜矿生产的"上游闭口、下游敞口"型,原材料价格或者产品生产成本具有相对刚性,但是其产品价格与铜价格关联性较强;也有冶炼加工的"双向敞口"型,原材料价格与产品价格均与铜价格关联性较强;还有铜终端产品生产的"上游敞口、下游闭口"型,原材料价格或者产品生产成本与铜价格相关性高,但产成品价格对铜价变动并不敏感。江西铜业的生产经营面临着国内外原材料和产品价格波动的综合影响,无论是铜价上涨还是下跌,都会对公司业务和成本收益产生显著影响,铜价波动对江西铜业的影响比业务单一的企业更为复杂,难以预测及控制。

表3-2 江西铜业原材料采购模式和产成品销售模式

原材料采购模式		
	采购方式	定价方式
铜精矿	国内外采购由公司贸易事业部统一采购	国外采购参照伦敦金融交易所(LME)铜价,伦敦金银市场协会(LBMA)金、银价格,并在上述金属价格基础上扣减TC/RC作为采购价格,TC/RC则通过交易双方谈判确定; 国内采购参照上海期货交易所铜价,并在交易所均价或点价的基础上扣减相应加工费或乘以相应计价系数
粗铜、粗杂铜		
产成品销售模式		
	销售方式	销售市场
阴极铜	主要消费群体是铜加工企业等用户,包括现货和期货交易,其中,现货采用直销方式,期货则通过上海期货交易(SHFE)所集中报价系统交易	主要为华东、华南地区,部分产品外销韩国、日本及东南亚部分国家或地区
铜杆线	与较固定的主要大客户签订长期合约	主要为华东、华南、华北、西南地区

资料来源:江西铜业年度报告。

在市场全球化背景下,受多种因素影响,国际大宗商品交易价格波动幅度较大。国际国内铜价上下波动变动趋势巨大,相关实体企业经营不确定性增强,管理商品价格变动风险、锁定成本是相关实体企业必须解决的现实问题。

3.2 主要会计问题描述

江西铜业的风险管理目标是:通过风险管理,确保企业持续经营,减少风险成本,提高企业价值。公司风险管理理念是防止可预见的关键风险影响经营目标实现,为此,江西铜业运用一系列衍生金融工具和手段对风险(包括商品价格风险、汇率风险、利率风险等)进行管理,其通过商品期货套期保值以规避和对冲铜原材料采购价格上涨和铜产品销售价格下跌风险,在熨平现金流波动性的同时维持企业持续稳定经营。商品期货套期保值是指企业为规避商品价格风险,指定一项或一项以上套期工具(商品期货或商品期权),使套期工具的公允价值或现金流量变动,预期抵消被套期项目全部或部分公允价值或现金流量变动。在风险管理过程中,如果将商品期货作为管理手段,一般存在两种方式:第一,使用多头套期保值方式,即采用在期货市场买入期货合约的手段,降低现货价格上浮带来的风险;第二,使用空头套期保值方式,即采用在期货市场卖空期货合约的手段,降低因现货价格下降而带来的风险。

3.2.1 江西铜业铜产品的套期保值策略

江西铜业的铜产品价格主要参考伦敦金属交易所和上海金属交易所相关产品价格确定,如表3-2所示,尽管铜精矿、阴极铜、铜杆线等作价模式不同,但均以期货价格为基础确定,故此期货市场是江西铜业进行套期保值、对冲价格变动风险的极佳选择。江西铜业长期以来从事大宗商品套期保值实践,并在2010年聘请中国国际金融股份有限公司为其铜相关衍生品制定详细套期保值方案。迄今为止,江西铜业已制订严格的套期保值方案和内控制度,根据采购及销售定价情况,运用商品期货合约、T+D合约、期权合约、临时定价安排等衍生金融工具,对主要业务的每一个商品价格风险敞口做出相应套期保值策略,充分利用现货市场与期货市场的高度关联性,尽可能降低金属商品价格波动对企业生产经营的影响。江西铜业主要使用阴极铜商品期货合约对阴极铜等铜产品的预期销售进行套期,以此来规避阴极铜市场价格波动、阴极铜等铜产品预期销售带来的预计未来现金流量发生波动的风险;使用从铜精矿采购协议中分拆的嵌入式衍生工具——临时定价安排和阴极铜商品期货合约对持有存货进行套期;使用阴极铜商品期货合约对尚未确认的有关铜杆线销售的确定承诺进行套期。阴极铜期货合约的合理运用,能够使企业在较为宽广的时间跨度内决定购入材料和售出产品的价格。

江西铜业铜产品套期保值策略主要集中在三个方面:采购环节铜原料的套期保值、销售环节铜产品的套期保值和库存环节铜存货的套期保值。对不同环节不同类型存货的套期保值,江西铜业视其特点运用不同的手段、措施和方法与之相匹配。

1. 采购环节铜原料的套期保值策略

生产加工型企业在采购环节通常承受的是原材料价格上涨的风险,一旦原材料价格上涨,可能会导致已签订合同的产成品销售价格与下一批将要采购的原材料价格出现倒挂现象。商品生产者可以通过多头套期保值来规避自身面对的原材料价格波动风险,在期货市场买入与自身产量相匹配的合约并作好风险控制,对原材料价格进行锁定。

江西铜业在经营过程中,为了拓宽铜类产品销售市场,提高产品市场占有率(表3-2),通常会提前与信用较好的大客户以现货价格签订阴极铜或铜杆线的销售合同。促销带来的不利后果是,在公司可能还没有购买铜原料存货的情况下,铜类产品销售价格即已在销售合同条约中协定。此时,一旦以后铜原料采购价格上涨,必将提高铜产品加工成本,在铜产品销售价格既定的情况下,销售利润会大幅减少甚至出现亏本销售。江西铜业统一通过公司贸易事业部从国内外市场采购铜原料用以生产各类铜制品,国内采购会面临国内铜价波动带来的风险,而国外采购铜则会面临国际铜价波动带来的风险。为了锁定采购环节的铜原料采购成本,需要在商品交易市场上进行买入套期保值操作,对冲铜原材料存货价格变动风险。

江西铜业对在国内市场购买的铜原料,运用金融衍生品进行套期保值,通常是在期货市场上签订多头签订销售合同后,买入相对应的铜期货电子合约,对原材料成本进行锁定。一旦铜价上涨,便通过转让电子合约,或者进行实物交割申请进行套期保值操作,以减少甚至规避铜原材料存货价格波动风险。

江西铜业进口铜原料时还可能面临比价关系风险。比价关系风险因国内外两个期货市场铜原料的价格经换算后无法达到完全一致而产生,在这种情况下,企业甚至可能会面临国内低价卖出产品、国外高价买入原料的情况。对于国外采购的存货,江西铜业使用从铜精矿采购协议中分拆的嵌入式衍生工具——临时定价安排来规避价格波动风险:在铜精矿、粗杂铜等原材料存货的进口环节,如式(3-1)每日期铜买(卖)建仓数量计算过程所示,首先,依据公司年度生产经营计划确定原材料计划耗用总量;其次,将原材料计划耗用总量除以期货交易天数,计算出平均每日虚拟销售规划量;最后,将平均每日虚拟销售规划量减去每日原材料到货作价量,差额即江西铜业每日在伦敦金属交易所(LME)和上海期货交易所(SHFE)期货市场进行期铜买(卖)的建仓数量。供应商提供货物,在点价期内点价时,江西铜业会根据供应商点价指令和点价数量,将原套期保值头寸进行平仓操作。通过这种每日进行建仓的套期保值方式,经过期货和现货市场对冲,江西铜业铜原材料实际采购成本基本可以和市场年度平均价保持一致,能有效规避铜原料采购数量不均衡、作价方式多样化、铜价大幅度波动所带来的相关风险。

$$每日期铜买(卖)建仓数量 = \frac{原材料计划耗用总量}{期货交易天数} - 每日原材料到货作价量 \qquad (3-1)$$

2. 销售环节铜产品的套期保值策略

铜产品销售环节的风险通常是指现货市场上铜价格下跌导致企业销售收入直接减少的风险。对于产成品价格下跌的风险可采用空头套期保值,在期货市场做空与自身产量相匹配的期货合约,即在合适时点卖空对应商品期货合约,从而锁定产品销售价格下跌风险。一旦现货市场商品价格下跌,则企业可以在期货市场转让期货合约或进行实物交割,通过将商品卖给其他需求者固定原销售价格,从而对冲风险、获得预期利润。

在阴极铜销售环节,市场风险相对较小,较少运用套期保值工具。江西铜业对阴极铜预期销售一般使用铜期货合约作为套期保值工具,在期货市场卖出对应合约,规避预期销售价格波动风险。

对于确定的铜杆线销售承诺,由于阴极铜是铜杆线的原材料,两者价格具有高度相关性,江西铜业在期货市场买入阴极铜商品期货合约以规避铜杆线价格因阴极铜价格波动而造成的风险:在铜杆线等铜材销售环节,为了有效规避客户远期点价带来的风险,在客户远期点价时,江西铜业同时在期货市场上卖出相应合约保值,在未来现货交货日,将用来保值的期货头寸进行平仓,规避阴极铜价格上涨使铜杆线原料成本上升并吞噬铜杆线加工费的风险。

如图3-1所示,在铜产品加工制造过程中,从铜原料冶炼到获得阴极铜成品,从阴极铜继续加工的完成到可以出售铜杆线等铜产品,均存在一定时间差。这段时间差可能会导致铜企业出现风险,即铜产品现货价格低于期货价格,现货市场出现贴水现象。一旦现货市场出现贴水,江西铜业即会在期货市场上卖出铜期货合约进行套期保值操作:根据市场具体情况在期货市场建仓,卖出相对应期货相关合约,一般为公司当天计划销售量,期货合约到期后进行交割操作。此时,期货市场为公司提供了较高的销售价格,避免了市场价格下跌而带来的风险。

3. 库存环节铜存货的套期保值策略

由于加工铜产品至完工可供销售需要一个生产周期,为了防止市场变化可能带来的铜生产、加工、销售过程中出现的缺货情况,作为加工制造业企业,江西铜业通常会准备一定数量的铜相关制品库存。一般情况下,江西铜业使用自产原材料冶炼生产的铜产品,面对的价格波动风险很小甚至有可能不会面对价格波动风险,但在国内外市场上外购铜原材,则要面对国内外铜价波动风险。为了避免铜制品价格过高给公司带来的损失,江西铜业采用下述相关铜制品库存储备方法:市场铜价位较低时,以低廉的价格大批量购入铜原材,此时,相关铜加工制品在市场上销售价格也不高,甚至是低位波动,基于铜价上涨预测,公司会将这部分低价铜原材转为库存而不是立刻投入生产;当相关铜制品市场销售价格过低时,公司会将这部分铜制品转换为库存而不是立刻销售,待铜制品价格回升再出售。一旦市场上相关铜价格大幅下跌,必然会导致公司铜库存大幅度贬值,致使公司大幅度亏损。铜相关制品库存保值和风险规避,亦是江西铜业需要斟酌的套期保值策略之一。

对于铜库存套期保值,江西铜业采取的策略是,在相关铜制品现货市场价格出现不良波动信号时,即在期货市场建立相对应的期货头寸,待合同到期时平仓,对冲现货市场和期货市场盈亏。

4. 综合套期策略小结

对于综合性生产加工制造商而言,其需要防范的商品价格风险,不仅包括原材料价格上涨风险,还包括加工后产成品价格下跌风险,其最担心的是原材料采购价格上升与成品销售价格下跌同时出现。所以,当生产经营过程中所需原材料和加工完成,可供出售的产成品可在期货市场进行交易的时候,企业可以采用综合套期保值运作,对购入原材料进行买期保值,对出售产成品进行卖期保值,从而保证企业获得预期加工利润,安心开展加工生产活动。

3.2.2 江西铜业套期保值会计问题

对于套期保值参与企业来说,其参与期货交易的初衷是使用期货锁定企业成本或利润,或同时锁定两者,以降低企业风险。如前所述,企业运用商品期货进行套期时,其套期保值策略通常是买入(卖出)与现货市场数量相当、但交易方向相反的期货合约,以期在未来某一时间通过卖出(买入)期货合约来对冲现货市场价格变动所带来的商品价格风险。江西铜业在国际国内期货市场上通过运用金融衍生品进行套期保值,减少甚至规避现货市场中铜价格大幅度波动给公司带来的财务相关风险,进而实现公司原材料进价和产成品售价保持在合理水平,实现预期利润。显而易见,套期保值的实质是运用金融衍生品在期货市场和现货市场建立一个对冲机制,从而使期货市场和现货市场的盈亏得到对冲,以实现对价格波动风险的有效规避。

从会计核算角度而言,由于套期保值业务是通过期货市场和现货市场两个市场的操作共同完成的,因此,不能简单地将两个市场分开来分别反映和评价其作用和功效。从业务本质上看,经营性资产(被套期项目)和被用于对冲风险的衍生金融工具(套期工具)是作为一个组合存在的,这一组合存在的目的是风险对冲。如果选择常规会计处理方式,则经营性资产和衍生金融工具应被作为独立业务,按照传统会计方法要求单独计量、确认,此时,除非两者均按公允价值计量,否则很可能导致期货端损益和现货端损益的会计错配,严重的会计错配甚至会导致当期财务报表列报信息的重大扭曲。例如,当企业持有阴极铜现货时,会择机通过卖出期货、锁定库存商品价格风险,如果未运用套期会计方法,则阴极铜现货减值列报在"资产减值损失"项目下,用于套期保值的期货盈亏则列报在"投资收益/公允价值变动损益"项目下,从而财务报表上可能同时存在金额巨大且盈亏相反的资产减值损失和投资收益,出现会计核算中的"空间"差异。运用常规会计方法核算的"时空差异"致使会计信息使用者难以直观理解企业风险管理策略是否恰当,财务报告呈现的业绩信息与企业真实绩效情况可能存在明显差异。

我国 2017 年修订发布的 CAS 24《套期会计》明确了企业进行套期业务时可以选择不使用套期会计的三种情况:①使用一般准则在利润表中已形成对冲,且已反映了套期业务的经济实质。②不符合使用套期会计的条件。③符合使用套期会计的条件,但企业选择不使用套期会计,而是使用一般准则。

江西铜业对铜相关制品运用衍生金融工具进行的套期保值业务,必然会产生下述会计问题:

第一,是将现货市场和期货市场业务作为一个组合采用内在一致的套期保值会计方法核算,还是视经营性资产和衍生金融工具为两项独立业务,采用常规会计方法核算?什么情况下可以采用套期会计方法进行核算?

第二,在套期会计方法下,如何确定"套期工具""被套期项目"等共同性会计科目的本质?期末如何在财务报表中对它们进行列示?

第三,如何恰当选择套期会计分类方法?例如,进口端资产结算敞口、销售端资产结算敞口、存货价值核算敞口,在选择套期会计分类方法上有何异同?

第四,在不同的套期会计类别下,套期损益如何确定和计量?现金流量套期和公允价值套期在损益确定和计量上有何不同?

第五,如何界定有效套期和无效套期?

3.3 相关准则条款解读

我国现行第 24 号企业会计准则 CAS 24《套期会计》于 2017 年修订发行,主要由总则、套期工具和被套期项目、套期关系评估、确认和计量、信用风险敞口的公允价值选择权、衔接规定和附则等 7 章 38 条构成,规范了套期会计的确认、计量和报告。

3.3.1 套期保值相关概念及运用套期会计方法的条件

套期是指企业为管理外汇风险、利率风险、价格风险、信用风险等特定风险引起的风险敞口,指定金融工具为套期工具,以使套期工具的公允价值或现金流量变动,预期抵销被套期项目全部或部分公允价值或现金流量变动的风险管理活动。

套期分为公允价值套期、现金流量套期和境外经营净投资套期:公允价值套期是指对已确认资产或负债、尚未确认的确定承诺,或对上述项目组成部分的公允价值变动风险敞口进行的套期。该公允价值变动源于特定风险,且将影响企业损益或其他综合收益;现金流量套期是指对现金流量变动风险敞口进行的套期。该现金流量变动源于与已确认资产或负债、极可能发生的预期交易,或与上述项目组成部分有关的特定风险,且将影响企业损益;境外经营净投资套期是指对境外经营净投资外汇风险敞口进行的套期。

套期工具是指企业为进行套期而指定的、其公允价值或现金流量变动预期可抵销被套期项目的公允价值或现金流量变动的金融工具,包括:①以公允价值计量且其变动计入当期损益的衍生工具,但签出期权除外。②以公允价值计量且其变动计入当期损益的非衍生金融资产或非衍生金融负债。

被套期项目是指使企业面临公允价值或现金流量变动风险,且被指定为被套期对象的、能够可靠计量的项目。企业可以将下列单个项目、项目组合或其组成部分指定为被套期项目:①已确认资产或负债。②尚未确认的确定承诺。③极可能发生的预期交易。④境外经营净投资。

套期会计方法是指企业将套期工具和被套期项目产生的利得或损失在相同会计期间计入当期损益(或其他综合收益)以反映风险管理活动影响的方法。对于同时满足准则规定的下述条件的公允价值套期、现金流量套期或境外经营净投资套期,企业可以运用套期会计方法进行处理:①套期关系仅由符合条件的套期工具和被套期项目组成。②在套期开始时,企业正式指定了套期工具和被套期项目,并准备了关于套期关系和企业从事套期的风险管理策略和风险管理目标的书面文件。③套期关系符合套期有效性要求。

套期有效性是指套期工具的公允价值或现金流量变动能够抵销被套期风险引起的被套期项目公允价值或现金流量变动的程度。套期工具的公允价值或现金流量变动大于或小于被套期项目的公允价值或现金流量变动的部分为套期无效部分。套期同时满足下列条件的,企业应当认定套期关系符合套期有效性要求:①被套期项目和套期工具之间存在经济关系。该经济关系使套期工具和被套期项目的价值因面临相同的被套期风险而发生方向相反的变动。②在被套期项目和套期工具经济关系产生的价值变动中,信用风险的影响不占主导地位。③套期关系的套期比率应当等于企业实际套期的被套期项目数量与对其进行套期的套期工具实际数量之比,但不应当反映被套期项目和套期工具相对权重的失衡,这种失衡会导致套期无效,并可能产生与套期会计目标不一致的会计结果。套期关系由于套期比率的原因而不再符合套期有效性要求,但指定该套期关系的风险管理目标没有改变的,企业应当进行套期关系再平衡。套期关系再平衡是指对已经存在的套期关系中被套期项目或套期工具的数量进行调整,以使套期比率重新符合套期有效性要求。

企业发生下列情形之一的,应当终止运用套期会计:①因风险管理目标发生变化,套期关系不再满足风险管理目标。②套期工具已到期、被出售、合同终止或已行使。③被套期项目与套期工具之间不再存在经济关系,或者被套期项目和套期工具经济关系产生的价值变动中,信用风险的影响开始占主导地位。

3.3.2 确认与计量

1. 公允价值套期的确认与计量

(1) 套期工具的确认与计量。套期工具产生的利得或损失应当计入当期损益。如果套期工具是对选择以公允价值计量且其变动计入其他综合收益的非交易性权益工具投资(或其组成部分)进行套期的,套期工具产生的利得或损失应当计入其他综合收益。

(2) 被套期项目的确认与计量。被套期项目因被套期风险敞口形成的利得或损失应当计入当期损益,同时调整未以公允价值计量的已确认被套期项目的账面价值。

被套期项目为分类为以公允价值计量且其变动计入其他综合收益的金融资产(或其组成部分)的,其因被套期风险敞口形成的利得或损失应当计入当期损益,其账面价值已经按公允价值计量,不需要调整。

被套期项目为企业选择以公允价值计量且其变动计入其他综合收益的非交易性权益工具投资(或其组成部分)的,其因被套期风险敞口形成的利得或损失应当计入其他综合收益,其账面价值已经按公允价值计量,不需要调整。

被套期项目为尚未确认的确定承诺(或其组成部分)的,其在套期关系指定后因被套期风险引起的公允价值累计变动额应当确认为一项资产或负债,相关的利得或损失应当计入各相关期间损益。当履行确定承诺而取得资产或承担负债时,应当调整该资产或负债的初始确认金额,以包括已确认的被套期项目的公允价值累计变动额。

被套期项目为以摊余成本计量的金融工具(或其组成部分)的,企业对被套期项目账面价值所作的调整应当按照开始摊销日重新计算的实际利率进行摊销,并计入当期损益。该摊销可以自调整日开始,但不应当晚于对被套期项目终止进行套期利得和损失调整的时点。被套期项目为以公允价值计量且其变动计入其他综合收益的金融资产(或其组成部分)的,企业应当按照相同的方式对累计已确认的套期利得或损失进行摊销,并计入当期损益,但不调整金融资产(或其组成部分)的账面价值。

2. 现金流量套期的确认与计量

套期工具产生的利得或损失中属于套期有效的部分,作为现金流量套期储备,应当计入其他综合收益。现金流量套期储备的金额,应当按照下列两项的绝对额中较低者确定:①套期工具自套期开始的累计利得或损失。②被套期项目自套期开始的预计未来现金流量现值的累计变动额。

套期工具产生的利得或损失中属于套期无效的部分(即扣除计入其他综合收益后的其他利得或损失),应当计入当期损益。

现金流量套期储备金额按照下列规定进行后续处理:①被套期项目为预期交易,且该预期交易使企业随后确认一项非金融资产或非金融负债的,或者非金融资产或非金融负债的预期交易形成一项适用于公允价值套期会计的确定承诺时,企业应当将原在其他综合收益中确认的现金流量套期储备金额转出,计入该资产或负债的初始确认金额。②对于不属于①涉及的现金流量套期,企业应当在被套期的预期现金流量影响损益的相同期间,将原在其他综合收益中确认的现金流量套期储备金额转出,计入当期损益。③如果在其他综合收益中确认的现金流量套期储备金额是一项损失,且该损失全部或部分预计在未来会计期间不能弥补的,企业应当在预计不能弥补时,将预计不能弥补的部分从其他综合收益中转出,计入当期损益。

现金流量套期终止运用套期会计时,在其他综合收益中确认的累计现金流量套期储备金额,按照下列规定进行处理:①被套期的未来现金流量预期仍然会发生的,累计现金流量套期储备的金额应当予以保留,并按照上述后续计量规定进行处理。②被套期的未来现金流量预期不再发生的,累计现金流量套期储备的金额应当从其他综合收益中转出,计入当期损益。被套期的未来现金流量预期不再极可能发生但可能预期仍然会发生,在预期仍然会发生的情况下,累计现金流量套期储备的金额应当予以保留,并按照上述后续计量规定进行处理。

3. 境外经营净投资套期的确认与计量

按照类似于现金流量套期会计的规定处理:①套期工具形成的利得或损失中属于套期有效的部分,应当计入其他综合收益。全部或部分处置境外经营时,计入其他综合收益的套期工具利得或损失应当相应转出,应当计入当期损益。②套期工具形成的利得或损失中属于套期无效的部分,应当计入当期损益。

3.4 会计处理分析

3.4.1 江西铜业套期会计政策及相关会计科目

3.4.1.1 套期会计政策

江西铜业使用远期商品合约、远期外汇合同、汇率互换和利率互换等衍生金融工具,分别对商品价格风险、汇率风险和利率风险进行套期保值。衍生金融工具初始以衍生交易合同签订当日的公允价值进行计量,并以其公允价值进行后续计量。公允价值为正数的衍生金融工具确认为一项资产,公允价值为负数的衍生金融工具确认为一项负债。除与套期会计有关外,衍生工具公允价值变动产生的利得或损失直接计入当期损益。

在套期关系开始时,江西铜业对套期关系有正式指定,并准备了关于套期关系、风险管理目标和风险管理策略的正式书面文件。该文件载明了套期工具、被套期项目,被套期风险的性质,以及套期有效性评估方法。如果套期工具已到期、被出售、合同终止或已行使(但作为套期策略组成部分的展期或替换不作为已到期或合同终止处理),或因风险管理目标发生变化,导致套期关系不再满足风险管理目标,抑或该套期不再满足套期会计方法的其他条件,则终止运用套期会计。套期关系由于套期比率原因不再符合套期有效性要求,但指定该套期关系的风险管理目标没有改变的,则对套期关系进行再平衡。就套期会计方法而言,江西铜业套期保值会计分类为公允价值套期和现金流量套期,其相关政策与 CAS 24《套期会计》之规定一致。

3.4.1.2 相关会计科目设置

公司设置"套期工具""被套期项目""套期损益"及"净敞口套期损益"科目,用于应用套期会计核算。

"套期工具"科目属于共同类科目,用于核算指定为套期工具的衍生工具和其他套期工具,借方余额反映企业套期工具形成的资产的公允价值,贷方余额反映套期工具形成的负债的公允价值。江西铜业在"套期工具"科目下设置"商品期货合约"和"临时定价安排"明细科目,对其使用的期货合约和临时定价安排进行明细分类核算。

"被套期项目"科目属于共同类科目,与"套期工具"科目相对应,用于核算被套期项目公允价值变动形成的资产或负债。借方余额反映企业被套期项目形成的资产,贷方余额反映被套期项目形成的负债。

"套期损益"科目用于核算套期工具和被套期项目公允价值变动形成的利得或损失。期末,将本科目余额转入"本年利润"科目,结转后无余额。

"净敞口套期损益"科目用于核算净敞口套期下被套期项目累计公允价值变动转入当期损益的金额或现金流量套期储备转入当期损益的金额。期末,将本科目余额转入"本年利润"科目,结转后无余额。

公司在"其他综合收益"科目下设置"套期损益"和"现金流量套期储备"明细科目。"其他综合收益——套期损益"科目用于核算公允价值套期下对被指定为以公允价值计量且其变动计入其他综合收益的非交易性权益工具投资或其组成部分进行套期时,套期工具和被套期项目公允价值变动形成的利得或损失;"其他综合收益——现金流量套期储备"科目用于核算现金流量套期下累计公允价值变动中的有效套期部分。

3.4.2 江西铜业套期保值业务的确认与计量:商品价格变动风险

江西铜业对商品价格变动风险进行的套期保值,是使用商品期货合约和从铜精矿采购协议中分拆的嵌入式衍生工具——临时定价安排进行的。其使用的商品期货合约主要为上海期货交易所或伦敦金属交易所的阴极铜期货标准合约。表 3-3 描述了上海期货交易所阴极铜期货标准合约。

表 3-3 《上海期货交易所阴极铜期货合约》(修订版)

交易品种	阴极铜
交易单位	5 吨/手
报价单位	元(人民币)/吨
最小变动价位	10 元/吨
涨跌停板幅度	上一交易日结算价±3%
合约月份	1~12 月
交易时间	上午 9:00~11:30,下午 1:30~3:00 和交易所规定的其他交易时间
最后交易日	合约月份的 15 日(遇国家法定节假日顺延,春节月份等最后交易日交易所可另行调整并通知)
交割日期	最后交易日后连续 2 个工作日
交割品级	阴极铜,符合国标 GB/T 467—2010 中 A 级铜(Cu-CATH-1)规定,或符合 BS EN 1978:1998 中 A 级铜(Cu-CATH-1)规定。
交割地点	交易所指定交割仓库
最低交易保证金	合约价值的 5%
交割方式	实物交割
交割单位	25 吨
交易代码	CU
上市交易所	上海期货交易所

资料来源:2023 年 1 月 17 日上海期货交易所发布的公告〔2023〕2 号。

江西铜业生产加工链条有三种,业务类型复杂,企业原材料价格和产品价格与铜价格关联性较强。本小节描述江西铜业针对双向敞口,依据我国 CAS24《套期会计》准则所应用的套期会计方法。表3-4描述了江西铜业使用阴极铜期货合约等进行套期保值的方式。如表3-4所示,江西铜业使用阴极铜商品期货合约和临时定价安排对国内外存货采购和阴极铜及铜杆线销售价格进行风险管理,分别采用现金流量套期和公允价值套期。

表3-4 江西铜业套期保值业务概况

套期类别	被套期项目	套期工具	套期方式
现金流量套期	阴极铜预期销售	阴极铜商品期货合约	商品期货合约锁定阴极铜预期销售合约价格波动
公允价值套期	存货(国外采购)	临时定价安排	临时定价安排锁定阴极铜存货的价格波动
	存货(国内采购)	阴极铜商品期货合约	卖出商品期货合约锁定阴极铜存货的价格波动
	铜杆线确定销售承诺	阴极铜商品期货合约	买入商品期货合约锁定确定销售的阴极铜的价格波动

资料来源:江西铜业年度报告。

3.4.2.1 公允价值套期确认与计量原理

如表3-4所示,江西铜业使用从铜精矿采购协议中分拆的嵌入式衍生工具——临时定价安排和阴极铜商品期货合约对持有存货进行套期,使用阴极铜商品期货合约对尚未确认的有关铜杆线销售的确定承诺进行套期,以此来规避随着阴极铜市场价格的波动存货以及尚未确认的确定承诺的公允价值发生波动的风险。江西铜业生产加工的铜产品中所含标准阴极铜与临时定价安排和铜期货合同中对应的标准阴极铜相同,套期工具(临时定价安排和铜期货合同)与被套期项目(江西铜业持有铜产品中的标准阴极铜)的基础变量均为标准阴极铜价格。在公允价值套期下,初始确认时,将临时定价安排和国外采购的库存商品铜分别转入"套期工具"和"被套期项目"科目下,在后续计量中,被套期项目和套期工具产生的利得或损失直接记入"套期损益"科目,同时调整套期工具和被套期项目的账面价值。期末套期损益科目余额转入"本年利润"科目,结转后该科目无余额。在被套期保值的库存销售确认销售收入时,借记"主营业务成本"科目,贷记"被套期项目——库存商品阴极铜"科目。

(1) 公允价值套期确认与计量原理示例解析(本例中数据信息是虚拟的,且不考虑手续费和其他相关税费)。

第一种情况:被套期项目为存货。

企业持有存货,因担心未来存货价格下跌,售价低于当前市价,因而卖出期货合约进行套期保值。在指定套期关系时,企业应当按存货账面价值,借记"被套期项目"科目,按已计提存货跌价准备,借记"存货跌价准备"科目,按存货账面余额,贷记"原材料""库存商品"等科目;在套期关系存续期间,将被套期项目公允价值变动计入当期损益,同时调整被套期项目账面价值,即按被套期项目公允价值变动,借记或贷记"被套期项目"科目,贷记或借记"套期损益"科目;在该存货实现销售时,将该被套期项目账面价值转出并计入销售成本,即将"被套期项目"科目相关账面价值转入"主营业务成本"等科目。对于套期工具,在套期关系存续期间,企业应当按套期工具公允价值变动产生的利得或损失,借记或贷记"套期工具"科目,贷记或借记"套期损益"科目;在套期工具平仓或到期交割时,按结算金额借记或贷记"其他应收款"等科目,贷记或借记"套期工具"科目。

示例3-1: 20××年3月1日,公司持有铜存货100吨,账面价值和成本为590万元,公允价值为660万元。为规避持有铜存货公允价值下降风险,3月1日,公司在期货市场卖出5月份阴极铜20手,每手5吨,期货价格为每吨6.62万元,交易保证金为期货合约价值的5%,并将其指定为对该年3~5月铜存货公允价值变动风险的套期工具。

3月31日,阴极铜期货价格跌至每吨6.39万元,现货价格跌至每吨6.36万元。

5月6日,公司以每吨6.22万元的现货价格出售100吨阴极铜;同日公司以每吨6.26万元的成交价格买入20手阴极铜期货合约平仓。

该项套期保值业务相关账务处理如下所述。以下分录的单位为万元。

① 3月1日,指定套期关系,将存货转入"被套期项目"科目;卖出期货,交纳保证金。

借:被套期项目——库存商品阴极铜　　　　　　　　　　　　　　590
　　贷:库存商品——阴极铜　　　　　　　　　　　　　　　　　　　　590
借:其他应收款——阴极铜期货保证金　　　　　　　　　　　　33.1
　　贷:银行存款　　　　　　　　　　　　　　　　　　　　　　　　　　33.1

(注:期货保证金:20×5×6.62×5%=33.1)

套期工具公允价值为0,无账务处理。

② 3月31日,现货市场价格变动损失24万元(660－6.36×100);期货市场价格变动利得23万元(6.62×100－6.39×100)。

借:套期损益　　　　　　　　　　　　　　　　　　　　　　　　　　24
　　贷:被套期项目——库存商品阴极铜　　　　　　　　　　　　　　24
借:套期工具——商品期货合约(阴极铜期货)　　　　　　　　23
　　贷:套期损益　　　　　　　　　　　　　　　　　　　　　　　　　　23

③ 5月6日,应作出以下反映到期现货市场交易和期货市场平仓的账务处理。

现货市场价格变动损失14万元(6.36×100－6.22×100);期货市场价格变动利得13万元(6.39×100－6.26×100)。

借:套期损益　　　　　　　　　　　　　　　　　　　　　　　　　　14
　　贷:被套期项目——库存商品阴极铜　　　　　　　　　　　　　　14
借:套期工具——商品期货合约(阴极铜期货)　　　　　　　　13
　　贷:套期损益　　　　　　　　　　　　　　　　　　　　　　　　　　13

确认产品销售收入,结转销售成本。

借:应收账款等　　　　　　　　　　　　　　　　　　　　　　　　622
　　贷:主营业务收入　　　　　　　　　　　　　　　　　　　　　　　622
借:主营业务成本　　　　　　　　　　　　　　　　　　　　　　　552
　　贷:被套期项目——库存商品阴极铜　　　　　　　　　　　　　552

期货平仓。

  借:其他应收款——阴极铜期货保证金   36
    贷:套期工具——商品期货合约(阴极铜期货)   36

  从上述对阴极铜商品期货公允价值套期的会计处理来看,其阴极铜存货公允价值下降没有对预期毛利额 70 万元(660－590)产生不利影响,实际毛利额仍然为 70 万元(622－552);但公允价值下降影响套期损益为净损失 2 万元;存货阴极铜公允价值变动共产生 38 万元损失,而阴极铜期货产生 36 万元收益弥补了存货阴极铜公允价值下降引起的大部分损失,未能弥补的部分为现货价格与期货价格之间的基差。

  第二种情况:被套期项目为销售商品的确定承诺。

  企业承诺将来按约定价格销售商品,为规避实际销售时所销商品市场价格上涨,发生约定售价低于当时市价的情形,可以买入期货合约进行套期保值。在套期关系存续期间,被套期项目在套期关系指定后发生的公允价值累计变动额应当确认为一项资产或负债,相关利得或损失应计入各相关期间损益。在销售实现时,企业应当将被套期项目累计公允价值变动形成的资产或负债转出并计入销售收入。

  示例 3-2:20××年 3 月 8 日,公司与客户签订 2 个月后按每吨 6.66 万元销售 100 吨阴极铜的销售合同,成本为每吨 5.88 万元;为规避阴极铜价格上涨风险,当日公司在期货市场买入 5 月阴极铜期货合约 20 手,每手 5 吨,期货价格为每吨 6.68 万元,交易保证金为合约价值的 5%,并将其指定为对该销售承诺公允价值变动风险的套期工具。

  3 月 31 日,阴极铜期货价格上涨为每吨 6.81 万元,现货价格上涨为每吨 6.78 万元。

  5 月 10 日,公司履行销售合同,按每吨 6.66 万元出售 100 吨现货阴极铜,但该日阴极铜市场现货交易价格为每吨 6.96 万元;同日公司以每吨 6.99 万元的成交价格卖出 20 手阴极铜期货合约平仓。

  该项套期保值业务相关账务处理如下所述。以下分录的单位为万元。

  ① 3 月 8 日,指定套期关系;买入期货,交纳保证金。

  借:其他应收款——阴极铜期货保证金   33.4
    贷:银行存款   33.4

  (注:期货保证金:20×5×6.68×5%=33.4)

  套期工具公允价值为 0,无账务处理。

  ② 3 月 31 日,现货市场价格变动损失 12 万元(6.78×100－6.66×100);期货市场价格变动利得 13 万元(6.81×100－6.68×100)。

  借:套期损益   12
    贷:被套期项目——阴极铜销售确定承诺   12
  借:套期工具——商品期货合约(阴极铜期货)   13
    贷:套期损益   13

  ③ 5 月 10 日,应作出以下反映到期现货市场交易和期货市场平仓的会计处理。

  现货市场价格变动损失 18 万元(6.96×100－6.78×100);期货市场价格变动利得 18 万元(6.99×100－6.81×100)。

  借:套期损益   18
    贷:被套期项目——阴极铜销售承诺   18

借：套期工具——商品期货合约(阴极铜期货)	18	
贷：套期损益		18

确认产品销售收入，结转销售成本。

借：应收账款等	666	
贷：主营业务收入		666
借：主营业务成本	588	
贷：库存商品——阴极铜		588

将被套期项目累计公允价值变动形成的负债转入销售收入。

借：被套期项目——阴极铜采购确定承诺	30	
贷：主营业务收入		30

期货平仓。

借：其他应收款——阴极铜期货保证金	31	
贷：套期工具——商品期货合约(阴极铜期货)		31

从对阴极铜销售承诺进行的商品期货套期业务账务处理看，由于采用了套期保值策略，销售阴极铜的确定承诺没有影响其主营业务收入，主营业务收入仍然为销售当日的公允价值696万元(666+30)。价格变动反映在套期损益中，销售阴极铜的确定承诺产生了30万元损失，而阴极铜期货产生了31万元收益，弥补了阴极铜公允价值上涨引起的损失。

公允价值套期原理小结。

上述二例阐释了公允价值套期的原理，即将被套期项目因被套期风险敞口形成的利得或损失计入当期损益，同时调整期末以公允价值计量的已确认被套期项目的账面价值，从而将被套期项目的公允价值变动与套期工具的公允价值变动抵销，实现了通过提前确认被套期风险的影响从而减少利润表波动的目的。

(2) 江西铜业2019—2020年度铜产品公允价值套期业务汇总。

江西铜业使用从铜精矿采购协议中分拆的嵌入式衍生工具——临时定价安排和商品期货合约对持有存货进行套期，以此来规避阴极铜市场价格波动、存货公允价值发生波动的风险。2019年度和2020年度，江西铜业套期工具各确认了211 714 092元和326 755 593元的损失，被套期项目存货各确认了194 792 885元和323 151 516元的公允价值变动收益。表3-5描述了江西铜业2019—2020年公允价值套期下相关项目公允价值变动情况。

表3-5 江西铜业2019—2020年公允价值套期下相关项目公允价值变动情况

单位：元

相关项目	1月1日金额	12月31日金额	当期变动	当期利润影响
2019年				
临时定价安排	94 236 067	−117 478 025	−211 714 092	−211 714 092
包含于存货中以公允价值计量的项目	2 883 906 210	3 078 699 095	194 792 885	194 792 885

(续表)

相关项目	1月1日金额	12月31日金额	当期变动	当期利润影响
2020年				
商品期货合约	0	−17 254 789	−17 254 789	−17 254 789
临时定价安排	−117 478 025	−426 978 829	−309 500 804	−309 500 804
包含于存货中以公允价值计量的项目	3 078 699 095	6 159 716 148	3 081 017 053	323 151 516
其中:以临时定价安排作为套期工具的被套期项目	3 078 699 095	5 926 865 982		

资料来源:根据江西铜业2019—2020年年度报告整理、分析、编制。

根据表3-5,模拟编制江西铜业2019和2020年度按套期会计方法汇总确认的商品价格变动会计分录如下。

① 2019年,江西铜业采用临时定价进行公允价值套期,经下述处理后,套期工具期末余额为贷方余额117 478 025元,作为衍生金融负债列示。

  借:套期损益   211 714 092
    贷:套期工具——临时定价安排   211 714 092
  借:被套期项目——存货   194 792 885
    贷:套期损益   194 792 885

② 2020年,江西铜业采用临时定价和商品期货合约进行公允价值套期,经下述处理后,套期工具期末余额为贷方余额444 233 618元,作为衍生金融负债列示。

  借:套期损益   309 500 804
    贷:套期工具——临时定价安排   309 500 804
  借:套期损益   17 254 789
    贷:套期工具——商品期货合约   17 254 789
  借:被套期项目——存货   323 151 516
    贷:套期损益   323 151 516

3.4.2.2 现金流量套期的确认与计量

江西铜业使用阴极铜商品期货合约对阴极铜等铜产品的预期销售进行套期,以此来规避阴极铜市场价格波动风险。阴极铜等铜产品的预期销售带来的是预计未来现金流量发生波动的风险,因此,公司可以采用现金流量套期。在进行现金流量套期时,阴极铜商品期货合约以公允价值计量,初始确认时将商品期货合约记入"套期工具"科目,因为预期销售还未实际发生,不需要对"被套期项目"进行会计处理。期末将套期工具账面价值调整至公允价值,其中预期有效的套期部分作为现金流量套期储备计入其他综合收益,无效部分记入"公允价值变动损益"科目。在对商品期货进行平仓时,如果期货合约还未到期且已经盈利,应将现金流量套期储备金额转出,调整"主营业务收入"科目;同时借记"套期工具"科目,贷记"其他应收款——期货保证金"科目。若发生亏损,则作反向处理。若合约到期时,双方选择实物交割,则按结算价格借记"其他应收款——期货保证金"科目,贷记"主营业务收入"科目。

(1) 现金流量套期确认与计量原理示例解析(本例中信息是虚拟的,且不考虑手续费和其他相关税费)。

示例 3-3:20××年 7 月 6 日,公司预计 3 个月后销售 100 吨阴极铜,成本为 520 万元,预期售价为每吨 6.29 万元。为规避该预期销售与阴极铜价格下跌有关的现金流量变动风险,公司采用商品期货合同作为套期工具进行套期保值;当日公司在期货市场卖出 10 月份阴极铜期货合约 20 手,每手 5 吨,每吨销售价格 6.300 万元,交易保证金为合约价值的 5%,结算日和预期商品销售日相同,公司将其指定为对 100 吨预期阴极铜商品销售的套期工具。

8 月 31 日,阴极铜期货价格跌为每吨 5.95 万元,现货价格跌为每吨 5.92 万元。

10 月 6 日,公司以每吨 5.855 万元的现货价格出售 100 吨现货阴极铜,同日公司以每吨 5.862 万元的成交价格买入 20 手阴极铜期货合约平仓。

该项套期保值业务全部相关账务处理如下所述。

① 7 月 1 日,卖出阴极铜期货合约,缴纳期货保证金。

借:其他应收款——阴极铜期货保证金　　　　　　　　　　　　　　　315 000
　　贷:银行存款　　　　　　　　　　　　　　　　　　　　　　　　315 000

[注:期货保证金:20×5×6.300×5%=31.5(万元)]

② 8 月 31 日,期货累计产生利得 35 万元(6.300×100−5.950×100),阴极铜销售累计预计现金流量减少 37 万元(6.290×100−5.920×100),因此,35 万元为有效套期部分。

借:套期工具——商品期货合同(阴极铜期货)　　　　　　　　　　　　350 000
　　贷:其他综合收益——现金流量套期储备　　　　　　　　　　　　　350 000

③ 10 月 6 日,应作出以下反映到期现货市场交易和期货市场平仓的会计处理。

期货市场价格变动。期货累计产生利得 43.8 万元[(6.300−5.862)×100],阴极铜销售累计预计现金流量减少 43.5 万元[(6.290−5.855)×100],故 43.5 万元为有效套期部分,0.3 万元为无效套期部分。以前期间已确认 35 万元,故本期确认有效套期部分 8.5 万元以及无效套期部分 0.3 万元。

借:套期工具——商品期货合同(阴极铜期货)　　　　　　　　　　　　88 000
　　贷:其他综合收益——现金流量套期储备　　　　　　　　　　　　　85 000
　　　　公允价值变动损益　　　　　　　　　　　　　　　　　　　　　3 000

确认产品销售收入,结转销售成本。

借:应收账款等　　　　　　　　　　　　　　　　　　　　　　　　5 855 000
　　贷:主营业务收入　　　　　　　　　　　　　　　　　　　　　　5 855 000
借:主营业务成本　　　　　　　　　　　　　　　　　　　　　　　5 200 000
　　贷:库存商品——阴极铜　　　　　　　　　　　　　　　　　　　5 200 000

将现金流量套期储备转入当期损益。

借:其他综合收益——现金流量套期储备　　　　　　　　　　　　　　435 000
　　贷:主营业务收入　　　　　　　　　　　　　　　　　　　　　　435 000

期货平仓。

借:其他应收款——阴极铜期货保证金	438 000	
贷:套期工具——商品期货合约(阴极铜期货)		438 000

从上述对期货套期业务的会计处理结果看,阴极铜预期销售价格自 6.29 万元下跌至 5.855 万元。由于采用了套期保值策略,销售价格下跌没有对预期销售产生太大不利影响,实际销售收入仍然为预期销售收入 629(585.5+43.5)万元。阴极铜期货带来了 43.8 万元的收益,不仅弥补了阴极铜价格下跌引起的销售收入减损,还产生了 0.3 万元的额外收益(此额外收益来自现货价格和期货价格的基差)。

如上例所示,现金流量套期的原理是将套期工具产生的利得或损失中属于套期有效的部分先计入其他综合收益,待被套期项目(阴极铜预期销售)的预期现金流量影响损益时再结转损益,其是通过延迟(递延)确认套期工具的损益影响来减少利润表波动的。现金流量套期需要注意"孰低"原则的使用,即现金流量套期储备的金额应当按照下列两项的绝对额中较低者确定:①套期工具自套期开始的累计利得或损失。②被套期项目自套期开始的预计未来现金流量现值的累计变动额。强调"孰低"原则是为了确保企业不确认不存在的资产或负债:被套期项目预计将来会发生,但预计不等于已经发生。因此,如果被套期项目确认的利得和损失超过了套期工具的利得和损失,无异于对尚不存在的项目确认利得和损失。

(2)江西铜业 2019—2020 年铜产品现金流量套期业务汇总。

江西铜业使用阴极铜商品期货合约对阴极铜等铜产品的预期销售进行套期,表 3-6 描述了江西铜业 2019—2020 年作为套期工具的商品期货合约公允价值变动情况。如表 3-6 所示,江西铜业 2019 年进行现金流量套期共确认 4 793 603 元的价格变动损失,期末作为现金流量套期的套期工具贷方余额为 1 392 887 元。作为衍生金融负债列报,根据江西铜业 2019 年年度财务报告信息,该金额于 2020 年 1~3 月转入损益。2020 年,江西铜业未发生其他现金流量套期业务,期末作为现金流量套期的套期工具金额为 0。

表 3-6 江西铜业 2019—2020 年商品期货合约公允价值变动表

单位:元

套期类别	2019 年 1 月 1 日	2019 年度变动金额	2019 年 12 月 31 日(2020 年 1 月 1 日)	2020 年度变动金额	2020 年 12 月 31 日
公允价值套期	0	0	0	−17 254 789	−17 254 789
现金流量套期	3 400 716	−4 793 603	−1 392 887	1 392 887	0
合计	3 400 716	−4 793 603	−1 392 887	−15 861 902	−17 254 789

资料来源:根据江西铜业 2019—2020 年年度报告分析编制。

根据表 3-6,模拟编制江西铜业 2019—2020 年按现金流量套期会计方法汇总确认的商品价格变动会计分录如下。

① 2019 年相关账务处理,确认商品期货合约公允价值变动损失 4 793 603 元。

借:其他综合收益——现金流量套期储备	4 793 603	
贷:套期工具——商品期货合约		4 793 603

② 2020 年相关账务处理,将 2019 年年末和 2020 年年初的现金流量套期储备在预期销售实现时转入当前损益,并对商品期货平仓。

借：主营业务收入	1 392 887
贷：其他综合收益	1 392 887
借：套期工具——商品期货合约	1 392 887
贷：其他应收款——阴极铜期货保证金	1 392 887

3.5 报表项目列示及财务影响

江西铜业自从1997年上市以来,一直注重采用金融衍生品来规避企业风险,其盈利数额在同行业虽然不算很高,但是相当稳定。如表3-1所示,江西铜业2015—2023年营业利润和净利润保持持续稳定上升态势。事实上,江西铜业的母公司江铜集团早在1992年就已经在国内期货市场中开展套期保值运作,1992—1994年江铜集团三角债问题就是通过期货市场运作解决的。套期保值是一个在期货市场和现货市场同时操作的双向操作过程,旨在使一个市场的盈利和另外一个市场的亏损能够相互抵销,从而在两个市场之间建立对冲机制,规避现货市场价格大幅度波动风险。能够反映套期保值业务实质的套期会计最早出现于20世纪70年代,它将套期保值的浮动盈亏和平仓盈亏都作为被套期保值项目账面价值的调整,使套期保值产生的盈亏与相关价格变化对被套期保值项目的影响相配比,在同一期间计入损益,从而相互抵销对损益的影响,真实反映了套期保值"锁定成本或收益水平"的经济实质。

3.5.1 套期会计信息的财务列报

企业在运用套期会计方法核算企业套期业务时,需要设置"被套期项目""套期工具"等共同类会计科目,共同类会计科目是用来核算在某一会计期间处于无法确认资产还是负债的、不确定状态的账目,企业在会计期末根据其公允价值变化,将其确认为资产或确认为负债,确认资产或负债后,原记入共同类科目的金额从共同类科目转出至相应资产、负债科目。在企业套期保值业务中,由于衍生金融工具的会计确认必须跟随套期资产项的结算而清算,所以在套期关系存续期间,无法确定其是资产或是负债,只有当套期资产项消失、套期关系终止,才能确定需要确认资产或负债。因此,对套期会计核算信息进行定期财务报告列报时,企业必须将"被套期项目""套期工具"等共同类会计科目转入常规资产、负债类会计账户合并进行报表列示。

(1) 在资产负债表日,将"套期工具"转入"衍生工具"列报,借方余额作为衍生金融资产列报,贷方余额作为衍生金融负债列报;"被套期项目"转入存货项目列报。

(2) 当"被套期项目"是进项端资产定价结算敞口或销项端定价结算敞口时,在套期关系存续期间,被套期项目与套期工具产生的"套期损益"直接转入当期损益相互抵销,作为公允价值损益项目列报。套期关系结束时,被套期项目在会计结算期间的累计公允价值变动损益结转入存货初始确认成本或库存商品销售收入,套期工具在会计结算期间的累计公允价值变动损益,结转入其他应收款(商品期货合约保证金)。

(3) 当"被套期项目"是存货价值核算敞口时,在会计核算期间,被套期项目累计公允价值变动损益依然按照常规会计原则转入"资产减值损失"会计科目,相应计提存货跌价准备,与之对应的套期工具公允价值累计变动损益记入"其他综合收益——现金流量套期储备"科目中。在资产负债表日,"其他综合收益——现金流量套期储备"列报在利润表中的现金流量套期储备中,恰好与资产减值损失相互抵销。当存货实现销售时,企业将存货账面价值转入销售成本,"其他综合收益——现金流量套期储备"同期转入销售成本。

(4) 对于预期销售和预期采购,由于"被套期项目"均为极可能发生的预期交易,因而对其进行套期属于现金流量套期。当确认采购动作时,"其他综合收益——现金流量套期储备"要转入存货初始确认成本。当确认销售动作时,"其他综合收益——现金流量套期储备"要转入存货销售收入。

(5) 套期损益是企业风险管理业务中发生敞口冲销后的合并损益,套期损益科目是核算套期工具与被套期项目公允价值变动损益的会计科目,企业应视具体情形在利润表相关项目中列报。

3.5.2 江西铜业套期会计核算信息的财务报表列报

表 3-7 描述了江西铜业 2018—2022 年资产负债表和利润表中套期会计相关的列报项目。如表 3-7 所示,在资产负债表中,套期工具作为衍生金融资产项目或衍生金融负债项目的一部分与其他衍生金融工具合并列示;被套期项目公允价值在存货项目中合并列示;现金流量套期储备在其他综合收益项目中合并列示。在利润表中,公允价值套期下套期损益在公允价值变动损益项目中合并列示,现金流量套期下套期工具公允价值变动损益(有效套期部分)在其他综合收益项目中合并列示。

表 3-7 江西铜业 2018—2022 年套期会计相关列报项目金额

单位:百万元

资产负债表项目					
项目	2018 年 12 月 31 日	2019 年 12 月 31 日	2020 年 12 月 31 日	2021 年 12 月 31 日	2022 年 12 月 31 日
衍生金融资产	263.91	323.66	451.51	379.10	503.63
指定套期关系的衍生金融资产	97.64				
公允价值套期—临时定价安排	94.24			29.88	
现金流量套期—商品期货合约	3.40				
未指定套期关系的衍生金融资产	166.27	323.66	451.51	349.22	503.63
商品期货合约及远期商品合约	84.35	304.93	401.12	267.22	261.08
远期外汇合约	81.92	18.73	50.40	78.14	242.54
期权合约				3.87	
衍生金融负债	94.26	396.12	1 031.40	290.97	1 461.80
指定套期关系的衍生金融负债		118.87	444.23	11.44	407.30
公允价值套期—临时定价安排		117.48	426.98	11.44	313.84
—商品期货合约及 T+D 合约			17.25		93.46
现金流量套期—商品期货合约		1.39			

(续表)

资产负债表项目					
项目	2018年12月31日	2019年12月31日	2020年12月31日	2021年12月31日	2022年12月31日
未指定套期关系的衍生金融负债	94.26	277.25	587.16	279.53	1 054.50
商品期货合约及远期商品合约	47.50	210.19	536.69	234.06	687.33
远期外汇合约	25.36	66.70	33.34	32.74	321.34
商品期权合约	20.97		0.37	12.72	45.83
利率互换合约	0.43	0.36	16.77		
其他应收款	2 798.10	2 929.24	2 931.71	3 558.74	4 467.34
其中商品期货合约保证金		938.47	973.15	1 385.93	1 707.74
存货	17 259.27	26 923.31	32 687.52	36 976.80	38 061.77
其中被套期项目公允价值	2 883.91	3 078.70	6 159.72	6 311.66	7 495.77
其他综合收益	116.48	1 350.35	7 171.49	11 517.91	11 050.86
其中现金流量套期储备	3.4	−1.39	0	0	0
利润表项目					
项目	2018年	2019年	2020年	2021年	2022年
公允价值变动损益	662.94	−526.21	−632.10	−209.59	−796.61
其中:套期工具	28.21	−16.92	−3.60	1.03	13.40
(1) 非有效套期保值的衍生工具	14.29				
临时定价安排公允价值变动收益	14.29				
(2) 有效套期保值的衍生工具	13.92	−16.92	−3.60	1.03	13.40
公允价值套期	13.92	−16.92	−3.60	1.03	13.40
商品期货合约	−0.06		2.87	−6.52	3.84
被套期项目公允价值变动收益	−15.54		20.12	−53.65	127.18
套期工具公允价值变动收益	15.48		−17.25	47.13	−123.34
临时定价安排	13.98	−16.92	−6.48	7.55	9.56
被套期项目公允价值变动收益	−259.31	194.79	303.02	−407.99	311.96
套期工具公允价值变动收益	273.29	−211.71	−309.50	415.54	−302.40
其他综合收益(税后)	243.12	1 239.56	5 790.76	4 339.27	−4 262.96
现金流量套期储备	−2.95	−4.79	1.39		

资料来源:根据江西铜业2018—2022年年度报告整理编制。

3.6 讨论要点

问题一：与常规会计方法相比，套期会计方法的特点有哪些？

问题二：公允价值套期和现金流量套期分别适用于核算什么类型的套期保值业务？为什么？

问题三：公允价值套期和现金流量套期两者的会计处理有何主要区别？深入讨论两者分别是通过怎样的方式减少利润表波动的？

问题四：在表3-7中，为何利润表中"被套期项目公允价值变动损益"项目总是与"套期工具公允价值变动损益"项目方向相反？

问题五：在表3-7中，为何资产负债表中"指定套期关系的衍生金融资产"项目在2019年和2020年年末无金额，而"指定套期关系的衍生金融负债"项目在2018年年末无金额，其反映了哪种类型的套期工具公允价值？结合相应年度铜价变动趋势，讨论有效套期策略的会计表现。

问题六：深入讨论现金流量套期储备确认与计量中孰低原则的运用。

问题七（思政专题）：深入讨论我国套期会计准则的演进在哪些方面体现了我国的"制度自信""文化自信"？

参考文献

[1] Allayannis G, J P Weston. The Use of Foreign Currency Derivatives and Firm Market Value[J]. Review of Financial Studies, 2001(1): 243-276.

[2] Bartram S M, Brown G W, F R Fehle. International Evidence on Financial Derivatives Usage[J]. Financial Management, 2009(1): 185-206.

[3] Beighitar, Yacine, Clark, et al. The Value Effects of Foreign Currency and Interest Rate Hedging-The UK Evidence[J]. International Journal of Business, 2009(6): 898-957.

[4] Carter D A, Rogers D A, B J Simkins. Does Hedging Affect Firm Value-Evidence from the US Airline Industry[J]. Financial Management, 2006(1): 53-86.

[5] Guay W R. The Impact of Derivatives on Firm risk: An Empirical Examination of New Derivative Users[J]. Journal of Accounting and Economics, 1999(1): 319-351.

[6] 郭飞. 外汇风险对冲和公司价值：基于中国跨国公司的实证研究[J]. 经济研究, 2012(9): 18-31.

[7] 黄玉娟. 衍生工具运用对上市公司业绩影响的实证研究[J]. 新会计, 2009(2): 12-16.

[8] 赵旭. 金融衍生品使用与企业价值风险——来自中国有色金属类上市公司的经验证据[J]. 经济管理, 2011(2): 22-27.

第 4 章 运达股份 VS 重药控股：金融资产的确认、计量与报告[①]

会计学中的金融工具一般是指形成一个企业的金融资产,并形成另一个企业的金融负债或权益工具的合同。金融资产包括货币资金、应收款项、股权投资、债权投资等多项内容,人们可以从不同的视角采用不同的标准进行分类。2017 年,财政部修订发布企业会计准则 CAS 22《金融工具的确认和计量》、CAS 23《金融资产转移》、CAS 24《套期会计》、CAS 37《金融工具列报》(以下简称"2017 新金融工具准则")。相较于 2006 年颁布的四项金融工具准则对金融工具分类和计量的复杂性以及偏重于管理者持有意图的主观性,2017 新金融工具准则基于借贷合同安排的合同现金流量特征和管理金融资产的业务模式,基于后续计量的视角对金融资产进行分类。该准则将 2006 旧金融工具准则对金融资产的四分类改为金融资产三分类,即以摊余成本计量的金融资产、以公允价值计量且其变动计入其他综合收益的金融资产和以公允价值计量且其变动计入当期损益的金融资产,减少了金融资产类别,提高了分类客观性和会计处理一致性,完善了金融工具会计信息的客观性和可比性;加强了套期会计与企业风险管理的联系;增强了对金融资产证券化的实务指导性;将金融资产减值损失由已发生损失法改为基于信用风险恶化模型的三阶段预期信用损失法,将未来信息纳入减值考虑范围,提高了信息的前瞻性。

根据 2017 新金融工具准则,企业对金融资产的会计分类、确认、计量和报告受到企业自身业务特征和管理者资产管理理念的深刻影响。本章选取浙江运达风电股份有限公司和重药控股股份有限公司为案例公司,描述自 2017 新金融工具准则于 2019 年 1 月 1 日执行后,两个公司对相关金融资产分类、确认和计量的特点,深入分析和探讨两个公司在自身业务特征和资产管理理念等背景下,对金融资产分类核算运用的选择。本章数据资料主要来源于浙江运达风电股份有限公司和重药控股股份有限公司官方网站以及公司 2017—2021 年年度报告等公开披露信息。

4.1 案例公司简介

浙江运达风电股份有限公司(以下简称"运达股份")属风力发电设备制造业,是我国较早从事大型风力发电机组研究与制造的企业,于 2019 年 4 月 26 日在创业板成功首发上市。重药控股股份有限公司(以下简称"重药控股")是服务于医药全产业链的大型国有控股现代医药流通企业,同时从事医药研发、医疗器械生产并投资参与医药工业,于 1996 年在深圳证

[①] 本章案例由国药控股股份有限公司陈燕和河南财政金融学院李朝芳共同编撰,其中重药控股股份有限公司案例部分内容已在《中国注册会计师》公开发表。

券交易所上市公司。

4.1.1 运达股份发展概况及经营特征

运达股份前身是浙江运达风力发电工程有限公司,于2001年11月由浙江省机电设计研究院、浙江省机电集团有限公司以及吴运东等个人共同出资设立,注册资本1 000万元。2010年5月18日,运达风电召开股份公司创立大会,以2009年12月31日经审计的净资产折股整体变更设立股份公司,变更后股本为15 000万股,其中19 555.17万元计入资本公积,于2010年5月28日完成工商变更登记手续。2019年4月,运达股份向社会公开发行A股股票7 349万股,在深圳证券交易所创业板上市。首发上市后公司总股本由上市前的22 047万股增加至29 396万股,注册资本增加至29 396万元。

运达股份主要从事大型风力发电机组的研发、生产和销售,提供覆盖风电项目全生命周期的风电整体解决方案,同时将业务链延伸至风电场的投资运营。公司深耕风电领域多年,现已发展成为全国新能源行业领军企业,拥有全球四大研发中心、七大生产基地,建立起全球布局的研发创新体系,培育出全球高精尖的风电产业供应链体系,公司主要产品为2.XMW、3.XMW、4.XMW、5.XMW、6.XMW系列大型陆上风电机组以及7MW、9MW系列海上风机机组。截至2021年12月底,运达股份全球装机超10 000台,各型风电机组累计装机容量超过2 800万千瓦,机组最长运行时间超过20年,稳定运行于国内外35余个省份及地区近500个风场,平均可利用率达99.5%以上。2021年,运达股份销售收入达160亿元,创历史同期最高水平。

表4-1描述了运达股份第一大股东和第二大股东持股比例变动情况。如表4-1所示,运达股份自上市以来,第一大股东和第二大股东虽然持股比例有所下降,但从相对持股比例看,第一大股东浙江省机电集团有限公司仍然能够决定公司的生产经营和财务决策。

表4-1 2019—2021年运达股份主要股东持股比例构成变动表

股东名称	股东性质	持股比例		
		2019年	2020年	2021年
浙江省机电集团有限公司	国有法人	45.92%	45.92%	39.82%
中节能科技投资有限公司	国有法人	10.21%	5.22%	1.83%
中节能实业发展有限公司	国有法人	2.55%	2.55%	1.83%

资料来源:根据运达股份2019—2021年年度报告编制。

4.1.2 重药控股发展概况及经营特征

重药控股是经重庆市人民政府渝府[1999]93号文批准,于1999年5月由重庆农药化工(集团)有限公司在改制基础上发起设立的,1999年9月16日在深圳证券交易所上市。2017年8月,重药控股完成重大资产出售及发行股份购买资产,向重庆建峰工业集团有限公司出售除东凌国际(000893)[①]7 068 965股股票外的其他全部资产、负债,并向重庆化医控股

[①] 东凌国际后更名亚钾国际,在2019年1月1日之前,依据2006金融工具准则规定,重药控股将对其投资作为"可供出售金融资产"列报,2019年1月日之后,依据2017新金融工具准则之规定,将其分类为"以公允价值计量且其变动计入当期损益的金融资产",在"其他非流动金融资产"中列报。

(集团)公司等22名交易对象发行1 129 385 461股普通股购买其所持重庆医药96.59%的股权,发行完成后,重药控股注册资本变更为1 728 184 696元,股份总数变更为1 728 184 696股。2019年,重庆建峰工业集团有限公司将其持有的重药控股16.33%的股份转让给重庆市城市建设投资(集团)有限公司。同年,重庆化医控股(集团)公司将其持有的重药控股38.47%的股份投资至重庆医药健康产业有限公司。表4-2描述了重药控股第一大股东和第二大股东2019—2021年年度持股比例变动情况,如表4-2所示,重药控股2019年以来实际控制人为重庆医药健康产业有限公司。

表4-2 2019—2021年重药控股主要股东持股比例构成变动表

股东名称	股东性质	持股比例		
		2019年	2020年	2021年
重庆医药健康产业有限公司	国有法人	38.47%	38.47%	38.14%
重庆市城市建设投资(集团)有限公司	国有法人	16.33%	16.33%	16.19%
深圳茂业(集团)股份有限公司	非国有法人	9.01%	9.01%	8.93%
茂业商业股份有限公司	非国有法人	4.24%	4.24%	2.21%

资料来源:根据重药控股2019—2021年年度报告编制。

重药控股所属行业为医药流通行业。经重大资产重组后,公司定位为服务医药全产业链的现代大型医药流通企业,立足医药商业和医药研发的协同发展,是西部领先的医药健康产业集团。重药控股主营业务包括医药商业板块,涵盖药品、医疗器械、中药饮片、保健产品的医院纯销、商业批发、零售连锁、终端配送、仓储物流及供应链增值服务,营销网络覆盖全国31个省(市、自治区)。公司构建了中国医药商业领先的"医药+互联网"平台,开展B2B、B2C、O2O等医药电商业务。公司拥有国内领先的现代医药物流配送中心,在国内设立多个分配送中心,并利用院内智能物流技术手段,与大型综合医院开展合作,实现库房前移,与中小型医院及区域医疗中心优势互补,构建中央库房,实现集中配送。在医药研发方面,公司坚持以创新为发展理念,建立符合公司战略规划的完善的新药研发体系。

4.2 主要会计问题描述

4.2.1 运达股份主要会计问题

运达股份通过多种资金筹集渠道筹集资金支持企业发展。例如,2019年,公司通过首次公开发行股票筹集资金净额达44 126.7万元;2020年,公司向不特定对象发行可转换公司债券57 127.74万元。在多种渠道资金的推动下,运达股份实现公司经营规模的飞速扩张,其主业聚焦于风力发电组的生产制造,核心竞争力突出,显现出良好的资产资本盈利性。表4-3描述了运达股份2017—2021年资产、负债规模变动情况,以及各年度营业收入和净利润实现情况。如表4-3所示,运达股份总资产2017年为581 375万元,至2021年已增加至2 471 416万元;营业收入2017为325 720万元,至2021年已增加至1 604 065万元;税后净利润从 2017 年的 9 419 万元增长至 2021 年的 49 305 万元,加权净资产收益率基本在 10%以上,在 2021 年更是达到 22.39%。

表 4-3 运达股份 2017—2021 年财务状况及业绩变动

单位:万元

项目	2017 年 12 月 31 日	2018 年 12 月 31 日	2019 年 12 月 31 日	2020 年 12 月 31 日	2021 年 12 月 31 日
总负债	497 134	563 262	1 003 636	1 417 464	2 192 681
股东权益	84 242	96 230	152 651	184 344	278 735
应收款项合计[1]	163 554	213 322	264 975	406 443	739 774
流动资产	363 122	436 764	872 430	1 194 447	1 892 698
总资产	581 375	659 493	1 156 288	1 601 808	2 471 416
资产负债率	85.51%	85.41%	86.80%	88.49%	88.72%
应收款项占流动资产比重	45.04%	48.84%	30.37%	34.03%	39.09%
应收款项占总资产比重	28.13%	32.35%	22.92%	25.37%	29.93%
项目	2017 年	2018 年	2019 年	2020 年	2021 年
营业收入	325 720	331 177	501 026	1 147 785	1 604 065
其中:风力发电组	—	323 740	485 643	1 133 934	1 572 629
净利润	9 419	12 030	10 657	17 300	49 305
经营活动产生的现金流量净额	55 271	20 533	143 588	—78 808	229 792
加权净资产收益率	11.51%	13.35%	8.09%	10.97%	22.39%

注:1. 应收款项合计包括应收账款、应收票据、应收款项融资和合同资产(不包含列报在非流动资产项目中的分期收款应收质保金),不含其他应收款。
资料来源:根据运达股份 2017—2021 年财务报告整理计算编制。

然而,运达股份的财务安排及其生产经营模式显现出以下特征:一方面,公司发展需要的资金主要依赖负债,如表 4-3 所示,公司资产负债率自 2017 年以来一直高居 85%左右,在取得财务杠杆收益的同时,财务风险较高;另一方面,公司主营业务销售形成巨额应收款项,并随营业收入上升而不断攀升,其占总资产的比重在 1/4 以上。与此同时,公司经营活动产生的现金流量净额高低不定,导致日常经常活动资金时而充足、时而短缺。对于运达股份而言,日常经营资金融通管理的重要性显而易见。

根据 2006 金融工具准则,应收款项统一分类为"贷款和应收款项"。根据 2017 新金融工具准则,企业根据业务管理模式和现金流量特征,可以将准备持有到期收取合同现金流量的应收款项分类为"以摊余成本计量的金融资产"。但是,企业在日常资金管理中,往往会出于融通资金的需要,将部分银行承兑汇票贴现或背书,或者将对特定客户的特定应收账款通过无追索权保理方式进行出售,并且此类贴现、背书、出售等满足金融资产转移终止确认的条件。针对此类有可能贴现、背书或保理的应收款项,企业既以收取合同现金流量,又以出售金融资产为目标,应将其分类为"以公允价值计量且其变动计入其他综合收益金融资产"。

运达股份的业务特点表现为公司持有巨额应收款项。其中,信用较高的银行承兑的商业汇票可以作为资金融通的一种渠道,在需要时通过背书、贴现的形式进行金融资产转移。表4-4描述了运达股份2017—2021年年末应收商业汇票余额明细以及每期期末尚未到期的已背书、贴现的银行承兑汇票金额。如表4-4所示,运达股份在2018年年末、2020年年末和2021年年末,尚未到期但已背书贴现的银行承兑汇票金额分别为54 210万元、245 830万元和178 381万元。公司在背书贴现时根据CAS 23《金融资产转移》(2017)之规定进行终止确认。

表4-4 运达股份2018—2021年应收商业汇票余额明细表

单位:万元

项目	2017年12月31日	2018年12月31日	2019年12月31日	2020年12月31日	2021年12月31日
商业承兑汇票	2 162	1 706	0	1 112	0
银行承兑汇票	20 669	18 370	5 109	16 245	31 037
合计	22 831	22 076	5 109	17 357	31 037
资产负债表日尚未到期的已背书、贴现的银行承兑汇票	—	54 210	—	245 830	178 381

资料来源:根据运达股份2017—2021年财务报告整理编制。

运达公司如何对高额应收款项进行正确分类,将其划入相应的金融资产类别,以及对与其相应的信用减值损失进行确认与计量,成为2017新金融工具准则下该公司需要审慎处理的主要会计问题之一。

4.2.2 重药控股主要会计问题

重药控股自2017年实现重大资产重组以来,致力于从传统配送商业企业向"互联网+医药"融合型现代医药商业企业转型,持续扩大经营规模。表4-5描述了重药控股2017—2021年资产、负债等财务状况及业绩增长情况。如表4-5所示,重药控股自2017年至2021年,总资产增长3倍有余,资产负债率一路攀升,至2021年年末达到76.32%,财务风险不断增加。与此同时,重药控股的经营业绩也有大幅提高:营业收入从2017年的2 304 460万元升至2021年的6 252 075万元,净利润从2017年的115 282万元增至2021年的129 067万元,加权净资产收益率基本保持在10%以上,实现了良好的资本收益。然而,如表4-5所示,一方面,重药控股2017和2018年度经营活动现金净流量分别为-110 198万元和-170 576万元,公司日常经营活动资金时有短缺。另一方面,公司应收款项占用了巨额资金,2017—2021年,占总资产规模的50%左右。

表 4-5　重药控股 2017—2021 年资产、负债状况及业绩增长

单位:万元

项目	2017年12月31日	2018年12月31日	2019年12月31日	2020年12月31日	2021年12月31日
总负债	795 310	1 200 725	1 661 829	3 195 189	3 793 353
股东权益	725 179	810 763	886 167	1 048 058	1 176 654
货币资金	191 385	254 781	327 393	460 496	566 468
应收款项合计[1]	737 175	1 036 718	1 231 343	2 254 395	2 698 778
流动资产	1 229 354	1 640 188	2 034 752	3 509 589	4 133 752
总资产	1 520 489	2 011 488	2 547 995	4 243 246	4 970 008
资产负债率	52.31%	59.69%	65.22%	75.30%	76.32%
应收款项占流动资产比重	59.96%	63.21%	60.52%	64.24%	65.29%
应收款项占总资产比重	48.48%	51.54%	48.33%	53.13%	54.30%
项目	2017年	2018年	2019年	2020年	2021年
营业收入	2 304 460	2 580 274	3 384 382	4 521 957	6 252 075
其中:药品类	—	2 330 266	3 101 533	3 953 712	5 403 415
医疗器械类	—	111 184	224 804	497 849	756 015
净利润	115 282	75 091	94 435	114 739	129 067
经营活动产生的现金流量净额	−110 198	−170 576	20 241	63 199	25 016
加权净资产收益率	17.7%	9.84%	10.11%	10.48%	10.78%

注:1. 应收款项包括应收票据、应收账款和应收款项融资。
资料来源:根据重药控股 2017—2021 年财务报告整理计算编制。

基于经营特点和现实状况,公司不断创新财务管理模式,多方面拓展融资渠道,以保障经营目标圆满实现。例如,2019 年,公司在中国银行间市场成功注册人民币 20 亿元超短期融资券,并完成第一期 3 亿元的超短期融资券发行;在深交所成功设立"重庆医药应收账款一期资产支持专项计划"(ABS)10 亿元,不断加强与各授信银行的沟通,全年银行授信额度得到较大增长;2020 年,公司持续拓展融资渠道,不仅在直接融资方面取得重大突破,而且通过与多家银行开展无追索保理业务与发行资产支持证券 ABS 和 ABN,持续盘活应收账款,增加了经营活动现金流入,有效保障了公司经营资金需求。显而易见,对应收款项资金盘活的灵活管理为公司日常经营资金需求开辟了重要途径。从 2019 年开始,公司经营活动产生的现金净流量由负变正,资金管理取得显著成效。

2019年1月1日为2017新金融工具准则首次执行日。在这一时点重药控股公司持有的金融资产除货币资金254 781万元、应收款项1 036 718万元（表4-5）外，还包括"以公允价值计量且其变动计入当期损益的金融资产"307万元及"可供出售金融资产"3 705万元。如何对这些金融资产进行恰当分类，不仅影响当期相关信息列报，而且影响此后同类金融资产的分类、确认、计量与报告。

4.3 相关准则条款解读

我国财政部于2017年修订颁布的CAS 22《金融工具确认与计量》、CAS 23《金融资产转移》、CAS 24《套期会计》和CAS 37《金融工具列报》，规范了金融工具的确认与计量、金融资产转移、套期会计等方面的会计处理。

4.3.1 关于金融资产的定义、分类和重分类

金融资产是指企业持有的现金、其他方的权益工具，以及符合下列条件之一的资产：①从其他方收取现金或其他金融资产的合同权利。②在潜在有利条件下，与其他方交换金融资产或金融负债的合同权利。③将来须用或可用企业自身权益工具进行结算的非衍生工具合同，且企业根据该合同将收到可变数量的自身权益工具。④将来须用或可用企业自身权益工具进行结算的衍生工具合同，但不包括以固定数量的自身权益工具交换固定金额的现金或其他金融资产的衍生工具合同。

当企业成为金融工具合同的一方时，应当确认一项金融资产或金融负债。企业应当根据其管理金融资产的业务模式和金融资产的合同现金流量特征，将金融资产划分为以下三类：

第一类，以摊余成本计量的金融资产。金融资产同时符合下列条件的，应当分类为以摊余成本计量的金融资产：①企业管理该金融资产的业务模式是以收取合同现金流量为目标。②该金融资产的合同条款规定，在特定日期产生的现金流量，仅为对本金和以未偿付本金金额为基础的利息的支付。

第二类，以公允价值计量且其变动计入其他综合收益的金融资产。金融资产同时符合下列条件的，应当分类为以公允价值计量且其变动计入其他综合收益的金融资产：①企业管理该金融资产的业务模式既以收取合同现金流量为目标，又以出售该金融资产为目标。②该金融资产的合同条款规定，在特定日期产生的现金流量仅为对本金和以未偿付本金金额为基础的利息的支付。初始确认时，企业可以将非交易性权益工具投资指定为以公允价值计量且其变动计入其他综合收益的金融资产，该指定一经作出，不得撤销。

第三类，以公允价值计量且其变动计入当期损益的金融资产。分类为以摊余成本计量的金融资产和分类为以公允价值计量且其变动计入其他综合收益的金融资产之外的金融资产，企业应当将其分类为以公允价值计量且其变动计入当期损益的金融资产。初始确认时，如果能够消除或显著减少会计错配，企业可以将金融资产指定为以公允价值计量且其变动计入当期损益的金融资产，该指定一经作出，不得撤销。

企业改变其管理金融资产的业务模式时，应当按照准则规定对所有受影响的相关金融资产进行重分类。企业对金融资产进行重分类的，应当自重分类日起采用未来适用法进行相关会计处理。

4.3.2 关于金融资产的初始计量与后续计量

企业金融资产应当按照公允价值进行初始计量。对于以公允价值计量且其变动计入当期损益的金融资产,相关交易费用应当直接计入当期损益;对于其他类别的金融资产,相关交易费用应当计入初始确认金额。但是,未包含重大融资成分或不考虑不超过1年的合同中的融资成分的企业应收账款,应当按照交易价格进行初始计量。初始确认后,企业应当对不同类别的金融资产,分别以摊余成本、以公允价值计量且其变动计入其他综合收益,或以公允价值计量且其变动计入当期损益进行后续计量。

金融资产的摊余成本应当以该金融资产的初始确认金额经下列调整后的结果确定:①扣除已偿还的本金。②加上或减去采用实际利率法将该初始确认金额与到期日金额之间的差额进行摊销形成的累计摊销额。③扣除累计计提的损失准备。

4.3.3 关于金融资产减值

企业应当以预期信用损失为基础,对下列项目进行减值会计处理并确认损失准备:①分类为以摊余成本计量的金融资产和分类为以公允价值计量且其变动计入其他综合收益的金融资产。②租赁应收款。③合同资产。④企业发行的分类为以公允价值计量且其变动计入当期损益的金融负债以外的贷款承诺和财务担保合同。

预期信用损失是指以发生违约的风险为权重的金融工具信用损失的加权平均值。信用损失是指企业按照原实际利率折现的、根据合同应收的所有合同现金流量与预期收取的所有现金流量之间的差额,即全部现金短缺的现值。

企业应当在每个资产负债表日评估相关金融工具的信用风险自初始确认后是否已显著增加,并按照下列情形分别计量其损失准备,确认预期信用损失及其变动:①如果该金融工具的信用风险自初始确认后已显著增加,企业应当按照相当于该金融工具整个存续期内预期信用损失的金额计量其损失准备。②如果该金融工具的信用风险自初始确认后并未显著增加,企业应当按照相当于该金融工具未来12个月内预期信用损失的金额计量其损失准备,无论企业评估信用损失的基础是单项金融工具还是金融工具组合。③企业在前一会计期间已经按照相当于金融工具整个存续期内预期信用损失的金额计量了损失准备,但在当期资产负债表日,该金融工具已不再属于自初始确认后信用风险显著增加的情形的,企业应当在当期资产负债表日按照相当于未来12个月内预期信用损失的金额计量该金融工具的损失准备。由上述信用风险评估形成的损失准备的转回金额应当作为减值利得计入当期损益。

对于分类为以公允价值计量且其变动计入其他综合收益的金融资产,企业应当在其他综合收益中确认其损失准备,并将减值损失或利得计入当期损益,且不应减少该金融资产在资产负债表中列示的账面价值。

无论企业采用何种方式评估信用风险是否显著增加,通常情况下,如果逾期超过30日,则表明金融工具的信用风险已经显著增加。如果交易对手方未按合同规定时间支付约定款项,则表明该金融资产发生逾期。

此外,准则还进一步规定,对于由 CAS 14《收入》规范的交易形成的应收款项或合同资产,且符合下列条件之一,企业应当始终按照相当于整个存续期内预期信用损失的金额计量其损失准备:①该项目未包含重大融资成分,或不考虑不超过1年的合同中的融资成分。

②该项目包含重大融资成分,同时企业作出会计政策选择,按照相当于整个存续期内预期信用损失的金额计量损失准备。

4.3.4 关于利得和损失

企业应当将以公允价值计量的金融资产的利得或损失计入当期损益。

以摊余成本计量且不属于任何套期关系的一部分的金融资产所产生的利得或损失,应当在终止确认、重分类、按照实际利率法摊销或确认减值时,计入当期损益。

将非交易性权益工具投资指定为以公允价值计量且其变动计入其他综合收益的金融资产的,当该金融资产终止确认时,之前计入其他综合收益的累计利得或损失应当从其他综合收益中转出,计入留存收益。

分类为以公允价值计量且其变动计入其他综合收益的金融资产所产生的所有利得或损失,除减值损失或利得和汇兑损益之外,均应当计入其他综合收益,直至该金融资产终止确认或被重分类为止。但是,采用实际利率法计算的该金融资产的利息应当计入当期损益。该金融资产终止确认时,之前计入其他综合收益的累计利得或损失应当从其他综合收益中转出,计入当期损益。

4.3.5 关于金融资产的转移和终止确认

1. 金融资产的终止确认

金融资产满足下列条件之一的,应当终止确认:①收取该金融资产现金流量的合同权利终止。②该金融资产已转移,且该转移满足 CAS 23《金融资产转移》关于金融资产终止确认的规定。

2. 金融资产的转移和终止确认

金融资产转移包括下列两种情形:①企业将收取金融资产现金流量的合同权利转移给其他方。②企业保留了收取金融资产现金流量的合同权利,但承担了将收取的该现金流量支付给一个或多个最终收款方的合同义务,且同时满足下列条件:企业只有从该金融资产收到对等的现金流量时,才有义务将其支付给最终收款方;转让合同规定禁止企业出售或抵押该金融资产,但企业可以将其作为向最终收款方支付现金流量义务的保证;企业有义务将代表最终收款方收取的所有现金流量及时划转给最终收款方,且无重大延误。

企业在发生金融资产转移时,应当评估其保留金融资产所有权上的风险和报酬的程度,并分别按下列情形处理。①企业转移了金融资产所有权上几乎所有风险和报酬的,应当终止确认该金融资产,并将转移中产生或保留的权利和义务单独确认为资产或负债。②企业保留了金融资产所有权上几乎所有风险和报酬的,应当继续确认该金融资产。③企业既没有转移也没有保留金融资产所有权上几乎所有风险和报酬的,应当根据其是否保留了对金融资产的控制,分别进行处理:企业未保留对该金融资产控制的,应当终止确认该金融资产,并将转移中产生或保留的权利和义务单独确认为资产或负债;企业保留了对该金融资产控制的,应当按照其继续涉入被转移金融资产的程度继续确认有关金融资产,并相应确认相关负债。

3. 关于满足/不满足金融资产终止确认条件的会计处理

金融资产转移整体满足终止确认条件的,应当将下列两项金额的差额计入当期损益:①被转移金融资产在终止确认日的账面价值。②因转移金融资产而收到的对价与原直接计入其他综合收益的公允价值变动累计额中对应终止确认部分的金额之和。企业若保留了向该金融资产提供相关收费服务的权利，应当就该服务合同确认一项服务资产或服务负债。

企业保留了被转移金融资产所有权上几乎所有风险和报酬而不满足终止确认条件的，应当继续确认被转移金融资产整体，并将收到的对价确认为一项金融负债。

企业既没有转移也没有保留金融资产所有权上几乎所有风险和报酬，且保留了对该金融资产控制的，应当按照其继续涉入被转移金融资产的程度继续确认该被转移金融资产，并相应确认相关负债。

4.3.6 关于金融资产的列报与披露

金融资产和金融负债应当在资产负债表内分别列示，不得相互抵销。但同时满足下列条件的，应当以相互抵销后的净额在资产负债表内列示：①企业具有抵销已确认金额的法定权利，且该种法定权利是当前可执行的。②企业计划以净额结算，或同时变现该金融资产和清偿该金融负债。

确定金融工具的列报类型时，企业至少应当将准则范围内的金融工具区分为以摊余成本计量和以公允价值计量的类型。

企业应当在资产负债表或相关附注中列报下列金融资产的账面价值：①以摊余成本计量的金融资产。②以公允价值计量且其变动计入其他综合收益的金融资产。③以公允价值计量且其变动计入当期损益的金融资产。

企业应当在利润表中披露与金融工具有关的下列收入、费用、利得或损失：①以公允价值计量且其变动计入当期损益的金融资产产生的利得或损失。②对于分类为以公允价值计量且其变动计入其他综合收益的金融资产，企业应当分别披露当期在其他综合收益中确认的以及当期终止确认时从其他综合收益转入当期损益的利得或损失。③对于指定为以公允价值计量且其变动计入其他综合收益的非交易性权益工具投资，企业应当分别披露在其他综合收益中确认的利得和损失，以及在当期损益中确认的股利收入。④除以公允价值计量且其变动计入当期损益的金融资产外，按实际利率法计算的金融资产产生的利息收入总额，以及在确定实际利率时未予包括并直接计入当期损益的手续费收入或支出。⑤企业通过信托和其他托管活动代他人持有资产或进行投资而形成的，直接计入当期损益的手续费收入或支出。

企业应当分别披露以摊余成本计量的金融资产终止确认时在利润表中确认的利得和损失金额及其相关分析，包括终止确认金融资产的原因。

企业应当披露每一类金融资产的公允价值，并与账面价值进行比较。对于在资产负债表中相互抵销的金融资产和金融负债，其公允价值应当以抵销后的金额披露。而对于账面价值与公允价值差异很小的金融资产（如短期应收账款），企业可以选择不披露其公允价值信息。

4.3.7 关于"应收款项融资"项目的补充说明

为规范执行2017新金融工具准则企业的财务报表编制，2019年5月，财政部颁布《关于修订印发2019年度一般企业财务报表格式的通知》，在资产负债表中新增"应收款项融资"项目，反映资产负债表日以公允价值计量且其变动计入其他综合收益的应收票据和应收账款等。一般认为，在"应收款项融资"项目中列报的应收款项应同时满足以下条件：①合同现金流量特征能够满足 CAS 22《金融工具确认和计量》(2017)中规定的"本金＋利息"要求。②管理层有明确意图将这部分应收款项在到期之前通过背书转让或贴现的方式收回其合同现金流量,但也不排除持有至到期以收取到期现金流,即业务模式为"收取合同现金流量＋出售"。故而,应将这类金融资产与其他明确持有意图为"持有至到期以收取合同现金流"的应收款项明确区分、单独管理。③当将这类应收款项用于背书转让或者贴现时,预期将可以满足 CAS 23《金融资产转移》(2017)规定的金融资产转移终止确认条件。④该应收款项属于流动资产。此时,"应收款项融资"实质上应被分类为"以公允价值计量且其变动计入其他综合收益的金融资产"。

根据 2017 新金融工具准则,应收款项至少可划分为"以摊余成本计量的金融资产"和"以公允价值计量且其变动计入其他综合收益的金融资产",前者在"应收款项"及"应收票据"中反映,后者则在"应收款项融资"中反映。

理论上,"应收款项融资"应当以公允价值进行初始和后续计量。但在实务中,由于这些应收款项尤其是应收票据的期限不超过 1 年,资金时间价值因素对其公允价值影响不大。票据背书的交易双方均认可按票据面值抵偿等额的应收应付账款。因此,可以近似认为该类应收款项期末公允价值等于其面值扣减按预期信用风险确认的坏账准备后的余额,即公允价值基本等于摊余成本。

4.4 会计处理分析

4.4.1 运达股份金融资产的会计处理

4.4.1.1 运达股份金融资产相关会计政策

(1)金融资产确认与计量的相关会计政策。运达公司依据 2017 新金融工具准则的规定,将金融资产在初始确认时划分为以下三类:以摊余成本计量的金融资产;以公允价值计量且其变动计入其他综合收益的金融资产;以公允价值计量且其变动计入当期损益的金融资产。在公司成为金融工具合同的一方时,按照公允价值计确认一项金融资产。对于公司初始确认的应收账款未包含重大融资成分或公司不考虑未超过 1 年的合同中的融资成分的,按照交易价格进行初始计量。对于金融资产的后续计量,依据金融资产的分类分别采用摊余成本和公允价值。

(2)应收款项预期信用减值损失的相关会计政策。依据 2017 新金融工具准则,运达股份对金融工具减值的处理以预期信用损失为基础,对以摊余成本计量的金融资产、以公允价值计量且其变动计入其他综合收益的债务工具投资、租赁应收款、分类为以公允价值计量且其变动计入当期损益的金融负债以外的贷款承诺、不属于以公允价值计量且其变动计入当期损益的金融负债或不属于金融资产转移不符合终止确认条件或继续涉入被转移金融资产所形成的金融负债的财务担保合同进行减值处理并确认损失准备。

运达股份对于不含重大融资成分或者公司不考虑不超过 1 年的合同中的融资成分的应收账款,运用简化计量方法计量预期信用损失。具体做法是按照整个存续期内的预期信用损失金额计量损失准备。公司对应收款项采用按组合计量预期信用损失的简化计量方法,其预期信用损失计量如表 4-6 所示。

表 4-6 运达股份应收账款预期信用损失计量方法

项目	确定组合的依据	计量预期信用损失的方法
银行承兑汇票	承兑票据出票人	参考历史信用损失经验,结合当前状况以及对未来经济状况的预测,通过违约风险敞口和整个存续期预期信用损失率,计算预期信用损失
商业承兑汇票		
应收账款——逾期账龄组合	逾期账龄	参考历史信用损失经验,结合当前状况以及对未来经济状况的预测,编制应收账款逾期账龄与整个存续期预期信用损失率对照表,计算预期信用损失
长期应收款——长期应收性质款项组合	合同约定的长期应收性质款项	参考历史信用损失经验,结合当前状况以及对未来经济状况的预测,整个存续期预期信用损失率,计算预期信用损失

资料来源:运达股份 2020 年年度报告。

表 4-7 列示了运达股份应收账款、应收票据逾期账龄与预期信用损失率对照表。

表 4-7 运达股份应收账款、应收票据逾期账龄与预期信用损失率对比表

账龄	预期信用损失率	
	应收账款	应收商业承兑汇票
未逾期	0.00	0.00
逾期 6 个月内	0.50%	0.50%
逾期 6 个月至 1 年	4.00%	4.00%
逾期 1~2 年	10.00%	10.00%
逾期 2~3 年	25.00%	25.00%
逾期 3~4 年	50.00%	50.00%
逾期 4~5 年	80.00%	80.00%
逾期 5 年以上	100.00%	100.00%

资料来源:运达股份 2020 年、2021 年年度报告。

运达股份对于按组合评估预期信用风险和计量预期信用损失的金融工具项目——其他应收款,其预期信用损失计量方法如表 4-8 所示。

表 4-8 其他应收款按组合评估预期信用风险的预期信用损失模型计量方法

项目	确定组合的依据	计量预期信用损失的方法
其他应收款——应收备用金组合	款项性质	参考历史信用损失经验,结合当前状况以及对未来经济状况的预测,通过违约风险敞口和未来 12 个月内或整个存续期预期信用损失率,计算预期信用损失
其他应收款——逾期账龄组合	逾期账龄	参考历史信用损失经验,结合当前状况以及对未来经济状况的预测,编制其他应收账款逾期账龄与整个存续期预期信用损失率对照表,计算预期信用损失

资料来源:运达股份 2020、2021 年度报告。

4.4.1.2 运达股份2019年1月1日新金融工具准则首次执行日相关会计科目调整

2019年1月1日是2017新金融工具准则首次执行日,运达股份根据衔接规定进行了相应会计处理。第一,考虑自身业务模式,以及金融资产合同现金流特征,确定三类金融资产:以摊余成本计量的金融资产;以公允价值计量且其变动计入其他综合收益的金融资产;以公允价值计量且其变动计入当期损益的金融资产。权益类投资选择按公允价值计量且其变动计入其他综合收益,且该选择不可撤销。第二,金融资产减值计量由"已发生损失模型"改为"预期信用损失模型",适用于以摊余成本计量的金融资产、以公允价值计量且其变动计入其他综合收益的金融资产、租赁应收款。第三,对可比期间信息不予调整,首次执行日执行新准则与原准则的差异追溯调整本报告期期初留存收益或其他综合收益。

表4-9描述了2019年1月1日运达股份按照2017新金融工具准则和按原金融工具准则规定对金融资产进行分类和计量结果的对比。如表4-9所示,运达股份由于日常资金管理需要,会将部分银行承兑汇票进行贴现和背书,并对部分应收账款进行保理业务,其基于出售频繁程度、金额以及内部管理情况,认定此类金融资产的业务模式为既以收取合同现金流量为目标又以出售为目标,且此类金融资产的合同现金流量特征与基本借贷安排相一致。因此,将其分类为以公允价值计量且其变动计入其他综合收益的金融资产。

表4-9 运达股份2017新金融工具准则首次执行日金融资产分类和计量调整对比

单位:元

项目	原金融工具准则		2017新金融工具准则	
	计量类别	账面价值	计量类别	账面价值
货币资金	贷款和应收款项	1 340 348 598.36	以摊余成本计量	1 340 348 598.36
应收票据		200 765 940.26	以摊余成本计量	18 201 600.00
			以公允价值计量且其变动计入其他综合收益	183 701 940.26
应收账款		1 932 451 737.86	以摊余成本计量	1 940 901 826.20
其他应收款		31 105 018.30	以摊余成本计量	32 184 705.08
可供出售金融资产		500 000.00	以公允价值计量且其变动计入其他综合收益	500 000.00

资料来源:根据运达股份2019年年度报告编制。

表4-10描述了运达股份将2018年12月31日按旧金融工具准则分类、计量的金融资产,依据2017新金融工具准则重新分类和计量的调整过程。

表 4-10 运达股份 2017 新金融工具准则首次执行日金融资产重分类和计量调整过程

单位：元

项目	2018年12月31日账面价值	重分类	重新计量	2019年1月1日账面价值
以摊余成本计量的金融资产				
货币资金	1 340 348 598.36			1 340 348 598.36
应收票据	200 765 940.26			18 201 600.00
预期信用损失			1 137 600.00	
转出至以公允价值计量且其变动计入其他综合收益		−183 701 940.26		
应收账款	1 932 451 737.86			1 940 901 826.20
预期信用损失			8 450 088.34	
其他应收款	31 105 018.30			32 184 705.08
预期信用损失			1 079 686.78	
合计	3 504 671 294.78	−183 701 940.26	10 667 375.12	3 331 636 729.64
以公允价值计量且其变动计入其他综合收益的金融资产				
应收款项融资				183 701 940.26
自贷款和应收款项转入		183 701 940.26		
可供出售金融资产	500 000.00			
转出至以公允价值计量且其变动计入其他综合收益		−500 000.00		
其他权益工具投资				500 000.00
自可供出售金融资产转入		500 000.00		
合计	500 000.00	183 701 940.26		184 201 940.26
金融资产减值准备金额调整				
坏账准备　应收票据	1 896 000.00		−1 137 600.00	758 400.00
坏账准备　应收账款	16 275 058.70		−8 450 088.34	7 824 970.36
坏账准备　其他应收款	3 763 100.00		−1 079 686.78	2 683 413.22

资料来源：根据重药控股 2018—2019 年年度报告整理、计算、分析、编制。

(1) 根据表 4-9 和表 4-10,可模拟编制信达股份 2019 年 1 月 1 日新金融工具准则首次执行日相关金融资产会计科目调整会计分录。

① 货币资金由"贷款和应收款项"调整为"以摊余成本计量的金融资产",会计科目不变,会计账簿无需调整。

② 将划分为"贷款和应收款项"的应收票据账面价值 200 765 940.26 元(余额 202 661 940.26 元,坏账准备为 1 896 000 元)分为两类:应收商业承兑汇票分类为以摊余成本计量的金融资产;应收银行承兑汇票分类为以公允价值计量且其变动计入其他综合收益的金融资产,记入"应收款项融资"科目。模拟编制会计分录反映会计科目调整及相应预期信用损失金额调整过程。

借:应收款项融资[1]　　　　　　　　　　　　　　　　183 701 940.26
　　贷:应收票据——银行承兑汇票　　　　　　　　　　183 701 940.26
借:坏账准备　　　　　　　　　　　　　　　　　　　　1 137 600
　　贷:留存收益[2]　　　　　　　　　　　　　　　　　1 137 600

注:1. 重分类后,应收票据(商业承兑汇票)账面价值为:200 765 940.26－183 701 940.26＋1 137 600＝18 201 600 元,其中,余额 18 960 000 元,坏账准备 758 400 元。

2. 预期信用减值损失调整直接调增 2019 年年初留存收益(包括未分配利润和盈余公积)即可。

③ 将划分为"贷款和应收款项"的应收账款和其他应收款调整为"以摊余成本计量的金融资产",会计科目不变,重新计量并调整预期信用损失。

借:坏账准备　　　　　　　　　　　　　　　　　　　　9 529 775.12
　　贷:留存收益[1]　　　　　　　　　　　　　　　　　9 529 775.12

注:1. 共计调整信用减值损失 9 529 775.12 元,直接计入 2019 年年初留存收益,其中,应收账款坏账准备调整 8 450 088.34 元;其他应收款坏账准备调整 1 079 686.78 元。调整后,应收账款账面价值为 1 940 901 826.20 元,其他应收款账面价值为 32 184 705.08 元。

④ 将划分为"可供出售金融资产"的 500 000 元调整为"以公允价值计量且其变动计入其他综合收益的金融资产",记入"其他权益工具投资"科目。

借:其他权益工具投资　　　　　　　　　　　　　　　　500 000
　　贷:可供出售金融资产　　　　　　　　　　　　　　500 000

注:该权益工具投资是对玉环长达发电有限公司的股权投资。

⑤ 金融资产信用减值损失调整导致资产账面价值与计税基础的差异发生变化,从而减少递延所得税资产 1 600 025.11 元,直接计入 2019 年年初留存收益。

借:留存收益　　　　　　　　　　　　　　　　　　　　1 600 025.11
　　贷:递延所得税资产　　　　　　　　　　　　　　　1 600 025.11

(2) 经上述调整后,运达股份 2019 年 1 月 1 日按 2017 新金融工具准则分类、计量的金融资产账户信息如表 4-11 所示。

表 4-11 运达股份 2019 年 1 月 1 日按 2017 新金融工具准则分类、计量的金融资产账户信息

单位:元

	余额	坏账准备	账面价值
货币资金	1 340 348 598.36	—	1 340 348 598.36
应收票据（商业承兑汇票）	18 960 000.00	758 400.00	18 201 600.00
应收款项融资（银行承兑汇票）	183 701 940.26	—	183 701 940.26
应收账款	1 948 726 796.56	7 824 970.36	1 940 901 826.20
其他应收款	34 868 118.30	2 683 413.22	32 184 705.08
其他权益工具投资	500 000.00	—	500 000.00

资料来源:根据运达股份 2018—2019 年年度报告整理、计算、分析、编制。

4.4.1.3 运达股份 2019—2021 年金融资产信用减值损失的确认与计量

运达股份 2019—2021 年金融资产主要包括以摊余成本计量的应收款项(包括合同资产)、划分为以公允价值计量且其变动计入其他综合收益的金融资产"应收款项融资",以及其他权益工具投资。运达股份其他权益工具投资在 3 年中公允价值没有发生变化。因此,该公司和金融资产相关的会计处理主要包括应收款项增减变动以及相关信用减值损失的确认与计量、应收款项融资的相关会计处理。

(1) 运达股份 2019—2021 年应收款项信用减值损失的确认与计量。

表 4-12 描述了运达股份 2019—2021 年各应收款项期初、期末账面价值变动及相应减值准备计提情况。

表 4-12 运达股份 2019—2021 年应收款项及相应减值准备增减变动表

单位:万元

			应收票据[1]	应收账款[2]	其他应收款[3]	合同资产[4]
2019 年	期初余	余额	1 896	194 873	3 486	
		坏账准备	76	782	268	
		账面价值	1 820	194 090	3 218	
	本期发生	计提		1 140	43	
		坏账准备 收回或转回	76			
		核销				
	期末余	余额	0	261 788	4 300	
		坏账准备		1 922	311	
		账面价值		259 866	3 989	

(续表)

			应收票据[1]	应收账款[2]	其他应收款[3]	合同资产[4]
2020年	期初余	余额		252 630	4 300	
		坏账准备		1 922	311	
		账面价值		250 708	3 989	
	本期发生	计提	123	429	−12	
	坏账准备	收回或转回				
		核销				
	期末余	余额	1 235	382 045	5 869	9 392
		坏账准备	123	2 351	299	0
		账面价值	1 112	379 694	5 570	9 392
2021年	期初余	余额	1 235	382 045	5 869	9 392
		坏账准备	123	2 351	299	0
		账面价值	1 112	379 694	5 570	9 392
	本期发生	计提	−123	18 386	40	99
	坏账准备	其中:单项		14 255		
		收回或转回				
		核销				
	期末余	余额	0	704 200	6 186	25 372
		坏账准备	0	20 737	339	99
		账面价值	0	683 463	5 847	25 273

注:1. 应收票据按组合计提坏账准备,2019年计提比例为4%,2020年为10%。
2. 应收账款按信用风险特征组合计提坏账准备,2019年年初计提比例0.40%,2019年年末为0.73%;2020年年初为0.76%,2020年年末为0.62%;2021年年末为0.94%。
3. 其他应收款按预期信用损失一般模型计提坏账准备。
4. 运达股份于2020年1月1日开始执行《收入》(2017)准则,新增合同资产项目。合同资产分流动资产和非流动资产列报:按流动资产列报的合同资产按组合计提减值准备,计提比例为0.39%;按其他非流动资产列报的合同资产按组合计提减值准备,计提比例为0.39%。表内未考虑合并在其他非流动资产中列报的合同资产。

资料来源:根据运达股份2019—2021年年度报告整理编制。

根据表4-12列示的信息,可模拟编制运达股份2019—2021年相关信用减值损失计提及转回的会计分录如下。以下分录的单位为万元。

① 2019年信用减值损失的确认与计量。2019年,运达股份应收款项计提坏账准备1 140万元,其他应收款计提坏账准备43万元,合计计提1 183万元坏账准备;账面价值为1 820万元的应收票据按余额收回1 896万元,转回坏账准备76万元。2019年合计发生信用减值损失1 107万元。

```
借：信用减值损失                                                    1 183
    贷：坏账准备                                                    1 183
借：银行存款                                                        1 896
    贷：应收票据                                                    1 896
借：坏账准备                                                           76
    贷：信用减值损失                                                    76
```

② 2020年信用减值损失的确认与计量。2020年,运达股份计提应收票据坏账准备123万元,计提应收账款坏账准备429万元;其他应收款预期信用发生变化,表4-13描述了2020年其他应收款由于预期信用发生变化而发生的本期坏账准备计提金额变动。如表4-13所示,其他应收款冲减坏账准备12万元。

表4-13 运达股份2020年其他应收款预期信用损失计量三阶段模型

单位:元

坏账准备	第一阶段	第二阶段	第三阶段	合计
	未来12个月预期信用损失	整个存续期预期信用损失(未发生信用减值)	整个存续期预期信用损失(已发生信用减值)	
2020年1月1日余额		512 597.66	2 599 100.64	3 111 698.30
—转入第三阶段		238 946.19	−238 946.19	
本期计提		−287 299.12	167 680.54	−119 618.58
2020年12月31日余额		464 244.73	2 527 834.99	2 992 079.72

资料来源:运达股份2020年年度报告。

```
借：信用减值损失                                                      123
    贷：坏账准备                                                      123
借：信用减值损失                                                      429
    贷：坏账准备                                                      429
借：坏账准备                                                           12
    贷：信用减值损失                                                    12
```

③ 2021年信用减值损失的确认与计量。2021年,运达股份计提应收账款坏账准备18 386万元,其他应收款坏账准备40万元,合计18 426万元;计提合同资产减值准备99万元;账面价值1 112万元的应收票据按票面金额1 235万元收回,冲减原计提坏账准备123万元。

```
借：信用减值损失                                                  18 426
    贷：坏账准备                                                  18 426
借：信用减值损失                                                       99
    贷：合同资产减值准备                                                99
```

借：银行存款	1 235
贷：应收票据	1 235
借：坏账准备	123
贷：信用减值损失	123

（2）应收款项融资的确认与计量结果。

运达股份对于应收票据融资判定的标准为：第一，在将票据分类为银行承兑和商业承兑的基础上，确定其管理的业务模式，如仅为收取该金融资产的合同现金流（一直持有至对方付款），则作为"应收票据"核算；第二，如业务模式为既以收取合同现金流量为目标又以出售为目标，则进一步判断其背书、贴现时能否终止确认，如不能够终止确认则作为"应收票据"核算，如能够终止确认则作为"应收款项融资"。由于银行承兑汇票的承兑人是商业银行，信用较高，到期不获支付的可能性较低，可将已背书或贴现的银行承兑汇票予以终止确认，故运达股份将应收银行承兑汇票作为"应收款项融资"确认与计量。表 4-14 描述了运达股份 2019—2021 年应收款项融资余额变动以及各年年末尚未到期的已背书或贴现的应收票据金额。

表 4-14　运达股份 2019—2021 年年末应收款项融资金额[1] 及已背书、贴现票据

单位：元

项目	2019 年 12 月 31 日	2020 年 12 月 31 日	2021 年 12 月 31 日
应收款项融资	51 086 824.07	162 445 314.82	310 366 814.26
资产负债表日尚未到期的已背书或贴现应收银行承兑汇票	—	2 458 304 448.93	1 783 806 410.09

注：1. 运达股份未对应收款项融资计提减值准备，且其公允价值与摊余成本无差异。
资料来源：根据运达股份 2019—2021 年年度报告整理编制。

根据表 4-14 中的数据信息，可模拟编制 2020 年、2021 年运达股份年末尚未到期但已背书或贴现的应收款项融资终止确认会计分录如下。分录的单位为元。

2020 年资产负债表日未到期已背书或贴现应收款项融资的终止确认。

借：银行存款、财务费用等	2 458 304 448.93
贷：应收款项融资	2 458 304 448.93

2021 年资产负债表日未到期已背书或贴现应收款项融资的终止确认。

借：银行存款、财务费用等	1 783 806 410.09
贷：应收款项融资	1 783 806 410.09

4.4.2　重药控股金融资产的会计处理

4.4.2.1　重药控股金融资产相关会计政策

（1）金融资产确认与计量相关会计政策。重药控股对金融资产分类、确认、终止确认与计量，依据 2017 新金融工具准则之规定，根据公司管理金融资产的业务模式和金融资产的合同现金流量特征，于初始确认时将金融资产分类为：以摊余成本计量的金融资产，包括应收票据、应收账款、其他应收款、长期应收款、债权投资等；以公允价值计量且其变动计入其

他综合收益的金融资产,包括应收款项融资、其他债权投资等金融资产(债务工具),以及其他权益工具投资等金融资产(权益工具);以公允价值计量且其变动计入当期损益的金融资产,包括交易性金融资产、衍生金融资产、其他非流动金融资产等。公司以公允价值对金融资产进行初始计量,并分别以摊余成本和公允价值进行后续计量。对于不包含重大融资成分的应收账款及公司决定不考虑不超过1年的融资成分的应收账款,以合同交易价格进行初始计量。

(2)应收款项预期信用减值损失相关会计政策。重药控股以单项或组合的方式对以摊余成本计量的金融资产、以公允价值计量且其变动计入其他综合收益的金融资产和财务担保合同等的预期信用损失进行估计。当单项金融资产无法以合理成本评估预期信用损失时,重药控股依据信用风险特征将应收账款和其他应收款分为若干组合,在组合基础上计算预期信用损失,表4-15描述了公司确定组合的依据。

表4-15 重药控股确定组合的依据

组合1	账龄组合
组合2	最终控制方合并内关联方往来
组合3	未到期押金及保证金

资料来源:重药控股2020年度报告。

对于划分为组合2和组合3的应收账款和其他应收款,重药控股认为不存在重大信用风险,不计提坏账准备。对于划分为组合1的应收账款和其他应收款,基于所有合理且有依据的信息(包括前瞻性信息)评估预期信用风险,表4-16描述了公司坏账准备估计计提比例。

表4-16 重药控股应收账款账龄与坏账准备计提比例对照表

应收账款账龄	1年以内	1~2年	2~3年	3~4年	4~5年	5年以上
应收账款计提比例	0.5%	30%	100%	100%	100%	100%

资料来源:重药控股2020年年度报告。

公司考虑有关过去事项、当前状况以及对未来经济状况的预测等合理且有依据的信息,以发生违约的风险为权重,计算合同应收的现金流量与预期能收到的现金流量之间差额的现值的概率加权金额,确认预期信用损失。

如果金融工具的信用风险自初始确认后已显著增加,公司按照相当于该金融工具整个存续期内预期信用损失金额计量损失准备;如果金融工具的信用风险自初始确认后并未显著增加,公司按照相当于该金融工具未来12个月内预期信用损失金额计量损失准备。由此形成的损失准备增加或转回金额,作为减值损失或利得计入当期损益。

对于由CAS 14《收入》(2017)规范的交易形成的应收款项和合同资产,无论是否包含重大融资成分,始终按照相当于整个存续期内预期信用损失的金额计量其损失准备。

4.4.2.2 重药控股2019年1月1日新金融工具准则首次执行日相关会计科目调整

2019年1月1日新金融工具准则首次执行日,重药控股根据衔接规定做出相应会计调整:考虑自身业务模式以及金融资产合同现金流特征确定三类金融资产;金融资产减值计量由"已发生损失模型"改为"预期信用损失模型";对可比期间信息不予调整,首次执行日执行新准则与原准则的差异追溯调整本报告期期初留存收益或其他综合收益。表4-17描述了重药控股将按2006金融工具准则分类、确认和计量的2019年1月1日各项金融资产金额,按2017新金融工具准则重新分类和计量的结果。

表4-17 重药控股2017新金融工具准则首次执行日金融资产分类和计量调整对比表

单位:元

2006金融工具准则			2017新金融工具准则		
列报项目	计量类别	账面价值	列报项目	计量类别	账面价值
货币资金	摊余成本	2 547 805 240.23	货币资金	摊余成本	2 547 805 240.23
以公允价值计量且其变动计入当期损益的金融资产	以公允价值计量且其变动计入当期损益	3 067 762.17	交易性金融资产	以公允价值计量且其变动计入当期损益	3 067 762.17
应收票据	摊余成本	453 829 444.52	应收票据	摊余成本	77 990 599.97
			应收款项融资	以公允价值计量且其变动计入其他综合收益	375 838 844.55
应收账款	摊余成本	9 913 347 130.74	应收账款	摊余成本	10 064 531 821.45
其他应收款	摊余成本	181 662 220.20	其他应收款	摊余成本	181 681 067.57
一年内到期的非流动资产		103 027 960.31	一年内到期的非流动资产	摊余成本	103 027 960.31
可供出售金融资产	以公允价值计量且其变动计入其他综合收益	37 010 142.55	其他非流动金融资产	以公允价值计量且其变动计入当期损益	37 010 142.55
	以成本计量	43 776.84			43 776.84
长期应收款	摊余成本	20 000 000.00	长期应收款	摊余成本	20 000 000.00
其他非流动资产	摊余成本	241 264 500.00	其他非流动资产	摊余成本	241 264 500.00

资料来源:根据重药控股2019年年度报告分析编制。

表4-18描述了重药控股将2018年12月31日按旧金融工具准则分类、计量的金融资产,重新分类和计量的调整过程。

表 4-18 重药控股 2017 新金融工具准则首次执行日金融资产重分类和计量调整过程表

单位:元

项目		2018年12月31日的账面价值	重分类	重新计量	2019年1月1日的账面价值
以摊余成本计量的金融资产					
货币资金		2 547 805 240.23			2 547 805 240.23
应收票据		453 829 444.52			77 990 599.97
转出至以公允价值计量且其变动计入其他综合收益			−375 838,844.55		
应收账款		9 913 347 130.74			10 064 531 821.45
预期信用损失				151 184 690.71	
其他应收款		181 662 220.20			181 681 067.57
预期信用损失				18 847.37	
以公允价值计量且其变动计入其他综合收益的金融资产					
应收款项融资					375 838 844.55
自贷款和应收款项转入			375 838 844.55		
可供出售金融资产		37 053 919.39			0
转出至其他非流动金融资产			−37 053 919.39		
以公允价值计量且其变动计入当期损益的金融资产					
交易性金融资产		3 067 762.17			3 067 762.17
其他非流动金融资产					37 053 919.39
自可供出售金融资产转入			37 053 919.39		
金融资产减值准备 2019 年 1 月 1 日余额调整					
坏账准备	应收账款	288 407 831.63		−151 184 690.71	137 223 140.92
	其他应收款	116 904 341.83		−18 847.37	116 885 494.46

资料来源:根据重药控股 2018—2019 年年度报告整理、计算、分析、编制。

(1) 根据表 4-17、表 4-18,可模拟编制重药控股 2019 年 1 月 1 日新金融工具准则首次执行日相关金融资产会计科目调整会计分录。

① 将"以公允价值计量且其变动计入当期损益的金融资产"3 067 762.17 元重分类至"交易性金融资产",会计科目不变。

② 将划分为"贷款和应收款项"的应收票据账面价值 453 829 444.52 分为两类:"以摊余

成本计量的金融资产"和"以公允价值计量且其变动计入其他综合收益的金融资产",将原"应收票据"中应收银行承兑汇票 375 838 844.55 元调整至"应收款项融资"。

  借:应收款项融资   375 838 844.55
    贷:应收票据   375 838 844.55

③ 将划分为"贷款和应收款项"的应收账款和其他应收款调整为"以摊余成本计量的金融资产",会计科目不变,重新计量并调整预期信用损失合计 151 203 538.08 元。

  借:坏账准备   151 203 538.08
    贷:留存收益[1]   151 203 538.08

注:1. 共计调整信用减值损失 151 203 538.08 元,其中应收账款坏账准备调整 151 184 690.71 元;其他应收款坏账准备调整 18 847.37 元。信用减值损失调整直接计入 2019 年年初留存收益,调整后,应收账款账面价值为 10 064 531 821.45 元;其他应收款账面价值为 181 681 067.57 元。

④ 将可供出售权益工具投资重分类为"以公允价值计量且其变动计入当期损益的金融资产",将"可供出售金融资产"账面价值 37 053 919.39 元调至"其他非流动金融资产",同时将原计入其他综合收益的金融资产持有期间公允价值变动损失 38 145 549.19 元,转入 2019 年年初留存收益。

  借:其他非流动金融资产   37 053 919.39
    贷:可供出售金融资产   37 053 919.39
  借:留存收益   38 145 549.19
    贷:其他综合收益   38 145 549.19

⑤ 由于金融资产信用减值损失调整导致资产账面价值与计税基础的差异变化,从而减少递延所得税资产 26 815 769.57 元,直接计入 2019 年年初留存收益。

  借:留存收益   26 815 769.57
    贷:递延所得税资产   26 815 769.57

(2) 经上述调整后,重药控股 2019 年 1 月 1 日按新金融工具准则分类、计量的金融资产项目信息如表 4-19 所示。

表 4-19 重药控股 2019 年 1 月 1 日按 2017 新金融工具准则分类、计量的金融资产项目金额信息

单位:元

项目	余额	坏账准备	账面价值
货币资金	2 547 805 240.23	—	2 547 805 240.23
应收票据 (商业承兑汇票)	77 990 599.97	0	77 990 599.97
应收款项融资 (银行承兑汇票)	375 838 844.55	0	375 838 844.55
应收账款	10 201 754 962.37	137 223 140.92	10 064 531 821.45
其他应收款	298 566 562.03	116 885 494.46	181 681 067.57
其他非流动金融资产	37 053 919.39	—	37 053 919.39

资料来源:根据重药控股 2018—2019 年年度报告整理、计算、分析、编制。

4.4.2.3 重药控股2019—2021年金融资产变动的确认与计量

2019年以来,重药控股持有的金融资产主要包括三类:以摊余成本计量的金融资产,主要是应收票据和应收账款;以公允价值计量且其变动计入其他综合收益的金融资产,主要是应收款项融资;以公允价值计量且其变动计入当期损益的金融资产,主要是交易性金融资产和其他非流动金融资产。

(1) 重药控股2019—2021年以公允价值计量且其变动计入当期损益的金融资产的确认与计量。

表4-20描述了重药控股2019—2021年以公允价值计量且其变动计入当期损益的金融资产金额变动情况。

表4-20 重药控股2019—2021年以公允价值计量且其变动计入当期损益的金融资产金额变动情况表

单位:元

项目		2019年	2020年	2021年
交易性金融资产	期初余额	3 067 762.17	86 751 867.43	87 500 000.00
	其中:数码3	2 751 867.43	2 751 867.43	0
	本年购买	84 009 130.00	3 500 000.00	8 978 230.00
	本年出售	394 473.92	0	78 230.00
	公允价值变动	69 449.18	−2 751 867.43	0
	其中:数码3	0	−2 751 867.43	
	其他变动[1]	0		84 000 000.00
	期末余额	86 751 867.43	87 500 000.00	12 400 000.00
	其中:数码3	2 751 867.43	0	
衍生金融资产	期初余额	0	14 609 619.55	0
	本期出售	0	14 609 619.55	
	公允价值变动	14 609 619.55	0	
	期末余额	14 609 619.55	0	0
其他非流动金融资产	期初余额	37 053 919.39	49 924 344.34	68 726 399.22
	其中:亚钾国际	30 467 239.15	42 979 307.20	59 308 616.35
	重庆百货	6 542 903.40	6 901 260.30	6 566 023.00
	本年购买		2 807 983.03	0

（续表）

项目		2019年	2020年	2021年
其他非流动金融资产	本年出售			0
	公允价值变动	12 870 424.95	15 994 071.85	128 529 049.86
	其中：亚钾国际	12 512 068.05	16 329 309.15	129 079 300.90
	重庆百货	358 356.90	−335 237.30	−550 251.04
	其他变动			−831 388.25
	期末余额	49 924 344.34	68 726 399.22	196 424 060.83
	其中：亚钾国际	42 979 307.20	59 308 616.35	188 387 917.25
	重庆百货	6 901 260.30	6 566 023.00	6 015 771.96

利润表相关费用项目金额

	2019年	2020年	2021年
公允价值变动损益			
其中：交易性金融资产	69 449.18	−2 751 867.43	0
其他非流动金融资产	12 870 424.95	15 994 071.85	128 529 049.86
投资收益			
交易性金融资产持有期间的投资收益	0	3 024 000.00	12 166 633.06
处置交易性金融资产确认的投资收益	29 057.40	10 062.74	42 712.07
其他非流动金融资产持有期间的投资收益	154 333.20	175 063.59	873 717.88
处置其他非流动金融资产取得的投资收益		0	−186 534.65

注：1. 其他变动包括收回交易性金融资产等。
数据来源：根据重药控股2019—2021年年度报告整理编制。

根据表4-20，可模拟编制部分证券投资类金融资产价值变动相关会计分录。

① 交易性金融资产：数码3（400041）。数码3（400041）初始投资成本938 764.14元，截至2019年年初，账面价值2 751 867.43元，其中公允价值变动借方余额1 813 103.29元，2019年无公允价值变动，期末账面价值不变；2020年数码3（400041）公允价值为0，确认公允价值变动损失2 751 867.43元。

借：公允价值变动损益　　　　　　　　　　　　　　　　　　2 751 867.43
　　贷：交易性金融资产——数码3（公允价值变动）　　　　　　2 751 867.43

② 其他非流动性金融资产：亚钾国际（000893）和重庆百货（600729）。亚钾国际初始投资成本73 799 994.6元，截至2019年年初，账面价值30 467 239.15元，其中公允价值变动贷方余额43 332 755.45元。2019年公允价值上升12 512 068.05；2020年公允价值上升16 329 309.15元，2021年公允价值上升129 079 300.9元。

重庆百货初始投资成本225 000元,截至2019年年初,账面价值6 542 903.4元,其中公允价值变动借方余额6 317 903.4元。2019年公允价值上升358 356.9元;2020年公允价值下降335 237.3元,2021年公允价值下降550 251.04元。

2019年公允价值变动的会计处理:

借:其他非流动金融资产——亚钾国际(公允价值变动)　　　　12 512 068.05
　　　　　　　　　　　　——重庆百货(公允价值变动)　　　　　358 356.90
　贷:公允价值变动损益　　　　　　　　　　　　　　　　　　　12 870 424.95

2020年公允价值变动的会计处理:

借:其他非流动金融资产——亚钾国际(公允价值变动)　　　　16 329 309.15
　贷:其他非流动金融资产——重庆百货(公允价值变动)　　　　　335 237.30
　　　公允价值变动损益　　　　　　　　　　　　　　　　　　　15 994 071.85

2021年公允价值变动的会计处理:

借:其他非流动金融资产——亚钾国际(公允价值变动)　　　　129 079 300.90
　贷:其他非流动金融资产——重庆百货(公允价值变动)　　　　　550 251.04
　　　公允价值变动损益　　　　　　　　　　　　　　　　　　　128 529 049.86

(2) 重药控股2019—2021年以摊余成本计量的金融资产的确认与计量。

重药控股对以摊余成本计量的金融资产按预期信用损失模型计提坏账准备。其中,应收票据和应收账款根据账龄组合判定信用风险计量预期信用损失,依据简化办法,按照相当于整个存续期内预期信用损失的金额计量其坏账准备。其他应收款按预期信用损失一般模型计量,表4-21描述了重药股份2019年其他应收款按预期信用损失一般模型计量的信用损失。

表4-21　重药控股2019年其他应收款预期信用损失计量一般模型

单位:元

其他应收款坏账准备	第一阶段 未来12个月预期信用损失	第二阶段 整个存续期预期信用损失(未发生信用减值)	第三阶段 整个存续期预期信用损失(已发生信用减值)	合计
2019年1月1日	19 989 894.73		96 895 599.73	116 885 494.46
本期计提	3 891 296.17		100 000.00	3 991 296.17
本期转回	0		−1 047 638.19	−1 047 638.19
本期核销	−108 074.73		−50 000.00	−158 074.73
其他变动	333 469.77		0	333 469.77
2019年12月31日	24 106 585.94		95 897 961.54	120 004 547.48

资料来源:重药股份2019年年度报告。

表4-22描述了重药控股2019—2021年各应收款项账面价值及相应坏账准备增减变动情况。

表 4-22 重药控股 2019—2021 年应收款项账面价值及相应减值准备增减变动表

单位:元

项目				应收票据[1]	应收账款[2]	其他应收款[3]
2019 年	期初余	余额		77 990 599.97	10 201 754 962.37	298 566 562.03
		坏账准备			137 223 140.92	116 904 341.83
		账面价值		77 990 599.97	10 064 531 821.45	181 681 067.57
	本期发生	坏账准备	计提		88 662 108.65	3 991 296.17
			收回或转回		−3 239 573.59	−1 047 638.19
			核销		−28 212 875.53	−158 074.73
			其他变动[1]		21 886 736.78	333 469.77
	期末余	余额		94 201 704.10	12 164 465 209.11	454 126 125.24
		坏账准备			216 319 537.23	120 004 547.48
		账面价值		94 201 704.10	11 948 145 671.88	334 121 577.76
2020 年	期初余	余额		94 201 704.10	12 164 465 209.11	454 126 125.24
		坏账准备			216 319 537.23	120 004 547.48
		账面价值		94 201 704.10	11 948 145 671.88	334 121 577.76
	本期发生	坏账准备	计提		101 969 555.58	32 244 858.85
			收回或转回		−874 910.45	−41 427.42
			核销		−5 763 281.31	−768 029.18
			其他变动		237 358 677.36	20 944 253.34
	期末余	余额		280 385 584.07	22 273 730 088.50	1 071 770 020.25
		坏账准备		21 632 499.86	549 009 578.41	172 384 203.07
		账面价值		258 753 084.21	21 724 720 510.09	899 385 817.18
2021 年	期初余	余额		280 385 584.07	22 273 730 088.50	1 071 770 020.25
		坏账准备		21 632 499.86	549 009 578.41	172 384 203.07
		账面价值		258 753 084.21	21 724 720 510.09	899 385 817.18
	本期发生	坏账准备	计提	23 991 580.05	284 564 085.88	−25 794 455.18
			收回或转回	−4 456 378.27	−2 344 533.32	823 356.02
			核销		−116 953 787.20	882 641.78
			其他变动		119 468 880.18	22 382 746.47
	期末余	余额		407 652 588.47	26 817 822 505.97	1 027 897 612.81
		坏账准备		41 167 701.65	833 744 223.95	167 266 496.56
		账面价值		366 484 886.82	25 984 078 282.02	860 631 116.25

(续表)

项目	应收票据[1]	应收账款[2]	其他应收款[3]
2019—2021年确认的信用减值损失金额			
	2019年	2020年	2021年
信用减值损失	−88 366 193.04	−149 124 654.97	−275 136 943.14
应收票据坏账损失	0	−15 826 578.41	−19 535 201.78
应收账款坏账损失	−85 422 535.06	−101 094 645.13	−282 219 552.56
其他应收款坏账损失	−2 943 657.98	−32 203 431.43	26 617 811.20

注:1. 产生于合并范围变化。
2. 应收票据按组合计提坏账准备,2020年计提比例为7.72%;2021年计提比例为10.10%。
3. 应收账款按单项和组合计提坏账准备,其中,2019年账龄组合计提比例为1.68%,2020年计提比例为2.42%,2021年计提比例为3.08%。

资料来源:根据重药控股2019—2021年年度报告分析编制。

表4-23描述了重药控股2019—2021年因金融资产转移而终止确认的应收账款。

表4-23 重药控股2019—2021年因金融资产转移而终止确认的应收账款

单位:元

项目	终止确认金额	金融资产转移的方式	与终止确认相关的利得和损失
2019年度			
ABS资产证券化	1 120 899 498.15	资产证券化	−63 055 380.60
招商银行无追索权保理	2 044 282 798.61	无追索权保理	−12 091 533.99
民生银行无追索权保理	484 391 940.08	无追索权保理	−7 818 203.49
盛业商业保理有限公司无追索权保理	31 347 477.24	无追索权保理	7 235 773.69
合计	3 680 921 714.08		−75 729 344.39
2020年度			
ABS、ABN资产证券化	3 029 970 685.39	资产证券化	−105 909 817.41
无追索权保理	5 673 220 634.49	无追索权保理	−19 863 454.43
合计	8 703 191 319.88		−125 773 271.84
2021年度			
资产证券化	6 775 447 490.01	资产证券化	−220 291 307.90
无追索权保理	7 952 403 705.77	无追索权保理	−69 559 182.17
合计	14 727 851 195.78		−289 850 490.07

资料来源:根据重药控股2019—2021年年度报告整理编制。

根据表4-22、表4-23模拟编制重药控股2020年应收款项信用减值损失确认与计量,以及因金融资产转移而终止确认的应收账款业务等会计确认分录①。

① 应收款项信用减值损失等相关业务。

2020 年应收票据相关坏账准备变动的确认：

2020 年计提应收票据坏账准备，确认信用减值损失 15 826 578.41 元。

  借：信用减值损失   15 826 578.41
    贷：坏账准备   15 826 578.41

2020 年应收账款相关坏账准备变动的确认：

2020 年实际核销应收账款 5 763 281.31 元。

  借：坏账准备   5 763 281.31
    贷：应收账款   5 763 281.31

2020 年应计提坏账准备 101 969 555.58 元，收回或转回的坏账准备 874 910.45 元，当期确认坏账损失 101 094 645.13 元。

  借：应收账款等   874 910.45
    贷：坏账准备   874 910.45
  借：信用减值损失   101 094 645.13
    贷：坏账准备   101 094 645.13

2020 年其他应收款相关坏账准备变动的确认：

2020 年实际核销其他应收款 768 029.18 元。

  借：坏账准备   768 029.18
    贷：其他应收款   768 029.18

2020 年应计提坏账准备 32 244 858.85 元，收回或转回的坏账准备 41 427.42 元，确认坏账损失 32 203 431.43 元。

  借：其他应收款等   41 427.42
    贷：坏账准备   41 427.42
  借：信用减值损失   32 203 431.43
    贷：坏账准备   32 203 431.43

② 由于 ABS 资产证券化等终止确认的应收账款。

2020 年 ABS 资产证券化终止确认应收账款 3 029 970 685.39 元。

  借：银行存款   2 924 060 867.98
    财务费用   105 909 817.41
    贷：应收账款   3 029 970 685.39

2020 年无追索权保理终止确认应收账款 5 673 220 634.49 元。

  借：银行存款   5 653 357 180.06
    财务费用   19 863 454.43
    贷：应收账款   5 673 220 634.49

(3) 应收款项融资的确认与计量。

表 4-24 描述了重药控股 2019—2021 年应收款项融资余额变动情况以及各年年末未到

---

① 2019 年、2021 年相关模拟会计分录略。

期的已背书或贴现应收票据情况。

表 4-24 重药控股 2019—2021 年应收款项融资增减变动表

单位:元

应收款项融资[1]	2019 年	2020 年	2021 年
期初余额	375 838 844.55	271 075 710.43	560 480 975.56
本年增加	3 706 196 849.48	6 134 198 034.51	12 442 535 870.60
本年减少	3 810 959 983.60	5 981 406 482.07	12 384 745 267.26
其中出票人未履约而将其转为应收账款的票据	300 000.00		
其他变动[2]	0	136 613 712.69	18 949 060.00
期末余额	271 075 710.43	560 480 975.56	637 220 638.90
年末未到期已背书或贴现票据金额	1 564 296 212.36	3 067 688 645.84	3 765 139 898.27

注:1. 重药控股没有对应收款项融资计提减值准备,公允价值等于摊余成本。
2. 其他变动包括因非同一控制下企业合并并入应收款项融资等。
数据来源:根据重药控股 2019—2021 年年度报告整理编制。

根据表 4-24 模拟编制部分重药控股 2020 年应收款项融资终止确认会计分录。
2020 年资产负债表日未到期已背书或贴现的应收款项融资终止确认。
　　借:银行存款、财务费用等　　　　　　　　　　　　　3 067 688 645.84
　　　贷:应收款项融资　　　　　　　　　　　　　　　　3 067 688 645.84

4.5 报表项目列示及财务影响

4.5.1 运达股份金融资产报表项目列示及其财务影响

表 4-25 描述了运达股份在 2019 年 1 月 1 日采用 2017 新金融工具准则首次执行日由于会计处理变化而影响的报表项目列报金额。

表 4-25 运达股份 2018 年 12 月 31 日与 2019 年 1 月 1 日资产负债表列报项目对比表

单位:元

列报项目	2018 年 12 月 31 日	2019 年 1 月 1 日	调整数
货币资金	1 340 348 598.36	1 340 348 598.36	0
应收票据	200 765 940.26	18 201 600.00	−182 564 340.26
应收账款	1 932 451 737.86	1 940 901 826.20	8 450 088.34
应收款项融资	—	183 701 940.26	183 701 940.26
预付款项	10 061 288.80	10 061 288.80	0
其他应收款	31 105 018.30	32 184 705.08	1 079 686.78

（续表）

列报项目	2018年12月31日	2019年1月1日	调整数
存货	756 968 310.20	756 968 310.20	0
其他流动资产	95 934 782.90	95 934 782.90	0
流动资产合计	4 367 635 676.68	4 378 303 051.80	10 667 375.12
可供出售金融资产	500 000.00	—	−500 000.00
长期应收款	1 235 888 201.28	1 235 888 201.28	0
长期股权投资	150 715 795.20	150 715 795.20	0
其他权益工具投资		500 000.00	500 000.00
固定资产	567 334 689.88	567 334 689.88	0
在建工程	69 059 470.42	69 059 470.42	0
无形资产	39 586 341.70	39 586 341.70	0
长期待摊费用	1 539 286.57	1 539 286.57	0
递延所得税资产	96 282 221.60	94 682 196.49	−1 600 025.11
其他非流动资产	66 383 504.78	66 383 504.78	0
非流动资产合计	2 227 289 511.43	2 225 689 486.32	−1 600 025.11
资产总计	6 594 925 188.11	6 603 992 538.12	9 067 350.01
负债合计	5 632 629 297.22	5 632 629 297.22	0
股本	220 470 000.00	220 470 000.00	0
资本公积	313 236 629.19	313 236 629.19	0
专项储备	4 333 217.10	4 333 217.10	0
盈余公积	52 961 507.67	53 867 840.29	906 332.62
未分配利润	370 661 771.33	378 822 788.72	8 161 017.39
所有者权益合计	962 295 890.89	971 363 240.90	9 067 350.01

资料来源：根据运达股份2019年度报告编制。

如表4-25所示，运达股份于2019年1月1日开始执行2017新金融工具准则。其中，金融资产分类变化及其相应重新计量影响财务报表列报项目共计资产类7项，影响列报金额合计9 067 350.01元，主要为以摊余成本计量的金融资产（包括应收票据、应收账款和其他应收款）预期信用损失变化调增相应金融资产账面价值10 667 375.12元及对应调减递延所得税资产1 600 025.11元影响所致，并由此减少留存收益合计9 067 350.01元。

4.5.2 重药控股金融资产报表项目列示及其财务影响

表4-26描述了重药控股2019年1月1日2017新金融工具准则首次执行日由于会计处理变化而影响的报表项目列报金额。

表 4-26　重药控股 2018 年 12 月 31 日与 2019 年 1 月 1 日财务报表列报项目对比

单位：元

列报项目	2018 年 12 月 31 日	2019 年 1 月 1 日	调整数
货币资金	2 547 805 240.23	2 547 805 240.23	0
交易性金融资产	0	3 067 762.17	3 067 762.17
以公允价值计量且其变动计入当期损益的金融资产	3 067 762.17	—	－3 067 762.17
应收票据	453 829 444.52	77 990 599.97	－375 838 844.55
应收账款	9 913 347 130.74	10 064 531 821.45	151 184 690.71
应收款项融资	—	375 838 844.55	375 838 844.55
预付款项	322 249 501.43	322 249 501.43	0
其他应收款	181 662 220.20	181 681 067.57	18 847.37
存货	2 749 562 051.18	2 749 562 051.18	0
一年内到期的非流动资产	103 027 960.31	103 027 960.31	0
可供出售金融资产	37 053 919.39	—	－37 053 919.39
长期应收款	20 000 000.00	20 000 000.00	0
长期股权投资	1 439 484 412.64	1 439 484 412.64	0
其他非流动金融资产	—	37 053 919.39	37 053 919.39
投资性房地产	83 692 983.35	83 692 983.35	0
固定资产	517 489 118.76	517 489 118.76	0
在建工程	17 164 263.01	17 164 263.01	0
无形资产	207 160 599.25	207 160 599.25	0
开发支出	602 072.23	602 072.23	0
商誉	731 702 748.54	731 702 748.54	0
长期待摊费用	44 948 887.19	44 948 887.19	0
递延所得税资产	91 412 216.95	64 596 447.38	－26 815 769.57
其他非流动资产	522 288 376.90	522 288 376.90	0
资产总计	20 114 884 429.08	20 239 272 197.59	124 387 768.51
负债合计	12 007 249 608.87	12 007 249 608.87	0
股本	1 728 184 696.00	1 728 184 696.00	0
资本公积	2 527 719 206.49	2 527 719 206.49	0
其他综合收益	－78 214 600.79	－40 069 051.60	38 145 549.19
盈余公积	110 526 070.41	110 526 070.41	0
未分配利润	3 031 469 331.77	3 087 009 744.45	55 540 412.68

（续表）

列报项目	2018年12月31日	2019年1月1日	调整数
归属于母公司所有者权益合计	7 319 684 703.88	7 413 370 665.75	93 685 961.87
少数股东权益	787 950 116.33	818 651 922.97	30 701 806.64
所有者权益合计	8 107 634 820.21	8 232 022 588.72	124 387 768.51

资料来源：根据重药控股2019年度报告编制。

如表4-26所示，重药控股2019年1月1日开始执行2017年新金融工具准则。金融资产分类变化及其相应重新计量影响的资产负债表列报项目共计资产类9项，影响资产列报金额合计124 387 768.51元，主要为预期信用损失变化调增相应资产账面价值151 203 538.08元以及对应调减的递延所得税资产26 815 769.57元影响所致，并由此调增留存收益合计55 540 412.68元，增加其他综合收益38 145 549.19元，增加少数股东权益30 701 806.64元。

4.6 讨论要点

问题一：为什么运达股份和重药控股均选择将应收银行承兑汇票作为"应收款项融资"列报，而依然将应收商业承兑汇票作为"应收票据"管理和列报？

问题二：比较运达股份和重药控股的金融资产分类差异，深入讨论企业资产管理目标是如何影响其金融工具分类选择的？为什么运达股份的"可供出售金融资产"重新分类为"以公允价值计量且其变动计入其他综合收益的金融资产"并在"其他权益工具投资"中列报，而重药控股却将"可供出售金融资产"重新分类为"以公允价值计量且其变动计入当期损益的金融资产"并在"其他非流动性金融资产"项目中列报。

问题三：表4-27描述了重药控股2019—2021年各年年末已背书、贴现、保理等的应收款项信息。试讨论为什么重药控股2019—2021年终止确认的应收账款未能在初始确认时划分为应收款项融资，其会误导投资者等财务报表使用者对该公司财务状况的认知吗？

表4-27 重药控股2019—2021年应收款融资及终止确认情况

		商业汇票背书贴现		应收账款保理、资产证券化
		商业承兑汇票	银行承兑汇票	
2019年12月31日	金额	26 285 036.06	1 564 296 212.36	3 680 921 714.08
	是否终止确认	未终止确认	终止确认	终止确认
2020年12月31日	金额	101 776 226.07	3 067 688 645.84	8 703 191 319.88
	是否终止确认	未终止确认	终止确认	终止确认
2021年12月31日	金额	116 911 678.26	3 765 139 898.27	14 727 851 195.78
	是否终止确认	未终止确认	终止确认	终止确认

资料来源：根据重药控股2019—2021年年度报告分析编制。

问题四(思政专题):金融资产的分类、确认、计量以及减值损失计提受到企业自身资金管理政策等多项因素影响较大。现行准则赋予的主观判断空间也较多,深入讨论"诚信经营、真实披露信息"对于企业金融资产信息传递以及风险管理的重要性,及会计人员的职业素养和道德品质如何体现在金融资产的会计处理中。

第5章 中国电信:收入的确认、计量与报告[①]

在企业财务会计实务中,收入确认是一个经常发生、但处理起来十分复杂的会计问题,"应否确认、如何确认、何时确认"三个关键问题与会计期间业绩计量密切相关,尤其是"何时确认"成为收入确认的难点和关键(葛家澍,2010)。2014年5月,国际会计准则理事会(IASB)发布第15号国际财务报告准则IFRS 15《源于合同的收入》(Revenue from Contracts with Customers),替代原国际会计准则IAS 18《收入》和IAS 11《建造合同》,将合同引入销售业务,以合同作为收入确认的基础,用以替代传统收入确认的"已实现""商品所有权上的主要风险和报酬已向顾客转移"等标准,试图消除对"已赚得"标准的分歧理解,关注主体应履行的合同义务,明确收入的核心是资产和负债的变化,且强调指明收入离不开交换。[②] 我国财政部于2017年7月修订颁布第14号企业会计准则CAS 14《收入》[财会〔2017〕22号],将CAS 14《收入》(2006)和CAS 15《建造合同》(2006)纳入统一收入确认模型,以控制权转移替代风险报酬转移作为收入确认时点的判断标准,并实现了与现行国际财务报告准则IFRS 15、美国财务会计准则的持续趋同。

CAS 14《收入》(2017)的核心原则是:收入源自合同,合同包含企业向客户转让商品或服务的履约义务(performance obligation)。主体在已履行合约中的履约义务时(时点或时段)确认收入,即在客户取得相关商品或服务的控制权时确认收入。CAS 14《收入》(2017)认为,在收入确认方式上,主体确认收入的方式应当反映向客户转让商品或服务的模式,主体收入源自合同权利而不是活动模型下的源自资产增加;在收入计量金额上,收入确认金额应反映主体预计因交付这些商品或服务的所有权而获得的对价;在收入确认标准上,采用资产负债观,只有在购买方取得商品或服务的控制权时,销售方才能获得收取对价的权利,使资产、收入的确认标准取得一致。相比CAS 14《收入》(2006),CAS 14《收入》(2017)中收入确认的理念和原理均发生极大变化,提供了更为健全的收入确认与计量的原则体系;对于包含多种交易安排的合同的会计处理提供了明确指引;对于某些特定交易的收入确认和计量给出明确规定。基于合同产生的权利和义务关系确认收入,将合同视为会计核算的对象,更为忠实地反映了交易的实质,提高了跨企业、行业、地区收入确认的可比性。

[①] 本章案例由国药控股股份有限公司陈燕和河南财政金融学院李朝芳共同编撰,部分内容已在《财务与会计》公开发表。

[②] 国际会计准则理事会(IASB)2002年即启动对《收入》准则的修订,2010年发布第一版征求意见稿,2014年5月发布IFRS 15《源自客户合同的收入》,2018年1月1日生效;同时第11号国际会计准则IAS 11《建造合同》和第18号国际会计准则IAS 18《收入》失效。

源于合同产生的权利和义务、基于"资产负债表观"确认和计量收入,有助于企业审视和挑战经营业务模式,且会对通信、建筑等行业产生较大影响(Mariam 和 Marina,2017;李泱,2017)。为提高自身市场竞争力,电信运营商需要结合社会经济环境和人们对通信服务需求的不断变化,适时调整营销策略,按照客户需求开发并推广新业务。电信运营商的电信业务营销合同内容涉猎较广,企业与用户签订的合同量大、场景各异,往往会突破商品和劳务的界限,如手机合约计划中,既有赠送话费、流量等业务,又有存费赠机等业务;对于不同星级客户还有不同的积分回馈体系;对集团用户统付优惠等政策同时也导致可变对价的存在;对于终端销售,还要区分主理人和代理人模式。这些看似复杂的业务流程从电信企业业务发展角度看,有利于相关业务部门挖掘业务增长点,提高数据分析的准确性和财务部门的工作效率,有利于实现企业财务精细化管理目标,促进企业收入增长;但是它们对于会计核算工作提出了更高的要求。CAS 14《收入》(2017)以合同为依据核算收入的理念,对企业的业务系统、财务系统、业务系统与财务系统一体化程度均提出了极高要求(叶丰滢等,2021)。上述电信企业存在多种交易的合同中,根据 CAS 14《收入》(2017)之规定,需要识别合同中包含的每一项单项履约义务,在履行单项义务时确认相应收入,从而使业务合同和收入确认相匹配。为反映电信行业不断创新的业务模式和营销策略,需要将财务会计制度和合同管理制度有机结合。合同当事人应能充分理解合同中的权利和义务,准确判断履约时段或是履约时点,依据合同各方转让商品或提供服务中需要履行的义务和能够享受的权利,确认收入、结转成本。

本章的案例对象为中国电信股份有限公司(以下简称"中国电信"),目的在于通过描述和总结分析 CAS 14《收入》(2017)在电信业务中的具体应用,深入解析基于资产负债表观的、源自合同的收入确认与计量对于业财融合的推动作用,以及其对财务信息列报的影响。本章案例资料来源主要是中国电信股份有限公司官方网站、招股说明书、2018 年度报告(H 股)、2021 年度报告(A 股)等。

5.1 案例公司简介

中国电信是中国电信集团有限公司(以下简称"中国电信集团")于 2002 年独家发起设立的股份有限公司,是大型全业务综合智能信息服务运营商。该公司为个人(ToC)、家庭(ToH)和政企(ToB/G)客户提供综合智能信息服务。

2001 年 12 月 31 日,中国电信集团以与其核心业务相关的资产负债按比例折为中国电信国家股 68 317 270 803 股,每股面值 1.00 元,并将其中的 5 719 768 087 股划转给广东省广晟资产经营有限公司(现为广东省广晟控股集团有限公司),将 975 047 636 股划转给江苏省国信资产管理集团有限公司,将 2 177 711 698 股划转给浙江省财务开发公司(现为浙江省财务开发有限责任公司)。2002 年,中国电信全球发售 H 股 7 556 400 000 股(不含超额配售),以美国存托股份形式超额配售 471 010 000 股 H 股,分别在香港联合交易所有限公司及纽约证券交易所有限责任公司(纽约证交所)上市,每股面值 1.00 元,股票代码为 728。

2021 年 8 月,中国电信在上海证券交易所首次公开发行 A 股 10 396 135 267 股(不含超额配售),并于 2021 年 9 月超额配售 178 635 111 股。2021 年 8 月 20 日,中国电信在上海证券交易所上市,股票代码为 601728,同日公司全部 67 054 958 321 股由包括中国电信集团在内的国家股股东持有的国家股被转换为相同数量的 A 股股份。

图 5-1 描述了截至 2021 年 12 月 31 日中国电信主要股东持股结构。如图 5-1 所示,中国电信控股股东为中国电信集团有限公司,持股数量 57 836 695 761 股,持股比例达到 63.2%。据中国电信 2021 年年度报告披露,中国电信集团有进一步择机增持计划。

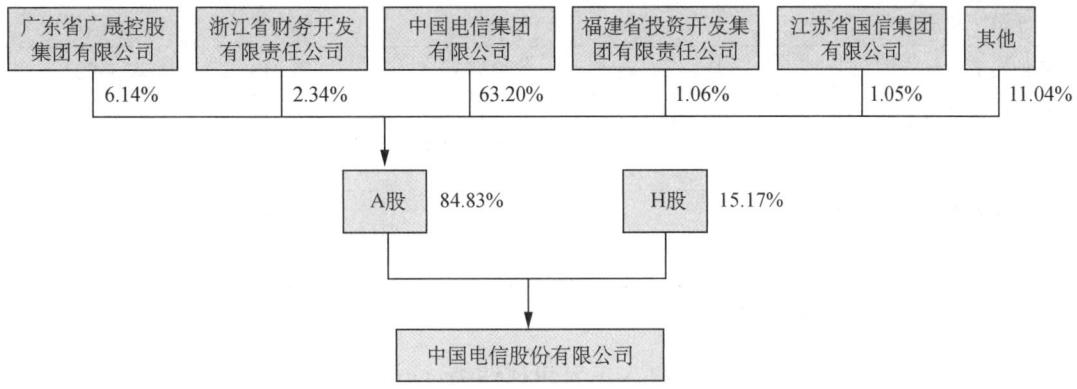

图 5-1 中国电信股权结构图示(2021.12.31)

资料来源:中国电信 2021 年年度报告。

中国电信自 2002 年成立以来,积极拓展市场、升级产品、提升服务,不断满足个人、家庭客户的数字生活消费升级需求和企业客户的产业数字化转型需求,全力以赴推动高质量发展。截至 2021 年年末,中国电信公司资产规模达人民币 7 622 亿元,股权权益达人民币 4 312 亿元,全年实现营业收入人民币 4 342 亿元,同比增长 11.3%。营业收入中,服务收入为人民币 4 028 亿元,同比增长 7.8%;产业数字化业务收入达到人民币 989 亿元,可比口径同比增长 19.4%。公司移动用户达到 3.72 亿户,用户净增连续 4 年保持行业领先,5G 套餐用户渗透率达到 50.4%。有线宽带用户近 1.70 亿户,全屋 Wi-Fi、天翼看家等智家业务用户渗透率快速提升。

5.2 主要会计问题描述

电信行业的商业模式是典型的收租商业模式,其中运营商主要通过自营和代理销售两种渠道提供基础电信和增值电信服务。基础电信主要包括语音通话、数据传送、网络设施业务;增值电信主要是利用公共网络资源及设备进行的附加通信业务,主要包括互联网接入服务业务、信息服务业务等,可以增强原有网络经济效益。表 5-1 描述了 2018—2021 年中国电信营业收入构成。

表 5-1 2018—2021 年中国电信营业收入构成

单位:百万元

项目	2018 年	2019 年	2020 年	2021 年
营业收入合计	374 929	372 200	389 939	434 159
按商品或服务的种类分类				
服务收入	350 434	357 610	373 798	402 827
其中:移动通信服务收入	162 399	169 580	175 564	184 157

（续表）

项目	2018年	2019年	2020年	2021年
固网及智慧家庭服务收入	113 291	105 713	109 018	113 522
产业数字化服务收入	69 277	76 538	83 968	98 945
其他服务收入	5 467	5 779	5 248	6 204
出售商品及其他收入	24 495	14 590	16 141	31 332
按收入确认时间分类				
在某一时点确认的收入	—	—	16 141	31 332
在某一段时间内确认的收入	—	—	373 798	402 827

资料来源：根据中国电信招股说明书、2018—2021年财务报告整理编制。

如表5-1所示，中国电信业务收入主要包括两类，即服务收入、出售商品及其他收入。其中，服务收入又分为移动通信服务收入、固网及智慧家庭服务收入、产业数字化服务收入等，而出售商品及其他收入主要包括向用户出售移动终端设备及固网通信设备的收入等。移动通信服务收入主要包括移动通话、移动互联网接入、来电显示、短信等移动服务收入；固网及智慧家庭服务主要包括固定电话、宽带互联网接入、天翼高清、智慧家庭应用服务等固网服务；产业数字化服务主要包括互联网数据中心、云服务、数字化平台服务、专线服务等服务。

电信企业的日常经营活动通常以各类套餐或营销案安排（如终端捆绑计划、保底合约、存费赠费活动等）呈现给客户，大多涉及多重交易安排，相关信息技术系统复杂，电信服务资费和套餐结构多样；再加上电信企业与用户签订的电信服务合同场景各异，商品与劳务之间界限往往难以清晰界定，业务安排具有相当大的复杂性。在电信企业与客户签订的套餐营销案中，经常可以识别出多项履约义务，如手机终端、多种服务（如语音、数据、宽带、增值服务）、各式免费赠送项目（如流量、语音、实物或电子券）、消费积分等。在CAS 14《收入》(2017)规范下，源于合同的收入确认与计量，涉及单项履约义务识别、交易对价在各项履约义务间分摊时各项履约义务单独售价的确定等判断和估计，而单项履约义务又需要判定是时点确认收入还是时段确认收入；电信行业业务收入确认与计量具有相当大的难度。

当前中国电信的会计实务中，除了常规的电话充值等电信服务合同，常见的电信服务合约主要包括以下几种：

（1）电信服务套餐业务指的是包含多种通信服务的营销组合，如语音通话、固定流量、宽带服务等。客户办理套餐后每个月支付固定金额即可使用。

（2）赠送业务。为维护客户粘性、推广业务，电信业常使用赠送话费、赠送流量、赠送权益等服务。这些赠送业务通常与套餐等营销组合一起办理。

（3）捆绑销售业务指的是将手机终端与通信服务捆绑的手机合约计划，主要包括存话费送手机、买手机赠话费两种模式，两种模式下又分为自营和代理销售两种模式。

（4）积分奖励计划。积分奖励计划本质上是一种优惠促销政策，是根据用户的消费额、消费量对客户实施的一种奖励。通过电信服务获得的奖励积分可以兑换为通信服务（包括流量、通话时长、话费赠送、储值卡等)、运营商自有实物(如手机终端产品等)或是第三方提供的实物(如手机终端、数码产品、家用电器等)。

(5) ICT业务(信息、通信和技术)。ICT业务是电信企业针对客户提供的重要转型业务,集成了诸多的服务类型与合同条款。其收入确认取决于:按照客户需求提供定制、重大修改或整合服务的影响,以及电信服务捆绑销售、电信终端处理等多项履约义务的识别。

基于上述电信业务的特点,中国电信在应用CAS 14《收入》(2017)的实际业务操作中,依据合同产生的权利和义务进行收入的确认和计量时,在下述三个方面的会计问题上往往显得难以确定和把握:

第一,不断创新的电信服务合约套餐交易价格的确定,不仅会受到奖励积分等可变对价的影响,还会受到支付给企业的红包卡、权益和实物赠送、向客户账户分期支付的金额等各种表现形式的应付客户对价等的影响。

第二,含多项履约义务的电信终端捆绑销售的普遍存在,例如,IPTV服务、光猫终端与宽带业务、"购机送费"以及"存费送机"等合约计划,使将合同交易价格分摊至单项履约义务的确定、多重履约义务价格分摊,以及作为主要责任人和代理人判定引起的按收入总额抑或净额计收等问题难以把握。

第三,合同成本资本化的会计处理。电信运营商为了发展新客户新业务而扩展渠道销售,如委托其他公司进行宽带、互联网业务的办理等,会支付酬金服务费等渠道费。为了维系客户、增加客户粘性等,电信运营商还会进行增值业务赠送等。CAS 14《收入》(2017)明确定义了合同取得成本和合同履约成本,对于电信公司而言,补贴支撑、业务发展、用户维系、用户发展等类佣金是公司通过代理商发展新用户而支付的主要佣金类型。其中,业务发展类与用户发展类佣金按照准则规定需要定义为合同增量成本。这些电信合同履约成本及佣金的资本化与费用化问题,同样是中国电信应用CAS 14《收入》(2017)时需要考虑的重要会计问题之一。

5.3 相关准则条款解读

CAS 14《收入》(2017)将收入定义为企业在日常活动中形成的、会导致所有者权益增加的、与所有者投入资本无关的经济利益的总流入。该准则在确立了收入确认与计量五步控制法的同时,不仅为包含多种交易安排的合同的会计处理提供了更为明确的指引,而且明确规定了某些特定交易的收入确认和计量,如附有销售退回条款的销售、附有质量保证条款的销售、客户额外购买选择权的销售、知识产权许可、预收销售商品款项、向客户收取的无需退回的初始费等。

5.3.1 收入确认与计量的五步控制模型

CAS 14《收入》(2017)确立了源于合同确认和计量收入的五步控制模型,图5-2描述了收入确认与计量的五步控制模型。如图5-2所示,收入的确认和计量始于识别与客户订立的合同,终于履行履约义务时确认收入。

1. 识别与客户签订的合同

合同是指双方或多方之间订立的有法律约束力的权利义务的协议。当企业与客户之间的合同同时满足下列条件时,企业应当在客户取得相关商品控制权时确认收入:①合同各方

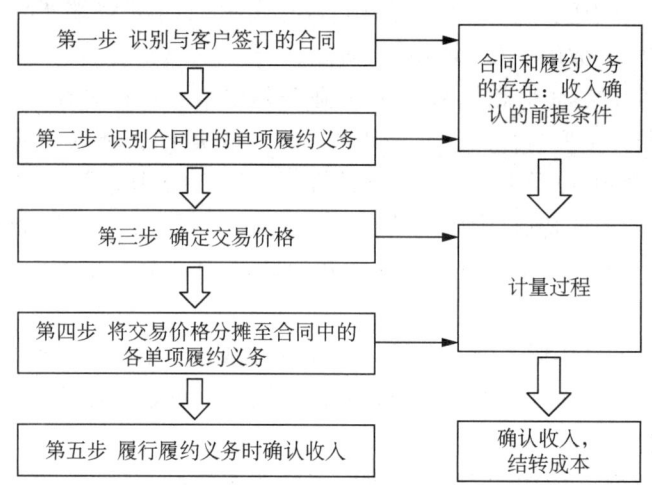

图 5-2 收入确认与计量的五步控制模型

已批准该合同并承诺将履行各自的义务。②该合同明确了合同各方与所转让商品或提供劳务(以下简称转让商品)相关的权利和义务。③该合同有明确的与所转让商品相关的支付条款。④该合同具有商业实质,即履行该合同将改变企业未来现金流量的风险、时间分布或金额。⑤企业因向客户转让商品而有权取得的对价很可能收回。

在合同开始日即满足前款条件的合同,企业在后续期间无需对其进行重新评估,除非有迹象表明相关事实和情况发生重大变化。对于不符合上述条款规定的合同,企业只有在不再负有向客户转让商品的剩余义务,且已向客户收取的对价无需退回时,才能将已收取的对价确认为收入;否则应当将已收取的对价作为负债进行会计处理。此外,对于没有商业实质的非货币性资产交换,不确认收入。

企业与同一客户(或该客户的关联方)同时订立或在相近时间内先后订立的两份或多份合同,满足下述条件时,应当合并为一份合同进行会计处理:①该两份或多份合同基于同一商业目的而订立,并构成一揽子交易。②该两份或多份合同中的一份合同的对价金额取决于其他合同的定价或履行情况。③该两份或多份合同中所承诺的商品(或每份合同中所承诺的部分商品)构成单项履约义务。

2. 识别合同中的单项履约义务

合同开始日,企业应当对合同进行评估,识别该合同所包含的各单项履约义务,并确定各单项履约义务是在某一时段内履行还是在某一时点履行,然后在履行各单项履约义务时分别确认收入。

履约义务是指合同中企业向客户转让可明确区分商品的承诺。履约义务既包括合同中明确的承诺,也包括由于企业已公开宣布的政策、特定声明或以往的习惯做法等导致合同订立时客户合理预期企业将履行的承诺。企业为履行合同而应开展的初始活动通常不构成履约义务,除非该活动向客户转让了承诺的商品。

企业向客户承诺的商品同时满足下列条件的,应当作为可明确区分商品:①客户能够从该商品本身或从该商品与其他易于获得资源一起使用中受益。②企业向客户转让该商品的承诺与合同中其他承诺可单独区分。下列情形通常表明企业向客户转让该商品的承诺与合同中其他承诺不可单独区分：①企业需提供重大的服务以将该商品与合同中承诺的其他商品整合成合同约定的组合产出转让给客户。②该商品将对合同中承诺的其他商品予以重大修改或定制。③该商品与合同中承诺的其他商品具有高度的关联性。企业向客户转让一系列实质相同且转让模式相同的、可明确区分商品的承诺，也应当作为单项履约义务。

满足下列条件之一的，属于在某一时段内履行履约义务；否则属于在某一时点履行履约义务：①客户在企业履约的同时即取得并消耗企业履约所带来的经济利益。②客户能够控制企业履约过程中在建的商品。③企业履约过程中所产出的商品具有不可替代用途，且该企业在整个合同期间内有权就累计至今已完成的履约部分收取款项。

3. 确定交易价格

企业应当按照分摊至各单项履约义务的交易价格计量收入。交易价格是指企业因向客户转让商品而预期有权收取的对价金额。企业代第三方收取的款项以及企业预期将退还给客户的款项应当作为负债进行会计处理，不计入交易价格。企业应当根据合同条款，并结合其以往的习惯做法确定交易价格。在确定交易价格时，企业应当考虑可变对价、合同中存在的重大融资成分、非现金对价、应付客户对价等因素的影响。

合同中存在可变对价的，企业应当按照期望值或最可能发生的金额确定可变对价的最佳估计数，但包含可变对价的交易价格，应当不超过在相关不确定性消除时累计已确认收入极可能不会发生重大转回的金额。

合同中存在重大融资成分的，企业应当按照假定客户在取得商品控制权时即以现金支付的应付金额确定交易价格。该交易价格与合同对价之间的差额应当在合同期间内采用实际利率法摊销。合同开始日，企业预计客户取得商品控制权与客户支付价款间隔不超过一年的，可以不考虑合同中存在的重大融资成分。

客户支付非现金对价的，企业应当按照非现金对价的公允价值确定交易价格。非现金对价的公允价值不能合理估计的，企业应当参照其承诺向客户转让商品的单独售价间接确定交易价格。非现金对价的公允价值因对价形式以外的原因而发生变动的，应当作为可变对价处理。

企业应付客户对价的，应当将该应付对价冲减交易价格，并在确认相关收入与支付（或承诺支付）客户对价两者孰晚的时点冲减当期收入，但应付客户对价是为了向客户取得其他可明确区分商品的除外。企业应付客户对价是为了向客户取得其他可明确区分商品的，应当采用与本企业其他采购相一致的方式确认所购买的商品。企业应付客户对价超过向客户取得可明确区分商品公允价值的，超过金额应当冲减交易价格。向客户取得的可明确区分商品公允价值不能合理估计的，企业应当将应付客户对价全额冲减交易价格。

4. 将交易价格分摊至合同中的各单项履约义务

合同中包含两项或多项履约义务的，企业应当在合同开始日，按照各单项履约义务所承诺商品的单独售价的相对比例，将交易价格分摊至各单项履约义务。企业不得因合同开始日之后单独售价的变动而重新分摊交易价格。

企业在类似环境下向类似客户单独销售商品的价格，应作为确定该商品单独售价的最佳证据。单独售价无法直接观察的，企业应当综合考虑其能够合理取得的全部相关信息，采用市场调整法、成本加成法、余值法等方法合理估计单独售价。

对于合同折扣,企业应当在各单项履约义务之间按比例分摊。合同折扣是指合同中各单项履约义务所承诺商品的单独售价之和高于合同交易价格的金额。

5. 履行履约义务时确认收入

主体履行每一单项履约义务时(或履约过程中)确认收入,同时结转相应的履约成本。

对于在某一时段内履行的履约义务,企业应当在该段时间内按照履约进度确认收入,但是履约进度不能合理确定的情况除外。企业应当考虑商品的性质,采用产出法或投入法确定恰当的履约进度。当履约进度不能合理确定时,企业已经发生的成本预计能够得到补偿的,应当按照已经发生的成本金额确认收入,直到履约进度能够合理确定为止。

对于在某一时点履行的履约义务,企业应当在客户取得相关商品控制权时点确认收入。在判断客户是否已取得商品控制权时,企业应当考虑下列迹象:①企业就该商品享有现时收款权利,即客户就该商品负有现时付款义务。②企业已将该商品的法定所有权转移给客户,即客户已拥有该商品的法定所有权。③企业已将该商品实物转移给客户,即客户已实物占有该商品。④企业已将该商品所有权上的主要风险和报酬转移给客户,即客户已取得该商品所有权上的主要风险和报酬。⑤客户已接受该商品。⑥其他表明客户已取得商品控制权的迹象。

5.3.2 关于合同成本的会计处理

1. 合同履约成本

企业为履行合同发生的成本,不属于其他企业会计准则规范范围且同时满足下列条件的,应当作为合同履约成本确认为一项资产:①该成本与一份当前或预期取得的合同直接相关,包括直接材料、直接人工、制造费用(或类似费用)、明确由客户承担的成本以及仅因该合同而发生的其他成本。②该成本增加了企业未来用于履行履约义务的资源。③该成本预期能够收回。

企业应当在下列支出发生时,将其计入当期损益:①管理费用。②非正常消耗的直接材料、直接人工和制造费用(或类似费用),这些支出为履行合同发生,但未反映在合同价格中。③与履约义务中已履行部分相关的支出。④无法在尚未履行的与已履行的履约义务之间区分的相关支出。

2. 合同取得成本

企业为取得合同发生的增量成本预期能够收回的,应当作为合同取得成本确认为一项资产;但是,该资产摊销期限不超过1年的,可以在发生时计入当期损益。增量成本是指企业不取得合同就不会发生的成本(如销售佣金等)。企业为取得合同发生的、除预期能够收回的增量成本之外的其他支出(如无论是否取得合同均会发生的差旅费等),应当在发生时计入当期损益,但明确由客户承担的除外。

3. 与合同履约成本和合同取得成本有关的资产的摊销和减值

与合同成本有关的资产应当采用与该资产相关的商品收入确认相同的基础进行摊销,计入当期损益。

与合同成本有关的资产账面价值高于下列两项的差额的,超出部分应当计提减值准备,并确认为资产减值损失:①企业因转让与该资产相关的商品预期能够取得的剩余对价。

② 为转让该相关商品估计将要发生的成本。

以前期间减值的因素之后发生变化,使得前款①减②的差额高于该资产账面价值的,应当转回原已计提的资产减值准备,并计入当期损益。转回后的资产账面价值不应超过假定不计提减值准备情况下该资产在转回日的账面价值。

在确定与合同成本有关的资产的减值损失时,企业应当首先对按照其他相关企业会计准则确认的、与合同有关的其他资产确定减值损失;然后,按照本准则规定确定与合同成本有关的资产的减值损失。

5.3.3　关于特定交易的计量

对于附有销售退回条款的销售,企业应当在客户取得相关商品控制权时,按照因向客户转让商品而预期有权收取的对价金额(即不包含预期因销售退回将退还的金额)确认收入,按照预期因销售退回将退还的金额确认负债;同时,按照预期将退回商品转让时的账面价值,扣除收回该商品预计发生的成本(包括退回商品的价值减损)后的余额,确认为一项资产,按照所转让商品转让时的账面价值,扣除上述资产成本的净额结转成本。

对于附有质量保证条款的销售,企业应当评估该质量保证是否在向客户保证所销售商品符合既定标准之外提供了一项单独的服务。企业提供额外服务的,应当作为单项履约义务进行会计处理;否则,质量保证责任应当按照 CAS 13《或有事项》规定进行会计处理。

企业应当根据其在向客户转让商品前是否拥有对该商品的控制权,来判断其从事交易时的身份是主要责任人还是代理人。企业在向客户转让商品前能够控制该商品的,该企业为主要责任人,应当按照已收或应收对价总额确认收入;否则该企业为代理人,应当按照预期有权收取的佣金或手续费的金额确认收入,该金额应当按照已收或应收对价总额扣除应支付给其他相关方的价款后的净额,或者按照既定的佣金金额或比例等确定。

对于附有客户额外购买选择权的销售,企业应当评估该选择权是否向客户提供了一项重大权利。企业提供重大权利的,应当作为单项履约义务,将交易价格分摊至该履约义务,在客户未来行使购买选择权取得相关商品控制权时,或者该选择权失效时,确认相应的收入。客户额外购买选择权的单独售价无法直接观察的,企业应当综合考虑客户行使和不行使该选择权所能获得的折扣的差异、客户行使该选择权的可能性等全部相关信息后,予以合理估计。客户虽然有额外购买商品选择权,但客户行使该选择权购买商品时的价格反映了这些商品单独售价的,不应被视为企业向该客户提供了一项重大权利。

企业向客户预收销售商品款项的,应当首先将该款项确认为负债,待履行了相关履约义务时再转为收入。当企业预收款项无需退回,且客户可能会放弃其全部或部分合同权利时,企业预期将有权获得与客户所放弃的合同权利相关的金额的,应当按照客户行使合同权利的模式按比例将上述金额确认为收入;否则,企业只有在客户要求其履行剩余履约义务的可能性极低时,才能将上述负债的相关余额转为收入。

5.3.4　列报与披露

企业应当根据本企业履行履约义务与客户付款之间的关系在资产负债表中列示合同资产或合同负债。企业拥有的、无条件(即仅取决于时间流逝)向客户收取对价的权利,应当作为应收款项单独列示。

企业应当在附注中披露与收入有关的下列信息:

(1) 收入确认和计量所采用的会计政策、对于确定收入确认的时点和金额具有重大影响的判断以及这些判断的变更。

(2) 与合同相关的下列信息:①与本期确认收入相关的信息。②与应收款项、合同资产和合同负债的账面价值相关的信息。③与履约义务相关的信息。④与分摊至剩余履约义务的交易价格相关的信息。

(3) 与合同成本有关的资产相关的信息:①确定该资产金额所做的判断。②该资产的摊销方法。③按该资产主要类别披露的期末账面价值。④本期确认的摊销及减值损失金额。

(4) 企业因预计客户取得商品控制权与客户支付价款间隔未超过1年而未考虑合同中存在的重大融资成分,或者因合同取得成本的摊销期限未超过1年而将其在发生时计入当期损益的,应当披露该事实。

5.4 会计处理分析

依据 CAS 14《收入》(2017),如表 5-1 所示,中国电信的主要业务收入根据业务特点和类型可分为两类:第一,在某一时段内确认的收入。公司向客户提供的各种服务收入属于在某一时间段内履行的履约义务,在服务提供期间内按履约进度确认收入,履约进度主要采用产出法确定,即根据已转移给客户的商品或服务对于客户的价值确定履约进度。当履约进度不能合理确定时,已经发生的成本预计能够得到补偿的,按照已经发生的成本金额确认收入,直到履约进度能够合理确定为止。第二,在某一时点确认的收入。对于销售终端设备业务,中国电信一般在设备交付时满足控制权转移条件,确认收入。[①] 基于合同角度分析中国电信提供业务类型,其常见合约主要包括套餐合约、捆绑销售合约、赠送业务、积分奖励计划等。进行会计处理时,在识别合同及其包含的单项履约义务的同时,应判断各单项履约义务属于某一时段内确认的收入还是在某一时点确认的收入,根据履约情况基于"控制权"转移进行收入确认。

5.4.1 套餐合约的会计处理

电信业的套餐指的是包含多种通信服务的营销组合。在 CAS 14《收入》(2017)下,套餐实质上就是一项运营商与客户签订的合约,合约中的每个子业务都满足"企业需向客户转让可明确区分商品的承诺"这一条件,构成单项履约义务,而套餐的固定资费是合同交易价格,应按各子业务公允价值比例分摊确认收入。月套餐属于时点履约义务,电信行业的套餐合约一般在客户付款办理套餐的次月生效,客户在生效日可以获得套餐服务的控制权,满足收入确认条件,电信公司可以确认收入。例如,中国电信推出的"5G畅想129元套餐"含30G全国流量和1 000分钟全国语音,分别构成两个单项履约义务。

5.4.2 捆绑销售业务的会计处理

捆绑销售业务主要指的是将终端设备(手机)和通信服务捆绑在一起进行销售的业务,主要包括购机赠费和存费赠机两种模式,每种模式又可分为自营渠道销售和代理渠道销售。在自营捆绑销售模式下,由手机供应商将终端设备(手机)提供给运营商,运营商再将终端设

---

① 资料来源:中国电信 2021 年度报告。

备(手机)控制权转移给最终客户。该种情况下,运营商是主要责任人;在代理渠道模式下,终端设备(手机)的控制权是由代理商转移给最终客户的,代理商为主要责任人。运营商只是帮助代理商销售手机终端,不确认收入。故此,在自营捆绑模式下,运营商按总额法确认套餐收入;在代理渠道模式下,运营商按净额法确认收入。

5.4.2.1 自营渠道销售模式下"存费赠机"业务的会计处理

中国电信推出了一款活动,用户选择189元的月话费套餐,可以获赠三星-i779手机,但要求预存话费1890元。这是一项典型的自营捆绑销售模式,即通过预存话费来赠送手机。赠送的三星手机在天翼的售价为1890元,其具体信息如表5-2所示。

表5-2 中国电信存费赠机业务交易信息表

单位:元

189元套餐基本信息		24个月电信服务费公允价值	赠送手机公允价值
预存话费	1 890	4 536	1 890
月套餐	189		
每月返还	78		
每月实付	111		
交易价格		4 536	

资料来源:根据中国电信业务促销信息编制。

根据收入确认与计量的五步法,该业务收入确认与计量过程如下:

第一步,识别与客户订立的合同。

在运营商与客户订立手机合约的情况下,客户预存话费1890元并承诺每月最低消费189元且至少保持24个月不更换套餐时,即满足了收入确认的5个前提条件,合同成立。

第二步,识别合同中的单项履约义务。

合同中存在两项可明确区分的承诺:一是为期24个月的通信业务;二是手机销售。而通信业务至少又包括了全国流量和语音通话两个子业务。

第三步,确定交易价格。

客户签订本项捆绑合同后,合同交易对价是4 536元(189×24),其中1 890元于签订合约时预付。合约生效后,每月实付111元(189-78),最后一个月实付93元(189-96)。

第四步,将交易价格分摊至各单项履约义务。

识别该项合约中包含的单项履约义务,即拆分捆绑业务。这需要两个层次:一是对于手机销售终端和通信服务的拆分;二是对于通信服务业务内部包括语音和非语音等增值服务的拆分。按照CAS 14《收入》(2017)的要求,应该按照不含税价格进行交易价格的分摊。但综合考虑到差异金额较小和执行难度,中国电信公司采用含税价进行收入分摊:

第一层次分摊:按照通信业务和手机公允价值比例分摊合同交易价格4 536元。

通信业务收入:4 536×[4 536÷(4 536+1 890)]=3 201.88(元)

手机销售业务收入:4 536×[1 890÷(4 536+1 890)]=1 334.12(元)

第二层次分摊:略。

第五步,履行单项履约义务时确认收入。

根据上述收入确认与计量过程信息,可编制如表 5-3 所示的中国电信自营渠道模式下存费赠机业务收入确认进度表。其中,手机销售为时点履约义务,通信业务收入为时段履约义务。

表 5-3 中国电信自营渠道模式下存费赠机业务收入确认进度表

单位:元

项目	第 0 个月	第 1 个月	第 2~23 个月	第 24 个月	合计
收入合计	1 334.12	133.41	133.41	133.41	4 536
其中:通信业务收入	0	133.41	133.41	133.41	3 201.88
手机业务收入	1 334.12	0	0	0	1 334.12
合同负债	1 890	−78	−78	−96	0
现金流入	1 890	111	111	93	4 536

根据表 5-3,可模拟编制中国电信上述存费赠机业务相关会计分录如下(忽略增值税相关处理):

(1)客户预存费话费 1 890 元,当运营商将手机终端交付给客户时,手机所有权上的风险及报酬转移至客户。运营商向客户开具预存款发票,以确定客户预存电信服务费;确认手机终端销售收入,并结转手机成本。

  借:银行存款等   1 890
    贷:合同负债——预存服务费   1 890
  借:预收账款——递延递减收入   1 334.12
    贷:其他经营收入——终端(手机)   1 334.12
  借:经营成本——出售商品支出(出售通信类商品支出)   ****
    贷:库存商品——手机   ****

(2)第 1~23 月每月确认通信业务收入。

  借:合同负债——预存服务费用   78
    银行存款   111
    贷:预收账款——递延递减收入   55.59
      通信主业经营收入   133.41

注:每月递延递减收入 55.59 元:1 334.12÷24=55.59(元)。

(3)第 24 月确认通信业务收入。

  借:合同负债——预存服务费用   96
    银行存款   93
    贷:预收账款——递延递减收入   55.59
      通信主业经营收入   133.41

如果考虑到增值税影响,若手机终端销售适用增值税率17%,通信业务适用增值税率8%,则依据表5-3所示信息,可模拟编制相关会计分录如下:

(1) 客户预存话费1 890元,当运营商将手机交付给用户时,所有权上的风险及报酬转移至客户,向客户开具预收款发票,确定客户预存电信服务费;确认手机终端销售收入;结转手机成本;确认递延增值税(未来消费通信服务时转回)。

借:银行存款　　　　　　　　　　　　　　　　　　　　　　　　　　　1 890
　　贷:合同负债——预存服务费　　　　　　　　　　　　　　　　　　1 890
借:预收账款——递延递减收入　　　　　　　　　　　　　　　　　　　1 334.12
　　贷:其他经营收入——终端(手机)　　　　　　　　　　　　　　　　1 140.27
　　　　应交税费——应交增值税(销项税额)　　　　　　　　　　　　　193.85
借:经营成本——出售商品支出(出售通信类商品支出)　　　　　　　　　＊＊＊
　　贷:库存商品——手机　　　　　　　　　　　　　　　　　　　　　＊＊＊
借:预收账款——递延增值税　　　　　　　　　　　　　　　　　　　　80.77
　　贷:应交税费——应交增值税(销项税额)　　　　　　　　　　　　　80.77

注:应交增值税销项税额为:(1 890－1 334.12)÷1.17×0.17＝80.77(元)

(2) 第1～23月每月确认通信业务收入。

借:合同负债——预存服务费用　　　　　　　　　　　　　　　　　　　78
　　银行存款　　　　　　　　　　　　　　　　　　　　　　　　　　　111
　　贷:预收账款——递延递减收入　　　　　　　　　　　　　　　　　55.59
　　　　通信主业经营收入　　　　　　　　　　　　　　　　　　　　　121.87
　　　　预收账款——递延增值税　　　　　　　　　　　　　　　　　　3.37
　　　　应交税费——应交增值税(销项税额)　　　　　　　　　　　　　8.17

注:递延各月的已交增值税为:80.77÷24＝3.37(元)
应确认的增值税销项税额为:[133.41－(1 890－1 334.12)/24]÷1.08×0.08＝8.17(元)

5.4.2.2　代理渠道模式下"存费赠机"业务的会计处理

中国电信某分公司推出一款"存费赠机"业务,合约主要条款如下:用户3年内每月消费139元,预存话费200元后,可以以1 400元的价格在代理经销商处购买公允价值为2 999元的手机一部(本套餐不涉及橙分期业务);同时,中国电信向代理商支付1 599元的手机终端补贴。

依据CAS 14《收入》(2017)的规定,该业务中包含两项单独履约义务:一为通信业务,二为手机终端销售。在手机终端销售中,根据合约条款,中国电信为代理人,手机终端销售收入不予确认,其向代理经销商提供的终端补贴费用1 599元,作为应付客户对价,应从合同总收入中扣减。因此,该项业务的交易价格确定如下:

$$合同交易价格＝139×36－1\,599＝3\,405(元)$$

其中,通信服务费用3 405元;手机销售收入0元。

根据上述信息,可模拟编制相关会计分录如下:

(1) 客户预存话费200元,支付手机购买款1 400元。

借：银行存款	1 600
贷：合同负债——预存服务费	200
应付账款	1 400

(2) 通信业务为时段履约义务,按履约进度确认收入,第1~35月每月确认通信业务收入模拟会计分录如下。

借：合同负债——预存服务费	5.55
银行存款等	133.45
贷：通信主业经营收入	94.58
应付账款	44.42

注：每个月应确认的通信收入为：3 405÷36＝94.58(元)。

第36个月确认通信业务收入模拟会计分录如下：

借：合同负债——预存服务费	5.75*
银行存款	133.25*
贷：通信主业经营收入	94.7*
应付账款	44.3*

注：最后一个月的收入、预存话费分摊等作尾差调整。

(3) 向代理经销商支付客户购机费、价格补贴。

借：应付账款	1 400
贷：银行存款	1 400
借：应付账款	1 599
贷：银行存款	1 599

5.4.3　赠送业务的会计处理

从合同的角度看待各种赠送业务,若其从属于合约套餐,实质上形成应付客户对价,应冲减交易价格,并在确认相关收入与支付(或承诺支付)客户对价两者孰晚的时点冲减当期收入。中国电信相关赠送业务主要有三类：赠送话费类产品、赠送实物产品和赠送权益产品。

1. 赠送话费类产品的会计处理

与合同相关的通信业务赠送,从合同性质看,赠送话费属于应付客户对价。公司根据合同条款,从赠费金额、返费方式等方面确定应付客户对价金额,并据以调整交易价格：若该赠送业务能够与合同中其他通信业务明确区分,应作为单项履约义务,分摊交易价格；若该赠送业务仅属于短期内的套餐促销,与其他通信业务无法明确区分,或是与合同不相关的赠送,则根据重要性原则,可简化处理,即作为基础合同固定资费的减项进行账务处理。

2. 赠送实物产品的会计处理

实物产品赠送业务是基于特定合同、特定套餐或特定产品免费赠送实物,实物产品主要包括IPTV机顶盒、路由器等产品。根据CAS 14《收入》(2017)之原则性规定,当实物赠送业务涉及特定合同、特定套餐或特定产品,且其金额占合同总金额较大时,其与所属特定合同、套餐其他履约义务（如光纤宽带、固话等）一起构成合同内履约义务。

中国电信某年在京东"双十一"大促上推出了一款500兆宽带包年998元、赠送H3C的RC3000路由器（公允价值276元）活动。不考虑其他合约条款，本合同中属于基于特定合同免费赠送实物的业务，应识别其包含的两个单项履约义务：一是500兆宽带服务12个月，属时段履约义务；一是路由器赠送，属时点履约义务。合同交易价格998元，按照需要履行的宽带服务义务及实物赠送义务各自单独售价进行分摊，并在控制权转移时确认相应收入，同时将实物产品成本进行结转，计入其他业务成本。将合同交易价格分摊至单项履约义务过程如下：

500兆宽带服务收入：998×[998÷(998+276)]=781.79(元)
路由器收入：998×[276÷(998+276)]=216.21(元)

根据上述合同交易价格分摊数据，可模拟编制相关会计分录。

(1) 客户支付交易价款、路由器控制权转移时的会计处理。

借：银行存款等　　　　　　　　　　　　　　　　　　　　　998
　　贷：合同负债——预存服务费　　　　　　　　　　　　　　998
借：合同负债——预存服务费　　　　　　　　　　　　　　216.21
　　贷：其他收入——路由器　　　　　　　　　　　　　　216.21
借：其他业务成本　　　　　　　　　　　　　　　　　　　＊＊＊
　　贷：库存商品　　　　　　　　　　　　　　　　　　　＊＊＊

(2) 宽带服务期内第1～12个月每月的会计处理。

借：合同负债——预存服务费　　　　　　　　　　　　　　65.15
　　贷：通信主业经营收入——宽带接入　　　　　　　　　65.15

注：按履约进度每个月应确认的通信服务收入为781.79÷12=65.15(元)。

中国电信会计实务中，对于随服务套餐合约赠送的实物产品，秉承重要性原则。如果赠送的实物产品金额较小，可以视为不重要，采用简化会计处理方法，不再按照公允价值分摊合同交易价格，而是将赠送实物计入当期销售费用。当前，对于重要性的判定，一般以交易价格的10%作为判断界限。

3. 赠送权益产品的会计处理

权益产品主要指各类App或软件等会员待遇产品，主要有视频类、音乐类、阅读类、音频类、教育类、健康类等，如腾讯视频VIP会员月卡、优酷视频VIP会员月卡、爱奇艺黄金VIP会员月卡等。公司赠送权益产品的会计处理，应视具体情况分类处理：如果是普惠性或临时性业务推广促销等权益产品赠送，不和特定合同相关，则可将赠送金额或结算折扣金额直接计入当期损益中的"销售费用"；如果是和特定合同、套餐等相关的权益赠送，通常产生于客户办理各类移动网络套餐过程，本质上是附有客户额外购买选择权的销售。同时，由于权益产品能够让客户享受超越其他同类客户享有的折扣（比如视频类会员的影片无需付款或折价付款等），因而该选择权向客户提供了重大权利，应当作为单项履约义务确认。公司需要从赠送当期或者激活权益当期，识别合同套餐中所包含的各单项履约义务。此外，权益产品一般是第三方企业的产品，其结算价格为公司应付客户对价，故在赠送当期或客户激活权益当期,应以权益产品赠送业务的结算价格(或折扣优惠)冲减主营业务收入的价格。

依据 CAS 14《收入》(2017)规定,由于权益产品赠送相关业务中包含多个服务,需要将其合同交易价格在通信服务和权益产品服务中按公允价值比例进行分摊。但是,在电信业会计实务中,由于只有签订相关合同的客户才有权利选择是否按月续约,而且每笔业务的区分在实务操作中较为困难,无法判定客户是否在合同履约期间进行权益产品兑换,因此采取简化处理原则。在客户行使选择权时,直接按权益产品采购价格抵减主营业务收入,无需在权益产品业务与通信业务之间分摊。

例如,公司销售价值 20 元定向流量包,赠送 1 个月酷狗音乐会员,权益结算价为 11 元,则可模拟编制相关会计分录。

(1) 确认流量包销售收入时。

借:银行存款、营业款结算等　　　　　　　　　　　　　　　20
　　贷:通信主业经营收入——手机接入　　　　　　　　　　　　20

(2) 客户激活赠送权益时。

借:通信主业经营收入——权益赠送　　　　　　　　　　　　11
　　贷:应付账款等　　　　　　　　　　　　　　　　　　　　11

每月月末,公司根据"通信主业经营收入——权益赠送"科目余额按比例分摊至基础语音业务收入和数据接入服务收入中。

5.4.4　积分奖励计划的会计处理

根据电信行业惯例,电信公司会向客户提供积分计划。根据客户实际消费金额或其他业务安排,向客户赠送积分。积分有效期一般为 3 年,可用于兑换实物商品或电信服务(包括充值卡)等。例如,在中国电信官网中,当客户以积分抵扣宽带续约费用时,系统会显示:"宽带续约时可选择积分抵扣。当积分大于 100 时展示选项,当积分不足 100 时则不展示选项。选择积分抵扣后,根据积分数量抵扣相应积分,积分充足时,可全部用于抵扣宽带续约的费用(每 100 积分可抵扣 1 元)。"①

1. 积分获得的会计处理

客户获取积分的方式一般有两种:一是消费商品积分,即公司根据客户消费金额对客户馈赠的积分,其与用户星级相联系。依据不同的星级,用户享有不同倍数的消费积分;二是特定业务或特定行为的奖励积分,即为促销商品或服务制定的优惠。客户办理该促销商品和服务即可获得相应积分优惠。在会计实务中,应视具体情况进行相应会计处理。

第一,消费商品积分、与合同收入相关的奖励积分。对于消费商品积分以及与合同收入相关的奖励积分,属于应付客户对价。依据 CAS 14《收入》(2017),应将客户消费商品积分兑换相应产品或服务视为一项单独履约义务,并按履约进度确认收入。因此,这些积分应与相关电信服务一起作为单独履约义务参与合同对价分摊。具体来说,按照有效积分的公允价值和产生积分的业务收入本身的公允价值各自占比,分摊客户支付的合同交易价格价款,

---

① https://fj.189.cn/ic/RechargeIndex?type=3.

并将分摊至奖励积分的金额予以递延,计入合同负债,在客户实际兑换积分或到期时确认为收入。在会计实务中,由于电信公司的积分系统无法记录每笔积分对应的具体收入,即积分的产生与消费总金额相关,而无法与套餐金额相关联,当前电信公司的积分规则是按照消费金额的1%计提积分。因此,即使按照积分的公允价值分摊,影响金额也会小于消费金额的1%。故而在应用 CAS 14《收入》(2017)准则时,电信公司采用简化会计处理办法,即积分可以继续按照其公允价值确认,而不参与到产生积分的业务收入的公允价值分摊。

第二,与合同收入无关的奖励积分,如下载 App 送积分、登录官网送积分等。由于这些积分没有对应的合同收入,应将其作为销售费用处理。如果客户用奖励积分兑换电信服务或者充值卡,则不确认收入(会计处理可先按照兑换价值抵减收入,再正常确认收入)。

如果能够准确区分消费商品积分与奖励积分,则分别按照上述原则处理。如果无法区分且金额不重大,也可简化处理,统一按照消费积分处理。

例如,100 元的电信服务合约赠送 100 积分。按当前积分规则,积分公允价值为 1 元,通信服务公允价值为 100 元。根据 CAS 14《收入》(2017)和现行电信公司简化处理原则,可分别模拟编制会计分录如下:

(1) 依据 CAS 14《收入》(2017)应进行的会计处理。

借:银行存款 100
　　贷:通信主业经营收入 99.01
　　　　合同负债——积分计划准备 0.99

(2) 现行简化会计处理。

借:银行存款 100
　　贷:通信主业经营收入 99
　　　　合同负债——积分计划准备 1

2. 消费积分兑换服务或产品时的会计处理

根据 CAS 14《收入》(2017)的规定,在客户使用积分兑换服务或产品时,首先要区分电信公司是主要责任人还是代理人:①积分只能用于兑换电信公司提供商品的,电信公司为主要责任人。②积分只能用于兑换第三方提供商品的,电信公司为代理人。③客户可以选择兑换电信公司提供商品或第三方提供商品的,根据客户选择,确定电信公司是主要责任人还是代理人。当电信公司为主要责任人时,客户使用积分兑换服务或产品时确认其他收入;当电信公司为代理人时,客户使用积分兑换服务或产品时不确认收入。客户使用积分时的一般会计确认处理如下:

(1) 公司为主要责任人时的会计处理。

借:合同负债——积分计划准备
　　贷:其他收入——积分兑换收入
借:经营成本——出售商品支出(积分兑换支出)
　　贷:库存商品等

(2) 兑换第三方商品或劳务,公司为代理人时的会计处理。

借：合同负债——积分计划准备
　　贷：应付账款等

5.4.5　合同成本的会计处理

1. 合同取得成本

根据 CAS 14《收入》(2017)，企业为取得合同发生的增量成本(即不取得合同就不会发生的成本)预期能够收回的，确认为一项资产。若该项资产摊销期限不超过一年，则在发生时计入当期损益。为取得合同而发生的其他支出，在发生时计入当期损益，明确由客户承担的除外。中国电信在采用代理商拓展新用户时，会以佣金的形式支付给代理商报酬，这对于中国电信而言，即是社会渠道成本。

中国电信用以拓展新客户的代理商佣金主要包括四种类型：补贴支撑佣金、业务发展佣金、维护用户佣金和发展用户佣金。其中，业务发展佣金和发展用户佣金这两种类型满足合同增量成本的概念，在支出时需判定是否满足资本化条件。例如，电信公司主要为发展手机用户、宽带用户、iTV 用户、融合套餐类用户以及一些增值类业务而向代理商支付酬金，各个产品或者服务对应的客户合同服务期限不同：对于手机合约用户，服务期一般为 12 个月、24 个月、36 个月；对于宽带包年的用户，服务期一般是 1 年；一些增值业务则一般未规定期限。对于服务期超过 1 年的手机合约用户，相关佣金予以资本化处理，发生时确认为合同取得成本，在其他资产中列报。宽带接入佣金摊销期一般在 1 年以下，增值业务则没有约定期限，因此可直接计入当期损益，记入"销售费用—渠道佣金及手续费—用户入网佣金手续费—移动用户—手机/融合用户"和"销售费用—渠道服务费—用户维系服务费—移动用户—手机/融合用户"科目。

2. 合同履约成本

中国电信为履行合同发生的成本，不属于除收入准则外的其他企业会计准则范围且同时满足下列条件的，确认为一项资产：①该成本与一份当前或预期取得的合同直接相关。②该成本增加了公司未来用于履行履约义务的资源。③该成本预期能够收回。上述与合同成本有关的资产采用与该资产相关的商品或服务收入确认相同的基础进行摊销，并计入当期损益。中国电信的合同履约成本主要包括已经发生的与通信服务直接相关的成本，其 2020 年度和 2021 年度的相关合同履约成本主要包括为客户提供固网及智慧家庭服务时提供给客户的固网终端(机顶盒、网关等)等直接成本。这些成本在资本化后，在合约存续期内按直线法摊销，并计入其他营业支出。

表 5-4 描述了中国电信 2021 年度可以资本化的合同成本情况。中国电信 2021 年度资本化的合同履约成本主要包括为公司为客户提供固网及智慧家庭服务时提供给客户的固网终端等直接成本。而资本化的合同取得成本主要是因第三方代理商为公司获取与客户之间的电信服务合同，公司基于该销售合同所支付的销售佣金。资本化成本按直线法在确认相应收入期间平均摊销。2021 年年末，中国电信资本化合同成本余额为 2 499 174 878.33 元，其中资本化合同履约成本为 1 435 670 108.09 元，资本化合同取得成本为 1 063 504 770.24 元。

表 5-4 中国电信 2021 年资本化合同成本金额变动及费用化合同增量成本信息

单位:元

项目	2021 年 1 月 1 日	增加	减少	2021 年 12 月 31 日
其他流动资产	1 152 436 471.97	2 930 702 169.73	1 583 963 763.37	2 499 174 878.33
合同履约成本	611 840 083.02			1 435 670 108.09
合同取得成本	540 596 388.95			1 063 504 770.24
	2020 年		2021 年	
销售费用——渠道费	38 664 287 741.03		41 052 804 496.00	
合同成本摊销	1 233 616 514.27		1 583 963 763.37	

资料来源:根据中国电信 2021 年年度报告整理编制。

根据表 5-4 所示信息,可模拟编制中国电信 2021 年计入当期损益的渠道费用及资本化合同成本取得及后续摊销的会计分录如下:

借:销售费用——渠道费　　　　　　　　　　41 052 804 496.00
　　贷:银行存款等　　　　　　　　　　　　41 052 804 496.00
借:其他营业支出等　　　　　　　　　　　　 1 583 963 763.37
　　贷:累计摊销　　　　　　　　　　　　　 1 583 963 763.37
借:合同取得成本、合同履约成本　　　　　　 2 930 702 169.73
　　贷:银行存款等　　　　　　　　　　　　 2 930 702 169.73

5.5　报表项目列示及财务影响

中国电信于 2002 年在中国香港上市。依据港交所规则,其应提交依据国际财务报告准则编制的财务会计报告。根据 IFRS 15《源自于合同的收入》之要求,中国电信应于 2018 年 1 月 1 日采用 IFRS 15 编制财务会计报告。我国于 2017 年修订颁布的 CAS 14《收入》(2017)实现了与 IFRS 15 的持续趋同。表 5-5 描述了中国电信按国际会计准则与按中国会计准则披露的 2021 年财务报告中净利润和归属于上市公司股东的净资产差异情况。如表 5-5 所示,两者之间差异极小[1],且主要产生于关于职工奖励及福利处理差异,基本可以忽略不计。故此,中国电信于 2018 年依据 IFRS 15 编制的财务会计报告与此前依据第 18 号国际会计准则 IAS 18《收入》编制的财务会计报告之间的差异,可以很好地阐释源于合同的收入准则对公司列报会计信息的影响。

---

[1]　中国电信的子公司上海信天通信有限公司和上海凯讯通信工程有限公司 2021 年从税后利润中共提取职工奖励及福利基金 6 337 328.18 元(2020 年 8 428 341.30 元)。根据中国会计准则,其所提取的职工奖励及福利基金属于利润分配,应当计入所有者权益,而在国际会计准则下应当确认至当期损益。

表 5-5 中国电信依据国际会计准则与依据中国会计准则披露的 2021 财务信息对比

单位：百万元

项目	归属于上市公司股东的净利润		归属于上市公司股东的净资产	
	2021 年	2020 年	2021 年 12 月 31 日	2021 年 1 月 1 日
依据中国会计准则	25 951.98	20 855.18	428 681.35	363 463.64
按国际会计准则调整的项目及金额				
职工奖励及福利基金	−3.78	−5.01		
其他资产项目调整			−7.18	−7.18
依据国际会计准则	25 948.19	20 850.17	428 674.16	363 456.46

资料来源：根据中国电信 2021 年年度报告整理编制。

5.5.1 IFRS 15《源于合同的收入》首次执行日前后报表项目变化

2018 年 1 月 1 日是 IFRS 15《源于合同的收入》准则的首次执行日。依据 IFRS 15，中国电信在履行合同义务时确认提供电信服务所产生的收入。各种电信套餐服务费收入在套餐中包含的各种服务类型中确认，数据计量的采集和收入交易的记录由计费信息系统进行。首次执行日之前，相关项目按 IFRS 15 与原按 IAS 18《收入》准则之间的计量确认差异，不再追溯调整相关收入费用科目，而是直接调整期初留存收益（准备金）。表 5-6 描述了中国电信按 IFRS 15 编制的 2018 年 1 月 1 日报表相关项目与原按 IAS 18 编制的 2017 年 12 月 31 日报表相关项目之间的差异。

表 5-6 IFRS 15 首次执行日中国电信相关报表项目列报信息比较

单位：百万元

项目	2017 年 12 月 31 日	重分类	重新计量	2018 年 1 月 1 日
非流动资产				
其他资产	3 349	—	1 210	4 559
流动资产				
应收账款	22 096	−596	—	21 500
合同资产	—	633	23	656
预付及其他流动资产	22 128	−37		22 091
流动负债				
预提费用及其他应付款	98 695	−64 912		33 783
合同负债	—	65 699	−3 524	62 175
一年内摊销的递延收入	1 233	−787	—	446
非流动负债				
递延税款负债	8 010	—	1 066	9 076
权益				
储备①	244 935	—	3 691	248 626

① 依据国际财务报告准则，公司股东权益由股本和储备两项构成。

(续表)

2018年1月1日采用IFRS 15的过渡性权益影响金额明细	
储备	3 691
应付客户对价	2 884
包含多项履约义务的合同	663
取得合同的增量成本	1 210
税务影响	1 066

资料来源:根据中国电信H股2018年报整理编制。

如表5-6所示,相对于按IAS 18编制的2017年12月31日的财务状况信息,中国电信采用源于合同的收入确认原则,引起总资产增加1 233百万元,总负债减少2 458百万元,权益增加3 691百万元。这种权益的增加源自基于合同产生的权利和义务进行收入计量和确认时点的变化,以及合同增量成本改为资本化确认的影响。根据表5-6所示信息,可模拟编制2018年1月1日相关调整会计分录。以下分录的单位为百万元。

(1) 公司因取得客户合同而产生的已付/应付第三方代理商的增量租金1 210百万元,依据IAS 18《收入》确认为费用,依据IFRS 15应资本化(未考虑税务影响,若考虑税务影响,税后金额为940百万元)。

  借:其他资产(合同取得成本)   1 210
    贷:储备   1 210

(2) 信息及应用服务合同产生的尚未达到收款条件的收入633百万元,收款取决于合同约定达到特定里程碑的情况,依据IFRS 15,应计入合同资产。

  借:合同资产   633
    贷:应收账款   596
      预付及其他流动资产   37

(3) 包含在预收账款和递延收入中的电信服务合同收到的对价64 912百万元及787百万元,原确认为预提费用及其他应付款,和一年内摊销的递延收入,依据IFRS15,应确认为合同负债。

  借:预收账款(预提费用及其他应付款)   64 912
    递延收入(一年内摊销的递延收入)   787
    贷:合同负债   65 699

(4) 某些与客户合同相关的支付给第三方代理商并将由使用者最终享有的补贴及直接支付给客户的其他补贴2 884百万元,在发生时依据IAS 18《收入》确认为费用,依据IFRS 15,应确认为应付客户对价,冲减经营收入,税后影响2 224百万元,相应调整准备。

(5) 销售的促销套餐中包含的销售终端设备及提供电信服务为单独履约义务,2018年1月1日之前对合同对价采用剩余价值法分摊至终端设备和电信服务。依据IFRS 15之规定,交易价格应以相对单独售价为基础分摊至合同中的各项履约义务:分摊至终端的对价在合同开始时满足收入确认条件,即设备交付时确认收入;分摊至电信服务的对价随合同期内电信服务的提供而确认为收入,相关影响 663 百万元(税后影响 527 百万元),相应调整准备。

(4)和(5)合计调整合同负债项目税前影响金额为 3 547 百万元(2 884＋663)。

借:合同负债 3 547
    贷:储备 3 547

(6)税务影响调整准备的同时,确认递延所得税负债。

借:储备 1 066
    贷:递延所得税负债 1 066

5.5.2　2018 年 1 月 1 日至 2018 年 12 月 31 日报表项目列报影响

表 5-7 列示了中国电信 2018 年度按 IFRS 15 列报的相关项目金额以及按原 IAS 18《收入》列报的相关项目金额对比表。

表 5-7　中国电信按 IFRS 15 列报项目与按 IAS 18 列报项目对比

单位:百万元

项目	2018 年已报告金额	调整金额	未采用 IFRS 15 的 2018 年报告金额
合并资产负债表相关项目			
非流动资产			
其他资产	4 840	−1 287	3 553
流动资产			
应收账款	20 475	461	20 936
合同资产	478	−478	—
流动负债			
预提费用及其他应付款	43 497	57 681	101 178
合同负债	55 783	−55 783	—
一年内摊销的递延收入	375	765	1 140
非流动负债			
递延税款负债	13 138	−869	12 269
权益			
储备	262 137	−3 098	259 039
合并综合收益表相关项目			
经营收入	377 124	4 377	381 501
经营费用			
销售、一般及管理费用	59 422	3 956	63 378

（续表）

项目	2018年已报告金额	调整金额	未采用IFRS 15的2018年报告金额
其他经营费用	37 697	−369	37 328
经营费用合计	348 410	3 587	351 997
经营收益	28 714	790	29 504
税前利润	28 148	790	28 938
所得税	6 810	197	7 007
本年利润	21 338	593	21 931
本年综合收益合计	21 243	593	21 836
合并现金流量表相关项目			
税前利润	28 148	790	28 938
营运资金变动前的经营利润	108 080	790	108 870
应收账款增加	−1 848	164	−1 684
合同资产减少	170	−170	—
其他资产减少	271	77	348
预提费用及其他应付款增加	9 842	−7 253	2 589
合同负债减少	−6 414	6 414	—
递延收入减少	−138	−22	−160
经营活动产生的现金净额	99 298	—	99 298

资料来源：根据中国电信H股2018年年度报告整理编制。

表5-7中2018年度中国电信报表实际列报金额与未采用IFRS 15的报表列报金额差异主要来自以下几个方面。

第一，因取得合同而产生的已付/应付第三方代理商的增量佣金，依据IFRS 15，若这些成本预计能够收回，应确认为一项资产，并按照与该资产相关的商品或服务收入确认相同的基础进行摊销；而根据IAS 18，则于发生时确认为费用。本项差异影响其他资产1 287百万元，经营费用77百万元。

第二，因信息及应用服务合同产生的未达到收入条件的收入为461百万元，依据IFRS 15应确认为合同资产，而根据IAS 18，则作为应收账款列报。

第三，电信服务合同收到的对价55 783百万元，依据IFRS 15应当确认为合同负债；依据IAS 18，则作为预收账款（包含于预提费用及其他应付款）和一年内摊销的递延收入列报，金额分别为55 018百万元和765百万元。

第四，某些与客户合同相关的支付给第三方代理商并将由使用者最终享有的补贴及直接支付给客户的其他补贴，依据IFRS 15，应作为应付客户对价，抵减经营收入，除非向客户支付的款项是为了取得客户向公司转让的可明确区分的商品或服务且该商品或服务的公允价值能够可靠计量;依据 IAS 18,则于发生时确认为费用。此项会计政策差异导致中国电信当期经营收入减少 3 897 百万元,经营费用减少 3 510 百万元,合同负债(预提费用及其他应付款)减少 2 497 百万元。

第五,公司自行销售的促销套餐中包含的销售终端设备及提供电信服务为单独履约义务。促销套餐总合同对价未采用 IFRS 15 前,应用剩余价值法分摊至终端设备销售收入及电信服务收入。采用 IFRS 15 后,交易价格以相对单独售价为基础分摊至合同中各项履约义务,分摊至终端设备的对价在合同开始时即设备交付时确认收入,分摊至电信服务的对价随合同期内电信服务提供确认为收入。此项会计政策差异导致经营收入减少 480 百万元,合同负债(预提费用即其他应付款)减少 166 百万元,合同资产增加 17 百万元。

如表 5-7 所示,中国电信采用 IFRS 15 源于合同产生的权利和义务进行收入的确认和计量,相比于按 IAS 18 对相关业务收入确认与计量,导致 2018 年年末资产差异 1 304 百万元,占实际列报资产总额 663 382 百万元的比例为 0.196 6%;2018 年年末负债差异 1 764 百万元,占实际列报负债总额 319 283 百万元的比例为 0.561 9%;2018 年年末权益差异 3 098 百万元,占实际列报权益总额 344 099 百万元的比例为 0.900 3%;2018 年税前利润差异 790 百万元,占实际列报税前利润 28 148 百万元的比例为 2.806 6%。而现金流量表项目的总差异则为零。可见,IFRS 15 源于合同的收入确认与计量总体对财务状况和经营成果的影响不大,且收入确认与计量规则的改变并没有导致现金流的任何变动。

总体看来,中国电信应用 IFRS 15《源于合同的收入》以及我国 CAS 14《收入》(2017),由于收入确认时点和计量规则的改变,以及对于相关合同成本资本化的处理,导致收入结构、收入金额、损益确定均受到一定影响,但总体影响较小。且由于基于权责发生制的收入确认与计量的本质并没有发生变化,因而对现金流量并没有任何影响。与此同时,CAS 14《收入》(2017)和 IFRS 15《源于合同的收入》为电信企业会计带来了更为明确的指引,规范了捆绑销售、赠送业务、奖励积分等合同中包含履约义务的识别及交易价格分摊原则,促使电信企业收入确认能够更好地反映交易实质和真实业绩。

5.6 讨论要点

问题一:电信公司捆绑销售等包含多重交易安排的手机合约计划,依据 CAS 14《收入》(2017),讨论如何识别合同及其中包含的单项履约义务、确定合同交易价格和将交易价格分摊到各单项履约义务中。

问题二:讨论在电信业务中,如手机终端销售、积分兑换等业务中,如何区分代理人和主要责任人;并进一步阐明总额法和净额法的应用对于损益确定的影响。

问题三:讨论合同资产与应收账款的区别与联系、合同负债与预收账款的区别与联系,并基于此讨论中国电信于 2018 年 1 月 1 日 IFRS 15《源于合同的收入》首次执行日进行的相关会计科目重分类调整。

问题四:讨论为什么中国电信 2018 年按 IFRS 15《源于合同的收入》编报的现金流量表与按原 IAS 18《收入》编报的现金流量表的差异为零? 这是普遍现象吗?

问题五:深入讨论如何完善当前电信企业的业务信息系统,以更为有效地应用 CAS 14《收入》(2017),完善奖励积分,以及基础电信及增值电信等相关单项履约义务的识别及收入金额确定,以收入确认为推手,加强业财一体化系统建设。

问题六(思政专题):收入确认与计量涉及物质利益以及相关规则,从合规性角度深入讨论本章案例收入确认与计量中所蕴含的经营和管理问题,探讨如何在进行会计专业判断时作出既符合道德标准又符合企业利益的会计处理方案。

参考文献

[1] IASB. IFRS 15 Revenue from Contracts with Customers. The Annotated IFRS Standards[S]. 2020.
[2] Mariam Vardiashvili & Marina Maisuradze. On Recognition and Measurement of the Revenues According to IFRS 15[J]. Economy & Business Journal,2017,11(1):182-190.
[3] 财政部. 第14号企业会计准则——收入[Z]. 2017.
[4] 葛家澍. 收入确认的探讨——兼评 IASB/FASB 的最新"初步意见"[J]. 财会学习,2010(9):13-17.
[5] 耿建新,刘宏欣. 收入准则的历史沿革与国际比较[J]. 财会月刊,2020(22):66-72.
[6] 李泆. CAS 14 收入准则变革对特定业务的影响分析[J]. 证券市场导报,2017(7):52-58.
[7] 叶丰滢,郭绪琴,完颜家贝. 新收入准则执行的十大困惑与思考——基于财务报表编制者视角的分析[J]. 财会月刊,2021(17):154-160.

第6章 东方航空:租赁业务的确认、计量与报告

20世纪50年代以来,随着租赁业务在世界范围内的蓬勃发展,其会计处理方法也一直饱受争议。早在1964年,美国会计原则委员会(APB)第5号意见书即要求承租方将融资租赁纳入资产负债表。然而,出于利益保护动机,租赁行业强烈反对制定相应的会计原则。Imhoff和Thomas(1988)认为企业对任何租赁业务仅需在附注中披露即可。这些不同的观点导致1976年美国财务会计准则委员会(FASB)颁布的第17号财务会计准则FAS 17《租赁》以及1994年国际会计准则委员会(IASC)颁布的第17号国际会计准则IAS 17《租赁》,均将租赁划分为融资租赁和经营租赁两类,规定融资租赁必须纳入承租方资产负债表反映,而经营租赁仅需在财务报表附注中适当披露。我国2006年颁布的第21号企业会计准则CAS 21《租赁》(2006),借鉴了当时的国际会计惯例,与IAS 17《租赁》之规定基本保持一致。对融资租赁业务与经营租赁业务的会计处理存在的原则性差异,导致实务中通过混淆经营租赁与融资租赁界限的方法进行报表粉饰的案例屡见不鲜,租赁业务成为表外融资业务的典范。一部分企业利用经营租赁相关资产负债不需要进行会计确认和计量、仅在表外披露的会计处理特征,将满足资本化要求的融资租赁设计为经营租赁形式,从而降低企业负债水平和财务风险。然而,这可能会误导投资者对企业内在价值的正确评估(李刚等,2009)。租赁准则会计处理原则的不完善,以及会计实务中不断出现的对租赁业务的盈余管理,一直推动着对租赁会计的深入探讨和研究。

国际会计准则理事会(IASB)2009年开始酝酿新的租赁准则,2016年1月,第16号国际财务报告准则IFRS 16《租赁》(Leases)发布。2018年12月,我国财政部颁布了修订后的第21号企业会计准则CAS 21《租赁》(2018),与国际财务报告准则IFRS 16《租赁》趋同,对租赁业务承租方的会计处理,以租赁资本化的资产负债表观为基础进行会计确认与计量。CAS 21《租赁》(2018)的核心与实质在于:对于所有重要的租赁合同采用统一方法进行会计处理,不再区分融资租赁和经营租赁,并将其产生的权利和义务分别确认为出租人和承租人的资产和负债。租赁作为一种长期融资手段,因其不计入承租方资产负债表的优势而受到相关企业的青睐,尤其是在航空运输业、零售业中。我国CAS 21《租赁》(2018)对承租方会计处理发生重大变化,深刻影响到这些行业租赁资产与负债的确认和计量,从而影响财务报表项目列报。本章案例为受CAS 21《租赁》(2018)影响较大的中国东方航空股份有限公司(以下简称"东方航空")。本章将分析和探讨CAS 21《租赁》(2018)实施前后东方航空租赁业务的会计确认与计量差异,继而深入探讨相关报表项目列报差异及其决策信息有用性。本章案例数据信息主要来源于东方航空官方网站、2015—2021年度报告以及相关临时公告等。

6.1 案例公司简介

东方航空是中国国有控股的三大航空公司之一,于1997年分别在纽约、中国香港和上海三地挂牌交易,成为中国民航首家实现三地上市的航空企业。

6.1.1 东方航空发展概况

东方航空前身可回溯至1957年1月原民航上海管理处成立的第一支飞行中队。其于1995年由中国东方航空集团有限公司(以下简称"东航集团")独家发起设立,公司设立时总股本为人民币300 000万元,每股面值人民币1元。1997年2月,东方航空经国家体改委(1996)180号文和国务院证券委员会(1997)4号文批准发行156 695万股H股,并在美国纽约和中国香港两地上市,发行后总股本增至人民币456 695万元。1997年5月,东方航空经中国民用航空局和中国证券监督管理委员会批准向境内投资者发行30 000万股A股普通股,发行后总股本增至人民币486 695万元。

2006年12月18日,东方航空根据《商务部关于同意中国东方航空股份有限公司转股的批复》[商资批〔2006〕2551号],开始进行股权分置改革。东航集团作为公司唯一的非流通股股东向股权分置改革方案所约定的股份变更登记日(2007年1月10日)登记在册的流通A股股东每10股支付3.2股对价股份,共计9 600万股企业法人股。

股权分置改革完成后,东方航空在2009—2019年通过多次增发股票、换股合并等方式,实现了企业资本、资产规模的迅速扩张:2009年6月,公司向东航集团全资子公司东航国际控股(香港)有限公司定向增发143 737.5万股H股,并向东航集团非公开发行143 737.5万股A股。增发完成后,公司总股本增至人民币774 170万元。2009年12月,公司向东航国际控股(香港)有限公司定向增发49 000万股H股,并向特定投资者非公开发行135 000万股A股(其中向东航集团非公开发行49 000万股A股;向其他法人投资者及个人投资者非公开发行86 000万股A股)。增发完成后,公司总股本增至人民币958 170万元。2010年1月,公司完成对上海航空股份有限公司的换股吸收合并,共发行本公司A股股票169 484万股用于交换上航股份全部已发行股本。换股完成后,公司总股本增至人民币1 127 654万元。2013年4月,公司向东航集团非公开发行A股24 154.8万股,并向东航集团全资子公司东航金控有限责任公司非公开发行45 731.7万股A股;2013年6月,公司向东航国际控股(香港)有限公司定向增发69 886.5万股H股。增发完成后,公司总股本增至人民币1 267 427万元。2015年9月,公司向DELTA AIR LINES INC.定向增发46 591万股H股。增发完成后,公司总股本增至人民币1 314 018万元。2016年6月,公司向上海励程信息技术咨询有限公司、中国航空油料集团公司、中国远洋海运集团有限公司、财通基金管理有限公司定向增发132 741万股A股。增发完成后,公司总股本增至人民币1 446 759万元。

截至2021年12月31日,公司总股本增至人民币188.74亿元,总资产达到2 865.48亿元,年营业收入达到671.27亿元。公司运营客运飞机758架(其中包括6架公务机),主力机型平均机龄为7.7年,是全球大型航空公司中拥有机龄最年轻的机队。

6.1.2 东方航空股权结构、主营业务和经营模式

6.1.2.1 东方航空股权结构

自成立以来,东方航空第一大股东东航集团通过直接和间接持股,实际控制东方航空的

生产运营和财务决策。图 6-1 描述了截至 2021 年 12 月 31 日东方航空第一大股东东航集团持股情况。通过直接和间接持股，东航集团共计持有东方航空 56.43% 的股份。东方航空的第二大股东 HKSCC NOMINEES LIMITED 持有东方航空 24.91% 的股份，而作为一致行动人的均瑶集团、吉祥航空、吉祥香港和上海吉道航，合计持有东方航空 8.90% 的股份。

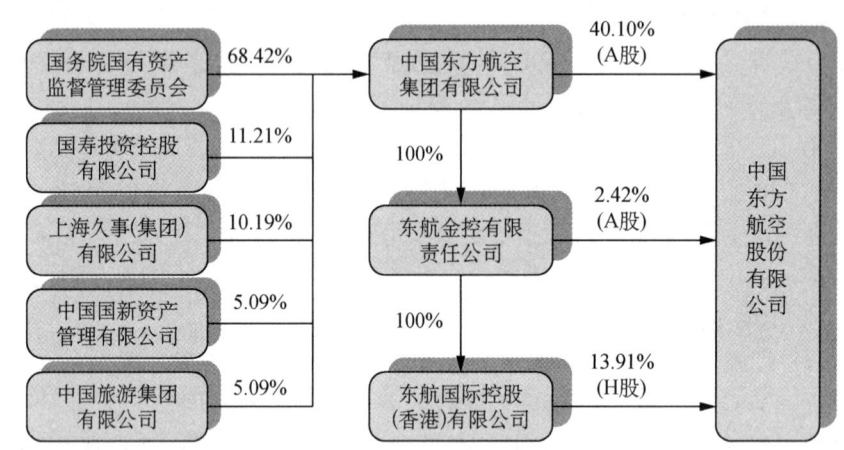

图 6-1 东方航空 2021 年 12 月 31 日股权构成图示

资料来源：东方航空 2021 年年度报告。

6.1.2.2 东方航空的发展战略、主营业务和重资产经营模式

东方航空主要经营业务范围为国内和经批准的国际、地区航空客、货、邮、行李运输业务及延伸服务。东方航空通过打造精简高效的现代化机队，运营数百架客运飞机，围绕上海核心枢纽和昆明、西安区域枢纽，依托天合联盟合作平台，构建起延伸至 170 余个国家和地区、上千个目的地的航空运输网络，为全球旅客和客户提供优质便捷的航空运输及延伸服务。表 6-1 描述了东方航空 2015—2021 年提供运输服务数量及营业收入实现情况。

表 6-1 东方航空 2015—2021 年提供运输服务数量及营业收入构成情况一览

项目			2015 年	2016 年	2017 年	2018 年	2019 年	2020 年	2021 年
旅客运输量（亿人次）			0.94	1.02	1.11	1.21	1.30	0.75	0.79
货邮运输量（亿公斤）			13.99	13.95	9.33[1]	9.15	9.76	7.12	9.20
营业收入（百万元）	航空运输业务	客运收入	78 397	83 253	90 812	103 961	110 291	49 127	54 105
		货运收入	6 466	5 948	3 621	3 627	3 826	4 895	8 309
		其他	1 468	1 863	2 320	2 199	2 485	2 207	2 115
		合计	86 331	91 064	96 753	109 787	116 602	56 229	64 529
	其他		7 513	7 496	4 968	5 143	4 258	2 410	2 598
	合计		93 844	98 560	101 721	114 930	120 860	58 639	67 127
航空运输业务占营业收入总额比重			91.99%	92.39%	95.12%	95.53%	96.48%	95.89%	96.13%

注：1. 2016 年货邮运输量运营数据包含 2016 年全货机货运数据。
资料来源：根据东方航空 2015—2021 年年度报告数据整理编制。

如表 6-1 所示,东方航空主要提供航空运输服务,包括客运服务、货邮运输服务和其他服务。虽然由于新冠病毒感染的影响,东方航空自 2020 年以来的营业收入总额大幅下降,但从营业收入构成情况看,该公司提供航空运输服务所取得的营业收入历年来占营业收入总额的 95% 以上,表明其主营业务集中。

航空运输业是典型的重资产行业,相对于轻资产运营模式①,航空运输业公司主营业务经营各环节外包情形较为少见,直接用于提供运输服务的固定资产和存货占比较高。表 6-2 展示了东方航空 2015—2021 年重资产经营模式下的财务指标特征。

表 6-2 东方航空 2015—2021 年重资产经营模式财务指标特征

单位:百万元

项目		2015 年 12 月 31 日	2016 年 12 月 31 日	2017 年 12 月 31 日	2018 年 12 月 31 日	2019 年 12 月 31 日	2020 年 12 月 31 日	2021 年 12 月 31 日
存货		2 056	2 248	2 185	1 950	2 407	2 054	1 799
其中:航材消耗件	金额	1 896	2 077	2 046	1 838	2 293	1 943	1 715
	占存货比重	92.22%	92.39%	93.64%	94.26%	95.26%	94.59%	95.33%
在建工程		22 978	25 755	28 780	26 554	20 130	20 685	15 472
固定资产		131 430	150 751	163 130	175 675	95 573	97 681	89 954
其中:飞机及发动机	金额	121 032	139 830	151 810	160 921	77 223	78 758	70 916
	占固定资产比重	92.09%	92.75%	93.06%	91.60%	80.80%	80.63%	78.83%
使用权资产		—	—	—	—	127 361	116 842	124 663
其中:飞机及发动机	金额	—	—	—	—	126 464	115 678	122 811
	占使用权资产比重	—	—	—	—	99.30%	99.00%	98.51%
经营性有形资产合计		156 464	178 754	194 095	204 179	245 471	237 762	231 888
资产总额		195 709	210 051	227 464	236 765	282 936	282 408	286 548
经营性有形资产占总资产比重		79.95%	85.10%	85.33%	86.24%	86.76%	84.01%	80.92%

资料来源:根据东方航空 2015—2021 年年度报告整理编制。

如表 6-2 所示,东方航空的存货资产主要包括航材消耗件、普通器材等,其中航材消耗件占存货总额约 95%。虽然 2019 年以来,飞机及发动机价值占固定资产比例有所下降,但仍保持在 80% 以上,而使用权资产中几乎均为飞机及发动机。存货、在建工程、固定资产、使用权资产等经营性有形资产金额占总资产比重在 79.95%~86.76% 波动,显现出明显的重

---

① 轻资产模式有两种主流主张:①企业固定资产和存货比例低,流动资产多。②企业着眼于构建产品设计、品牌建设、营销渠道、客户管理等方面的软实力资产,并把自身不具备优势或难以管理的业务环节运营交给合作伙伴,减少自身投资和管理成本。

资产经营财务特征。

6.2 主要会计问题描述

航空企业提供运输服务的设备主要是飞机,如表 6-2 所示,东方航空的固定资产及使用权资产中,飞机及发动机占据了绝对重要地位。由于飞机价值较高,航空业公司除了自己购置飞机外,普遍采用租赁作为引进飞机的主要方式之一,租赁业务已经成为航空运输企业扩张经营规模和维持长期发展的一种重要手段。我国航空业发展也不例外,表 6-3 描述了东方航空和春秋航空 2015—2021 年飞机来源及数量构成对比情况。

表 6-3 东方航空和春秋航空 2015—2021 年飞机来源及数量构成对比情况

东方航空 2015—2021 年飞机来源及数量构成		2015 年	2016 年	2017 年	2018 年	2019 年	2020 年	2021 年
飞机来源(架)	自行保有	396	213	247	230	261	285	261
	融资租赁		226	235	260	262	246	274
	经营租赁	139	142	145	190	200	194	217
公务机(托管)(架)		16	15	10	12	11	9	6
飞机数量合计(架)[1]		535	581	627	680	723	725	752
租赁占比		—	63.34%	60.61%	66.18%	63.90%	60.69%	65.29%
经营租赁占比		25.98%	24.44%	23.13%	27.94%	27.66%	26.76%	28.85%
春秋航空 2015—2021 年飞机来源及数量构成		2015 年	2016 年	2017 年	2018 年	2019 年	2020 年	2021 年
飞机来源(架)	自行保有	19	35	40	40	43	49	61
	融资租赁	3	1	1	1	1	0	0
	经营租赁	30	30	35	40	49	53	52
飞机数量合计(架)[1]		52	66	76	81	93	102	113
租赁占比		63.46%	46.97%	47.37%	50.62%	53.76%	51.96%	46.02%
经营租赁占比		57.69%	45.45%	46.05%	49.38%	52.69%	51.96%	46.02%

注:1. 飞机数量合计不包括托管公务机数量。
资料来源:根据东方航空、春秋航空 2015—2021 年年度报告整理编制。

如表 6-3 所示,东方航空和春秋航空的经营规模存在很大差异。它们引进飞机的方式主要包括自行持有、融资租赁和经营租赁三种方式,而东方航空的飞机租赁占比超过 60%。在以经营租赁方式取得的飞机数量方面,东方航空和春秋航空也存在很大差异。春秋航空主要以经营租赁方式引进飞机,而东方航空则同时以融资租赁和经营租赁的方式引进飞机,其中经营租赁租入的飞机数量长期保持在飞机总数的 1/4 左右。

自行持有、融资租赁和经营租赁这三种飞机引进方式各有利弊,企业战略会在很大程度上影响航空公司租赁方式的选择。春秋航空自成立以来即定位于低成本航空经营模式,凭借价格优势吸引大量对价格较为敏感的自费旅客以及追求高性价比的商务旅客。为了及时根据市场需求调整服务,其在飞机引入方式上更多采用经营租赁方式。东方航空致力于提供世界一流现代航空综合服务,为满足多种服务需求,其以租赁方式持有飞机,这是一种集融资融物为一体的投融资方式,在业务飞速扩张的发展背景下,可以拓宽资金来源渠道。此外,东方航空自行持有飞机和融资租赁租入的飞机,可以用于需求量较为稳定的国际航班和国内需求量较大的短途飞行,而经营租赁独具的灵活性特征,则有助于公司及时根据市场需求快速更新机型,瞄准市场需求变动较大的运输市场,提升服务的吸引力。

表 6-4 描述了东方航空 2017—2019 年宽体客机和窄体客机的来源。如表 6-4 所示,在宽体机来源方面,由于航线需求比较稳定,且对技术和服务质量要求较高,东方航空基本很少采用经营租赁方式;而在以提供成本领先运输服务为主的窄体机来源方面,由于航线多为中短程且需求量变动较大,因此东方航空采用了自行保有、融资租赁和经营租赁相结合的飞机引入方式。

表 6-4 东方航空 2017—2019 年宽体客机和窄体客机引进来源

单位:架

年度	宽体客机				窄体客机				合计
	自行保有	融资租赁	经营租赁	合计	自行保有	融资租赁	经营租赁	合计	
2017 年	29	43	10	82	218	192	135	545	627
2018 年	26	51	6	83	204	209	184	597	680
2019 年	38	50	5	93	223	212	195	630	723

资料来源:根据东方航空 2017—2019 年年度报告整理编制。

不同来源的引进飞机业务适用不同的会计处理原则,其中自行保有的飞机入账价值确认、折旧费用计量等会计问题适用于相关《固定资产》准则。而对于以租赁方式租入的飞机,由于租赁资产所有权和使用权分离,即租赁资产在时间与权能上分离,同一物的不同权能可由不同人在不同时间行使,这可以使不同人对同一物在不同时间享有不同权益,即承租人与出租人各自取得一定的未来经济利益,从而导致对租赁会计处理长期存在争议。从传统租赁会计秉承的"法定所有权观",到我国 CAS 21《租赁》(2006)和国际会计准则 IAS 17《租赁》所采用的"全部风险和报酬实质转移观",再到我国现行 CAS 21《租赁》(2018)和国际财务报告准则 IFRS 17《租赁》采用的"资产负债观",租赁会计准则在激烈的争议和利益相关者的游说中不断发展和完善。

由于不同租赁方式的适用性和影响存在显著差异,我国 2006 年颁布的 CAS 21《租赁》(2006)与国际会计准则 IAS 17《租赁》采用了一致的会计处理原则,即基于实质重于形式的原则将租赁分为融资租赁和经营租赁两类,并分别采用不同的会计确认和计量原则:在融资租赁下,承租人会在资产负债表中确认全部资产(相当于租赁物的"准所有权")和对出租人的相应负债;在经营租赁下,出租人确认全部资产而承租人不确认任何资产和负债。而我国与国际财务报告准则 IFRS 16《租赁》保持趋同的 CAS 21《租赁》(2018)，基于资产负债观确认租赁产生的使用权资产和租赁负债，不再区分经营租赁和融资租赁，对租赁业务承租人的会计处理采用单一模式进行会计确认和计量。东方航空飞机租赁业务较多，且租赁业务中一半左右以经营租赁方式租入，我国 CAS 21《租赁》(2018) 的颁布与实施，不仅影响东方航空对租赁资产、负债及相关成本费用的确认和计量，继而影响公司偿债能力、盈利能力等财务指标表现，并很可能影响其后续飞机引进的投融资决策。

> **知识链接**
>
> **关于租赁会计的三种观点。**
>
> "法定所有权观"是传统租赁会计所采用的观点，该观点在传统经济交易的会计处理中从未受到质疑。该观点反对租赁业务的资本化，因为租赁资产的所有权在出租方。在传统租赁业务中，出租方具有对租赁资产的处分权和所有权的复归权，因而受到传统财产法的保护。由于早期租赁多为经营性质，租赁期较短，因此，该观点与当时的经济环境相匹配。
>
> 对于长期租赁合同，"法定所有权观"可能不能恰当反映租赁合同掩盖下租赁资产服务潜能的转移问题。因此，国际会计准则委员会(IASC)和美国财务会计准则委员会(FASB)在 20 世纪末一致基于实质重于形式的原则，将租赁会计的确认与计量建立在"全部风险与报酬实质转移观"基础上，将租赁分类为经营租赁和融资租赁，并分别采用不同的会计处理方法。
>
> 租赁会计的"资产负债观"最初由 G4+1 集团(由国际会计准则委员会与美国、英国、澳大利亚、加拿大的会计准则制定机构组成)提出，分别于 1996 年和 2000 年发布的《租赁会计：新方法——承租人对租赁合同形成的资产和负债的确认》和《租赁：新方法的执行》两份报告中首次提出和论述。G4+1 集团在《租赁：新方法的执行》中明确表述了租赁的资产负债观，提出了"容许确认租赁物部分权益由出租人向承租人转移"的新观点：租赁让与的在一定期间使用某项财产的权利会形成承租人和出租人的资产。从概念上讲，不需要借助于购买或实质所有权的类比法来确认租赁合同产生的资产和负债，也不需要借助于购买或实质所有权的类比法确认租赁合同创设的为已取得的权利支付款项的债务，该项债务无疑会形成承租人的负债。通过让渡在租赁期间使用租赁物的权利，无论租赁是否实质上向承租人转移了与租赁物所有权有关的全部风险和报酬，租赁会形成承租人资产取得和负债承担，应当在资产负债表中加以确认。而出租人应当将金融资产(应从承租人处收取的款项)和剩余权益分别作为资产来报告，因为出租人在租赁资产上的投资有两个完全不同的成分——应收款和剩余权益，分别承受着不同的风险。

6.3 相关准则条款解读

我国于 2018 年修订颁布的 CAS 21《租赁》分别规范了合同的识别、拆分与合并，承租人的会计处理，出租人的会计处理，售后租回交易以及在财务报表中的列报。CAS 21《租赁》

(2018)在主要理论概念和观点上与国际财务报告准则 IFRS 16《租赁》保持一致。在承租方的会计处理上,取消租赁分类,提出使用权模型,不仅对融资租赁进行资本化处理,而且对经营租赁也进行资本化处理,并扩大细化了租赁业务在报表中的列报范围。①

6.3.1 租赁的识别、分拆和合并

我国 CAS 21《租赁》(2018)将租赁定义为:在一定期间内,出租人将资产使用权让与承租人以获取对价的合同。在合同开始日,企业应当评估合同是否为租赁或者包含租赁。如果合同中一方让渡了在一定期间内控制一项或多项已识别资产使用的权利以换取对价,则该合同为租赁或者包含租赁。根据该定义,识别一项合同是否为租赁或包含租赁的关键在于以下几个方面:

第一,存在已识别资产。已识别资产通常由合同明确指定,也可以在资产供客户使用时隐性指定。但是,即使合同已对资产进行指定,如果资产的供应方在整个使用期间拥有对该资产的实质性替换权,则该资产不属于已识别资产。

第二,承租方对资产的使用具有控制权。存在下列情况之一的,可视为客户有权主导已识别资产在整个使用期间内的使用:①客户有权在整个使用期间主导已识别资产的使用目的和使用方式。②已识别资产的使用目的和使用方式在使用期开始前已预先确定,并且客户有权在整个使用期间自行或主导他人按照其确定的方式运营该资产,或者客户设计了已识别资产并在设计时已预先确定了该资产在整个使用期间的使用目的和使用方式。

合同中同时包含多项单独租赁的,承租人和出租人应当将合同予以分拆,并对各项单独租赁分别进行会计处理。合同中同时包含租赁和非租赁部分的,承租人和出租人应当将租赁和非租赁部分进行分拆。为了简化处理,承租人可以按照租赁资产的类别选择是否分拆合同包含的租赁和非租赁部分。

企业与同一交易方或其关联方在同一时间或相近时间订立的两份或多份包含租赁的合同,在符合下列条件之一时,应当将这些合同合并为一份合同进行会计处理:①该两份或多份合同基于总体商业目的订立,并构成一揽子交易,若不作为整体考虑,则无法理解其总体商业目的。②该两份或多份合同中的某份合同的对价金额取决于其他合同的定价或履行情况。③该两份或多份合同让渡的资产使用权合起来构成一项单独的租赁。

6.3.2 承租方的会计处理

CAS 21《租赁》(2018)与 CAS 21《租赁》(2006)相比,最大的特点是对承租人的租赁业务采用资产负债观,不再以"风险和报酬是否实质性转移"为标准将租赁划分为经营租赁和融资租赁,而是对所有的租赁业务采用资产使用权单一模型进行会计确认和计量。

1. 确认和初始计量

在租赁期开始日,除短期租赁和低价值资产租赁外,承租人应当对租赁确认使用权资产和租赁负债。

使用权资产是指承租人可在租赁期内使用租赁资产的权利。使用权资产应当按照成本

---

① 我国 CAS 21《租赁》(2018)和 CAS 21《租赁》(2006)区别主要在于租赁合同的识别以及承租方的会计处理,故本章节主要解读承租方的会计处理。

进行初始计量,该成本包括:①租赁负债的初始计量金额。②在租赁期开始日或之前支付的租赁付款额,存在租赁激励的,扣除已享受的租赁激励相关金额。③承租人发生的初始直接费用。④承租人为拆卸及移除租赁资产、复原租赁资产所在场地或将租赁资产恢复至租赁条款约定状态,预计将发生的成本。

租赁负债应当按照租赁期开始日尚未支付的租赁付款额现值进行初始计量。在计算租赁付款额现值时,承租人应采用租赁内含利率作为折现率;无法确定租赁内含利率的,应当采用承租人增量借款利率作为折现率。

租赁付款额是指承租人向出租人支付的与在租赁期内使用租赁资产的权利相关的款项,包括:①固定付款额及实质固定付款额,存在租赁激励的,扣除租赁激励相关金额。②取决于指数或比率的可变租赁付款额,该款项在初始计量时根据租赁期开始日的指数或比率确定。③购买选择权的行权价格,前提是承租人合理确定将行使该选择权。④行使终止租赁选择权需支付的款项,前提是租赁期反映出承租人将行使终止租赁选择权。⑤根据承租人提供的担保余值预计应支付的款项。

2. 后续计量

第一,租赁期开始日后,承租人应当采用成本模式对使用权资产进行后续计量。

①承租人应当参照 CAS 4《固定资产》有关折旧规定,对使用权资产计提折旧。②承租人应当按照 CAS 8《资产减值》规定,确定使用权资产是否发生减值,并对已识别的减值损失进行会计处理。③承租人应当按照固定的周期性利率计算租赁负债在租赁期内各期间的利息费用,并将其计入当期损益。按照 CAS 17《借款费用》等其他准则规定应当计入相关资产成本的,从其规定。④未纳入租赁负债计量的可变租赁付款额应当在实际发生时计入当期损益。

第二,租赁期开始日后,对租赁付款额、租赁负债的变动进行如下计量。

① 续租选择权或终止租赁选择权的评估结果发生变化,或者前述选择权的实际行使情况与原评估结果不一致等导致租赁期变化的,应当根据新的租赁期重新确定租赁付款额;购买选择权的评估结果发生变化的,应当根据新的评估结果重新确定租赁付款额。承租人应当采用剩余租赁期间的租赁内含利率作为修订后折现率;无法确定剩余租赁期间的租赁内含利率的,应当采用重估日承租人增量借款利率作为修订后折现率。承租人按变动后租赁付款额和修订后折现率计算的现值重新计量租赁负债。

② 担保余值预计的应付金额发生变动,或者因用于确定租赁付款额的指数或比率变动而导致未来租赁付款额发生变动的,承租人应当按照变动后租赁付款额的现值重新计量租赁负债。这些情形下,承租人采用折现率不变;但是租赁付款额变动源自浮动利率变动的,使用修订后折现率。

③ 承租人因租赁付款额变动重新计量租赁负债时,应当相应调整使用权资产的账面价值。使用权资产账面价值已调减至零,但租赁负债仍需进一步调减的,承租人应当将剩余金额计入当期损益。

第三,租赁期开始日后,对租赁变更的确认与计量如下。

租赁变更是指原合同条款之外的租赁范围、租赁对价、租赁期限的变更,包括增加或终止一项或多项租赁资产的使用权,延长或缩短合同规定的租赁期等。

租赁发生变更且同时符合下列条件的,承租人应当将该租赁变更作为一项单独租赁进行会计处理:①该租赁变更通过增加一项或多项租赁资产的使用权而扩大了租赁范围。②增加的对价与租赁范围扩大部分的单独价格按该合同情况调整后的金额相当。

租赁变更未作为一项单独租赁进行会计处理的,在租赁变更生效日,适用租赁合同分拆之规定,分摊变更后合同的对价,重新确定租赁期,并按照变更后租赁付款额和修订后折现率计算的现值重新计量租赁负债。

租赁变更导致租赁范围缩小或租赁期缩短的,承租人应当相应调减使用权资产的账面价值,并将部分终止或完全终止租赁的相关利得或损失计入当期损益。其他租赁变更导致租赁负债重新计量的,承租人应当相应调整使用权资产的账面价值。

3. 关于短期租赁和低价值资产租赁

短期租赁,是指在租赁期开始日,租赁期不超过 12 个月的租赁。包含购买选择权的租赁不属于短期租赁。低价值资产租赁是指单项租赁资产为全新资产时价值较低的租赁。

对于短期租赁和低价值资产租赁,承租人可以选择不确认使用权资产和租赁负债:将短期租赁和低价值资产租赁的租赁付款额,在租赁期内各个期间按照直线法或其他系统合理的方法计入相关资产成本或当期损益。

6.3.3 出租方的会计处理

我国 CAS 21《租赁》(2018)保留了 CAS 21《租赁》(2006)中出租方对租赁业务的会计处理,没有运用使用权模型,而是依据"风险与报酬是否实质性转移"将租赁业务分为经营租赁和融资租赁。

1. 融资租赁的确认与计量

租赁期开始日,对融资租赁确认应收融资租赁款,并终止确认融资租赁资产。在租赁期间,按照固定的周期性利率计算并确认租赁期内各个期间的利息收入。按照 CAS 22《金融工具确认和计量》和 CAS 23《金融资产转移》的规定,对应收融资租赁款的终止确认和减值进行会计处理。

2. 经营租赁的确认与计量

在租赁期内,出租人应当采用直线法或其他系统合理的方法,将经营租赁的租赁收款额确认为租金收入。出租人发生的与经营租赁有关的初始直接费用应当资本化,在租赁期内按照与租金收入确认相同的基础进行分摊,分期计入当期损益。对于经营租赁资产中的固定资产,出租人应当采用类似资产的折旧政策计提折旧。

6.3.4 售后租回

承租人和出租人应当按照 CAS 14《收入》的规定,评估确定售后租回交易中的资产转让是否属于销售。

售后租回交易中的资产转让属于销售的,承租人应当按原资产账面价值中与租回获得的使用权有关的部分计量售后租回所形成的使用权资产,并仅就转让至出租人的权利确认相关利得或损失;出租人应当根据其他适用的企业会计准则对资产购买进行会计处理,并根据本准则对资产出租进行会计处理。

售后租回交易中的资产转让不属于销售的,承租人应当继续确认被转让资产,并同时确认一项与转让收入等额的金融负债;出租人不确认被转让资产,但应当确认一项与转让收入等额的金融资产。承租人确认的金融负债和出租人确认的金融资产按照 CAS 22《金融工具确认和计量》进行会计处理。

6.3.5 列报与披露

1. 承租人的列报与披露

第一,在财务报表中的列报。

承租人应当在资产负债表中单独列示使用权资产和租赁负债。

在利润表中,承租人应当分别列示租赁负债的利息费用与使用权资产的折旧费用。

在现金流量表中,偿还租赁负债本金和利息所支付的现金应当计入筹资活动现金流出。支付的短期租赁付款额和低价值资产租赁付款额,以及未纳入租赁负债计量的可变租赁付款额应当计入经营活动现金流出。

第二,在财务报表附注中的披露。

承租人应当在附注中披露与租赁有关的下列信息:①各类使用权资产的期初余额、本期增加额、期末余额,以及累计折旧额和减值金额。②租赁负债的利息费用。③计入当期损益的短期租赁费用和低价值资产租赁费用。④未纳入租赁负债计量的可变租赁付款额。⑤转租使用权资产取得的收入。⑥与租赁相关的总现金流出。⑦售后租回交易产生的相关损益。⑧其他按照 CAS 37《金融工具列报》应当披露的有关租赁负债的信息。此外,承租人应当根据财务报表使用者的需求,披露有关租赁活动的其他定性和定量信息,包括租赁活动的性质、未纳入租赁负债计量的未来潜在现金流出、租赁导致的限制或承诺、售后租回交易信息等。

2. 出租人的列报与披露

第一,在财务报表中的列报。

出租人应当根据资产的性质,在资产负债表中列示经营租赁资产。

第二,在财务报表附注中的披露。

出租人应当在附注中披露与融资租赁有关的下列信息:①销售损益、租赁投资净额的融资收益,以及与未纳入租赁投资净额的可变租赁付款额相关的收入。②资产负债表日后连续 5 个会计年度每年将收到的未折现租赁收款额,以及剩余年度将收到的未折现租赁收款额总额。③未折现租赁收款额与租赁投资净额的调节表。

出租人应当在附注中披露与经营租赁有关的下列信息:①租赁收入,并单独披露与未计入租赁收款额的可变租赁付款额相关的收入。②将经营租赁固定资产与出租人持有自用固定资产分开,并按经营租赁固定资产的类别提供 CAS4《固定资产》要求披露的信息。③资产负债表日后连续 5 个会计年度每年将收到的未折现租赁收款额,以及剩余年度将收到的未折现租赁收款额总额。

出租人应当根据理解财务报表的需要披露有关租赁活动的其他定性和定量信息,包括租赁活动的性质,以及对其在租赁资产中保留权利进行风险管理的情况等相关信息。

6.4 会计处理分析

6.4.1 东方航空租赁会计政策

东方航空现行租赁会计政策遵循我国 CAS 21《租赁》(2018)之规定,并细化了某些会计处理原则。①

1. 作为承租人的会计处理

东方航空明确规定公司于租赁期开始日确认使用权资产,并按尚未支付的租赁付款额的现值确认租赁负债。依据准则,公司明确了租赁付款额包括内容、可变租金处理、租赁付款额现值计算时折现率的确定、租赁负债在租赁期内各期间利息费用确定等会计处理规定,同时依据公司业务特征规定如下:

第一,公司使用权资产包括租入的飞机及发动机、房屋及建筑物和其他设备等。

第二,除与发动机大修相关的部分组件按飞行小时以工作量法计提折旧外,公司对其他使用权资产采用年限平均法计提折旧。

第三,对于租赁期不超过 12 个月的短期租赁和单项资产全新时价值不超过 5 000 美元或 35 000 元人民币的资产租赁,公司选择不确认使用权资产和租赁负债,而将相关租金支出在租赁期内各个期间按照直线法计入当期损益或相关资产成本。

第四,部分租赁持有的飞机及发动机根据租赁合同需在退租时对约定项目进行指定检修,以达到合同约定的退租条件。其估计的退租检修费用经折现后,作为使用权资产的初始成本计量,同时确认预计负债,并按直线法在相关租赁期间内计提折旧。

2. 作为出租人的会计处理

东方航空明确了租赁的分类标准及会计处理原则,要求将实质上转移了与租赁资产所有权有关的几乎全部风险和报酬的租赁确认为融资租赁,其他租赁为经营租赁。

当公司经营租出自有房屋建筑物、机器设备及运输工具时,经营租赁的租金收入在租赁期内按照直线法确认。公司将按销售额一定比例确定的可变租金在实际发生时计入租金收入。

当租赁发生变更时,自变更生效日起将其作为一项新租赁,并将与变更前租赁有关的预收或应收租赁收款额作为新租赁的收款额。

公司于租赁期开始日对融资租赁确认应收融资租赁款,并终止确认相关资产。将应收融资租赁款列示为长期应收款,自资产负债表日起一年内(含一年)收取的应收融资租赁款列示为一年内到期的非流动资产。

6.4.2 东方航空 2019 年租赁业务的会计处理②

2019 年是东方航空执行 CAS 21《租赁》(2018)的第一年。公司该年围绕主力机型共引进飞机 44 架,退出飞机 1 架。

6.4.2.1 东方航空 2019 年年初对 2018 年年末租赁业务相关会计科目金额的调整

(1) 关于东方航空首次执行 CAS 21《租赁》(2018)的会计处理原则。

2019 年 1 月 1 日是东方航空租赁业务实施 CAS 21《租赁》(2018)的首次执行日。根据衔接规定,对可比期间信息不予调整,将 CAS 21《租赁》(2018)与 CAS 21《租赁》(2006)的差异追溯调整 2019 年年初留存收益。

第一,对于首次执行日之前的融资租赁,按照融资租入资产和应付融资租赁款的原账面

---

① 东方航空租赁会计政策之规定源于该公司 2021 年度报告。
② 本小节数据信息主要源自东方航空 2018、2019 年度报告。

价值,分别计量使用权资产和租赁负债。

第二,对于首次执行日之前的经营租赁,根据剩余租赁付款额按首次执行日的公司增量借款利率折现的现值计量租赁负债,并根据不同租赁资产类别,基于单个合同分别按照以下方式计量使用权资产:①对于除飞机及发动机类之外的租赁资产,每项租赁按照与租赁负债相等的金额,并根据预付租金进行必要调整计量使用权资产。②对于飞机及发动机类租赁资产,假设自租赁开始日即采用新租赁准则,采用首次执行日公司增量借款利率作为折现率的租赁付款额账面价值计量使用权资产。③对于首次执行日之前的经营租赁,采用下列简化处理:计量租赁负债时,具有相似特征的租赁可采用同一折现率;使用权资产的计量可不包含初始直接费用;存在续租选择权或终止租赁选择权的,根据首次执行日前选择权的实际行使及其他最新情况确定租赁期。

第三,对首次执行日之前租赁资产属于低价值资产的经营租赁或将于12个月内完成的经营租赁,采用简化处理,不确认使用权资产和租赁负债。

第四,首次执行日前划分为经营租赁且在首次执行日后仍存续的转租赁,作为转租出租人,在首次执行日基于原租赁和转租赁的剩余合同期限和条款进行重新评估并作出分类。重分类为融资租赁的,将其作为一项新的融资租赁进行处理。

第五,对于首次执行日前作为销售和经营租赁进行会计处理的售后租回交易,作为卖方(承租人)公司按照与存在的其他经营租赁相同的方法对租回进行会计处理,并根据首次执行日前计入资产负债表的相关递延收益或损失,调整使用权资产。

第六,首次执行日开始,将偿还租赁负债本金和利息所支付的现金在现金流量表中计入筹资活动现金流出,支付的采用简化处理的短期租赁付款额和低价值资产租赁付款额计入经营活动现金流出。

(2) 对东方航空2019年1月1日租赁业务相关资产、负债科目的调整。

第一,对原融资租赁业务相关会计科目余额的调整。

2019年1月1日之前,按CAS 21《租赁》(2006)之规定,对于融资租赁租入固定资产,在租赁期开始日,承租人应当将租赁资产公允价值与最低租赁付款额现值两者中较低者作为租入资产的入账价值,将最低租赁付款额作为长期应付款的入账价值,其差额作为未确认融资费用。表6-5描述了东方航空融资租赁按CAS 21《租赁》(2006)之规定。截至2019年1月1日,融资租入固定资产的账面价值和与其对应的长期应付款及未确认融资费用余额,以及按CAS 21《租赁》(2018)之规定应将其调整确认为使用权资产、租赁负债的应有金额。

表6-5 东方航空融资租入飞机2019年1月1日相关资产、负债会计科目余额调整表①

单位:百万元

融资租赁飞机按《租赁》(2006)规定的资产、负债会计科目在2019年1月1日余额			
	原值	累计折旧	账面价值
固定资产——融资租入固定资产	117 829	23 413	94 416

---

① 根据东方航空2018年报相关信息,东方航空2018年12月31日融资租入固定资产均为飞机及发动机类。

（续表）

		1年以内	1～5年	5年以上	合计
应付融资租赁款	未折现金额	11 974	42 032	36 974	90 980
	折现金额[1]	9 364	—	—	77 427
未确认融资费用		—	—	—	13 553

融资租赁飞机按《租赁》(2018)准则规定确认的资产、负债2019年1月1日余额				
		原值	累计折旧	账面价值
使用权资产		117 829	23 413	94 416
租赁负债	租赁付款额			90 980
	未确认融资费用			13 553
	账面价值			77 427

注：1. 融资性租赁款的年利率为2.47%～5.63%，租赁期限约为10～15年。
资料来源：根据东方航空2018—2019年年度报告整理编制。

根据表6-5列示数据，2019年1月1日，可模拟编制作为承租人东方航空融资租赁业务相关资产与负债金额转为使用权资产和租赁负债的会计确认分录。以下分录的单位为百万元。

借：使用权资产——成本　　　　　　　　　　　　　117 829
　　累计折旧　　　　　　　　　　　　　　　　　　23 413
　　贷：使用权资产累计折旧　　　　　　　　　　　　23 413
　　　　固定资产——融资租入固定资产　　　　　　117 829
借：长期应付款——应付融资租赁款　　　　　　　　90 980
　　租赁负债——未确认融资费用　　　　　　　　　13 553
　　贷：租赁负债——租赁付款额　　　　　　　　　　90 980
　　　　未确认融资费用　　　　　　　　　　　　　13 553

第二，对原经营租赁业务相关会计科目余额的调整。

表6-6列示了东方航空2018年度报告中披露的重大经营租赁尚未支付的最低租赁付款额，合计32 763百万元，以及将其调整确认为2019年1月1日经营租赁负债的计算过程。2018年财务报表附注中披露，截至2018年年末的经营租赁未来最低租赁付款额为32 763百万元，公司于2019年1月1日按承租人增量借款利率折现将应予以资本化的重大经营租赁最低租赁付款额37 071百万元折现，确认使用权资产和租赁负债：

表6-6　东方航空2019年1月1日经营租赁资产相关资产、负债科目余额调整表

单位：百万元

	1年以内	1～5年	5年以上	合计
2018年12月31日未来最低应支付租金金额	5 073	15 272	12 418	32 763
将重大经营租赁未来最低租赁付款额按承租人增量借款利率调整为现值的过程				
2018年12月31日重大经营租赁最低租赁付款额				37 278

(续表)

减:采用简化处理的最低租赁付款额	207
其中:剩余租赁期少于12个月的租赁	206
剩余租赁期超过12个月的低价值资产租赁	1
应予以资本化的重大经营租赁最低租赁付款额	37 071
加权平均增量借款利率	4.09%
2019年1月1日经营租赁付款额现值	31 879

资料来源:东方航空2018、2019年度报告。

根据表6-6所列示的数据,可模拟编制2019年1月1日东方航空经营租赁业务产生的使用权资产与租赁负债会计确认分录如下。以下分录的单位为百万元。

借:使用权资产——成本		48 801
租赁负债——未确认融资费用		5 192
递延所得税资产		470
递延所得税负债		84
利润分配——未分配利润		1 758
递延收益		1 115
贷:租赁负债——租赁付款额		37 071
使用权资产累计折旧		16 292
预付账款等		403
预计负债		3 654

注:使用权资产账面价值32 509百万元,除了对租赁合同最低租赁付款额评估金额现值31 879百万元外,还包括下述金额调整:①预付租金403百万元。②经营租入飞机及发动机退租检准备形成的预计负债3 654百万元。③飞机售后回租安排认定为经营租赁,产生的递延收益于首次执行日调整使用权资产;尚未引进的飞机进行购买权转让并经营租赁安排,其产生的递延收益于首次执行日调整使用权资产,合计1 115百万元。④累计折旧费用追溯调整,以及相关资产负债金额账面价值变动与计税价格之间的暂时性差异影响,合计影响留存收益1 758百万元。详细增减变动调整信息参见表6-12。

(3)依据CAS 21《租赁》(2018)之规定,东方航空确认与计量的使用权资产与租赁负债2019年1月1日余额如表6-7所示。

表6-7 东方航空2019年1月1日按CAS 21《租赁》(2018)确认与计量的使用权资产及租赁负债余额

单位:百万元

项目	融资租赁	经营租赁	合计
使用权资产	94 416	32 509	126 925
其中:成本	117 829	48 801	166 630
累计折旧	23 413	16 292	39 705
租赁负债	77 427	31 879	109 306
其中:租赁付款额	90 980	37 071	128 051

（续表）

项目	融资租赁	经营租赁	合计
未确认融资费用	13 553	5 192	18 745
其中：一年内到期的租赁负债			14 529

注释：2019年1月1日按《租赁》(2018)准则确认和计量的使用权资产。
资料来源：根据东方航空2018—2019年度报告整理、分析、计算编制。

6.4.2.2 东方航空2019年租赁业务的会计处理

表6-8描述了东方航空2019年租赁业务相关使用权资产原值、累计折旧和折余净值增减变动情况。

表6-8　东方航空2019年度租赁业务相关使用权资产增减变动明细

单位：百万元

使用权资产——成本	飞机及发动机	房屋及建筑物	其他设备	合计
2019年1月1日余额	166 122	496	12	166 630
购置	26 315	622	73	27 010
转出至固定资产	−19 023	—	—	−19 023
处置子公司	—	−10	—	−10
处置或报废	−724	—	—	−724
2019年12月31日余额	172 690	1 108	85	173 883
使用权资产累计折旧	飞机及发动机	房屋及建筑物	其他设备	合计
2019年1月1日余额	39 705	—	—	39 705
本年计提	11 964	284	12	12 260
转出至固定资产	−4 759	—	—	−4 759
处置或报废	−684	—	—	−684
2019年12月31日余额	46 226	284	12	46 522
使用权资产账面价值	飞机及发动机	房屋及建筑物	其他设备	合计
2019年12月31日	126 464	824	73	127 361
2019年1月1日	126 417	496	12	126 925
东方航空2019年取得所有权的使用权资产明细				
	飞机及发动机	房屋及建筑物	其他设备	合计
固定资产——原值				
使用权资产转入	19 023			19 023
固定资产——累计折旧				
使用权资产转入	4 759			4 759
固定资产——净值	14 264			14 264

资料来源：东方航空2019年度报告。

如表6-8所示,东方航空2019年全年增加飞机及发动机使用权资产初始成本合计26 315百万元,新增房屋及建筑物使用权资产初始成本622百万元,新增其他设备使用权资产初始成本12百万元。当期取得租赁资产所有权的使用权资产初始成本19 023百万元,已提折旧4 759百万元,均为飞机及发动机;当期处置租入飞机及发动机初始成本为724百万元,已提折旧684百万元。

表6-9描述了东方航空2019年度与租赁业务相关会计科目金额增加变动情况(除使用权资产外)。

表6-9 东方航空2019年度与租赁业务相关会计科目金额增减变动

单位:百万元

2019年与租赁业务相关的负债金额增减变动表						
项目	年初余额	本期发生额				年末余额
		本期增加	本期减少	处置子公司	汇率变动	
应付租赁款(折现)[1]	109 306	24 023	23 895	10	851	110 275
其中,一年内到期的租赁负债(现值)						15 590
项目	年初余额	年末余额				
		1年以内	2—5年	5年以上	合计	
应付租赁款(未折现)	128 051	19 870	55 211	45 129	120 210	
其中,一年内到期的应付租赁款(未折现)					19 870	
	年初余额	本期增加	本期减少	年末余额		
预计负债 (飞机及发动机退检修准备)	6 560	702	84	7 178		
2019年按费用性质分类的相关租赁费用发生额						
费用项目	金额					
使用权资产折旧费用	12 260					
未纳入租赁负债计量的租金	631					
租赁负债利息费用	3 894					
采用简化处理的短期租赁费用	623					
采用简化处理的低价值资产租赁费用	8					

注:1. 应付租赁款(折现)按租入使用权资产的最低租赁付款额扣除未确认融资费用后的余额确认。于2019年12月31日,该等租赁款的年利率为2.47%~5.54%。

资料来源:根据东方航空2019年度报告整理编制。

根据表6-8和表6-9中列示的东方航空2019年租赁业务相关数据,可模拟编制相关业务发生时的资产、负债、费用等会计确认分录如下。以下分录的单位为百万元。

(1)租赁业务资本化的会计处理。东方航空2019年引进飞机44架,退出飞机1架,其中以租赁方式引进飞机以及房屋建筑物和其他设备相关的模拟会计处理如下所示。

① 2019年增加租赁飞机等资产的初始确认。如表6-8所示，东方航空2019年增加的使用权资产成本主要为飞机及发动机26 315百万元、房屋及建筑物622百万元、其他设备73百万元，合计27 010百万元。本期增加应付租赁款24 023百万元（包括新增租赁增加的最低租赁付款额现值20 129百万元和2019年租赁负债利息费用3 894百万元），新增飞机及发动机退检修准备702百万元。

借：使用权资产　　　　　　　　　　　　　　　　　　　　27 010
　　贷：租赁负债　　　　　　　　　　　　　　　　　　　　20 129
　　　　银行存款、预付账款等　　　　　　　　　　　　　　 6 179
　　　　预计负债　　　　　　　　　　　　　　　　　　　　　 702

注：模拟分录中预计负债为新增飞机及发动机退检修准备，为简化会计处理，未考虑预计负债当年新增金额中利息费用影响。

② 2019年租赁负债利息费用的确认。如表6-9所示，东方航空2019年发生租赁负债利息费用3 894百万元。

借：财务费用——利息费用　　　　　　　　　　　　　　　　3 894
　　贷：租赁负债——未确认融资费用　　　　　　　　　　　　3 894

③ 2019年租金支付的确认。如表6-9所示，东方航空2019年按租赁合同规定以货币资金支付租金等应付租赁款共计23 895百万元，应减少租赁负债。根据表6-8可知，东方航空2019年取得所有权的飞机及发动机账面价值为14 262百万元。假定根据租赁合同支付的合同协议购买价格合计为X百万元，则不包括购买价格的租金支付款项为23 895－X百万元。

借：租赁负债——租赁付款额　　　　　　　　　　　　　　 23 895－X
　　贷：银行存款　　　　　　　　　　　　　　　　　　　　 23 895－X

④ 使用权资产折旧费用的计提。

如表6-8、表6-9所示，东方航空2019年计提使用权资产折旧费用共计12 260百万元。

借：成本费用类账户　　　　　　　　　　　　　　　　　　 12 260
　　贷：使用权资产累计折旧　　　　　　　　　　　　　　　 12 260

⑤ 租赁期满，取得使用权资产所有权的确认。如表6-8所示，东方航空在2019年取得账面价值为14 262百万元的使用权资产（飞机及发动机）的法定所有权，其中使用权资产原价为19 023百万元，已计提折旧为4 759百万元，假定按合同协议价格支付购买价格为X百万元，则：

借：固定资产——飞机及发动机　　　　　　　　　　　　　 19 023
　　使用权资产累计折旧　　　　　　　　　　　　　　　　　 4 759
　　租赁负债——租赁付款额　　　　　　　　　　　　　　　　　X
　　贷：使用权资产——成本　　　　　　　　　　　　　　　 19 023
　　　　累计折旧　　　　　　　　　　　　　　　　　　　　 4 759
　　　　银行存款　　　　　　　　　　　　　　　　　　　　　　X

⑥ 未纳入租赁负债的租金费用的确认。

借：销售费用等　　　　　　　　　　　　　　　　　　　　　　631
　　贷：银行存款　　　　　　　　　　　　　　　　　　　　　　631

⑦ 使用权资产处置或报废的确认。如表6-8、表6-9所示,东方航空2019年处置或报废初始成本为724百万元的租入飞机及发动机,已提折旧684百万元;2019年减少飞机退租检准备84百万元。

  借:使用权资产累计折旧   684
    资产处置损益、营业外支出等   40
    贷:使用权资产   724
  借:预计负债——飞机及发动机退租检准备   84
    贷:银行存款等   84

(2) 短期租赁和低价值资产租赁的会计处理。

东方航空对短期租赁和低价值资产租赁选用简化会计处理方法,不确认使用权资产和负债,将短期租赁和低价值资产租赁的租赁付款额,在租赁期内各期间按照直线法计入当期损益。如表6-9所示,东方航空2019年直接计入当期损益的短期租赁费用623百万元,低价值资产租赁费用8万元。

  借:销售费用、管理费用等   631
    贷:银行存款、应付账款等   631

注:东方航空将其他应付租赁费在"应付账款"项目中列示。

(3) 作为出租方,东方航空租赁业务的会计处理。

2019年,东方航空的出租业务均依据《租赁》(2018)之规定划分为经营租赁,将租赁资产作为自有资产核算并计提折旧,故而不涉及租出资产的终止确认问题。对于租赁收款额,其在租赁期内按照直线法分期确认为租赁收入。东方航空在2019年对经营租出资产的会计处理,包括确认2019年租金收入和在财务报表附注中的披露不可撤销的最低租赁收款额两方面。

① 确认2019年租金收入。根据东方航空2019年年度报告,公司2019年确认经营性租赁收入190百万元,模拟编制收入确认时的会计分录为:

  借:银行存款等   190
    贷:租赁收入   190

② 在财务报表附注中披露的不可撤销的最低租赁收款额。根据与承租人签订的租赁合同,东方航空在2019年财务报表附注中披露的与经营租赁相关的不可撤销最低租赁收款额信息如表6-10所示:

表6-10 东方航空2019年12月31日不可撤销最低租赁收款额明细

单位:百万元

年限	1年以内	1~2年	2~3年	3~4年	4~5年	5年以上	合计
不可撤销最低租赁收款额	165	149	144	139	138	221	956

资料来源:根据东方航空2019年年度报告编制。

6.5 报表项目列示及财务影响

6.5.1 CAS 21《租赁》(2018)下财务报表项目列示解析

我国CAS 21《租赁》(2018)对租赁业务中承租人的会计处理采用单一模型进行确认和

计量。表 6-11 描述了 CAS 21《租赁》(2018)下承租方与出租方租赁业务主要影响的资产负债表、利润表、现金流量表相关项目。

表 6-11 CAS 21《租赁》(2018)下承租方与出租方租赁业务处理主要影响的财务报表项目

财务报表	承租方:列报项目	出租方:列报项目	
		融资租赁	经营租赁
资产负债表	使用权资产、租赁负债、预计负债等	长期应收款	经营租赁固定资产;其他应收款
利润表	折旧费用、利息费用;[1] 计入当期损益的采用简化处理的短期租赁及低价值资产租赁租金支出	资产处置损益	租金收入;折旧费用
现金流量表	筹资活动现金流出;经营活动现金流出	投资活动现金流入	经营活动现金流入

注:1. 前高后低式的总租赁费用＝折旧费用＋利息费用。
资料来源:根据 CAS 21《租赁》(2018)准则条款分析编制。

1. 承租方的列报

如表 6-11 所示,对于承租方而言,以经营租赁方式租入的固定资产与以融资租赁方式租入的固定资产一起,以租赁期开始日尚未支付的最低租赁付款额现值为基础,加上已付租金、初始直接费用和为拆卸及移除租赁资产、复原租赁资产所在场地或将租赁资产恢复至租赁条款约定状态预计将发生的成本,形成使用权资产的初始成本,并同时将最低租赁付款额现值确认为租赁负债,将预计拆卸、已出租赁资产和复原租赁资产预计发生的成本确认为预计负债。

利润表中列报的承租方总租赁费用包括两部分:折旧费用和利息费用。采用简化会计处理方法的短期租赁和低价值资产租赁的租金支出直接计入当期损益。

在现金流量表中,偿还租赁负债本金和利息所支付的现金应当计入筹资活动现金流出,支付的采用简化处理的短期租赁付款额和低价值资产租赁付款额,以及未纳入租赁负债计量的可变租赁付款额计入经营活动现金流出。

2. 出租方的列报

如表 6-11 所示,对于出租方而言,分类为经营租赁和融资租赁的不同租赁业务,其报表报列项目具有显著差异:在融资租赁方式下,出租方在租赁期开始日终止确认出租资产的同时确认长期应收债权,同时将出租资产的公允价值与账面价值之差在利润表中确认资产处置损益,与之相关的现金流动在投资活动产生的现金流量中列报;在经营租赁方式下,出租方将租出资产反映在资产负债表中,同时计提折旧,影响利润表中折旧费用增减变动,并将按合同规定收取的租金在利润表中反映为租赁收入,与之相关的现金流动反映在经营活动产生的现金流量中。

6.5.2 东方航空 CAS 21《租赁》(2018)首次执行日财务报表列报项目差异

我国 CAS 21《租赁》(2018)的颁布和实施引起理论界和实务界的广泛争议和研究。表外负债是财务报表正文以外的信息,属于会计信息披露的重要组成部分(葛家澍和章永奎,2007)。但是,相对于在资产负债表中正式确认的负债,以报表附注形式披露的表外负债信息并不能被外部信息使用者有效使用。作为替代性融资方式,以经营租赁为代表的表外负债业务具有一定程度的隐蔽性和欺骗性。在我国 CAS 21《租赁》(2006)规定下,租赁业务较多的公司可以通过表外负债开辟融资渠道,从而实现夸大投资收益率、掩盖亏损、虚增利润、增大财务杠杆效应等目的,这种行为使会计信息不再完整和真实。利维(Levy,1969)认为表外负债虽然增强了公司的借款能力,但未能改善公司的实际财务状况。我国学者大都认为 CAS 21《租赁》(2018)修订的最大变动在于将经营租赁信息披露自表外拉进表内,在增加表内资产负债的同时,降低了企业利润。但与此同时,增强了财务报表信息透明度,增强了财务报表信息使用者对财务报表信息的信赖度(潘佳琪和陆建桥,2016;俸芳等,2018)。基于此,我国 CAS 21《租赁》(2018)无疑会对经营租赁业务较多公司的财务状况产生较大影响。东方航空于 2019 年 1 月 1 日将按照 CAS 21《租赁》(2006)规定的租赁业务会计处理结果调整为按照 CAS 21《租赁》(2018)规定的处理结果,能够很好地阐明这一影响。表 6-12 描述了东方航空 2019 年 1 月 1 日 CAS 21《租赁》(2018)首次执行日对租赁业务会计调整前后差异对比情况。

表 6-12 东方航空 2019 年 1 月 1 日 CAS 21《租赁》(2018)
首次执行日对租赁业务会计调整前后差异对比情况

单位:百万元

合并资产负债表	2019 年 1 月 1 日《租赁》(2018)	2019 年 1 月 1 日《租赁》(2006)	差异
预付账款	362	765	−403
固定资产	81 259	175 675	−94 416
使用权资产	126 925	—	126 925
递延所得税资产	677	207	470
资产合计	209 223	176 647	32 576
一年内到期的非流动负债	21 716	16 551	5 165
租赁负债	94 777	—	94 777
长期应付款	1 292	69 355	−68 063
预计负债	6 415	2 761	3 654
递延收益	179	1 294	−1 115
递延所得税负债	—	84	−84
负债合计	124 379	90 045	34 334
未分配利润	14 586	16 181	−1 595
少数股东权益	3 424	3 587	−163
股东权益合计	18 010	19 768	−1 758

注:自 CAS 21《租赁》(2018)首次执行日开始,东方航空仍然将偿还租赁负债本金和利息所支付的现金在现金流量表中计入筹资活动现金流出,将所支付的采用简化处理的短期租赁付款额和低价值资产租赁付款额计入经营活动现金流出。

资料来源:东方航空 2019 年年度报告。

如表 6-12 所示，东方航空自 2019 年 1 月 1 日开始执行 CAS 21《租赁》(2018)后，相对于 2018 年 12 月 31 日按 CAS 21《租赁》(2006)确认与计量的租赁业务，在资产负债表中的相关资产、负债变化如下：

第一，将原融资租入固定资产从固定资产项目调出，导致固定资产账面价值调减 94 416 百万元；将经营租入固定资产与融资租入固定资产按同一模型确认使用权资产，导致增加使用权资产净值 126 925 百万元；再加上预付账款和递延所得税资产影响，共计调增总资产 32 576 百万元。

第二，将原对应融资租入固定资产的长期应付款（应付融资租赁款）68 083 百万元调出，并与经营租入固定资产产生的最低租赁付款额现值一起，计入租赁负债，由此增加租赁负债 94 777 百万元（1 年内到期的租赁最低租赁付款额现值及其他负债在"一年内到期的非流动负债"反映）；将与经营租赁相关的飞机及发动机退检修准备计入预计负债，由此导致预计负债增加 3 654 百万元；将认定为经营租赁安排的飞机售后回租产生的递延收益 280 百万元，以及尚未引进飞机进行购买权转让产生的递延收益 835 百万元，调整计入使用权资产，从而调减递延收益 1 115 百万元；再加上递延所得税负债影响，共计增加总负债 34 334 百万元。

第三，由于经营性租金费用核算等的变化，减少以前年度留存收益 1 758 百万元。

表 6-13 描述了东方航空 2019 年 1 月 1 日执行 CAS 21《租赁》(2018)前后偿债能力、盈利能力的变动情况。如表 6-13 所示，CAS 21《租赁》(2018)执行带来的最大变化在于将经营租入固定资产资本化处理，导致东方航空 2018 年年末总资产、总负债均随经营租赁资产从表外转入表内核算而分别增加 32 579 百万元和 34 334 百万元；与之伴随的租赁费用核算，从原将经营租赁付款额在租赁期内以直线法分摊确认为每期经营费用，转变为："经营租赁形成使用权资产的折旧费用＋经营性租入资产租赁付款额现值入表核算确认的租赁负债按周期性利率每期应当确认的利息费用。"作为一项金融负债，租赁负债按照摊余成本进行后续计量，每个租赁期支付的租金，首先要偿还本期租赁负债产生的融资成本，其次要偿还租赁负债的本金；与此同时，使用权资产则一般采用直线法进行折旧，因此在每年折旧保持不变的情况下，其利息费用会随着本金的减少而不断减少。CAS 21《租赁》(2018)的执行，会导致经营租赁需要确认的租赁费用总额在租赁期每年递减，呈现"前高后低"的特点。其对东方航空的直接影响，直接引致减少 2018 年净利润 1 758 万元，从而降低了留存收益 1 758 万元。

表 6-13 东方航空 CAS 21《租赁》(2018)首次执行日前后相关财务指标变动情况

单位：百万元

项目	2018 年 12 月 31 日	依据《租赁》(2018)调整金额	2019 年 1 月 1 日
负债总额	177 413	34 334	211 747
股权权益总额	59 352	－1 758	57 594
资产总额	236 765	32 576	269 341
资产负债率	74.93%		78.62%

(续表)

项目	2018年12月31日 2018年(调整前)	依据《租赁》(2018)调整金额	2019年1月1日 2018年(调整后)
净利润	2 941	−1 758	1 183
总资产收益率	1.24%	—	0.44%
净资产收益率	5.00%	—	2.05%

注:总资产收益率计算口径:净利润/期末资产总额×100%;净资产收益率计算口径:净利润/期末净资产总额×100%。

资料来源:根据东方航空2018—2019年年度报告分析编制。

对承租人而言,在CAS 21《租赁》(2018)规定下,原有经营租赁业务在表内确认使用权资产和租赁负债、增加财务报表内列报资产与负债的同时,亦引起资产负债率、总资产收益率、净资产收益率、经营活动现金流量等常用财务指标的变化(徐经长和刘畅,2019)。如表6-13所示,东方航空按CAS 21《租赁》(2018)规定计量的资产、负债、净利润等计算的偿债能力和获利能力出现较大变化:资产负债率从74.93%增加至78.62%;总资产收益率和净资产收益率均出现大幅下滑,分别从1.24%和5.01%下降至0.44%和2.05%。

6.5.3 东方航空CAS 21《租赁》(2018)执行后的长期财务影响

如表6-3所示,东方航空经营性租入飞机占所有经营用飞机比重在2015—2021年变动不大,表6-14描述了东方航空2015—2020年偿债能力、盈利能力以及租赁相关费用变动情况。

表6-14 东方航空2015—2020年偿债能力、盈利能力以及租赁相关费用变动情况

单位:百万元

项目	2015年12月31日	2016年12月31日	2017年12月31日	2018年12月31日	2019年12月31日	2020年12月31日
总资产	195 709	210 051	227 464	236 765	282 936	282 408
环比增长	—	107.32%	108.29%	104.09%	119.50%	99.81%
总负债	158 058	159 955	170 945	177 413	212 539	225 796
环比增长	—	101.20%	106.87%	103.78%	119.80%	106.24%
股东权益	37 651	50 096	56 518	59 352	70 397	56 912
资产负债率	80.76%	76.15%	75.15%	74.93%	75.12%	79.95%
固定资产	131 430	150 751	163 130	175 675	95 573	97 681
其中:融资租入飞机及发动机	71 100	77 156	86 872	94 416	—	—
融资租入飞机占固定资产比重	54.10%	51.18%	53.25%	53.74%	—	—
使用权资产	—	—	—	—	127 361	116 842

（续表）

项目		2015年	2016年	2017年	2018年	2019年	2020年
营业收入		93 844	98 560	101 721	114 930	120 860	58 639
环比增长		—	105.03%	103.21%	112.99%	105.16%	48.52%
营业成本		77 146	82 587	90 285	102 407	107 200	70 803
环比增长		—	107.05%	109.32%	113.43%	104.68%	66.05%
净利润		5 047	4 965	6 820	2 941	3 483	−12 554
总资产收益率[1]		2.58%	2.36%	3.00%	1.24%	1.23%	—
加权平均净资产收益率		14.73%	10.95%	12.64%	4.93%	5.43%	−19.6%
基本每股收益（元）		0.355 0	0.326 6	0.439 1	0.187 3	0.211 5	−0.722 6
利息费用[2]		2 075	2 641	3 086	3 621	5 077	5 129
折旧费用[3]	固定资产	10 318	11 941	13 357	14 605	9 075	9 060
	其中：飞发	9 182	10 618	12 065	13 122	7 418	7 256
	其中：融资租入	5 582	6 111	7 112	7 849	—	—
	使用权资产	0	0	0	0	12 260	12 329
	其中：飞发	0	0	0	0	11 964	11 322
	租赁资产折旧费用合计	5 582	6 111	7 112	7 849	12 260	12 329
经营性租赁租金支出	飞机经营性租赁租金支出	4 254	4 779	4 318	4 306	—	—
	其他经营性租赁租金支出	812	868	836	928	—	—
	合计	5 066	5 647	5 154	5 234	—	—
未纳入租赁负债计量的租金		—	—	—	—	631	358
折旧费用、利息费用与其他租赁支出合计		12 723	14 399	15 352	16 704	17 968	17 816
环比增长		—	113.17%	106.62%	108.81%	107.57%	99.15%

注：1. 总资产收益率计算口径：净利润/年末资产总额×100%。

2. 利息费用计算口径：当期利息支出总额扣除资本化利息及精算利息净额。其金额除包括租赁融资成本外，还包含公司借款及债券利息。

3. 折旧费用中，2015—2018年融资租入固定资产的折旧费用因为难以取得原始数据，故按照融资租入固定资产与自行保有固定资产的比例分拆固定资产折旧费用。

资料来源：根据东方航空2015—2021年年度报告整理、计算、分析编制。

如表 6-14 所示,东方航空在 2019 年执行 CAS 21《租赁》(2018)时,资产与负债规模均显著增加,增幅达 1/5 左右;2020 年,在资产规模下降的背景下负债依旧增加 6.24%,资产负债率也自 2018 年的 74.93% 上涨到 2020 年的 79.95%。结合表 6-3 可知,东方航空的租赁规模,尤其是经营性租赁规模,并没有因 CAS 21《租赁》(2018)对承租人经营租赁业务资本化的会计处理要求而显著减少,公司保持了其一贯的租赁策略。换句话说,原 CAS 21《租赁》(2006)中对承租人经营租赁业务表外披露的会计处理,似乎并不是东方航空选择经营租赁租入飞机及发动机等资产的主要动机。①

从总租赁费用变动情况看,2015—2018 年,东方航空的租赁费用主要包括融资租赁资产的折旧费用和融资利息,以及经营性租赁资产的租金支出。2019—2020 年,东方航空总租赁费用主要包括使用权资产折旧费用和融资利息,以及直接计入当期损益的采用简化会计处理办法的短期租赁和低价值资产租赁的租金支出。如表 6-14 所示,东方航空 2015—2020 年总租赁费用随着表 6-3 所示租赁总规模的扩大而增加。由于东方航空并不是仅经营性租入一项租赁资产,且租入资产的租赁期并不相同,由此对于单个租赁合同而言,由于 CAS 21《租赁》对租赁费用会计处理变化而出现前文所述"前高后低"的租赁费用变动趋势,在东方航空的案例中并不显著。

6.6 讨论要点

问题一:分析和讨论租赁会计三种理论观点对《租赁》准则制定的影响,并探讨其相互替代的发展趋势。我国现行 CAS 21《租赁》(2018)所采用的"资产负债观"是如何从租赁概念、使用权资产概念等方面,深入影响租赁资产资本化处理的?

问题二:影响东方航空 CAS 21《租赁》(2018)首次执行日衔接处理的租赁相关事项都有哪些?它们是如何影响相关资产、负债的确认与计量的?

问题三:东方航空将计提的飞机及发动机退检修准备,形成预计负债的同时计入租赁飞机及发动机使用权资产的入账成本,依据何在?

问题四:根据 CAS 21《租赁》(2018)资本化处理经营性租入资产后,其费用影响主要表现为,依据 CAS 21《租赁》(2006)之规定,应将未来不可撤销租金付款额按直线法在租赁期间确认为租金费用。在现行 CAS 21《租赁》(2018)下,则先将租赁期开始日尚未支付的租赁付款额按东方航空增量借款利率折现为租赁负债,其后每个租赁期间发生的总租赁费用,一般包括租赁负债按周期性利率计算的利息费用和使用权资产按直线法计提的折旧费用。有观点认为,这种情况下总租赁费用会出现"前高后低"的趋势。请结合东方航空 2019 年前后经营性租入资产相关费用的披露数据,深入讨论经营性租入资产资本化处理和非资本化处理对总租赁费用的影响。

问题五:有这样一种观点,CAS 21《租赁》(2006)对租赁业务的会计处理规定是对称的,

---

① 李刚等(2009)对东方航空经营租赁的真实动机进行深入研究,其结论为:"对于航空业来说,真实的经营租赁有自身的优点,如运营灵活、无技术风险和残值风险、解决资金短缺问题,这些可以由投资不足理论和可回收理论解释。但表外经营租赁增加的一部分动机很可能来自利用当前租赁会计准则在租赁分类、信息披露方面的不完善,变实质的融资租赁为表面的经营租赁达到隐藏负债、降低资产负债率的目的。"本章节案例对东方航空 2019 年之后经营租赁方面的分析表明,隐藏负债可能不是东方航空选择经营租赁方式租入飞机的主要动机。

而 CAS 21《租赁》(2018)虽然实现了与国际财务报告准则 IFRS 16《租赁》的实质性趋同,但对租赁业务的会计处理规定造成了承租方和出租方的不对称,背后隐藏着利益相关群体的博弈。试深入讨论与评价上述观点的合理性。

问题六:查询相关资料,深入讨论国际会计准则理事会(IASB)制定 IFRS 16《租赁》和我国修订第 21 号企业会计准则 CAS 21《租赁》的动机和结果,并探讨准则制定的游说行为。

问题七(思政专题):从商业文明的角度看,租赁准则的核心变化,即取消承租人关于融资租赁与经营租赁的分类,目的之一可能在于杜绝将实质上的融资租赁以经营租赁形式进行处理达到资产和负债都不上表的目的,其和会计职业的会计诚信思想有何关系?会计诚信与商业文明有何内在联系?

参考文献

[1] G4+1. Leases:Implementation of a New Approach[C]. 1996,7.
[2] Imhoff Jr Eugene A,Thomas Jacob K. Economic Consequences of Accounting Standards:The Lease Disclosure Rule Change[J]. Journal of Accounting and Economics,1988,10(4):277-310.
[3] Levy L E. Off Balance Sheet Financing[J]. Management Accounting,1969(5):12-14.
[4] 俸芳,张苗苗,廉怡楠. 新租赁准则 IFRS 16 在我国零售行业适应性研究[J]. 会计之友,2018(2):449-533.
[5] 葛家澍,章永奎. 公司治理演进与表外披露变迁[J]. 财会通讯,2007(10):6-10.
[6] 李刚,陈利军,陈倩,等. 经营租赁的真实动机——基于东方航空公司的案例研究[J]. 管理世界,2009(增刊):121-128.
[7] 潘佳琪,陆建桥. 国际新租赁会计准则对我国零售企业的影响及其对策——以永辉超市为例[J]. 财务与会计,2016(20):36-39.
[8] 徐经长,刘畅. 租赁准则的修订及其影响透析[J]. 财会月刊,2019(3):57-61.

第7章 小米公司:复合金融工具的确认、计量与报告

2008年全球金融危机在引发人类对创新金融工具进行反思的同时,也引起了人们对现行金融工具准则以及公允价值计量的争议。混合创新型金融工具通过不同条款组合,可以在一定程度上帮助发行人节约或推迟现金支付,在控制风险的同时提高金融产品回报率。受2008年金融危机的影响,优先股[①]等混合金融工具成为美国各个公司筹措资金、政府挽救企业的主要方式。自20世纪末以来,我国企业持续高杠杆的现实经济背景,也引发了我国企业对复合金融工具的迫切需求。2013年11月,武汉地铁集团发行第一支永续债;2014年1月和3月,国务院和证监会分别发布《国务院关于开展优先股试点的指导意见》和《优先股管理试点办法》。此后,优先股、永续债等复合金融工具作为融资工具在我国资本市场得以蓬勃发展,具有双重属性的复合金融工具既有负债特征,又具权益属性,或者"明股实债",或者"明债实股",其会计确认、计量和报告问题引起业界广泛关注。我国第一支永续债——武汉地铁集团有限公司可持续公司债,被确认为负债;同年12月,国电电力发展股份有限公司发行的永续中期票据则被确认为权益;2016年和2018年赴中国香港上市的厦门美图科技有限公司(以下简称"美图公司")和北京小米科技有限责任公司(以下简称"小米公司"),其发行的可转换可赎回优先股则被确认为金融负债。更为有趣的是,2016年12月,美图公司在香港联交所上市时其招股说明书显示亏损62.6亿元人民币,其中可转换可赎回优先股公允价值变动亏损56亿元人民币;无独有偶,2018年7月小米公司在香港联交所整体上市时提交的招股说明书显示亏损438.89亿元人民币,其中可转换可赎回优先股公允价值变动亏损540.72亿元人民币。同一期间,小米公司IPO定价每股17港元,对应市值为3 803.94亿港元,约合485亿美元。国际会计准则理事会(IASB)和我国财政部均在相关金融工具准则中规定了金融工具的分类依据,然而实务中关于复合金融工具的会计处理问题依旧饱受争议,现有准则和规定能够准确划分具有双重属性的复合金融工具,如实反映交易和事项的经济实质吗?

本章基于小米公司可转换可赎回优先股确认、计量和报告的会计处理,以及其对公司经营业绩披露的影响,深入分析了金融工具准则应用中复合金融工具负债与权益成分的划分及相应会计处理问题。本章使用的数据主要来源于小米公司上市时的招股说明书、上市后公开发布的年度报告、香港交易所(Hong Kong Exchanges and Clearing Limited,简称港交

[①] 美国一般称优先股、永续债等为混合金融工具,我国与国际会计准则中则采用复合金融工具这一名称。

所)披露易网站、小米公司官方网站以及新浪财经等渠道。

7.1 案例公司简介

2010年4月,雷军与其他联合创立人创办小米公司,并入驻银谷大厦。小米公司是一家以智能手机、智能硬件和IoT平台为核心的消费电子及智能制造公司。2013年3月,小米公司入选 *Fast Company* "2013年全球行业最具创新公司",同年公司更名为"小米科技有限责任公司"。小米公司于2018年7月9日成功实现以"小米集团(1810. HK)"的名称在香港主板市场整体上市,成为港交所2018年新政后首个同股不同权架构的上市公司,也是中国香港史上最大规模的科技股IPO,以及当时历史上全球第三大科技股IPO。[①] 2019年,小米公司在《财富》未来50强榜单上名列第7,并名列2019年上市公司市值500强第53位;2020年,小米公司名列2020福布斯全球企业2 000强榜第384位。目前,小米公司是全球第四大智能手机制造商,在30余个国家和地区的手机市场稳居前五名。截至2021年12月31日,小米公司资产总额为2 928.92亿元人民币,负债总额为1 554.59亿元人民币,股东权益为1 377.32亿元人民币,全年营业收入达3 283.09亿元人民币,实现归母净利润193.39亿元人民币,净资产收益率超过14%。[②]

7.1.1 小米公司的双层股权结构

双层股权结构又称AB股结构,即公司发行A类和B类两类代表不同表决权的股票,即同股不同权。这是一种考虑异质性股东影响因素,通过分离现金流和控制权寻求"控制权"和"现金流权"的有效匹配和平衡,从而实现对公司的有效控制。设计双层股权结构的目的在于保证公司创始人及其团队对公司的控制权不会受到公开上市稀释股权的影响,有利于公司创业股东控制公司,防止恶意投资者或者其他少数股东对公司控制权进行干涉。国际上高科技创新型互联网公司多采用双重股权结构,如Google、Facebook、阿里巴巴、京东等。双层股权结构在满足创始人对企业"心理所有权"的同时,避免了企业在多轮融资过程中因股权被稀释而无法参与企业发展方向和运营模式决策的创业发展瓶颈,稳定了企业控制权,有利于企业实现长期价值(DeAngelo, 1985)。在常规双层股权结构中,A类股票在市面上流通,一股代表一个投票权,有些甚至无投票权;B类股票由公司创始股东及创业团队持有,享有高投票权。高投票权股票一般流通性较差,一旦流通出售,即从B类股转为A类股。

自2018年4月30日起,香港交易所《新兴及创新产业公司上市制度咨询总结》正式生效,在原有制度基础上,同股不同权公司可以在港交所申请上市。2018年5月,小米公司向香港联合交易所递交招股说明书,以"小米集团"的名称申请整体上市。这是港股同股不同权规则更改以后第一家申请IPO(initial public offering,简称IPO)上市的公司,也是我国第一家采用双层股权结构在中国香港主板上市的公司。小米公司上市时,普通股股票分为A类股票和B类股票两类,根据小米公司规定,对于提呈公司股东大会的任何决议案,A类股票持有人每股可投10票,B类股票持有人每股可投1票。除投票权外,A类和B类股票在其他权利方面相同。表7-1描述了2018年小米公司上市前后,由于优先股转换为B类股

[①] 资料来源:https://www.mi.com/。
[②] 资料来源:小米集团2021年度报告。

票引起的股权比例及投票权比例变化。

表 7-1 2018 年小米公司上市前后股权结构及投票权计算

上市前股权和投票权结构								
A 类股票			B 类股票			优先股		
股数（亿股）	比例	投票权	股数（亿股）	比例	投票权	股数（亿股）	比例	投票权
66.95	31.97%	94.71%	37.41	17.86%	5.29%	105.05	50.16%	—

上市后股权和投票权结构					
A 类股票			B 类股票		
股数（亿股）	比例	投票权	股数（亿股）	比例	投票权
6.695	31.97%	82.45%	14.246	68.03%	17.55%

上市前后主要持股人股权和投票权结构[1]

	上市前				上市后			
	持股比例			投票权	持股比例			投票权
	A 类	B 类等[2]	合计		A 类	B 类	合计	
雷军	20.51%	10.9%	31.41%	77.8%[3]	20.51%	10.9%	31.41%	55.7%
林斌	11.46%	1.87%	13.33%	—	11.46%	1.87%	13.33%	30.1%
晨星集团		17.19%	17.19%	—		17.19%	17.19%	4.4%
Apoletto		7.01%	7.01%	—		7.01%	7.01%	1.8%
其他		31%	31%	—		31%	31%	8%

注：1. 未考虑员工期权池影响，未考虑全球增发 B 类股票。
2. 包括 18 个轮次融资发行流通在外的优先股。
3. 小米公司 2018 年赴中国香港上市时采用双层股权结构，表中所计算的上市前雷军的投票权根据 2010 年 4 月小米公司成立时确定：雷军 77.8%，黎万强 10.12%，洪峰 10.07%，刘德 2.01%。
资料来源：根据小米公司招股说明书计算整理。

如表 7-1 所示，截至 2018 年申请上市时，小米公司已发行各类股票 20 941 690 830 股，其中包括 A 类股票 6 695 187 720 股（雷军持有 4 295 187 720 股，林斌持有 2 400 000 000 股），股权比例为 31.97%，投票权比例为 94.71%；B 类股票和优先股合计 14 246 503 110 股，其中 B 类股票 3 741 581 500 股，股权比例 17.86%，投票权比例 5.29%；18 轮融资发行流通在外优先股合计 10 504 921 610 股，股权比例 50.16%，无投票权。2018 年 7 月 9 日小米公司上市后，优先股全部转换为 B 类普通股，公司股票仅包括 A、B 两类，其中 A 类股数不变，两类股票股权比例构成及投票权比例变化如表 7-1 所示。小米公司上市时创始人股东雷军持有 A、B 类股权比例合计 31.41%，每一股 A 类普通股享有 10 份投票权，雷军享有公司 55.7% 投票权。另外，根据小米公司其他股东和雷军所签署的投票权委托协议，雷军作为受托人可以实际控制 2.2% 的投票权，共计控制小米公司 57.9% 的投票权，成为小米公司的实际控制人。林斌拥有 A 类、B 类股权比例合计 13.33%，享有 30% 的投票权。晨兴集团在小米公司上市后持有17.19%的股权、4.4%的投票权。俄罗斯风险投资机构Apoletto持有7.01%的股权、1.8%的投票权。

7.1.2 小米公司的商业模式

小米公司是一家以手机、智能硬件、互联网服务和物联网(Internet of Things,简称IOT)平台为核心的互联网公司,依托硬件、IOT新零售、互联网服务的"铁人三项"打造小米商业模式:公司产品定位为苹果补缺者,大力开发粉丝经济,致力于创新高质量、精心设计且关注用户体验的智能手机硬件产品制造。公司运用高效新零售渠道,以高性价比的低价格销售硬件产品,同时提供丰富的互联网服务。小米公司主要通过四个部门协作展开业务运营:智能手机部门主要从事智能手机的生产及销售;IOT和生活产品部门主要从事其他产品、生态链产品和部分生活消费品销售;互联网服务部门提供广告服务及互联网增值服务;其他部门提供硬件产品维修服务。

从本质上看,小米公司是硬件驱动型企业,但从渠道建设到生态链打造,小米公司主要依托互联网,因此,更可以将其定位为一家创新驱动的互联网公司。小米公司上市前后,雷军多次公开承诺,小米硬件产品的综合净利润率不会超过5%,并表示小米公司做的不是传统手机,而是互联网手机。

表7-2描述了小米公司2015—2018年的营业收入、毛利总额及主营业务"铁人三项"的营业收入占比及相应毛利。如表7-2所示,2015—2018年,硬件产品是小米公司最大的业务部门,4年的营业收入占公司总营业收入的比例分别为80.4%、71.3%、70.3%和65.06%,但这一比例呈逐年下降趋势;与此同时,互联网服务和新零售营业收入占比逐年上升。与"铁人三项"商业模式相呼应,小米公司采用"智能硬件+软件+增值服务+衍生产品+互联网平台"的盈利模式,及"C2B预售模式+扁平化电商渠道+快速供应链响应+零库存策略"的供应链模式,并通过独特的"生态链模式",投资并带动诸多志同道合的创业者建成连接超过1.3亿台智能设备的IOT平台,致力于打造全球最大的IOT生态圈。

表7-2 小米公司2015—2018年营业收入及主营业务营业收入构成

单位:亿元人民币

项目		2015年	2016年	2017年	2018年
营业收入总额		668.11	684.34	1 146.25	1 749.15
毛利总额		27.00	72.49	151.54	221.91
智能手机	营业收入	537.15	487.64	805.64	1 138.00
	占营收总额比重	80.4%	71.3%	70.3%	65.06%
	毛利额	−1.7	16.8	71.01	70.43
	毛利率	—	3.4%	8.8%	6.2%
互联网服务	营业收入	32.39	65.37	98.96	159.56
	占营收总额比重	4.9%	9.6%	8.6%	9.1%
	毛利额	20.8	42.1	59.6	102.72
	毛利率	64.2%	64.4%	60.2%	64.3%

(续表)

项目		2015年	2016年	2017年	2018年
IOT新零售	营业收入	86.91	124.15	234.48	438.17
	占营收总额比重	13%	18.1%	20.5%	25.1%
	毛利额	0.3	10.12	19.51	45.11
	毛利率	0.3%	8.2%	6.6%	10.3%

资料来源：根据小米公司招股说明书和2018年年度报告整理编制。

7.2 主要会计问题描述

小米公司成立于2010年4月，并于2018年赴中国香港上市，经历了公司发展的初创和扩张期。作为一家以手机销售为核心、旨在发展为互联网公司的企业，小米公司仅用7年即实现营业收入超过1 000亿元人民币的骄人业绩，并于2019年进入世界500强。在赴中国香港上市前，为满足企业发展的巨额资金需求，小米公司2010—2017年连续成功发行18个轮次的优先股筹集资金。小米公司优先股条款的特殊设计，吸引了晨星资本、启明创投、DST等投资者，累计筹资超过15亿美元，折合人民币约为97.95亿元，为小米公司海外发展、研发等提供了源源不断的资金流入，推动了小米公司初创期的爆发式成长。小米公司优先股采用的是"可转换可赎回优先股"这一新型复合金融工具方式，18轮优先股融资占总发行股票比例达到50.16%。这些优先股没有投票权，但根据合约条款，其在小米公司成功上市后可自动转换为B类普通股。表7-3描述了小米公司2010—2017年18轮次、12个系列的优先股融资概况。

表7-3 小米公司2010—2017年18轮融资概况

轮次	时间(年)	股份类别	股份数量(股)[1]	融资额(万美元)	公司估值(亿美元)
A	2010	A系列优先股	400 000 000	1 000	2.5
A	2010	A系列优先股	10 000 000	25	
B	2010	B-1系列优先股 B-2系列优先股	243 103 448 17 189 132	2 750	10
B+	2011	B-2系列优先股	18 908 044	275	
B++	2011	B-2系列优先股	4 125 388	60	
C	2011—2012	C系列优先股	84 041 044 84 041 044	8 800	40
C+	2011	C系列优先股	4 011 060	210	
D	2012	D系列优先股	52 709 108 52 709 108	21 600	100
E	2013	E-1系列优先股 E-2系列优先股	21 277 676 4 264 064	10 000	

(续表)

轮次	时间(年)	股份类别	股份数量(股)[1]	融资额(万美元)	公司估值(亿美元)
F	2014—2017	F-1系列优先股 F-1系列优先股 F-1系列优先股 F-1系列优先股 F-2系列优先股	37 226 830 1 147 843 9 916 601 495 830 8 376 037	113 410	450
合计			1 053 542 257[3]	158 131[2]	

注:1. 2014年3月,每股已发行优先股分拆为4股,为保证信息可比,表中历轮股份发行数量均采用分拆后数量。
2. 折合人民币约97.95亿元。
3. 受上市前转股情况影响,18轮次优先股发行数量合计大于上文小米公司2018年上市前流通在外优先股实存数量。如根据2015年2月27日发布的股东决议案,416 706股A系列优先股和341 614股B系列优先股根据协议,转换为B类普通股,合计758 320股。
资料来源:根据小米公司2018年招股说明书和其他股权变动公告计算整理。

小米公司采用的可转换可赎回优先股融资方案近年来受到国际上越来越多的高科技互联网公司的青睐。对于公司而言,方案在降低融资成本的同时,兼顾了创始团队在企业创业初期兼顾控制权和对融通资金的需求;对于投资者而言,年利率为8%的非累积优先股股利高于普通债券利息收入,可转换可赎回的条款约定又赋予了投资者在公司上市后的转股权和赎回权,相比于一般债券投资或股权投资更具吸引力,很好地权衡了投资者放弃参与公司决策投票的权利和承担的潜在风险。

顾名思义,可转换可赎回优先股兼具债务工具和权益工具特征。小米公司发行的可转换可赎回优先股是股还是债?在会计确认、计量和报告中,其是作为金融负债核算抑或是作为权益工具核算?表7-4描述了小米公司2015—2018年按国际财务报告准则列报的经营业绩和净资产变动情况,其中最后一行"调整净利润(扣除可转换可赎回优先股和向员工发放股利等因素)"为调整后的经营业绩。2015—2017年小米公司3年的报告净利润分别为－76.27亿元、4.92亿元和－438.89亿元,报告净资产(股东权益)为负值。如果剔除对可转换可赎回优先股会计确认与计量的影响,则小米公司2016年和2017年分别盈利18.96亿元和53.62亿元,股东权益转负为正。对可转换可赎回优先股的确认和计量,导致如表7-4所示的经营业绩的巨大反差,而这个反差在2018年小米公司可转换可赎回优先股全部转换为B类普通股后就不存在了。那么,小米公司是按照什么样的规则确认和计量优先股的账面价值呢?其账面价值的变化又如何影响小米公司的当期损益、负债和股东权益的变化呢?

表7-4 小米公司2015—2018年净利润及股东权益变动表

单位:亿元人民币

项目	2015年	2016年	2017年	2018第1季	2018年
报告净利润	－76.27	4.92	－438.89	70.27	134.78
调整净利润(扣除可转换可赎回优先股和向员工发放股利等因素)	－3.04	18.96	53.62	16.99	85.55

(续表)

项目	2015年12月31日	2016年12月31日	2017年12月31日	2018年3月31日	2018年12月31日
可转换可赎回优先股账面价值	1 059.33	1 158.02	1 614.51	1 653.31	0
报告股东权益	−866.38	−920.58	−1 272.11	−1 279.91	712.50
调整后股东权益(加回可转换可赎回优先股)	192.95	237.44	342.40	373.40	712.50

资料来源:根据小米公司招股说明书和2018年年度报告整理编制。

小米公司上市时 IPO 定价为每股 17 港元,对应市值为 3 803.94 亿港元,约合 485 亿美元。形成鲜明对比的是,2018 年 7 月 9 日,小米公司在港交所上市首日即破发,报收于一股 16.8 港元。与此同时,港交所在小米公司上市首日推出小米期货及期权,允许市场"做空"小米。小米公司整体上市时的亏损业绩、485 亿美元的市场估值及首发当天的种种情形,引发了关于"明股实债"会计处理问题的激烈争论及对相关信息反映是否恰当、透明的关注,更是将优先股等复合金融工具确认、计量和报告的会计问题争论推向一个高潮。

7.3 相关准则条款解读

金融工具的分类、确认与计量问题一直以来都是会计重要议题之一,争议不断。2008 年金融危机之后,国际会计准则理事会(IASB)不仅制定颁布了国际财务报告准则 IFRS 13《公允价值计量》、IFRS 9《金融工具》,同时对相关金融工具准则 IAS 32《金融工具:列报》(IAS 32 Financial Instruments: Presentation)、IAS 39《金融工具:确认与计量》(IAS 39 Financial Instruments: Recognition and Measurement)进行了多次修订,明确了金融工具分类方法及会计处理。我国为实现与国际财务报告准则的持续趋同,于 2014 年第一次修订 CAS 37《金融工具列报》,并于 2017 年全面修订金融工具四项准则 CAS 22《金融工具确认与计量》、CAS 23《金融资产转移》、CAS 24《套期会计》和 CAS 37《金融工具列报》。在修订四项金融工具准则的同时,基于实务中对复合金融工具会计规范的迫切需求,财政部分别在 2014 年和 2019 年发布《金融负债与权益工具的区分及相关会计处理规定》和《永续债相关会计处理的规定》,对优先股、永续债、可转债等创新复合金融工具的会计核算、分类确认等问题作出明确规定。

7.3.1 关于国际会计准则与我国企业会计准则之相关规定

国际财务报告准则将优先股、可转换债券等金融工具认定为复合金融工具,但对其概念缺乏明确规定。小米公司 2018 年在中国香港主板上市时,其可转换可赎回优先股的会计处理适用国际会计准则 IAS 32《金融工具:列报》和 IAS 39《金融工具:确认与计量》。其时我国对应金融工具会计规范主要是 CAS 22《金融工具确认与计量》(2006)、CAS 37《金融工具列报》(2006)。为规范优先股、可转债等创新复合金融工具的分类及会计处理,2014 年财政部颁布《金融负债与权益工具的区分及相关会计处理规定》作为对金融工具相关准则的补充,完善了金融负债、权益工具的定义,明确了或有结算条款、结算选择权、可回售工具等相关规定,规范了复合金融工具确认和计量原则。我国这些关于金融工具分类、确认、计量与列报的规定,基本与国际会计准则 IAS 32 和 IAS 39 保持一致。

7.3.1.1　关于金融负债和权益工具分类之规定

国际会计准则理事会(IASB)主要采用结算法区分金融负债与权益工具,采用单一标准并基于直接定义负债的传统二分法:即如果存在支付经济资源的现时合同义务,则将其分类为负债。依据 IAS 32 规定,金融负债是指下述负债:①合同义务,一方面,包括向其他方交付现金或其他金融资产的合同义务;另一方面,包括在潜在不利的条件下,与其他方交换金融资产或金融负债的合同义务。②将以主体自身权益工具结算的合同,且该合同是非衍生工具(使主体承担或可能承担交付可变数量自身权益工具的义务)或衍生工具(该衍生工具将以固定数额现金或其他金融资产换取固定数量自身权益工具以外的其他方式进行结算)。

IAS 32 关于金融负债与权益工具的区分关注的是金融工具合同所规定的发行人权利和义务,以是否存在不能无条件避免交付现金或其他金融资产的合同义务作为分类金融负债的基本原则,亦即"固定换固定"原则。

我国准则中关于金融负债和权益工具的定义基本与国际会计准则一致,其金融负债与权益工具的定义如下:

金融负债是指企业符合下列条件之一的负债:①向其他方交付现金或其他金融资产的合同义务。②在潜在不利条件下,与其他方交换金融资产或金融负债的合同义务。③将来须用或可用企业自身权益工具进行结算的非衍生工具合同,且企业根据该合同将交付可变数量的自身权益工具。④将来须用或可用企业自身权益工具进行结算的衍生工具合同,但以固定数量的自身权益工具交换固定金额的现金或其他金融资产的衍生工具合同除外。

权益工具是指能证明拥有某个企业在扣除所有负债后的资产中剩余权益的合同。同时满足下列条件的,发行方应当将发行的金融工具分类为权益工具:①该金融工具不包括交付现金或其他金融资产给其他方,或在潜在不利条件下与其他方交换金融资产或金融负债的合同义务。②将来须用或可用企业自身权益工具结算该金融工具的,如该金融工具为非衍生工具,不包括交付可变数量的自身权益工具进行结算的合同义务;如为衍生工具,企业只能通过以固定数量的自身权益工具交换固定金额的现金或其他金融资产结算该金融工具。

《金融负债与权益工具的区分及相关会计处理规定》明确规定了三种情况下结算的金融负债与权益工具划分的原则,全面贯彻了 IAS 32 的"固定对固定原则",即通过交付现金、其他金融资产或交换金融资产、金融负债结算;通过自身权益工具结算;对于将来须用或可用企业自身权益工具结算的金融工具的分类,应当区分是衍生工具还是非衍生工具。

7.3.1.2　关于或有结算条款、结算选择权和可回售工具的规定

金融工具具有不同的特征,体现了不同的权利与义务。从经济实质上看,其往往并非完全意义上的传统负债或权益概念,一般难以用二分法明确区分金融负债和权益工具。因此,国际会计准则理事会(IASB)对 IAS 32 进行了两次有限修订:2008 年引入可回售金融工具的例外原则,即对于符合某些特征的可回售金融工具,如果其代表对主体净资产的最次级要求权,其应分类为权益工具;2009 年引入"固定换固定"的例外原则,即因汇率变动而导致外币折算价格违反"固定换固定原则",但仍将其分类为权益工具,以解决主体以其功能性货币以外的货币交换固定数量自身权益工具进行结算的问题。

IAS 32 明确了存在结算选择权的衍生金融工具,应将其确认为金融负债,只有合同条款

中所有可供选择结算方式均划分为权益工具的,才确认为权益工具;存在或有条款时,如果发行方不能无条件地避免交付现金、其他金融资产或以其他导致该工具成为金融负债的方式结算的,应当分类为金融负债。但是,满足下列两种方式之一的,发行方应当将其分类为权益工具:①该金融工具进行结算几乎不具可能性。②该金融工具只有在发行人清算时,才进行结算。③其他按照规定分类为权益工具的可回售工具。

作为对 CAS 22《金融工具的确认与计量》(2006)和 CAS 37《金融工具列报》(2006)的补充,我国《金融负债与权益工具的区分及相关会计处理规定》也明确了或有结算条款、结算选择权和可回售工具的相关规定,实现了与国际会计准则 IAS 32 和 IAS 39 的趋同。

(1) 除下列情况外,对于附或有结算条款的金融工具,发行方应将其归类为金融负债:①要求以现金、其他金融资产或以其他导致该工具成为金融负债的方式进行结算的或有结算条款几乎不具有可能性,即相关情形极端罕见、显著异常或几乎不可能发生。②只有在发行方清算时,才需以现金、其他金融资产或以其他导致该工具成为金融负债的方式进行结算。③按照本规定分类为权益工具的可回售工具。

(2) 对于存在结算选择权的衍生工具,发行方应当将其确认为金融资产或金融负债。如果合同条款中所有可能的结算方式均表明该衍生工具应当确认为权益工具的,则应当确认为权益工具。

(3) 符合金融负债定义但同时具有下列特征的可回售金融工具,应当分类为权益工具:①赋予持有方在企业清算时按比例份额获得该企业净资产的权利。②该工具所属的类别次于其他所有工具类别。③该类别的所有工具具有相同的特征。④除了发行方应当以现金或其他金融资产回购或赎回工具的合同义务,该工具不满足金融负债定义中的任何其他特征。⑤该工具在存续期内的预计现金流量总额,应当实质上基于该工具存续期内企业的损益、已确认净资产的变动、已确认和未确认净资产的公允价值变动。

7.3.1.3　关于混合合同

IAS 32 规定,嵌入衍生工具与主合同一起构成混合合同,对于混合合同,当主合同不属于准则规定的资产,且同时符合以下条件的,应当从混合合同中分拆嵌入衍生工具,单独进行会计处理:①嵌入衍生工具的经济特征和风险与主合同的经济特征和风险不紧密相关。②与嵌入衍生工具具有相同条款的单独工具符合衍生工具的定义。③该混合合同不是以公允价值计量且其变动计入当期损益会计处理。其他情况下,企业可以将其整体指定为以公允价值计量且其变动计入当期损益的金融工具。

我国 CAS 22《金融工具的确认与计量》(2006)规定,嵌入衍生工具与主合同构成混合工具,如可转换公司债券等。企业可以将混合工具指定为以公允价值计量且其变动计入当期损益的金融资产或金融负债,但下列情况除外:①嵌入衍生工具对混合工具的现金流量没有重大改变。②类似混合工具所嵌入的衍生工具,明显不应当从相关混合工具中分拆。

嵌入衍生工具相关的混合工具没有指定为以公允价值计量且其变动计入当期损益的金融资产或金融负债,且同时满足下列条件的,该嵌入衍生工具应当从混合工具中分拆,作为单独存在的衍生工具处理:①与主合同在经济特征及风险方面不存在紧密关系。②与嵌入衍生工具条件相同,单独存在的工具符合衍生工具的定义。无法在取得时或后续的资产负债表日对其进行单独计量的,应当将混合工具整体指定为以公允价值计量且其变动计入当期损益的金融资产或金融负债。

7.3.1.4 关于复合金融工具

国际会计准则 IAS 32 和我国《金融负债与权益工具的区分及相关会计处理规定》对复合金融工具的规定基本一致:发行方发行的金融工具为非衍生金融工具的,应判断评估其是否为复合金融工具,属于复合金融工具的,发行方应于初始确认时将其各组成部分分别分类为金融资产、金融负债和权益工具。该非衍生金融工具同时包含金融负债与权益工具成分的,初始计量时应当先确定金融负债的公允价值(包括其中可能包含的非权益性嵌入衍生工具的公允价值),再从复合金融工具公允价值中扣除负债成分的公允价值,作为权益工具成分的价值。

此外,我国《金融负债与权益工具的区分及相关会计处理规定》还规范了复合金融工具的主要会计处理和列报:

(1) 发行方发行的金融工具为复合金融工具的,应按实际收到的金额,借记"银行存款"或"存放中央银行款项"等科目,按金融工具的面值,贷记"应付债券——优先股、永续债(面值)等"科目,按负债成分的公允价值与金融工具面值之间的差额,借记或贷记"应付债券——优先股、永续债等(利息调整)"科目,按实际收到的金额扣除负债成分的公允价值后的金额,贷记"其他权益工具——优先股、永续债等"科目。

(2) 企业应当在资产负债表"实收资本"项目和"资本公积"项目之间增设"其他权益工具"项目,反映企业发行的除普通股以外分类为权益工具的金融工具的账面价值,并在"其他权益工具"项目下增设"其中:优先股"和"永续债"两个项目,分别反映企业发行的分类为权益工具的优先股和永续债的账面价值。在"应付债券"项目下增设"其中:优先股"和"永续债"两个项目,分别反映企业发行的分类为金融负债的优先股和永续债的账面价值。

7.3.1.5 小结

以原则为导向的国际财务报告准则列出了金融负债的四种情形,明确了"固定对固定"的原则,以及存在结算选择权、或有条款等情况对金融工具分类的影响,但对含多重成分的金融工具分类则界定比较模糊,未能对复合金融工具、混合合同、嵌入式衍生工具等作出明确具体规定,故此,虽然明确规定了复合金融工具中以固定金额现金交换固定数量的企业自身权益工具的部分需要分拆,但当原则上应该拆分嵌入式衍生工具的混合合同,无法分别计算公允价值时,一律采用以公允价值计量且其变动计入当期损益的方法进行会计处理;对于或有情况下交付现金或金融资产的金融工具,由于无法完全避免交付现金或其他金融资产,因此,依据国际财务报告准则之规定,应当将其分类为金融负债。

7.3.2 金融工具准则的改进:IFRS 9 和我国 2017 年对金融工具准则的修订

2014 年,国际会计准则理事会(IASB)发布完整的第 9 号国际财务报告准则 IFRS 9《金融工具》(*IFRS 9 Financial Instruments*)规定:以公允价值计量且其变动计入损益的金融负债,包括属于金融负债的衍生工具,应按公允价值进行后续计量;但公允价值变动部分应进一步区分是由企业自身信用风险变动引起的,还是由企业估值变动等其他因素引起的。如果是企业自身信用风险变动导致的金融负债公允价值变动部分,则记入"其他综合收益"科目;如果是企业估值等其他原因导致的公允价值变动部分,则计入当期损益。该规定不再将信用风险变动引起的金融负债公允价值变动列入当期损益,而是计入股东权益中的其他综合收益,从而不再影响当期利润信息。

小米公司在披露财务报告时采用的经调整经营净利润与 IFRS 9 规定下的净利润口径几乎一致,其调整公式为:

$$经调整经营净利润=净利润-优先股公允价值变动收益-投资公允价值变动收益净值+股份支付费用+无形资产摊销$$

IFRS 9 已于 2018 年 1 月 1 日开始实施,其将由企业自身信用风险变动导致的可转换可赎回优先股公允价值变动计入其他综合收益,解决平衡实质重于形式和谨慎性之间的矛盾问题,也解决了小米公司中国香港上市时其招股说明书所披露的反直觉经营信息问题。

我国 2006 年颁布的金融工具准则系列与国际会计准则实现了趋同。国际会计准则理事会(IASB)受到 2008 年全球金融危机的影响,故在研究制定 IFRS 9《金融工具》准则的同时,于 2008 年、2009 年、2011 年等年度连续对金融工具的相关准则进行修订。由于我国优先股、可转债等复合金融工具在实务中的逐渐普及,2014 年,财政部一方面修订 CAS 37《金融工具列报》,另一方面颁布《金融负债与权益工具的区分及相关处理规定》,在保持与 IAS 32 和 IAS 37 趋同的基础上,完善了我国创新金融工具会计处理原则的规范制度。2017 年,我国连续修订颁布 CAS 22、CAS 23、CAS 24、CAS 37 四项金融工具准则,与 2014 年正式发布、2018 年执行的国际财务报告准则 IFRS 9《金融工具》保持了持续趋同。例如,我国 CAS 22《金融工具确认与计量》(2017)规定,对于指定为以公允价值计量且其变动计入当期损益的金融负债的,该金融负债所产生的利得或损失应当按照下列规定进行处理:①由企业自身信用风险变动引起的该金融负债公允价值的变动金额,应当计入其他综合收益。②该金融负债的其他公允价值变动计入当期损益……该金融负债终止确认时,之前计入其他综合收益的累计利得或损失应当从其他综合收益中转出,计入留存收益。① 这与 IFRS 9 的相关规定完全一致。

7.3.3 国际财务报告准则与我国会计准则的等效

自 2007 年我国内地与中国香港实现企业会计准则的等效互认以来,双方每年及时互通会计准则建设及与国际趋同进展情况,保持会计准则持续趋同。2020 年 10 月,财政部与中国香港会计准则制定机构——香港会计师公会进行充分沟通协调,中国香港认可修订后的内地企业会计准则与中国香港的财务报告准则及国际财务报告准则保持持续趋同。②

表 7-5 描述了小米公司 2018 年在中国香港联交所上市时按国际财务报告准则编制的财务报表信息与按中国企业会计准则编制的财务报表信息对比。按两种准则编制的小米公司 2015—2018 年净资产与净利润信息完全一致,充分展示了中国会计准则与国际财务报告准则的等效。

---

① 资料来源:参 CAS 22《金融工具确认与计量》(2017)第六十八条之规定。
② 资料来源:财政部. 2021 年中国内地与香港企业会计准则保持持续趋同[EB/OL]. (2021-09-30)[2024-02-25] https://www.casc.org.cn/hjzzqtdx/.

表 7-5　小米公司 2015—2018 年 CAS 和 IFRS 准则下净资产及净利润信息比较

单位:亿元人民币

项目		2015 年 12 月 31 日	2016 年 12 月 31 日	2017 年 12 月 31 日	2018 年 3 月 31 日
净资产	中国 CAS	-866.38	-920.58	-1 272.11	-1 279.91
	国际 IFRS	-866.38	-920.58	-1 272.11	-1 279.91
项目		2015 年	2016 年	2017 年	2018 年第 1 季度
净利润	中国 CAS	-76.27	4.92	-438.89	-70.27
	国际 IFRS	-76.27	4.92	-438.89	-70.27

资料来源:根据小米公司招股说明书中"境内外信息披露差异"编制。

故此,根据上文关于中国金融工具准则规定之描述与国际财务报告准则之描述,下述关于小米公司可转换可赎回优先股合同的分类认定,适用国际财务报告准则的分类结果,与中国相关金融工具准则及规定的分类结果及信息列报也是一致的。

7.4　会计处理分析

可转换可赎回优先股具有优先股固定股息支付以及次级权益特征,相关合约条款嵌入了转换权和赎回权,其中转换权具有以明确固定金额换取固定数量普通股的特征,具有权益性质;而赎回权具有非权益性衍生工具特征,和主合同存在密切法律关系,具有金融负债特征。兼具负债和权益的可转换可赎回优先股,因其复杂嵌入条款,成为国际上最难以定性的复合金融工具之一。

7.4.1　小米公司可转换可赎回优先股合同条款解析及分类认定

小米公司从 2010 年创业成立,到 2018 年 7 月赴中国香港上市,共发行 18 个轮次 12 个系列的优先股,如表 7-3 所示。根据优先股相关合约条款,可判定该优先股实质为可转换可赎回非累积优先股。

1. 小米公司可转换可赎回优先股条款

小米公司可转换可赎回优先股合约中主要包括了优先股股利支付条款、转换条款、赎回条款、清算条款等约定,具体内容如下:

(1) 关于优先股股利支付条款。该条款规定,优先股持有人有权收取按原发行价 8% 计算的应计利息,该 8% 的优先股股利是非累积的。非累积的规定意味着,如果某年小米公司因某种原因导致当年没有发放优先股股利或优先股股利发放不足 8%,则未发放或发放不足部分不会累积到以后年份。在分派优先股股利前,小米公司不得向本公司任何普通股或任何其他类别或系列股份派付或宣派任何股利。

(2) 关于转换条款。该条款规定,满足下面条件之一时,优先股持有人可行使转换为普通股的权利:①若小米公司完成合格公开发售,自动转换为 B 类普通股。②2015 年 7 月 3 日后基于实际情况按有效转换价格将优先股转换为 B 类普通股。③对 A 系列优先股,50% 以上 A 系列优先股的持有人(不包括已赎回)书面同意;对 A 系列外的其他优先股,2/3 以上份额持有人(不包括已赎回)书面同意,可转换为B类普通股。满足上述条件之一,优先股持有人可按照当时有效转换价自动转换为B类普通股,即1股优先股可转换为1股B类普通股,这意味着转换日每股优先股公允价值等于普通股公允价值。

(3) 关于赎回条款。该条款规定,自2019年12月23日起,F系列优先股外的持有人若要求赎回,或者F系列优先股大多数持有人(不包括已赎回)同意要求赎回,小米公司应赎回该类优先股份额。赎回价格取下面两者之较高者:①对应发行价+发行日至赎回通知日期间按发行价应计利息每年复利8%+任何应宣派但未支付股息。②有关优先股的公平市值。优先股公平市值由董事会和绝大多数投资者共同选定的估值师独立估值后确定。

(4) 关于清算条款。该条款规定,在清算、解散或清盘(不论自愿与否)时,优先股持有人可根据优先股系列类别,以发行价加上应计或已宣派但尚未支付的股息,或是以发行价的110%加应计或已宣派但尚未支付的股利,优先收取剩余权益。若能够分配的剩余权益与支付优先股受偿金不等,持有人可以下述顺序向持有人支付清算优先受偿金:①F系列优先股持有人。②E系列优先股持有人。③D系列优先股持有人。④C系列优先股持有人。⑤B系列优先股持有人。⑥A系列优先股持有人。

2. 小米公司可转换可赎回优先股的分类认定

根据国际会计准则中金融工具分类条款之相关规定,依据"固定对固定原则",小米可转换可赎回优先股合约中相关条款性质解析如下:

(1) 可赎回条款。现行准则规定,赋予投资者回售权的优先股,使发行方承担了"在潜在不利条件下,与其他方交换金融资产或金融负债的合同义务",具有金融负债性质。发行方在可确定或固定的未来时限,按照约定金额予以强制赎回的金融工具,应归类为金融负债。根据小米公司优先股赎回条款的规定:首先,小米公司对优先股有赎回义务,其条款中的一部分类似于回购条款,"对应发行价+发行日至赎回通知日期间按发行价应计利息每年复利8%+任何应宣派但未支付股息"的赎回价格规定了一个最低固定收益,具有债务性质。其次,赎回条款中赎回价格不低于优先股公平市值的规定,可能是将优先股确认为负债而非权益的最大依据。小米公司上市之前,其发行的优先股缺乏流通性,故而选择常用估值技术之一,即折现现金流对优先股估值。事实上,小米公司上市时可转换可赎回优先股估值为1 653亿元人民币,远高于按8%复利计算的最低赎回价格。对大多数优先股持有人来说,赎回收益非常可观,有着很大的赎回动力。小米公司所采用的这种可转换可赎回优先股融资方式,实质上附带了对赌协议。如果小米公司无法成功完成上市目标,由于赎回条款的存在,这些优先股融资将由于高额的公平市值估值,很有可能成为公司负债,使公司承担潜在不利条件下以约定赎回价格回购的合同义务。最后,公平市值赎回价格条款,意味着投资者很可能获得超过固定收益的市场化投资回报率,从而又使得该类优先股估值有了权益性质。

但是,值得注意的是,小米公司发行的可转换可赎回优先股,其条款设计的巧妙之处在于:虽然如若触发赎回条款,对发行方小米公司而言无疑是非常不利的,小米公司将不得不以至少年利率8%的代价负担赎回优先股以履行合同义务,但是赎回条款的时间触发条件是2019年12月23日,只有在这个时点以后,优先股持有人才有权要求小米公司以约定价格赎回其发行在外的优先股。该条款规定意味着只要小米公司能够在 2019 年 12 月 23 日之前成功上市,其根本不必担心出现要求赎回情况。现实情况是,小米公司于 2018 年 7 月实现港股 IPO,全部优先股已经自动转换为 B 类普通股。

(2) 可转换条款。现行准则规定,当发行方发行的金融工具是"约定以固定数量转换为普通股"时,符合"固定对固定"原则,具有明确的权益成分。小米公司优先股合约中的可转换条款设计:一方面,使公司可以通过实现三种条件中的任一种,即可将优先股转换为固定数量的 B 类普通股;另一方面,三种转换条件任选其一的规定,可以让优先股持有人选择在恰当情况下将优先股转换为普通股。上述两点都体现了优先股的权益性质。

但是小米公司优先股合约中按约定价格将优先股转换为固定数量普通股的条款规定,赋予优先股持有人的转换权利,是按变动对价(转换时 1 股普通股的发售价格)而不是固定对价将其持有的优先股转换为 B 类普通股,这又不符合衍生工具下权益工具判定的"固定对固定"原则,即发行人"以固定数量的现金或其他金融资产交换固定数量的自身权益工具"原则。

(3) 从混合合同和复合金融工具的角度解析可转换可赎回优先股的性质。根据现行准则中关于包含嵌入工具的混合合同的相关规定,可转换可赎回优先股合约中所包含的赎回条款(回售权)属于非权益性嵌入衍生工具,初始确认应包含在负债的公允价值计量中;而可转换权虽然属于嵌入衍生工具,但与主合同紧密联系不可分拆。因此,此时企业可以将混合工具指定为以公允价值计量且其变动计入当期损益的金融资产或金融负债。

从现行准则对复合金融工具的相关规定看,对于包含非衍生金融工具的混合合同是否认定为复合金融工具充满了矛盾和困惑:复合金融工具中包含非权益性嵌入工具的,非权益性嵌入工具公允价值应当包含在负债成分的公允价值中,但确认为复合金融工具的前提是满足非衍生金融工具的条件。

7.4.2 小米公司可转换可赎回优先股的具体会计处理

基于上述分析,经过综合权衡,小米公司没有选择将可转换可赎回优先股认定为复合金融工具进行会计处理,即未分拆可转换可赎回优先股的负债和权益成分,而是选择将全部可转换可赎回优先股工具指定为以公允价值计量且其变动计入当期损益的金融负债。

1. 可转换可赎回优先股确认、计量和列报的原则

小米公司招股说明书中披露其对可转换可赎回优先股的确认和计量原则是:"不将任何嵌入式衍生工具与主合约工具分开,而是将整份工具指定为按公允价值计入损益之负债,公允价值变动于合并损益表入账。"[①]初始确认后,可转换可赎回优先股以公允价值列报,每个资产负债表日对其进行公允价值评估,公允价值变动计入当期损益,并单独列示在合并利润表中。根据小米公司招股说明书中披露的理由,由于"优先股持有人于报告期末至少 12 个月方可要求公司购回优先股",[②]应将可转换可赎回优先股作为非流动负债列示。小米公司对

---

① 资料来源:小米公司招股说明书。
② 同上。

可赎回可转换优先股的会计处理选择,原因如下:

一方面,衍生工具基于主合同金融工具产生,且主要基于投资人价值发现、投机套利、套期保值目的,所以可转换可赎回优先股条款中,拆分、计量赎回或转换权利的当期公允价值处理具有很大难度。

另一方面,小米公司优先股中嵌入的回售权性质与可转换权性质,意味着可以将优先股作为混合合同指定为以公允价值计量且其变动计入当期损益的金融资产或金融负债。

此外,小米公司管理层认为"该负债信用风险变动导致的优先股公允价值变动不大"[①],故采用公允价值计量。

2. 可转换可赎回优先股初始确认与计量

如表7-3所示,小米公司在中国香港上市前共发行18轮优先股融资,累计融资金额达15.8131亿美元,折合人民币约97.95亿元,历次融资金额按实际筹资额初始确认计入"其他金融负债——可转换可赎回优先股(面值)",可模拟编制汇总会计分录如下所示。以下分录的单位为亿元。

借:银行存款等　　　　　　　　　　　　　　　　　　　　　　　　97.95
　　贷:其他金融负债——可转换可赎回优先股　　　　　　　　　　97.95

3. 可转换可赎回优先股后续计量

小米公司可转换可赎回优先股后续计量采用公允价值计量模式。由于小米公司未上市前金融工具无法流通,因此其资产负债表日公允价值计量采用估值模式,具体而言,小米公司采用贴现现金流方法以及权益分配模式确定优先股公允价值。根据小米公司招股说明书中财务报表附注信息,其公允价值估值的具体假设如表7-6所示。

表7-6　小米公司可转换可赎回优先股公允价值估值之具体假设

项目	12月31日			3月31日	
	2015年	2016年	2017年	2017年	2018年
贴现率	17%	17%	17%	17%	17%
无风险利率	2.21%	2.18%	2.42%~2.61%	1.93%~2.2%	2.7%~2.93%
缺乏市场流通性折现率	20%	20%	10%	15%	10%
波幅	39.46%	36.19%	30.76%~33.05%	36%~36.54%	30.73%~33.04%

资料来源:小米公司招股说明书。

截至2018年第一季度末,小米公司可转换可赎回优先股债务余额已经高达1 653亿元人民币,远超过初始确认时债务公允价值97.95亿元人民币。表7-7列示了2015—2018年小米公司可转换可赎回优先股公允价值变动及损益计算情况。

---

① 资料来源:小米公司招股说明书。

表7-7 2015—2018年小米公司可转换可赎回优先股公允价值变动及损益计算

单位:亿元人民币

	项目	2015年	2016年	2017年	2018年
资产负债表	年初余额	899.18	1 059.33	1 158.02	1 614.51
	发行F1系列优先股	13.90	—	0.89	—
	转换为B类普通股	−0.65	—	—	−1 511.00
	公允价值变动	87.59	25.23	540.72	−125.14
	汇兑差额	59.3	73.45	−85.12	21.64
	年末余额	1 059.33	1 158.02	1 614.51	0
利润表	公允价值变动损益	−87.59	−25.23	−540.72	125.14

资料来源:根据小米公司招股说明书和2018年年度报告整理。

根据表7-7中的相关数据,小米公司2015—2018年各年度资产负债表日可转换可赎回优先股公允价值变动相关模拟会计处理如表7-8所示。

表7-8 小米公司2015—2018年可转换可赎回优先股公允价值变动模拟会计处理

单位:亿元人民币

	2015年12月31日	2016年12月31日	2017年12月31日
借:公允价值变动损益	87.59	25.23	540.72
贷:其他金融负债——可转换可赎回优先股(公允价值变动)	87.59	25.23	540.72
	2018年7月9日(转股前)		
借:其他金融负债——可转换可赎回优先股(公允价值变动)	125.14		
贷:公允价值变动损益	125.14		

4. 小米公司上市时可转换可赎回优先股自动转股的会计处理

2018年7月9日,小米公司成功上市,其发行在外的可转换可赎回优先股根据合同约定转换条件自动转换为B类普通股,转换日按约定转股条款行使转换权情况如表7-9所示。

表7-9 2018年小米公司上市时可转换可赎回优先股转换为B类普通股信息

上市自动转换时可转换可赎回优先股公允价值(元人民币)		151 100 508 000
转股价格(全球发售价)	港元/股	17.00
	元人民币/股	14.38
自动转换为B类普通股股数(千股)		10 504 922
转股后公司普通股股数(千股) (含2018年全球增发16.36亿股及股权激励等)		23 626 423

(续表)

转股后原优先股股东占比	44.46%
优先股转股后增加的股本(元)	174 000
优先股转股后增加的股本溢价(元)	151 100 334 000

资料来源：根据小米公司2018年年度报告整理编制。

依据表7-9所示转股条件及结果，小米公司2018年7月9日在中国香港上市时可转换可赎回优先股自动转换为B类普通股的模拟会计处理如下所示：

借：其他金融负债——可转换可赎回优先股　　　　　151 100 508 000
　　贷：股本　　　　　　　　　　　　　　　　　　　　　　174 000
　　　　资本公积——股本溢价　　　　　　　　　　　151 100 334 000

7.5 报表项目列示及财务影响

7.5.1 小米公司可转换可赎回优先股的"反直觉"财务报表列报

表7-10描述了小米公司2015—2018年的经营业绩及净资产变动情况。如表7-10所示，小米公司自2015年以来，销售收入和产品毛利连年大幅增长；经营利润在2015—2017年连续增长，但2018年却大幅下滑；与此同时，净利润在2018年上市之前与营业收入和经营利润大幅增长的趋势相背离，除2016年实现4.92亿元微利外，2015年和2017年均大幅亏损，但2018年却出现反转，净利润反超经营利润，达到134.78亿元之多。从净资产变动情况看，小米公司2015—2017年净资产均为负值，在2017年年底更是高达−1 272亿元之巨，其招股说明书披露的2018年3月31日净资产达到−1 279亿元！仅从小米公司2015—2018年财务报表揭示的年度收益和净资产变动情况看，其可能会使投资者陷入极大的困惑之中，小米公司到底是盈利企业还是亏损企业？到底是资不抵债，还是资本雄厚？

表7-10 小米公司2015—2018年经营业绩及净资产(股东权益)变动

单位：亿元人民币

项目		2015年	2016年	2017年	2018年
营业收入	总额	668.11	684.34	1 146.25	1 749.15
	增长率	—	1.5%	67.5%	52.6%
毛利	总额	27.00	72.49	151.54	221.91
	增长率	—	168.48%	109.05%	46.44%
经营利润	总额	13.72	37.85	122.15	11.96
	增长率		175.9%	222.7%	−90.1%
净利润	总额	−76.27	4.92	−438.89	134.78
		2015年12月31日	2016年12月31日	2017年12月31日	2018年12月31日
股东权益	总额	−866.38	−920.58	−1 272.11	712.50

资料来源：根据小米公司招股说明书及2018年年度报告整理编制。

小米公司报告业绩和净资产价值的混乱,和其执行会计准则对金融工具的会计处理规范有很大关系。从上述小米公司对可转换可赎回优先股的会计处理可以看到:小米公司依据国际会计准则 IAS 32 和 IAS 39 的相关规定,将可转换可赎回优先股于合并资产负债表指定为金融负债,以公允价值计量,公允价值增减变动于合并损益表中确认为当期损益。然而遵循准则进行会计处理产生的关键问题是:随着小米公司业务的爆发式增长,小米公司整体估价随之飞速增长,按照小米上市公告中披露的以贴现现金流量法估计的可转换可赎回优先股公允价值也随之快速增加。如表 7-7 所示,小米公司可转换可赎回优先股的公允价值自 2015 年年初的 899.18 亿元人民币,增长至 2018 年年初的 1 614.51 亿元人民币,其间虽然包括了部分汇兑差额的影响,但公允价值变动增长 3 年合计 653.54 亿元,这就解释了优先股账面价值增加的绝大部分。如果考虑到 2010 年首次发行可转换可赎回优先股至 2015 年年初各系列优先股公允价值的上涨,其影响超过千亿人民币。然而优先股是作为负债管理,所以增加的公允价值变动在引起金融负债这个金融工具价值增加的同时,也作为一项损失进入公司当期损益,计入利润表。然而,从本质上看,作为"对股东的负债",优先股公允价值的上升虽然被会计记录为公司账面亏损,但实际上这些亏损并不是公司经营方面的亏损业绩,不会影响公司的实际运营,这笔所谓的"负债"和"损失"数字在上市那一刻就会悄然消失,转变为股东权益。小米公司的上市文件中也解释了这种情形,"由于所有可转换可赎回优先股将于后转换成普通股,因此不会产生任何公允价值亏损"。①

简而言之,小米公司经营得越好,公司估价增长越快,其发行的金融工具公允价值也会随之不断增值,而这些增值部分在会计记录中反映为亏损,但这笔亏损是会计核算规则所致,并非实际亏损。如表 7-10 所示,2018 年随着小米公司的成功上市,其股东权益上升为 712.5 亿元人民币,年度经营业绩在经营利润 11.96 亿元人民币大幅低于 2017 年 122.15 亿元人民币的情况下,净利润扭亏为盈,实现 134.78 亿元人民币。

可转换可赎回优先股这种筹资方式能否广泛应用于非上市公司,很大程度上取决于投资人是否看好该公司的发展前景和该行业发展趋势。小米公司 2010—2017 年的 18 轮可转换可赎回优先股的融资之所以能够发行成功,原因除了小米公司 8% 的优厚固定股息率外,更为重要的是投资者看中了小米公司作为独角兽企业的巨大发展潜力,意图在小米公司成功上市后行使转换权将优先股转为普通股,以共享公司高速增长带来的红利,因此,投资人愿意让渡公司决策投票权并承担潜在风险。小米公司按照其必须遵守的会计准则的相关规定,对可转换可赎回优先股作为金融负债进行初始确认和后续计量,其合法性毋庸置疑。然而,小米公司按照国际财务报告准则确认和计量可转换可赎回优先股导致的公允价值变动损益,严重扭曲了其真实经营业绩(陆建桥,2019),导致净利润数值是"反直觉"的,即便是经验丰富的财务报告信息使用者,也可能将亏损的净利润作为负面信息来评判小米公司的投资价值(张亮,2018)。小米公司遵守会计准则的结果可能会带来这部分优先股会计信息的失真反映,继而影响到资产负债表与利润表部分信息列报失真。

7.5.2 小米公司可转换可赎回优先股的附加调整信息

小米公司上市前后按国际财务报告准则确认和计量的经营业绩和财务状况。如

---

① 资料来源:小米公司招股说明书。

表7-10所示,小米公司的经营业绩和财务状况仿若一个黑匣子。要想深入透析小米公司的财务状况和经营成果,必须打开黑匣子,考虑其18轮可转换可赎回优先股会计处理的财务影响,透过现象看本质。

实际上,小米公司为了顺利上市并且获得满意的发行价格,充分利用财务会计报告传递客观反映公司经营业绩和财务状况的信息,其上市文件中披露了非国际财务报告准则口径下的净利润数值并加以详细说明。小米公司2015—2017年非国际财务报告准则口径下的计量考虑了四个调整项目因素,包括:(1)可转换可赎回优先股公允价值变动;(2)以股份为基础的薪酬;(3)投资公允价值增益净值;(4)收购导致的无形资产摊销。这四个调整项目有两个共同特点(黄世忠,2018):(1)与小米公司经营业务无关;(2)不涉及现金流入或流出。在公司财务报告中披露剔除非经营性因素影响的业绩信息,近年来在TMT(电信、媒体、科技)行业日趋流行。表7-11描述了小米公司2015—2018年剔除非经营性因素影响的利润信息,表中的调整项目2018年增加了"基金投资者的金融负债价值变动"。

表7-11 小米公司2015—2018年剔除非经营性因素影响的利润信息

单位:亿元人民币

项目		2015年	2016年	2017年	2018年
IFRS规则下净利润		−76.27	4.9	−438.89	134.78
调整项目 +/−	可转换可赎回优先股公允价值变动	87.59	23.25	540.72	−125.14
	以股份为基础的薪酬	6.91	8.71	9.09	123.80
	投资公允价值增益净值	−21.30	−19.93	−57.32	−48.36
	收购导致的无形资产摊销	0.03	0.02	0.02	0.05
	基金投资者的金融负债价值变动	—	—	—	0.43
经调整后净利润		−3.04	16.95	53.62	85.56

资料来源:根据小米公司招股说明书和2018年年度报告整理编制。

表7-12描述了如果将可转换可赎回优先股作为权益工具确认和计量,小米公司2015—2018年净资产的变化趋势。

表7-12 小米公司2015—2018年净资产(股东权益)变动表

单位:亿元人民币

项目	2015年12月31日	2016年12月31日	2017年12月31日	2018年12月31日
IFRS规则下净资产金额	−866.38	−920.58	−1 272.11	712.50
加上:可转换可赎回优先股余额	1 059.33	1 158.02	1 614.51	0
经调整后净资产金额	192.95	237.44	342.40	712.50

资料来源:根据小米公司招股说明书和2018年年度报告计算整理。

如表7-11和表7-12所示,按现行国际财务报告准则(IFRS)计量的小米公司在2018年以前是一家负资产(资不抵债)公司,基本处于亏损经营状态,这显然违背了人们对小米公司经营的直觉印象。考虑到优先股的权益性质,经调整后的小米公司净利润和净资产金额呈现飞速上涨态势,净利润自2015年的-3.04亿元增长至2018年的85.56亿元,净资产自2015年年末的192.95亿元增长至2018年年末的712.5亿元,能够更好地反映小米公司的资本实力和实际盈利能力。

7.5.3 小米公司上市后的市场表现

小米公司净利润和净资产信息披露让人迷惑之处来自会计核算规则的规定。虽然小米公司在招股说明书及财务会计报告中披露了将按国际财务报告准则报告的业绩信息调整为非国际财务报告口径计算的收益信息,但市场上的大众投资者是否可以看透这些信息呢? 2018年7月9日,小米公司在中国香港交易所主板挂牌上市,发行价为每股17港元。上市首日,小米股价立即跌破17港元发行价,下跌1.18%,报收于16.8港元,全天成交额为76.8亿港元;2018年小米公司股价持续下跌,12月31日报收于12.92港元。2019年小米股价保持了下降趋势,6月3日跌至8.92元/股。考虑到惨淡的市场行情与疲软表现,同时展示对自身前景充满信心,小米公司在2019年1月17日至22日进行第一轮3次股票回购,共耗资2亿港元左右;2019年6月3日至7月3日,小米公司进行第二轮19次股票回购,斥资近10.5亿港元,回购1.05亿股B类股份。自2019年第四季度小米公司股价开始企稳并一路上扬,12月3日小米公司以每股10.78港元的交易价格结束了2019年度的交易。2020年7月小米公司股价重回发行价,2021年1月小米公司股价超过30港元,最高达到每股35.9港元。

对于二级市场投资者来说,可转换可赎回优先股可能还具有另外一个经济后果:可转换可赎回优先股公允价值上升所带来的公允价值损失体现在当期损益中形成亏损,经利润结转程序计入股东权益中的留存收益,形成累计亏损。表7-13描述了小米公司2015—2017年的累计亏损情况。如表7-13所示,截至2017年12月31日,小米公司累计亏损1 289.63亿元人民币。而小米公司上市自动转换为普通股后所形成的股本溢价1 511亿元计入股东权益中的资本公积,并不会直接填补累计亏损。从收益分配角度而言,根据相关法规限制,一般情况下,股份公司仅能使用留存收益分红,资本公积仅可用于转增资本和弥补亏损,不能用于股利分红。

表7-13 小米公司2015—2018年累计亏损情况

单位:亿元人民币

项目	2015年12月31日	2016年12月31日	2017年12月31日	2018年12月31日
累计亏损(股东权益)	-851.48	-848.10	-1 289.63	210.24

资料来源:根据小米公司招股说明书及2018年年度报告整理编制。

小米公司2018年12月发布公告声明,将1 422亿股本溢价抵消累计亏损和其他公积中的外币折算损失影响,模拟会计分录如下所示:

借:资本公积——股本溢价　　　　　　　　　　　　142 232 042 000
　　贷:其他公积　　　　　　　　　　　　　　　　　5 579 472 000
　　　　累计亏损(未分配利润)　　　　　　　　　　136 652 570 000

注:其他公积主要包括基于股份的补偿公积、外币折算差额、法定盈余公积等;累计亏损相当于中国会计的"未分配利润"科目。

经过这次会计处理，小米公司留存收益转为正数。其2018年年度报告显示，小米公司留存收益余额为210.23亿元，具备分红能力。

7.5.4 IFRS 9《金融工具》对可转换可赎回优先股会计确认与计量的改进

优先股是划分为权益还是负债，在很大程度上决定了其后续计量模式，会产生不同的经济影响。小米公司将其2010—2017年发行的18轮次可转换可赎回优先股，按照国际会计准则IAS 32和IAS 39的规定划分为负债。然而，从实质重于形式的角度判定，黄世忠(2018)提出，这种负债既不是法律意义上的债务，也不是具有经济实质的债务，最多只是一种纯理论的虚拟债务，原因有三：首先，优先股持有者实际支付优先股的对价仅为97.95亿元人民币，而至2017年年末其公允价值高达1 614.51亿元，这意味着优先股持有者不论以何种转换价格将其转换为普通股，回报都是丰厚的。基于理性人假设，持有者放弃其转股机会、行使其可出售权的概率几乎为零，从而可以合理推定，构成小米公司向优先股持有者支付现金或转移其他资产的现时合同义务的可能性基本为零。其次，一旦优先股转换为普通股，负债便消失殆尽，并且仅需小米公司额外发行一些股份即可，不需要小米公司支付任何现金或转移其他资产。伴随小米公司负债减少和净资产随之增加的同时，现金流量并没有减少，因此这些优先股并非传统意义上的债务。最后，尽管小米公司为履行转股义务而增发股份的结果是会稀释普通股股东权益，但这属于业主之间的交易，与小米公司这一会计主体无关，小米公司自身并不会因此发生利益减损。

美国公认会计原则(GAAP)采用"两步法"(Two-Step Approach)将混合金融工具区分为金融负债和权益工具，按照美国ASR 268和EITFD-98公告以及SFAS 150《某些具有负债与权益双重特征的金融工具的会计处理》准则之规定：第一，应判断是否存在着与发行人自身股票挂钩的权变性行权条款；第二，应考虑履行现金或股票转移义务的金额，当该金额等于所发行股份公允价值与一个固定货币金额或所发行债务工具固定金额之间的差额时，可将混合金融工具视为权益而不是负债。此外，小米公司的优先股存在赎回条款，根据美国GAAP之规定，在判断或有赎回权是否行使的前提下，需进一步判断是分拆还是全部确认为暂时性权益。如果满足下述条件中任意一条，即是或有赎回权很可能不被行使，则可以不分拆可赎回权，分类为暂时性权益，即：①是在"固定或事前确定的日期"。②基于"持有人的选择"。③基于"某一非仅受发行人控制的事件的发生"。根据美国GAAP的上述规定，小米公司的优先股似乎更应当被划分为权益工具，作为暂时性权益确认和计量，整体按公允价值进行初始确认计量，并在每一资产负债表日调整至最高赎回金额，而公允价值变动损益通常依据GAAP之规定列入其他综合收益。

事实上，基于与处理信用风险所引起的公允价值变动相似的逻辑，即将金融工具指定为以公允价值计量且其变动计入损益的金融负债时，股权估值变化引起的公允价值变动损益应当计入其他综合收益(Other Comprehensive Income，简称OCI)。正是因为将自身信用风险变动所导致的金融负债公允价值变动计入当期损益，严重扭曲了公司经营业绩，误导了投资者决策(黄世忠，2018)。国际会计准则理事会(IASB)在制定IFRS 9《金融工具》的时候，增加金融负债分类与计量的相关规定，包括对嵌入式衍生工具以及对运用公允价值选择权进行指定的金融负债自身信用风险的会计处理。对于以公允价值计量且其变动计入损益的金融负债所产生的利得和损失,其中归属于该金融负债信用风险变动的公允价值变动金额应计入其他综合收益,由此,信用状况变动会影响整个金融工具的计量期间。

IFRS 9《金融工具》已于 2014 年发布,自 2018 年执行。根据 IFRS 9 之相关规定,即使小米公司可转换可赎回优先股依然作为金融负债分类确认与计量,其由于信用风险变动所引起的优先股公允价值变动损益应当计入其他综合收益,而不再影响当期损益。表 7-14 描述了小米公司模拟运用 IFRS 9 对可转换可赎回优先股 2015—2018 年公允价值变动的会计确认和计量。

表 7-14 2015—2018 年小米公司可转换可赎回优先股模拟会计处理汇总(根据 IFRS 9)

单位:亿元人民币

	2015 年 12 月 31 日	2016 年 12 月 31 日	2017 年 12 月 31 日
借:其他综合收益 　　贷:其他金融负债——可转换可赎回优先股(公允价值变动)	87.59 亿元 87.59 亿元	25.23 亿元 25.23 亿元	540.72 亿元 540.72 亿元
	2018 年 7 月 9 日(转股前)		
借:其他金融负债——可转换可赎回优先股(公允价值变动) 　　贷:其他综合收益	125.14 亿元 125.14 亿元		
	2018 年 7 月 9 日(转股分录)		
借:其他金融负债——可转换可赎回优先股 　　贷:股本 　　　　资本公积——股本溢价	151 100 508 000 元 174 000 元 151 100 334 000 元		

同时将累计计入其他综合收益的由自身信用风险变动引致的优先股公允价值变动金额转入留存收益:
　借:累计亏损
　　　贷:其他综合收益

数据来源:根据小米公司招股说明书和 2018 年年度报告数据计算编制。

表 7-15 描述了小米公司运用 IAS 32、IAS 39 和模拟运用 IFRS 9 相关计量结果的差异。相对于按 IAS 32 和 IAS 39 确认和计量的优先股公允价值变动损益首先影响当前利润、继而影响股东权益中累计亏损的情形,当采用 IFRS 9 相关条款对可转换可赎回优先股进行会计处理时,其公允价值变动直接计入股东权益中的其他综合收益;转股时,公允价值超过普通股股本的部分计入股本溢价。在整个优先股持有期间,优先股公允价值变动不会影响当前损益确认,也就不会出现在利润表中。

表 7-15 小米公司可转换可赎回优先股会计处理结果差异分析

单位：亿元人民币

项目			2015 年	2016 年	2017 年	2018 年
IAS 32、IAS39 处理结果	股东权益	当期损益	−87.59	−25.23	−540.72	125.14
		累计亏损	−87.59	−25.23	−540.72	125.14
IFRS 9 处理结果		资本公积——股本溢价	—	—	—	1 511
		其他综合收益（OCI）	−87.59	−25.23	−540.72	125.14 ××××[1]
		累计亏损	—	—	—	−××××[1]

注：1. 金额应为 2010 年以来累计发行优先股由自身信用风险变动引起的公允价值变动总额，包含表中 2015—2018 年的 −87.59 亿元、−25.23 亿元、−540.72 亿元、125.14 亿元。

资料来源：根据小米公司招股说明书及 2018 年年报数据计算、整理、分析、编制。

7.6 讨论要点

问题一：小米公司为什么在初始创业时采用可转换可赎回优先股这一复合金融工具筹资方式？

问题二：金融负债和权益工具的会计确认与计量有什么特点？我国现行企业会计准则对负债与权益工具的划分是否体现了"债"与"股"的实质？

问题三：对复合金融工具的会计确认与计量有何备选会计处理方法？讨论和评价现行准则采用的对复合金融工具的确认和计量。

问题四：根据表 7-16 深入讨论小米公司可转换可赎回优先股按不同会计规则确认计量后对小米公司负债总额、股东权益总额及权益合计数的影响。

表 7-16 小米公司 2015—2018 年负债及股东权益金额表

单位：亿元人民币

项目	2015 年 12 月 31 日	2016 年 12 月 31 日	2017 年 12 月 31 日	2018 年 12 月 31 日
负债总额	1 257.74	1 428.23	2 170.80	739.78
股东权益总额	−866.38	−920.58	−1 272.11	712.50
权益合计	391.37	507.66	898.69	1 452.28

资料来源：小米公司招股说明书及 2018 年年度报告。

问题五：查看小米公司自 2018 年 7 月在中国香港上市以来的股价走势，请结合小米公司财务会计信息披露、商业模式及经济形势解释可能影响其股价走势的因素。

问题六（思政专题）：本章案例在某种程度上揭示了金融工具创新带来的相关会计确认、计量与列报的不确定性。深入讨论会计专业素养和职业道德在这些创新金融工具的会计处理上应当发挥何种作用，以合理披露与金融工具相关的风险，维持正常市场秩序。

参考文献

[1] IASB. 国际财务报告准则第 9 号：IFRS 9《金融工具》(IFRS 9 Financial Instruments)[Z]. 2001.

[2] IASB. 国际会计准则第 32 号：IAS 32《金融工具：列报》(IAS 32 Financial Instruments: Presentation)[Z]. 2001.

[3] IASB. 国际会计准则第 39 号：IAS 39《金融工具：确认与计量》(IAS 39 Financial Instruments: Recognition and Measurement)[Z]. 2001.

[4] Lipe, R. Fair Valuing Debt Turns Deteriorating Credit Quality into Positive Signals for Boston Chicken[J]. Accounting Horizons, 2019, 16(2): 169-181.

[5] DeAngelo, Harry and Linda DeAngelo. Managerial Ownership of Voting Rights: A study of Public Corporations with Dual Classes of Common Stock[J]. Journal of Financial Economics, 1985, 14(1): 33-69.

[6] 丁文军,刘晓霞. 小米公司双层股权结构上市及发展现状研究[J]. 财政监督,2020(7):86-90.

[7] 黄世忠. 优先股性质认定、会计处理及其经济后果分析——基于小米财务报告的案例研究[J]. 财务与会计,2018(10):6-9.

[8] 陆建桥. 国际财务报告准则——2018 年发展成效与未来展望[J]. 财务与会计,2019(2):7-13.

[9] 张亮. 可转换可赎回优先股公允价值变动对企业价值评估影响的分析——以美图公司上市为例[J]. 中国资产评估,2018(1):34-39.

[10] 章颖薇,胡昆. 对具有双重属性创新型金融工具的会计确认问题研究[J]. 财政研究,2015(7):88-93.

第8章 澄星股份:或有事项的确认、计量与报告

随着经济的飞速发展,企业所处的生产经营环境越来越复杂,各种市场风险加剧了企业交易和事项的不确定性程度,未决诉讼、重组义务等或有事项普遍存在于企业的生产经营活动中。或有事项的存在会导致企业承担履行现实偿还义务和预期偿还责任,完整而真实的或有事项信息,是如实反映企业财务状况和经营成果、使投资者形成对企业未来价值预期的源泉之一。然而,由于或有事项本质上是具有一定不确定性的经济业务,其确认、计量和报告在一定程度上依赖于会计人员的主观判断,这就使得对或有事项的相关披露和确认带有天然复杂性:一方面,关于或有事项的全面信息披露可以增强投资者与管理层之间的信息透明度,降低投资者预测风险,吸引投资者投资公司股票,这在增加公司股票需求量的同时,缩小股票买卖预期差价,提高股票市场的流动性,继而降低上市公司股权和债权融资成本,提升企业价值;另一方面,或有事项信息披露可能会被管理层操控,并成为其行使机会主义行为的一项工具(Barth 等, 2001;Desir 等, 2010),尤其是未决诉讼、仲裁和债务担保等或有事项往往会给企业带来巨额损失,甚至会导致经营失败。因此,具有坏消息的公司往往会比具有好消息的公司进行更多的可操控性信息披露,上市公司甚至可能违反监管部门规定,少披露甚至不披露相关信息(董小红等,2015)。

2021年12月7日,江苏澄星磷化工股份有限公司(以下简称"澄星股份")及其控股股东江阴澄星实业集团有限公司(以下简称"澄星集团"),同时收到中国证券监督管理委员会(以下简称"证监会")的《立案告知书》(证监立案字[0372021080]号和证监立案字[0372021081]号),公司因涉嫌信息披露违法违规被立案。2022年7月11日,澄星股份、澄星集团及11名相关责任人收到证监会《行政处罚及市场禁入事先告知书》。2022年9月14日,证监会下达《行政处罚决定书》和《市场禁入决定书》,依法裁定澄星股份及其控股股东的信息披露违法事实成立,公司被责令改正,给予警告,并被处以200万元罚款;控股股东澄星集团被处以200万元罚款;原实控人李兴被处以500万元罚款;10名责任人被分别处以100万元至50万元不等罚款;此外,李兴被采取终身证券市场禁入措施。根据《行政处罚决定书》,澄星股份涉及的重大信息披露违法行为主要包括2020年半年报和2020年年报隐瞒关联方非经营性资金占用和未按规定披露相关诉讼、仲裁信息两项。澄星股份2020年年度报告显示,公司2020年年末负债总额为545 783.22万元,资产总额为542 760.60万元,已经资不抵债。从经营角度看,澄星股份的债务危机早在2020年之前即开始初现端倪,而重大诉讼或仲裁的存在对其来说无疑是雪上加霜。从会计确认与计量的角度看,未决诉讼和仲裁属或有事项,依据具体情况,应在实际支付义务发生之前作为或有负债在财务报表附注中披露,

甚至作为预计负债在财务报表中确认。本章案例旨在通过对澄星股份重大诉讼仲裁等或有事项追本溯源,在明晰现行企业会计准则规定下或有事项、或有负债和预计负债具体会计处理差异的基础上,探析或有事项披露的盈余操控动机及可能性。本章案例数据信息主要来源于澄星股份官方网站、澄星集团官方网站、澄星股份 2017—2021 年年度报告及相关临时公告等。

8.1 案例公司简介

澄星股份属化工行业,主要从事黄磷、磷酸、磷酸盐等精细磷化工系列产品的生产与销售,是在上海证券交易所上市交易的公司,股票代码为 600078。

8.1.1 澄星股份发展概况

澄星股份,原名为江苏鼎球实业股份有限公司,是经江苏省经济体制改革委员会(苏体改生〔1994〕361 号)文批复,于 1994 年 6 月由宜兴市绢麻纺织印染实业总公司为主要发起人,联合江苏省丝绸进出口公司、宜兴市太华服装厂共同发起组建的定向募集股份制试点企业。1997 年 6 月,经中国证监会批准,公司以"鼎球实业"名称向社会公开发行 3 500 万 A 股股票,募集资金 19 355 万元人民币,在上海证券交易所挂牌交易,股票代码为 600078。1998 年 12 月,澄星集团协议受让宜兴市绢麻纺织印染实业总公司持有的鼎球实业法人股 3 850 万股(持股比例 29.76%),成为公司第一大股东。2001 年 3 月,"鼎球实业"更名为"澄星股份"。截至 2021 年 12 月 31 日,经历次变更后的澄星股份股本总额为 662 572 861 股,第一大股东澄星集团持股比例为 25.78%。

2001 年 5 月,澄星股份通过 ISO 14001 环境保护体系认证,收购云南弥勒磷电公司 55% 股权,开始实施"矿、电、磷一体化"项目,致力于发展"矿山—黄磷—磷酸—磷酸盐"的完整产业链。2019 年,澄星股份获评工信部绿色工厂和行业能效领跑标杆示范企业。表 8-1 描述了澄星股份 2017—2021 年的财务状况和经营业绩。

表 8-1 澄星股份 2017—2021 年的财务状况和经营业绩

单位:万元

项目	2017 年	2018 年	2019 年	2020 年	2021 年
营业收入	299 202.41	314 647.40	330 996.02	313 654.85	333 340.54
净利润	14 706.21	7 786.39	13 663.70	−227 220.23	213 483.80
归母净利润	9 190.14	1 933.36	6 035.55	−230 052.85	201 519.65
扣非后归母净利润	2 538.14	−4 336.65	4 860.97	−234 263.45	−12 475.25
经营活动产生的现金流量净额	52 279.03	50 361.80	64 820.09	73 079.21	50 231.31
项目	2017 年 12 月 31 日	2018 年 12 月 31 日	2019 年 12 月 31 日	2020 年 12 月 31 日[1]	2021 年 12 月 31 日
负债	582 639.83	598 326.30	581 151.17	558 158.58	555 908.65
股东权益	259 702.25	213 824.66	226 412.16	−133 22..60	185 146.82

(续表)

项目	2017年12月31日	2018年12月31日	2019年12月31日	2020年12月31日[1]	2021年12月31日
归属于母公司权益	214 659.07	168 951.31	174 523.83	−56 081.56	145 723.72
总资产	842 342.08	812 150.96	807 563.33	544 835.97	741 055.46
财务指标	2017年	2018年	2019年	2020年	2021年
基本每股收益(元)	0.14	0.03	0.09	−3.47	3.04
加权平均净资产收益率	4.34%	0.91%	3.52%	−388.46%	451.05%
扣非后加权平均净资产收益率	1.35%	−2.31%	2.83%	−395.57%	−27.92%

注:1. 考虑到信息可比,此表中 2020 年年末数据是 2021 年年度报告中经过追溯调整后的可比期间数据。
资料来源:根据澄星股份 2017—2021 年年度报告整理编制(采用追溯调整后的数据)。

如表 8-1 所示,澄星股份 2017—2021 年营业收入保持在 30 亿元以上,扣非后归母净利润起伏较大,但公司经营活动一直保持较高的现金流量净额。2020 年,公司出现巨额亏损,净资产(股东权益)出现负值,资不抵债,公司经营表现出难以为继的现象,2021 年公司扭亏为盈。据 2020—2021 年年度报告信息:受澄星集团债务危机影响,2020 年澄星股份将"其他应收款——资金拆借款"(为澄星集团占用澄星股份非经营资金)全额计提坏账准备 2 124 888 814.07 元,是其 2020 年大幅亏损的主要原因;2021 年澄星股份全额转回该信用减值损失,从而使 2021 年澄星股份净利润及总资产均有大幅提升。

与此同时,2020 年澄星股份受到其实际控股股东澄星集团及其关联方非经营性资金占用,以及澄星集团债务危机问题的影响,流动性出现困难,部分短期借款逾期未能办理展期,部分银行提起诉讼要求提前收回借款,公司经营异常困难,被诉讼起诉案件不断增多,再加上公司相关生产工厂已停产、减产,严重影响了公司的订单履行和产品销售,澄星股份持续经营能力具有重大不确定性。2021 年 5 月 6 日,澄星股份被实施退市风险警示。2021 年 11 月 9 日,澄星股份债权人江阴市建筑装潢制品厂以该公司不能清偿到期债务且资产不足以清偿全部债务为由,向无锡市中级人民法院提出对该公司进行破产重整的申请。

8.1.2 澄星股份的股本结构和经营风险

8.1.2.1 澄星股份股本构成及实际控制人

表 8-2 描述了截至 2021 年 12 月 31 日澄星股份前五大股东构成情况。如表 8-2 所示,澄星股份第一大股东澄星集团虽然持股比率仅为 25.78%,但由于第二大股东江阴汉盈投资有限公司仅持有 16.01%的股份,其他大股东单独持股比例均不足 1%,因此澄星集团拥有澄星股份的权力,能够实际控制澄星股份的生产经营和财务决策。

表 8-2　2021 年 12 月 31 日澄星股份前五大股东构成情况

序号	股东名称	性质	持股数量(股)	比例
1	江阴澄星实业集团有限公司	境内非国有法人	170 826 693	25.78%
2	江阴汉盈投资有限公司	境内非国有法人	106 107 921	16.01%
3	刘大江		3 889 800	0.59%
4	陈丽君		3 000 000	0.45%
5	姜鸣		2 830 000	0.43%

注:澄星股份前二大股东持股比例多年未发生变化。
资料来源:根据澄星股份 2021 年年度报告整理编制。

2022 年 8 月 24 日,澄星股份发布公告称,其第一大股东澄星集团所持有的上市公司 25.78%股权,被无锡星盛州科技合伙企业以 5.17 亿元价格拍下;2022 年 8 月 26 日,华西集团于淘宝网司法拍卖平台上以 3.19 亿元人民币的最高应价竞得汉盈投资所持有的 16%的股权。澄星股份股东构成迎来重大重组。

8.1.2.2　澄星股份经营风险

(1) 我国国内实体化工类企业的监管要求越来越严苛,行业整合和供给侧改革力度加强,澄星股份所属磷化工行业持续面临结构性产能过剩的问题。同时,行业内湿法磷酸精制工艺技术的进步对澄星化工的热法磷酸市场冲击加剧,澄星股份面临产品和产业结构调整的压力。

(2) 澄星股份是精细磷化工企业,在上游产品黄磷成本构成中,磷矿石及电耗占比较高,原辅材料、能源价格的剧烈波动对公司业绩的影响具有较大的不确定性。

(3) 澄星股份及其重点子公司均为磷化工生产型企业,其对安全、环境保护要求较高,日益严格的环境保护政策对公司生产经营具有较大影响。

(4) 在公司主营业务收入构成中,国外销售收入占比约在三成左右,受汇率变动影响,公司境外业务可能持续受到一定影响。

(5) 2020 年以来,受公司控股股东澄星集团及其子公司非经营性资金占用和澄星集团债务危机问题的影响,澄星股份在流动性方面出现困难,存在部分短期借款逾期未办理展期和部分银行提起诉讼要求提前收回借款的情况,影响公司正常生产经营。澄星集团所持澄星股份的股票被轮候冻结,公司控股股东无力再为公司提供担保,公司融资出现困难。此外,澄星股份公司本部磷酸生产工厂因安全生产许可证到期,于 2021 年 4 月 9 日开始停产整改。① 澄星股份的生产经营具有不确定性。

8.1.3　澄星股份债务危机的根源:实控股东澄星集团非经营性占用资金

2022 年 9 月,证监会下达《行政处罚决定书》和《市场禁入决定书》,依法裁定澄星股份及其控股股东的信息披露违法事实成立。其涉及的两个主要问题之一是澄星股份实控股东澄

---

① 资料来源:澄星股份 2020 年年度审计报告。

星集团及其关联方非经营性资金占用形成关联交易未信息披露:2020年,澄星集团及其实际控制公司非经营性占用澄星股份资金累计达375 391.23万元,累计归还164 980.42万元,期末余额为210 419.81万元。表8-3描述了截至2020年12月31日澄星股份与其控股股东澄星集团通过关联方交易形成的非经营性资金占用路径、方式和金额。如表8-3所示,澄星股份将非经营性资金划转澄星集团及其子公司的方式主要有两种:第一,澄星股份以电汇划转、银行承兑汇票等形式通过子公司绿城化工最终将资金支付给澄星集团及其关联方,形成澄星集团及其关联方非经营性资金占用共计302 248.62万元;第二,澄星股份通过不同渠道和途径代澄星集团及其关联方偿还贷款,形成澄星集团及其关联方非经营性资金占用共计73 142.61万元。

表8-3 澄星集团及其子公司的非经营性资金占用途径解析

资金占用渠道	路径	方式	资金占用金额(万元)
资金往来业务	澄星股份——绿城化工——澄星集团及其子公司	电汇划转、银行承兑汇票	302 248.62
代为偿还债务	澄星股份子公司(兴霞物流配送公司)——非金融机构——澄星集团	归还非金融机构借款	20 700.00
	澄星股份开出或承兑商业汇票——澄星集团子公司贴现——澄星股份兑付	商业汇票承兑与贴现	50 000.00
	澄星股份——澄星集团关联方	归还债务	2 442.61
合计			375 391.23

资料来源:根据澄星股份2021年度报告、《行政处罚决定书》(〔2022〕47号)及相关临时公告整理编制。

澄星股份2020年年末总资产为544 835.97万元,净资产为-133 22..61万元,关联方非经营性资金占用累计发生额占总资产比重达到69%,未归还余额占总资产比重达到39%,巨额的关联方资金占用为澄星股份日后的债务危机埋下伏笔,也成为引发一系列金融借款合同纠纷诉讼和仲裁的重要原因之一。

8.2 主要会计问题描述

2021年4月30日,上海证券交易所下达《关于江苏澄星磷化工股份有限公司2020年年度报告的信息披露监管问询函》,其中一项问询为:对澄星股份2020年年报披露涉及的诉讼,要求"结合大额累计诉讼的具体进展,说明公司在对应年度计提预计负债情况,包括计提金额、依据和具体时点,说明相关会计处理是否符合会计准则的规定"。

澄星股份在《《关于江苏磷化工股份有限公司2021年半年报信息披露的监管问询函》的回复公告》披露:截至2021年8月26日,澄星股份涉及重大诉讼被起诉案件13起。表8-4列示了该13起重大诉讼的相关信息,13起诉讼案件均为金融借款纠纷诉讼,涉案金额共计为19.75亿元(含未进入诉讼程序的财产保全金额2亿元),加上其他买卖纠纷、购销合同纠纷等合计8 358.26万元,澄星股份累计诉讼金额达到20.59亿元。

表 8-4 截至 2021 年 8 月 26 日澄星股份 13 起重大诉讼信息汇总

序号	原告	被告	涉案金额(元)	进展情况	判决事项
案件一	宁波银行无锡分行	澄星股份、澄星集团	44 928 111.64	一审判决已出	1. 澄星股份归还宁波银行借款本金 44 643 527.92 元、期内利息 172 367.72 元并支付相应罚息 2. 澄星集团对澄星股份上述债务承担连带清偿责任 3. 案件受理费 291 800 元、财产保全费 5 000 元,合计 296 800 元,由澄星股份、澄星集团负担
案件二	渤海银行无锡分行		200 000 000.00	诉前财产保全	
案件三	招商银行无锡分行		165 000 000.00	一审判决已出	1. 澄星股份归还招商银行借款本金 1 亿元,并支付利息、罚息;澄星股份返还招商银行借款本金 5 000 万元,并支付利息、罚息 2. 澄星股份支付本案诉讼支出律师代理费 18 万元 3. 澄星集团对澄星股份债务承担连带清偿责任 4. 案件受理费 794 144 元、财产保全费 5 000 元,由澄星股份、澄星集团负担
案件四	中国民生银行无锡分行	澄星集团、汉邦石化、澄星股份、澄高包装、澄星房地产、铂斯达、李兴、缪维芬等	1 000 000 000.00 其中:澄星股份 300 000 000.00	二审审理中	1. 澄星股份归还民生银行无锡分行借款本金 3 亿元,并支付期内利息、逾期罚息,赔偿律师费损失 3.16 万元 2. 案件受理费 4 848 415 元、财产保全费 5 000 元,合计 4 853 415 元,由民生银行无锡分行承担 1 999 元,澄星集团承担 2 147 866 元,澄星股份承担 1 534 190 元,汉邦公司承担 657 963 元,澄高包装承担 511 397 元,澄星集团对诉讼费连带清偿
案件五	兴业银行无锡分行	澄星股份、澄星集团	251 520 211.00	一审判决已出	1. 澄星股份偿还兴业银行无锡分行借款本金 2.5 亿元、支付罚息 2. 澄星股份赔偿兴业银行无锡分行律师费损失 20 万元 3. 澄星集团承担连带清偿责任 4. 案件受理费 1 315 211 元、财产保全费 5 000 元,合计 1 320 211 元,由澄星股份、澄星集团共同负担
案件六	恒丰银行无锡分行	澄星股份、澄星集团	100 717 608.94	一审判决已出	1. 澄星股份偿还恒丰银行无锡分行借款本金 1 994.2 万元、支付罚息 2. 澄星股份偿还恒丰银行无锡分行借款本金 8 000 万元、支付罚息 3. 澄星集团在 11 000 万元最高余额范围内承担连带清偿责任 4. 案件受理费 542 650 元、财产保全费 5 000 元,合计 547 650 元,由澄星股份、澄星集团共同负担

(续表)

序号	原告	被告	涉案金额(元)	进展情况	判决事项
案件七	中国农业银行宣威市支行	宣威磷电、澄星股份	42 481 987.30	一审判决已出	1. 由宣威磷电偿还原告借款本金4 200万元及利息并承担罚息 2. 被告宣威磷电支付原告支出的律师代理费8 000元 3. 被告澄星股份对被告宣威磷电前述债务承担连带清偿责任 4. 案件受理费252 881元,保全费5 000元;由宣威磷电、澄星股份连带承担
案件八	中国农业银行宣威市支行	宣威磷电、澄星股份	66 711 155.55	一审判决已出	1. 由宣威磷电偿还原告借款本金6 600万元及借期内的利息,并承担罚息和复利 2. 由被告宣威磷电支付原告支出的律师代理费8 000元 3. 澄星股份对被告宣威磷电前述债务等承担连带清偿责任 4. 案件受理费373 424元,保全费5 000元;由被告宣威磷电、澄星股份连带承担
案件九	重庆农村商业银行两江分行	澄星股份、澄星集团、宣威磷电	388 199 335.24	一审审理中	
案件十	中国光大银行无锡分行	澄星股份、澄星集团	152 670 292.84	一审判决已出	1. 澄星股份偿还光大银行无锡分行借款本金15 000万元,并支付利息、复利以及罚息 2. 澄星股份赔偿光大银行无锡分行发生的律师费损失15万元 3. 澄星集团在最高本金余额1.5亿范围内承担连带清偿责任 4. 案件受理费807 539元、财产保全费5 000元,合计812 539元,由澄星股份、澄星集团共同负担
案件十一	徽商银行南京分行	澄星股份、江阴日化厂、澄星集团、李兴	70 855 874.43	一审审理中	
案件十二	平安银行南京分行	澄星股份、澄星集团	151 975 285.96	一审审理中	
案件十三	中国民生银行南宁分行	广西钦州澄星、澄星集团、澄星股份	40 068 666.67	一审审理中	

注:案件二和案件四向渤海银行股份有限公司无锡分行借款的2亿元及向中国民生银行股份有限公司无锡分行借款的3亿元(由江阴支行放款)均被控股股东澄星集团资金占用。

资料来源:根据澄星股份临时公告《关于江苏磷化工股份有限公司2021年半年报信息披露的监管问询函》的回复公告》【临2021—088】整理编制。

澄星股份在回复公告中明确声明:"由于目前公司管理层正在与各债权银行进行债务协商,预计公司最终承担逾期罚息等预计负债的可能性不大,故本期未就金融机构诉讼进行预计负债确认,符合会计准则的规定。"

然而,仔细研读澄星股份2021年4月之后发布的一系列涉及重大诉讼和仲裁进展的临时公告可知,澄星股份涉及重大诉讼和仲裁的案件数量持续上升。截至2021年11月,公司累计涉案14起,累计涉案金额为人民币2 140 362 889.60元[其中:重大被诉讼起诉金额为2 017 719 999.20元;其他被诉讼起诉(仲裁)金额为122 642 890.40元]。澄星股份所持云南弥勒市磷电化工有限责任公司等17家公司的股权被申请冻结,该17家公司2020年度营业收入合计5 082 544 713.42元,约占2020年澄星股份营业收入的78%;截至2022年3月,澄星股份累计涉案16起,累计涉案金额高达人民币2 404 372 765.26元[其中:重大被诉讼起诉(仲裁)金额为2 210 928 325.61元;其他被诉讼起诉(仲裁)金额为129 175 113.01元;截至2022年1月28日,被投资者诉讼起诉金额为64 269 326.64元;人民法院诉讼费催缴合计金额为2 667 005.00元]。与此相对应的是,澄星股份2021年年末总资产7 410 554 635.24元,流动资产3 809 915 759.61元(其中包括控股股东非经营性资金占用),澄星股份16起诉讼案涉案金额约占总资产的32%,约占流动资产的63%,金额巨大,一旦败诉,必定引发偿债危机。

事实上,2021年11月5日,鉴于澄星股份不能清偿到期债务且资产不足以清偿全部债务,澄星股份债权人江阴市建筑装潢制品厂向无锡中院提出重整申请。2021年11月19日,无锡中院同意给予澄星股份6个月的庭外重组期限。2022年4月,澄星股份制定和解协议草案。

从性质上看,重大未决诉讼仲裁案件由于败诉可能引起的偿付义务具有较大的不确定性,属企业或有事项。那么,我国现行企业会计准则如何规范不同程度不确定性或有事项的确认、计量和列报呢?作为典型的或有事项,澄星股份在其相应年度的财务会计报告中是如何披露与重大未决诉讼仲裁相关的或有事项呢?张敦力和张婷(2018)研究认为,我国现行相关企业会计准则规定了企业披露或有事项的义务,但未能对或有事项披露形式及其先决条件作出明确界定;相比隐蔽性更强的表外披露的或有事项信息,表内列报的或有事项信息对企业及其管理层的负面影响可能更大。因此,企业管理当局倾向于将本可在表内列报的或有事项信息转于表外附注中披露,以最大限度地降低或有事项信息的负面影响。他们对我国A股非金融类上市公司2003—2016年的数据实证研究结果证实了这一推断:管理层可能会利用其控制权操控或有事项的披露形式,管理层权力越大,表内列报的预计负债金额越小,而表外披露的或有事项频数越大;同时,企业外部环境不确定性程度越高,或有事项信息在会计处理中的弹性越大,管理层权力在或有事项信息披露中的裁定空间及操纵范围越大。环境不确定性增强了管理层权力对表内或有事项信息的负向作用,削弱了管理层权力对表外或有事项信息披露的正向作用。

如前所述,一方面,澄星股份通过关联方交易向其控股股东澄星集团输送巨额资金,形成非经营性资金占用,澄星集团的债务危机直接触发了澄星股份的债务危机;另一方面,澄星股份在该阶段所面临的市场经营环境不确定性较强,新冠疫情、原材料价格等经营风险较大,这些可能均会引致澄星股份选择操控重大未决诉讼事项的披露决策。2022年9月

14日,证监会向澄星股份下达《行政处罚决定书》,裁定澄星股份违规未披露有关重大诉讼和仲裁事件信息:截至2021年4月10日,澄星集团隐瞒相关诉讼、仲裁事项,导致2020年6月至12月期间,澄星股份存在4起诉讼、仲裁达到披露标准,但未履行临时报告披露义务,也未在2020年年度报告中予以披露,累计涉案金额8 418.24万元。上述信息在一定程度上表明了澄星股份在重大诉讼仲裁事项的披露方面确实存在操纵行为。那么,澄星股份在财务报告中对于重大未决诉讼仲裁案件的会计处理是否符合我国现行企业会计准则之相关规定,以及是否对其进行了操控呢?从2020年以来的经营发展现状看,澄星股份涉入的重大诉讼仲裁案件金额巨大。其2020、2021年度对其的会计处理是否完整真实地反映了该企业面临的债务危机?

8.3 相关准则条款解读

8.3.1 企业会计准则之相关规定

我国现行第13号企业会计准则CAS 13《或有事项》规范了或有事项的确认、计量和相关信息的披露。该准则共包括总则、确认与计量、披露等3章15条内容,明确规定了或有事项的定义、预计负债的确认与计量、或有资产与或有负债、或有事项的披露、关于未决诉讼与未决仲裁的特别条款。

1. 或有事项的定义

或有事项是指过去的交易或者事项形成的,其结果须由某些未来事项的发生或不发生才能决定的不确定事项。

2. 预计负债的确认与计量

第一,预计负债的确认条件。与或有事项相关的义务同时满足下列条件的,应当确认为预计负债:①该义务是企业承担的现时义务。②履行该义务很可能导致经济利益流出企业。③该义务的金额能够可靠地计量。

第二,预计负债的计量。预计负债应当按照履行相关现时义务所需支出的最佳估计数进行初始计量。

所需支出存在一个连续范围,且该范围内各种结果发生的可能性相同的,最佳估计数应当按照该范围内的中间值确定。在其他情况下,最佳估计数应当视下列情况分别进行处理:①或有事项涉及单个项目的,按照最可能发生金额确定。②或有事项涉及多个项目的,按照各种可能结果及相关概率计算确定。

企业在确定最佳估计数时,应当综合考虑与或有事项有关的风险、不确定性和货币时间价值等因素。

第三,预期可获得第三方补偿的确认。企业清偿预计负债所需支出全部或部分预期由第三方补偿的,补偿金额只有在基本确定能够收到时才能作为资产单独确认。确认的补偿金额不应当超过预计负债的账面价值。

第四,关于亏损合同、重组义务预计负债的确认与计量。

待执行合同变成亏损合同的,如果该亏损合同产生的义务满足预计负债确认条件,应当确认为预计负债。但企业不应当就未来经营亏损确认预计负债。

企业承担的重组义务满足预计负债确认条件的,应当确认预计负债。同时存在下列情况时,表明企业承担了重组义务:①有详细、正式的重组计划,包括重组涉及的业务、主要地点、需要补偿的职工人数及其岗位性质、预计重组支出、计划实施时间等内容。②该重组计划已对外公告。企业应当按照与重组有关的直接支出确定预计负债金额。直接支出不包括留用职工岗前培训、市场推广、新系统和营销网络投入等支出。

第五,关于预计负债账面价值的复核。企业应当在资产负债表日对预计负债的账面价值进行复核。有确凿证据表明该账面价值不能真实反映当前最佳估计数的,应当按照当前最佳估计数对该账面价值进行调整。

3. 或有资产与或有负债

或有负债是指过去的交易或者事项形成的潜在义务,其存在须通过未来不确定事项的发生或不发生予以证实;或过去的交易或者事项形成的现时义务,履行该义务不是很可能导致经济利益流出企业或该义务的金额不能可靠计量。

或有资产是指过去的交易或者事项形成的潜在资产,其存在须通过未来不确定事项的发生或不发生予以证实。

企业不应当确认或有负债和或有资产。

4. 或有事项的披露

企业应当在附注中披露与或有事项有关的下列信息:

第一,预计负债。①预计负债的种类、形成原因以及经济利益流出不确定性的说明。②各类预计负债的期初、期末余额和本期变动情况。③与预计负债有关的预期补偿金额和本期已确认的预期补偿金额。

第二,或有负债(不包括极小可能导致经济利益流出企业的或有负债)。①或有负债的种类及其形成原因,包括已贴现商业承兑汇票、未决诉讼、未决仲裁、对外提供担保等形成的或有负债。②经济利益流出不确定性的说明。③或有负债预计产生的财务影响,以及获得补偿的可能性;无法预计的,应当说明原因。

第三,企业通常不应当披露或有资产。但或有资产很可能会给企业带来经济利益的,应当披露其形成的原因、预计产生的财务影响等。

5. 关于未决诉讼与未决仲裁的特别条款

在涉及未决诉讼、未决仲裁的情况下,按照准则相关规定披露全部或部分信息预期对企业造成重大不利影响的,企业无须披露这些信息,但应当披露该未决诉讼、未决仲裁的性质,并说明没有披露这些信息的事实和原因。

8.3.2 其他相关规定

规范上市公司信息披露的制度,除企业会计准则外,还有证券交易所股票上市规则以及证监会公开发行证券公司信息披露内容与格式准则。这两者对于上市公司重大诉讼和仲裁的信息披露均作出了明确规定。

1. 《上海证券交易所股票上市规则》

《上海证券交易所股票上市规则》(2020年12月修订)包括总则,信息披露的基本原则与一般规定,董事监事和高级管理人员、保荐人、股票和可转换公司债券上市、定期报告、临时报告的一般规定,董事会监事会和股东大会决策,应当披露的交易,关联交易,其他重大事项,停牌和复牌,退市与风险警示,申请复核,境内外上市事务的协调,日常监管和违反本规则的处理,释义,附则等十八章内容,其中第十一章"其他重大事项"第 11.1 条明确规定了"重大诉讼和仲裁"的信息披露,要求"上市公司应当及时披露涉案金额超过 1 000 万元,并且占公司最近一期经审计净资产绝对值 10%以上的重大诉讼、仲裁事项"。

2.《公开发行证券的公司信息披露内容与格式准则第 2 号——年度报告的内容与格式(2017 年修订)》

《公开发行证券的公司信息披露内容与格式准则第 2 号——年度报告的内容与格式(2017 年修订)》(简称《年度报告的内容与格式》)是证监会为规范上市公司年度报告的编制及信息披露行为、保护投资者合法权益而制定的,包括总则、年度报告正文、附则等 4 章 82 条内容。其中第三章"年度报告正文"第五节"重要事项"第三十六条明确规定了重大诉讼和仲裁信息的披露要求,要求"公司应当披露报告期内重大诉讼、仲裁事项"。已在上一年度报告中披露,但尚未结案的重大诉讼、仲裁事项,公司应当披露案件进展情况、涉及金额、是否形成预计负债,以及对公司未来的影响。对已经结案的重大诉讼、仲裁事项,公司应当披露案件执行情况。如果以上诉讼、仲裁事项已在临时报告披露且无后续进展的,仅需披露该事项概述,并提供临时报告披露网站的查询索引。如果报告期内公司无重大诉讼、仲裁,应当明确说明"本年度公司无重大诉讼、仲裁事项"。

8.4 会计处理分析

根据我国现行第 13 号企业会计准则 CAS 13《或有事项》,澄星股份涉及或有事项的会计处理主要包括预计负债确认和计量,以及或有负债的披露。澄星股份规定,当与因开采磷矿而形成的复垦、环境治理等弃置事项以及对外担保、未决诉讼或仲裁、产品质量保证、亏损合同等或有事项相关的义务同时符合预计负债确认的三个条件时,确认为预计负债,其金额按照该或有事项所需支出的最佳估计数计量。根据上海证券交易所和证监会有关重大诉讼、仲裁信息披露的相关规定,对于有关重大诉讼、仲裁事项的信息披露,除在年度报告"财务报告"章节根据会计准则之相关规定将满足预计负债和或有负债的未决重大诉讼、仲裁在相关位置予以列报和披露之外,还应在年度报告"重要事项"章节予以披露。

8.4.1 澄星股份 2020 年或有事项信息确认与披露概述

1. 关于预计负债的会计处理

澄星股份 2020 年年度报告的"财务报告"部分涉及预计负债确认的事项主要为矿山复垦费一项,未确认任何未决诉讼、仲裁引起的预计负债。

2020 年资产负债表"长期待摊费用"项目显示矿山复垦费本期增加额 15 619 370.31 元,同时确认负债。澄星股份矿山复垦费形成的负债原在"长期应付款"项目核算,本期将其作为资产弃置义务调整为在"预计负债"项目列报。① 表 8-5 列示了澄星股份关于"长期待摊费用——矿山复垦费"和"预计负债——资产处置义务"项目的期初余额、本期变动和期末余额信息。

---

① 关于土地复垦费及环境修复义务形成的预计负债的会计处理,可参考 CAS 4《固定资产》中关于存在弃置费用固定资产的相关规定。

表 8-5 澄星股份 2020 年度关于"长期待摊费用——矿山复垦费"和"预计负债——资产处置义务"项目金额增减变动

单位:元

项目	期初余额	本期增加	本期摊销及减少	期末余额
长期待摊费用——矿山复垦费	19 950 605.20	15 619 370.31	摊销 623 456.40 其他 19 327 148.80[1]	15 619 370.31
长期应付款——矿山复垦费	23 314 800.00		19 327 148.80 3 987 651.20	0
预计负债——资产弃置义务		15 619 370.31		15 619 370.31

注:1. 依据新评审的《矿山地质环境保护与土地复垦方案》,对尚未支付完毕的长期应付款 23 314 800.00 元及对应的长期待摊矿山复垦费 19 327 148.80 元进行调减,对相关弃置义务考虑货币时间价值,重新测算确认长期待摊资产及预计负债。

资料来源:根据澄星股份 2020 年年度报告数据整理编制。

根据表 8-5 所示信息,可模拟编制澄星股份 2020 年关于资产弃置义务预计负债确认等相关会计分录如下:

借:管理费用　　　　　　　　　　　　　　　　　　　623 456.40
　　贷:长期待摊费用——矿山复垦费　　　　　　　　　　　　　623 456.40
借:长期应付款——矿山复垦费　　　　　　　　　　　　19 327 148.80
　　贷:长期待摊费用——矿山复垦费　　　　　　　　　　　　　19 327 148.80
借:长期待摊费用——矿山复垦费　　　　　　　　　　　15 619 370.31
　　贷:预计负债——资产弃置义务　　　　　　　　　　　　　　15 619 370.31

2. 关于重大诉讼仲裁引起的或有事项的会计处理

澄星股份 2020 年年度报告中披露,澄星股份已在临时公告披露的重大诉讼及仲裁案件共计 7 起,具体如表 8-6 所示。信息披露在 2020 年年度报告第五节"重要事项"的"十、重大诉讼、仲裁"中。①

表 8-6 澄星股份 2020 年报中披露的重大诉讼及仲裁案件

序号	事项概述及类型	状态
1	宁波银行无锡分行与澄星股份金融借款合同纠纷	一审已判决
2	渤海银行无锡分行与澄星股份金融借款合同纠纷的诉前财产保全	未收到诉状
3	招商银行无锡分行与澄星股份金融借款合同纠纷	一审已判决
4	中国民生银行无锡分行与澄星股份金融借款合同纠纷	尚未判决
5	中国民生银行无锡分行与澄星股份金融借款合同纠纷的诉前财产保全,民生银行与澄星集团的综合授信业务	

---

① 澄星股份年度报告包括十二节,分别为释义、公司简介和主要财务指标、公司业务概要、经营情况讨论与分析、重要事项、普通股股份变动与股东情况、优先股相关情况、董事监事高级管理人员和员工情况、公司治理、公司债券相关情况、财务报告、备查文件目录。

(续表)

序号	事项概述及类型	状态
6	恒丰银行无锡分行与澄星股份金融借款合同纠纷的诉前财产保全	诉前财产保全已解除
7	中国工商银行江阴支行与澄星股份、澄星日化、无锡澄泓金融借款合同纠纷的诉前财产保全	诉前财产保全已解除

资料来源：根据澄星股份2020年年度报告整理编制。

澄星股份2020年年度报告第十一节"财务报告"报表附注"第十四项、承诺及或有事项"共包括"重要承诺事项、或有事项和其他"三个项目。公司并未在"或有事项"中进行任何披露，仅在"其他"项目中披露以下两项信息：

第一，采用代表人诉讼审理方式的中小股东诉讼案。

2020年5月，江苏省南京市中级人民法院发布公告：截至2020年5月6日，共有176名投资者向该院起诉，以澄星股份公司以前年度（详见证监会《行政处罚决定书》〔2019〕9号、《市场禁入决定书》〔2019〕2号）存在证券虚假陈述为由，要求澄星股份公司承担给投资者造成的损失。该院审查认为此纠纷符合代表人诉讼的相关规定，决定对其采用代表人诉讼审理方式。

澄星股份截至2020年12月31日，仅收到法院转交的69份投资者起诉书，对应索赔金额合计为16 123 228.71元。因对诉讼结果的可能性无法估计，其对赔偿的可能性及其金额无法测算，故未确认预计负债。

第二，一审审理阶段未决诉讼案1起。

2020年12月29日，中国民生银行股份有限公司无锡分行向江苏省无锡市中级人民法院提起诉讼，请求判决澄星股份、澄星集团、汉邦（江阴）石化有限公司、江阴澄高包装材料有限公司共同偿还本金9.486 6亿元及相应利息（截至2020年12月23日，利息为11 462 975元，此后利息以本金9.486 6亿元为基数，按年利率6.525%计算至还清该款项之日止，复利自2020年12月24日起以欠付利息及逾期罚息之和为基数，按年利率8.7%计算至还清该款项之日止）；判决澄星集团、汉邦（江阴）石化有限公司、澄星股份、江阴澄高包装材料有限公司承担原告支出的律师费220万元；判决常州铂斯达金属材料有限公司、江阴市澄星房地产开发有限公司、吴亮等其他被告对上述债务承担连带责任保证；判决原告对抵押物（即江阴市澄星房地产开发有限公司所有的位于花山路195号、197号房产以及建设用地使用权）的拍卖、变卖和折价的价款享有优先受偿权；判决原告对抵押物（即铂斯达所有的位于玉龙北路578号房产以及建设用地使用权）的拍卖、变卖和折价的价款享有优先受偿权；判决由被告承担本案诉讼费、保全费、公告费。

澄星股份未与中国民生银行无锡分行单独签订保证合同，故公司管理层判断，因综合授信合同条款，澄星股份最终承担共同清偿责任的可能性很小。

3. 关于后续2020年年度报告中重大诉讼仲裁信息的补充披露

2021年4月30日，澄星股份收到上海证券交易所下达的《关于江苏澄星磷化工股份有限公司2020年年度报告的信息披露监管问询函》，问询之一为"逾期或涉诉借款的具体情况，包括但不限于发生时间、借款方名称、金额、原定偿还日期、偿还资金来源、偿还安排及当前进展等情况",并要求结合上市公司偿还能力说明是否存在偿债风险,并充分提示风险。2021年6月,在《〈关于江苏澄星磷化工股份有限公司2020年年度报告的信息披露监管问询函〉的回复公告》中,澄星股份披露诉讼中的金融借款纠纷案11起,并公告相关偿债风险:"结合公司2020年货币资金期末余额为39 636.85万元,以及截至目前已经有银行逾期贷款51 250万元,银行宣布提前到期贷款38 654万元,银行已经提起诉讼涉及金额95 265万元。如果短期内银行集中要求偿还借款,再引发供应商集中诉讼、短期内要求集中偿还前期所欠货款,公司存在偿债风险。"表8-7描述了澄星股份截至2021年6月的重大银行诉讼的案件信息。

表8-7 澄星股份截至2021年6月的重大银行诉讼案件信息汇总

借款单位	借款银行	金额(万元)	借款日	业务到期日	状态
澄星股份	招商银行	10 000	2020-7-1	2021-1-1	已起诉
		5 000	2020-7-2	2021-1-1	已起诉
	恒丰银行	2 000	2020-1-14	2021-1-13	已起诉
		8 000	2020-3-18	2021-1-28	已起诉
	民生银行	15 000	2020-9-14	2021-9-14	已起诉
		15 000	2020-9-14	2021-9-14	已起诉
	宁波银行	4 465	2020-8-24	2021-1-29	已起诉
	兴业银行	15 000	2020-12-8	2021-12-7	已起诉
		10 000	2020-12-9	2021-12-8	已起诉
宣威磷电	农行宣威支行	6 600	2020-5-9	2021-3-31	已起诉
		4 200	2020-5-20	2021-3-31	已起诉
公司及子公司诉讼贷款合计		95 265			

资料来源:澄星股份《〈关于江苏澄星磷化工股份有限公司2020年年度报告的信息披露监管问询函〉的回复公告》。

截至2020年12月31日,表8-7中澄星股份11起案件中无一起属正常到期违约。因此,按照相关规则,澄星股份在2020年度报告中的信息披露无重大错误。然而,由于银行对澄星股份的授信多数包含在其控股股东澄星集团的综合授信中,且公司借款多由澄星集团担保,因此受到澄星集团债务危机的影响,金融机构对澄星集团授信单位统一提起诉讼。

8.4.2 澄星股份2021年上半年或有事项会计处理概述

1. 关于预计负债的确认

2021年上半年,澄星股份未确认任何预计负债。

2. 关于或有事项的披露

澄星股份2021上半年报告"财务报告"中报表附注部分,在"十四、承诺及或有事项"下披露资产负债表日存在的8起未决诉讼,分别如下:

第一,中小股东诉讼案。

第二,2021年3月18日,恒丰银行无锡分行向无锡市中级人民法院提起诉讼。

第三,2021年2月22日,兴业银行无锡分行向无锡市中级人民法院提起诉讼。

第四,2020年12月29日,中国民生银行无锡分行向江苏省无锡市中级人民法院提起诉讼,目前正在二审审理中。

第五,2021年5月24日,中国农业银行宣威市支行向云南省曲靖市中级人民法院提起诉讼,一审结果已出,支持原告请求。

第六,2021年5月24日,中国农业银行宣威市支行向云南省曲靖市中级人民法院提起诉讼,一审结果已出,支持原告请求。

第七,2021年2月1日,渤海银行无锡分行向江苏省无锡市中级人民法院提起诉前财产保全,尚未正式起诉。

第八,2021年6月21日,重庆农村商业银两江分行向重庆市第一中级人民法院提出申请,向法院申请诉讼财产保全。

如前所述,上述未决诉讼的会计处理引起上海证券交易所的问询,澄星股份对此的答复是,由于目前公司管理层正在与各债权银行进行债务协商,预计公司最终承担逾期罚息等预计负债的可能性不大,故本期未就金融机构诉讼进行预计负债确认,符合会计准则的规定。

8.4.3 澄星股份2021年或有事项会计处理概述

2021年度,澄星股份临时公告已披露的重大诉讼及仲裁案件及其状态如表8-8所示,共计18起,并在澄星股份2021年年度报告中"重要事项"章节披露概况。

表8-8 澄星股份2021年年度报告中披露的重大诉讼及仲裁案件

序号	事项概述及类型	状态
1	宁波银行无锡分行与澄星股份金融借款合同纠纷	一审已判决,进入执行阶段
2	渤海银行无锡分行与澄星股份金融借款合同纠纷	一审已判决,进入执行阶段
3	招商银行无锡分行与澄星股份金融借款合同纠纷	一审已判决,进入执行阶段
4	中国信达资产管理股份有限公司江苏省分公司与澄星股份金融借款合同纠纷	二审尚未判决
5	兴业银行无锡分行与澄星股份金融借款合同纠纷	一审已判决
6	恒丰银行无锡分行与澄星股份金融借款合同纠纷	一审已判决,进入执行阶段
7	中国农业银行宣威市支行与宣威磷电、澄星股份金融借款合同纠纷	一审已判决,终结执行程序
8	中国农业银行宣威市支行与宣威磷电、澄星股份金融借款合同纠纷	一审已判决,终结执行程序
9	重庆农村商业银行两江分行与澄星股份、宣威磷电金融借款合同纠纷	一审尚未判决
10	中国光大银行无锡分行与澄星股份金融借款合同纠纷	一审已判决,进入执行阶段
11	徽商银行南京分行与澄星股份金融借款合同纠纷	一审尚未判决
12	平安银行南京分行与澄星股份金融借款合同纠纷	一审已判决

(续表)

序号	事项概述及类型	状态
13	中国民生银行南宁分行与广西澄星、澄星股份金融借款合同纠纷	已民事调解
14	中国建设银行江阴支行与澄星股份金融借款合同纠纷	一审尚未判决
15	曲靖市商业银行宣威支行与宣威磷电、澄星股份金融借款合同纠纷	一审已判决
16	华夏银行江阴支行与澄星股份金融借款合同纠纷	一审尚未判决
17	朱杰、李立刚等投资者与澄星股份证券虚假陈述责任纠纷	一审尚未判决
18	江苏资产与澄星股份普通破产债权确认纠纷	一审判决已出

资料来源:根据澄星股份2021年年度报告整理编制。

1. 澄星股份2021年度预计负债确认情况

2021年,澄星股份确认的预计负债主要包括计提的未决诉讼罚息及诉讼费、中小股民诉讼赔偿费以及矿山复垦费。这些预计负债按照实际利率法计算,包括每年应负担的利息支出。表8-9描述了澄星股份2021年预计负债计提的详细信息。

表8-9 澄星股份2021年预计负债期初余额、本期发生额及期末余额

单位:元

项目		期初余额	本期增加	本期减少	期末余额
长期待摊费用——矿山复垦费		15 619 370.31		525 141.94	15 094 228.37
预计负债	资产弃置义务	15 619 370.31	726 300.71		16 345 671.02
	中小股民诉讼赔偿		59 351 793.99		59 351 793.99
	未决诉讼罚息及诉讼费用		49 076 866.16		49 076 866.16

资料来源:根据澄星股份2021年年度报告数据整理编制。

根据表8-9可模拟编制相关预计负债确认会计分录。

(1) 关于资产弃置义务预计负债利息费用的确认:

借:财务费用 726 300.71
　　贷:预计负债——资产弃置义务 726 300.71

(2) 关于中小股民诉讼赔偿预计负债的确认:

借:管理费用、营业外支出等 59 351 793.99
　　贷:预计负债——中小股民诉讼赔偿 59 351 793.99

(3) 关于未决诉讼罚息及诉讼费用预计负债的确认:

借:管理费用、营业外支出等 49 076 866.16
　　贷:预计负债——未决诉讼罚息及诉讼费用 49 076 866.16

(4) 与预计负债相关的递延所得税确认:

如果考虑未决诉讼预计负债的账面价值与计税基础之间形成的可抵扣暂时性差

异,则根据第 18 号企业会计准则 CAS 18《所得税》之相关规定,应确认相关递延所得税资产。表 8-10 描述了澄星股份 2021 年与预计负债相关的递延所得税资产金额确认信息。

表 8-10 澄星股份 2021 年与预计负债相关的递延所得税资产金额确认信息

单位:元

项目	2021 年 12 月 31 日		2021 年 1 月 1 日	
	可抵扣暂时性差异	递延所得税资产	可抵扣暂时性差异	递延所得税资产
未支付的罚息及诉讼费用[1]	94 660 460.16	23 665 115.05	0	0
中小股民未决诉讼赔偿	59 351 793.99	14 837 948.50	0	0

注:1. 未支付的罚息及诉讼费用包括已决诉讼和未决诉讼确认的罚息及诉讼费,其中未决诉讼及罚息为 49 076 866.16 元。

资料来源:根据澄星股份 2021 年年度报告整理编制。

根据表 8-10 数据信息,可模拟编制确认相关递延所得税资产的会计分录如下:

借:递延所得税资产 27 107 165.04
　　贷:所得税费用——递延所得税费用 27 107 165.04

注:适用所得税税率为 25%,递延所得税资产确认金额 =(49 076 866.16 + 59 351 793.99)× 25% = 27 104 165.04 元。

2. 澄星股份 2021 年财务报表附注中披露的或有事项信息

(1) 财务报表附注中披露的预计负债信息。

澄星股份 2021 年度报告的财务报表附注中对"预计负债"项目作出以下两点说明:

第一,以表格形式列示了预计负债的明细构成和期初、期末确认金额,详细披露信息如表 8-11 所示。

表 8-11 澄星股份 2021 年报披露的预计负债信息

单位:元

项目	期初余额	期末余额	形成原因
对外提供担保			
未决诉讼			
产品质量保证			
重组义务			
待执行的亏损合同			
应付退货款			
其他			
资产弃置义务	15 619 370.31	16 345 671.02	土地复垦及环境恢复

(续表)

项目	期初余额	期末余额	形成原因
中小股民诉讼赔偿		59 351 793.99	
未决诉讼罚息及诉讼费用		49 076 866.16	
合计	15 619 370.31	124 774 331.17	—

资料来源:澄星股份2021年年度报告。

第二,重要预计负债的相关重要假设、估计说明。披露预计资产弃置义务信息如下:"预计负债资产弃置义务指土地复垦及环境恢复负债,是指本公司未来清理矿场而产生的复垦及环境治理成本的现时义务,且该义务的履行很可能会导致经济利益的流出。在该支出金额能够可靠计量时,按照所需支出的最佳估计金额入账确认负债。由于预提金额是必须建立在估计基础上,所以最终的复垦费可能会超过或低于估计的复垦费用。"

(2)财务报表附注中披露的或有负债信息。

2021年年度报告"财务报告"中财务报表附注"十四、承诺及或有事项"下,在"或有事项"项目下披露资产负债表日存在的两项重要或有事项,具体如下:

第一,是关于中小投资者未决诉讼案件预计负债的披露信息。

2022年1月28日,南京中院共收到373位投资者起诉,以澄星股份公司以前年度(详见证监会《行政处罚决定书》〔2019〕9号、《市场禁入决定书》〔2019〕2号)存在证券虚假陈述为由,要求澄星股份承担给投资者造成的损失,其中337名投资者明确表示参加代表人诉讼,涉案金额64 269 326.64元。经该院审查,决定对此纠纷采用代表人诉讼审理方式,截至报告日,该案尚在审理过程中,暂未判决。澄星股份聘请浩天信和律师事务所对投资赔偿金额进行模拟测算,根据测算金额59 351 793.99元确认预计负债。

第二,关于金融借款纠纷的未决诉讼1项,是关于2020年12月29日中国民生银行无锡分行向江苏省无锡市中级人民法院提起的诉讼。

该诉讼如下:请求判决澄星股份、澄星集团、汉邦(江阴)石化有限公司、江阴澄高包装材料有限公司共同偿还本金9.4866亿元及相应利息;判决常州铂斯达金属材料有限公司、江阴市澄星房地产开发有限公司、吴亮等其他被告对上述债务承担连带责任保证;判决原告对抵押物,即江阴市澄星房地产开发有限公司所有的位于花山路195、197号房产以及建设用地使用权的拍卖、变卖和折价的价款享有优先受偿权;判决原告对抵押物,即铂斯达所有的位于玉龙北路578号房产以及建设用地使用权的拍卖、变卖和折价的价款享有优先受偿权。

2021年7月5日,一审判决已出,判决澄星股份于本判决生效之日起10日内归还民生银行无锡分行借款本金3亿元,并支付期内利息、逾期罚息、复利。

2021年7月19日,澄星股份收到债权转让与催收通知,内容显示中国民生银行股份有限公司无锡分行对应收上述债权于2021年6月25日转让给中国信达资产管理股份有限公司。

2021年7月23日,中国民生银行无锡分行向江苏省无锡市中级人民法院提出上诉请求,希望撤销2021年7月5日的一审判决,依法改判为澄星集团、汉邦(江阴)石化有限公司、澄星股份、江阴澄高包装材料有限公司对本案所涉全部贷款承担共同还款责任。截至报告日,上述案件二审尚处在审理阶段。

8.4.4 澄星股份2022年上半年或有事项会计处理概述

澄星股份在2022年上半年年报中"七、重大诉讼及仲裁"中披露已在临时公告披露且无后续进展的诉讼仲裁事项十八项,与2021年年度报告中披露的十八项诉讼仲裁事项一致。截至2022年6月30日,澄星股份没有新增重大诉讼仲裁事项。

1. 澄星股份2022年上半年预计负债确认情况

表8-12描述了澄星股份2022年1月至6月澄星股份预计负债项目增减变动情况。如表8-12所示,澄星股份2022年上半年无任何计提预计负债事项,随着诉讼案件结案执行,上半年偿付预计负债为3 363.6万元。

表8-12 澄星股份2022年上半年预计负债期初余额、本期发生额及期末余额

单位:元

项目		期初余额	本期增加	本期减少	期末余额
预计负债	资产弃置义务	16 345 671.02	0	0	16 345 671.02
	中小股民诉讼赔偿	59 351 793.99	0	0	59 351 793.99
	未决诉讼罚息及诉讼费用	49 076 866.16	0	36 335 951.13	12 740 915.03
合计		124 774 331.17	0	36 335 951.13	88 438 380.04

资料来源:根据澄星股份2022年上半年报告数据整理编制。

根据表8-12中的数据,可模拟编制澄星股份2022年上半年预计负债支付事项会计分录如下:

借:预计负债——未决诉讼罚息及诉讼费用　　36 335 951.13
　　贷:银行存款等　　　　　　　　　　　　36 335 951.13

2. 财务报表附注中披露的或有事项信息

澄星股份在2022上半年年报中披露的或有事项信息主要包括:第一,关于资产弃置义务重要预计负债的相关重要假设、估计说明;第二,关于承诺和或有事项2项。

披露信息几乎与2021年年报完全一致。

8.5 报表项目列示及财务影响

8.5.1 澄星股份2020年、2021年及2022年上半年或有事项会计处理的财务报表列示

未决诉讼仲裁是企业或有事项之一。澄星股份自2021年4月陆续收到上海证券交易所关于信息披露的问询函,要求对不断增加的重大诉讼仲裁信息作出具体说明。澄星股份对问询函回复的临时公告显示出其诉讼仲裁累计涉案金额之巨。表8-4即为截至2021年8月16日13起金融借款纠纷诉讼案的涉案金额。表8-13描述了澄星股份2020年、2021年和2022年上半年财务报表中预计负债增减变动情况及其占总资产比重的变动,以及相应期间澄星股份列支相关诉讼费用及罚息金额信息。

表 8-13　澄星股份 2020 年年末、2021 年年末、2022 年上半年年末预计负债项目情况

单位:万元

项目		2020 年 12 月 31 日	2021 年 12 月 31 日	2022 年 6 月 30 日
预计负债合计		1 561.94	12 477.43	8 843.84
其中	资产弃置义务[1]	1 561.94	1 634.57	1 634.57
	中小股民诉讼赔偿	0	5 935.18	5 935.18
	未决诉讼罚息及诉讼费用	0	4 907.69	1 274.09
总资产		544 835.97	741 055.46	557 702.04
预计负债占总资产比重		0.29%	1.68%	1.58%
项目		2020 年	2021 年	2022 年 1 月至 6 月
管理费用——诉讼费用		0	792.41	229.23
营业外支出——罚息		0	5 734.22	3 058.94
营业外支出——未决诉讼		0	6 046.63	0

注:1. 预计负债资产弃置义务指土地复垦及环境恢复负债。
资料来源:根据澄星股份 2020—2021 年年度报告及 2022 年上半年报告整理编制。

如表 8-13 所示,澄星股份 2020 年未计提任何未决诉讼预计负债。截至 2021 年 12 月,澄星股份披露诉讼案件 18 起,2021 年度财务报告计提未决诉讼预计负债 10 842.87 万元,加上资产弃置义务预计负债,共计 12 477.43 万元,占 2021 年总资产比重的 1.68%,预计负债的增加基本来自未决诉讼预计负债的增长。然而,澄星股份自 2021 年 4 月后的一系列临时公告披露,澄星股份自 2020 年以来的十余起重大诉讼仲裁信息,主要为金融借款诉讼纠纷,累计涉案金额超过 20 亿。

澄星股份 2022 年上半年预计负债无增加发生额,当期减少 3 633.59 万元,为诉讼结案执行偿还预期诉讼损失;与此同时,澄星股份 2022 年上半年管理费用列支诉讼费用 222.92 万元,营业外支出列支罚息 3 058.94 万元,合计 3 288.17 万元,这意味着其 2022 年列支的涉诉费用及罚息在以前年度并未作为预计负债确认,而是在实际发生时直接列支为当期费用。

8.5.2　澄星股份 2020 年、2021 年、2022 年上半年或有事项会计处理的初步分析

如上所述,澄星股份 2020 年、2021 年、2022 年上半年对或有事项的会计处理具有下述特点:

第一,根据 2022 年 9 月 14 日证监会下达的《行政处罚决定书》,澄星股份 2020 年 6 月至 12 月存在 4 起达到证监会披露标准的重大诉讼仲裁案件,但其不仅未在临时公告中披露,而且未在 2020 年度报告中披露,涉案金额 8 418.24 万元。

第二,对于 2020 年度资产负债表日已经存在的中小股民诉讼案件,澄星股份 2020 年并未进行预计负债确认,仅作为或有事项进行披露;但在 2021 年,随着起诉中小投资者由 69 人增加到 373 人,澄星股份确认相关预计负债 5 935.18 万元。

第三,澄星股份于 2020 年、2021 年和 2022 年上半年的财务报告中披露或有事项信息均

为两项,其一为中小股民涉诉信息,其二为中国民生银行金融借款纠纷未决诉讼。截至2022年6月30日,第2项金融借款纠纷或有事项一审结果已出,处于二审审理中。

第四,在澄星股份对上海证券交易所关于公司2020年度信息披露问询函的回复中,披露由于澄星集团综合授信导致的银行统一提起诉讼案件11起,涉及金额9.5265亿元,虽然在2020年12月31日符合事项不存在条件,但显然控股股东澄星集团其时已存在的债务危机已影响澄星股份的履约还款、银行债务展期及再融资能力。

第五,在2020年、2021年年度报告中,澄星股份对涉及诉前财产保全的金融借款纠纷未作任何或有事项披露,仅在临时公告披露;但在2021年上半年年度报告中,其对涉及诉求财产保全的金融借款纠纷作为或有事项披露。

第六,2021年度报告中,澄星股份仅按大类描述了资产处置义务、中小股民诉讼赔偿、罚息及诉讼费用等预计负债金额增减变动情况,未能披露单项未决诉讼预计负债金额及相关估计说明,且对于矿山复垦费预计负债和未决诉讼预计负债的信息披露不在同一位置。

这不仅让人深深疑惑:如果仅从遵循会计准则关于或有事项的会计处理来看,除了2020年年度报告中遗漏的4起重大诉讼仲裁案件披露,澄星股份对未决诉讼预计负债的确认以及或有事项的披露似乎无可指责,然而财务会计报告中关于未决诉讼的或有事项信息,能够及时、准确地反映澄星股份涉诉情况可能会引起的预期支付债务吗?进一步讲,澄星股份涉及重大诉讼仲裁的信息披露能够反映企业其时面临的真实债务危机及其缘由吗?

8.5.3 澄星股份2020年、2021年或有事项会计处理的动机及经济后果

深入解析澄星股份2020年以来的财务状况及偿债能力指标,澄星股份对重大诉讼仲裁的信息披露具有操纵管理动机及痕迹。

一方面,表8-14列示了澄星股份2017—2021年流动资产、流动负债、负债总额、资产总额及相应偿债比率指标的变化情况。澄星股份2017年以来的偿债能力指标偏低,流动负债一直高于流动资产,流动比率和资产负债率持续下滑,2020年的流动比率更是下降到0.3188,资产负债率上升到102.45%,流动性不佳。

表8-14 澄星股份2017—2021年流动性指标变动情况表

单位:万元

项目	2017年12月31日	2018年12月31日	2019年12月31日	2020年12月31日	2021年12月31日
流动资产	451 557.52	422 519.56	424 843.30	164 126.57	380 991.58
流动负债	476 070.05	550 044.19	567 646.97	514 821.02	529 157.35
流动比率	0.95	0.77	0.75	0.32	0.72
负债总额	582 639.83	598 326.30	581 151.17	558 158.58	555 908.64
资产总额	842 342.09	812 150.96	807 563.33	544 835.97	741 055.46
资产负债率	69.16%	73.67%	71.96%	102.45%	75.02%

注:流动比率=流动资产÷流动负债;资产负债率=负债总额÷资产总额×100%。
资料来源:根据澄星股份2017—2021年年度报告数据计算编制(采用经追溯调整后的数据)。

另一方面,截至 2020 年 3 月底,澄星股份控股股东澄星集团范围内企业涉及一般诉讼案件 68 起,涉案金额 17.12 亿元;融资租赁诉讼案件 8 起,涉案金额 6.09 亿元;已进入执行程序的案件 15 起,涉案金额 15.3 亿元。澄星集团及其子公司自身信用出现严重危机,基本丧失偿债能力。而澄星股份的银行授信多数是包含在整个澄星集团的综合授信中,且借款中由澄星集团担保的较多,再加上澄星集团及其子公司非经营性占用澄星股份资金问题,澄星集团的债务危机直接引致澄星股份融资问题;2020 年年末澄星股份即存在部分短期借款逾期未办理展期和部分银行提起诉讼要求提前收回借款的情况;截至 2021 年 6 月,澄星股份存在银行逾期贷款 51 250 万元,银行宣布提前到期贷款 38 654 万元,银行已经提起诉讼 13 起,涉及金额 95 265 万。①

显而易见,如果短期内银行集中要求偿还借款引发供应商集中诉讼、短期内要求集中偿还前期所欠货款,公司会存在极高的偿债风险,甚至会面临退市风险。而影响澄星股份重大诉讼仲裁和平解决的最大潜在影响因素是其时控股股东澄星集团的财务状况及偿债能力。据相关公告信息,截至 2021 年 3 月末,澄星控股股东澄星集团未经审计的所有者权益为 −18.15 亿元,负债总额为 149.14 亿元,其中有息负债总额为 51.17 亿元,所有贷款都到期或被宣布提前到期;其下属重要子公司汉邦(江阴)石化有限公司、江阴澄高包装材料有限公司、江苏澄星磷化工集团进出口有限公司陆续进入破产重整程序,三家公司经审计后的所有者权益分别为 −56.70 亿元、7 504 万元、−26.95 亿元,负债总额分别为 151.9 亿元、70.4 亿元、137.08 亿元。2022 年 2 月 8 日,江阴市地区总部经济园开发投资有限公司向江阴法院申请对澄星集团进行重整。2022 年 2 月 9 日,澄星股份收到澄星集团的告知函,告知上述重整申请已被法院受理并指定江苏谋盛律师事务所担任澄星集团管理人,澄星集团进入重整程序。

我国现行第 13 号企业会计准则 CAS 13《或有事项》并未对或有事项的种类、先决条件和披露形式作出明确规定,因而或有事项披露决策在很大程度上依赖于企业管理层的主观判断。从澄星股份个案来看,其 2020 年度以来的涉及重大诉讼的或有事项认定颇为模糊,后果也是明显的,而作为重大诉讼的导火索,即澄星集团的债务危机在当期澄星股份的财报中未能看到任何披露,这在某种程度无疑不利于市场上的投资人对澄星股份整体企业价值的判断和估计。

8.6 讨论要点

问题一:深入讨论我国现行 CAS 13《或有事项》对或有事项的界定、预计负债的确认和计量,以及或有事项披露的方式。

问题二:深入讨论澄星股份自 2020 年开始发生的一系列重大诉讼仲裁有何特征,影响这些诉讼仲裁最终判决不利于澄星股份的可能因素有哪些。其时澄星股份控股股东澄星集团的财务状况及其与澄星股份的关联方交易,是否影响了澄星股份未决诉讼或有事项的未来进展?

问题三:澄星股份 2021 年确认的涉诉预计负债信息能够如实反映其时澄星股份债务危

---

① 澄星股份临时公告:《关于江苏澄星磷化工股份有限公司 2020 年年度报告的信息披露监管问询函》的回复公告》【临 2021—048】。

机吗?

问题四:澄星股份 2020 年、2021 年、2022 年上半年的或有事项披露,是否完整反映了澄星股份其时的未决诉讼仲裁情况?

问题五:由于澄星股份控股股东澄星集团重整,根据 2022 年 3 月 14 日江阴市人民法院民事判决书(〔2022〕苏 0281 民初 1630 号),澄星股份确认自 2021 年 12 月 31 日起享有对江苏资产管理有限公司 2 238 764 309.38 元的债权(本金 2 124 888 814.07 元,利息 113 875 495.31 元),2022 年 4 月 15 日,江苏资产管理有限公司现金偿还澄星股份 2 256 191 574.65 元(含期后 2022 年 1 月 1 日至 4 月 14 日利息 17 427 265.27 元)。受此事件影响,澄星股份出具的 2021 年财务报告中显示,全额转回原对澄星集团资金占用形成的其他应收款计提的减值准备 21.24 亿元。如果 2022 年澄星股份未能收回该笔应收款,对澄星股份预计负债确认和或有事项披露会有何种影响?

问题六(思政专题):深入讨论会计信息质量特征"如实反映"中蕴含的会计诚信与职业道德,以及其弘扬的社会主义核心价值观。

参考文献

[1] Barth M E, Kasznik R, McNichols M F. Analyst Coverage and Intangible Assets[J]. Journal of Accounting Research,2001,39(1):1-14.

[2] Desir R, Fanning K, Pfeiffer R J. Are Revisions to SFAS No. 5 needed? [J]. Accounting Horizons,2010,24(4):525-545.

[3] Skinner D J. Earnings Disclosures and Stockholder Lawsuits[J]. Ssrn Electronic Journal,1997,23(3):249-282.

[4] 董小红,李哲,王放. 或有事项信息披露有利于分析师预测吗?[J]. 经济管理,2015(10):96-105.

[5] 张敦力,张婷. 管理层权力与或有事项信息披露——基于环境不确定性的调节效应研究[J]. 审计与经济研究,2018(2):60-68.

第 9 章 汤臣倍健：企业并购、商誉形成及减值的确认、计量与报告[①]

企业合并及相关合并商誉问题一直以来都是学术界和实务界关注的热点话题，我国证监会 2014 年修订《上市公司重大资产重组管理办法》，2015 年证监会、财政部、国资委、银监会联合出台《关于鼓励上市公司兼并重组、现金分红及回购股份的通知》，此后，我国资本市场上出现并购重组热潮，以高估值、高商誉、高业绩承诺为特征的企业并购屡见不鲜，且由此导致合并商誉规模快速积累。截至 2018 年年底，由于前期高价兼并收购，我国大量上市公司在被收购企业业绩未达预期时需要对商誉进行减值，上市公司财务报告中商誉减值问题开始频频暴雷。表 9-1 列示了我国上市公司 2012—2021 年商誉及商誉减值金额。截至 2021 年，我国 A 股上市公司商誉账面价值仍高达 11 953 亿元，最高峰在 2018 年，达到 13 395 亿元。商誉减值从 2012 年的 10 亿元开始逐年增加，于 2018 年达到最高点 1 583 亿元。2019 年，有 109 家上市公司商誉占净资产的比重超过 50%（耿建新和丁含，2021）。我国资本市场中存在的大量商誉泡沫为上市公司的经营发展和正常市场秩序埋下了巨大隐患，商誉减值的集体暴雷，引发了对商誉会计问题的热议。

表 9-1 我国 2012—2021 年上市公司商誉及商誉减值计提金额表

单位：亿元人民币

项目	2012 年	2013 年	2014 年	2015 年	2016 年	2017 年	2018 年	2019 年	2020 年	2021 年
商誉	1 989	2 442	3 611	6 762	10 738	13 332	13 395	12 995	12 134	11 953
商誉减值	10	17	24	84	156	352	1 583	1 537	1 236	712
商誉减值占本年净利润比重		0.1%	0.1%	0.3%	0.5%	0.9%	3.8%	3.4%	2.7%	1.3%
商誉占净资产比重	1.08%	1.18%	1.49%	2.33%	3.18%	3.46%	3.08%	2.67%	2.24%	1.99%
创业板商誉	63	148	497	1 200	1 961	2 550	2 333	2 038	1 758	1 639
创业板商誉占净资产比重	1.48%	3.01%	7.88%	13.80%	15.76%	16.19%	13.75%	10.87%	7.98%	6.16%

资料来源：根据 WIND 数据整理编制（不同数据库中的金额存在些许差异，但不影响总体评估判别）。

在现行会计确认和计量规则下，只有产生于非同一控制企业合并中的合并商誉才会被

[①] 本章案例内容部分源自河南财政金融学院 2022 级财务管理专业李千龙毕业论文设计。

予以记录,现行商誉计量准则将合并商誉价值确定为企业并购中购买方的合并成本大于合并中取得的被购买方可辨认净资产公允价值份额的差额。现行商誉会计准则计量的实质在于:在企业合并中,购买方企业可以在并购中获得规模效应、财务效应等协同优势,从而愿意支付较高的购买溢价。然而,现行商誉计量准则赋予企业较多的会计自由裁量权。有研究证实,在商誉初始确认环节,并购标的估值方法、并购支付方式会影响商誉的初始入账价值,而管理层的机会主义动机则会影响商誉的后续计量(Hennings 等,2000;Lev,2011;谢纪刚和张秋生,2013)。

我国创业板上市公司对被收购企业的估值显著高于整体 A 股市场,并购交易高溢价现象更为突出(王竞达和瞿卫菁,2012;巴曙松等,2019)。如表 9-1 所示,创业板上市公司商誉占净资产的比重历年来均远远高于我国资本市场平均水平。高溢价带来的直接后果是,在现行会计准则规范下,商誉后续计量以确认商誉减值损失的形式给企业带来较大影响。本章案例公司为创业板上市公司汤臣倍健股份有限公司(以下简称"汤臣倍健"),该公司在 2018 年高溢价收购澳洲 Life-Space Group Pty Ltd(以下简称 LSG),形成巨额商誉 22 亿元人民币,该商誉占合并后汤臣倍健股份有限公司总资产比重的 20% 以上,继而在 2019 年确认 10 亿元商誉减值损失,直接导致汤臣倍健公司 2019 年报告收益亏损超过 4 亿元人民币。本章案例旨在通过回溯汤臣倍健对 LSG 重大资产收购流程及相应合并商誉的初始确认以及后续计量问题,明晰商誉本质,探析商誉列报对于企业财务状况和业绩的影响。本章数据资料主要来源于汤臣倍健官网、2017—2021 年年度报告、汤臣倍健股份有限公司关于收购 LSG 公司的相关临时公告等。

9.1 案例公司简介

汤臣倍健所处行业为食品制造业、膳食营养补充剂行业。2010 年 12 月 15 日,汤臣倍健在深圳证券交易所创业板挂牌上市,股票代码为 300146,是中国膳食营养补充剂领导品牌和标杆企业。

9.1.1 汤臣倍健公司概况、主营业务及发展战略

汤臣倍健前身为珠海海狮龙保健食品有限公司,创立于 1995 年。2005 年 8 月,公司实际控制人梁允超控股的广州卡培健康产品有限公司以及现有股东之一梁水生联合出资 130 万元人民币收购海狮龙全部股权。2008 年 10 月,公司以经审计的账面净资产 32 873 399.44 元人民币按 1∶1.095 8 的比例折合 3 000 万股整体变更为股份有限公司,并更名为"广东汤臣倍健生物科技股份有限公司",2012 年 4 月更名为"汤臣倍健股份有限公司"。截至 2021 年 12 月 31 日,公司第一大股东梁允超持有公司 710 611 742 股股票,持股比例为 41.79%,远超第二大股东持股比例 7.67% 和第三大股东持股比例 3.26%,是公司的实际控制人。

汤臣倍健及其子公司的主营业务为研发、生产、销售关节护理、眼部健康、益生菌三大品类的膳食补充剂及其相关延伸产品。欧睿数据显示,2021 年汤臣倍健在中国维生素与膳食补充剂行业的市场份额为 10.3%,稳居第一位。

汤臣倍健紧密关注企业内外部环境变化,引领公司发展成为业内知名企业和标杆企业,实现了资本资产的快速增长,保持了良好的盈利能力。表 9-2 描述了汤臣倍健 2015—2021 年

的财务状况和经营业绩变化。如表 9-2 所示,2015—2021 年,公司资产总额从 490 541 万元增至 1 296 593 万元;净资产从 455 385 万元增至 1 053 652 万元;年营业收入从 226 604 万元增至 743 127 万元;年净利润从 62 034 万元增至 176 630 万元。

表 9-2　汤臣倍健 2015—2021 年财务状况及经营业绩

单位:万元人民币

项目	2015 年 12 月 31 日	2016 年 12 月 31 日	2017 年 12 月 31 日	2018 年 12 月 31 日	2019 年 12 月 31 日	2020 年 12 月 31 日	2021 年 12 月 31 日
资产总额	490 541	532 836	611 361	979 045	833 071	964 026	1 296 593
股权权益	455 385	470 370	513 196	688 795	593 139	694 238	1 053 652
	2015 年	2016 年	2017 年	2018 年	2019 年	2020 年	2021 年
营业收入	226 604	230 911	311 080	435 077	526 180	609 490	743 127
毛利率	66.28%	64.40%	67.08%	67.66%	65.78%	62.82%	66.06%
净利润	62 034	50 765	76 681	90 843	−41 505	154 410	176 630
基本每股收益(元)	0.44	0.37	0.52	0.69	−0.24	0.96	1.06
加权平均净资产收益率	15.69%	11.76%	15.80%	19.00%	−6.50%	23.97%	19.34%

资料来源:根据汤臣倍健 2015—2021 年年度报告整理编制。

同时,公司品牌价值不断增加,核心市场竞争力凸显:2019 年 12 月 12 日,《汇桔网·2019 胡润品牌榜》发布,汤臣倍健以 75 亿元的品牌价值名列第 136 位;同年汤臣倍健名列 2019 医疗健康品牌价值榜全国第 4 位,民营企业第 1 位;并且名列"2019 胡润最具价值民营品牌"第 72 位。2020 年,公司列居"2020 中国品牌 500 强"第 259 位,并以 76.68 亿元的品牌价值名列"2020 中国品牌节年会 500 强"第 202 位。

9.1.2　汤臣倍健收购澳大利亚 LSG 公司事件

汤臣倍健一直被认为是我国创业板市场中的白马股,其营业收入与净利润在 2010 年上市后的前 5 年(2010—2015 年)呈现两位数的双高增长,其主品牌汤臣倍健系列产品销售收入占营业收入总额的比例达 60% 以上。然而,在经济稳步发展、居民消费升级、大健康产业需求提高等多方面因素推动下,我国保健品市场发展迅速,竞争日趋激烈,至 2018 年,中国已成为全球第二大保健品消费市场,市场规模突破 4 600 亿元,行业增长率达 10%~15%。[1] 受保健品行业竞争及电商挤压双重影响,如表 9-2 所示,汤臣倍健在 2016 年首次出现业绩下滑,净利润由 2015 年的 62 034 万元降至 50 765 万元,同比下降 18.17%。当企业在本国经营已达到规模最优阶段时,跨国并购便成为企业开拓国际市场、创造利润新增长点的重要方式。为应对增长乏力的经营困局,汤臣倍健于 2017 年开始进行业务整合,推出大单品战略,构建跨境电商。2018 年,汤臣倍健开启海外并购之路,试图通过并购国外知名益

---

[1] 中国医药保健品进出口商会膳食营养补充剂专业委员会. 中国膳食营养补充剂行业发展报告 2019[EB/OL]. https://ishare.iask.sina.com.cn/f/6WAQtKvXyj.html.

生菌企业LSG,实施横向一体化战略,充分发挥LSG在益生菌市场和跨境电商市场的资源优势,丰富公司现有产品线,实现产品与业务的协同效应;通过整合销售渠道,补足汤臣倍健当期在益生菌、综合保健品等系列产品线布局,丰富产品谱系;通过与标的公司优势互补,增加海内外交叉销售机会,借机拓展全球业务和开展海外并购,进一步巩固公司中国膳食补充剂行业领导者的地位。

LSG创建于2009年,注册地在澳大利亚维多利亚州,是一家非上市公司,由艾伦·梅塞尔(Alan Messer)、艾琳·梅塞尔(Irene Messer)和克雷格·思博理(Craig Silbery)共同控制,且3人为一致行动人。LSG以生产和销售益生菌产品为主,主要品牌为Life-Space,同时涉及鱼油、精油、维生素营养液等健康食品及综合保健品,品牌营业收入占营业收入总额的比例超过80%。LSG益生菌市场规模位居澳洲第二,约占该细分市场的33.9%。LSG自身不从事具体生产经营业务,旗下主要资产为3家全资子公司,即UltraMix、Evolution Health和Divico。Ultra Mix主要从事生产,Evolution Health主要从事销售,Divico为LSG核心商标等无形资产的持有方。LSG自2012年开始布局益生菌产品系列,2013年推出首款益生菌产品,主要目标市场及销售区域为澳大利亚和中国。2015年,LSG布局澳洲线下销售渠道,同时通过跨境电商方式进入中国市场。2016年,LSG创立天猫商城旗舰店。截至2018年,Life-Space是阿里系天猫、淘宝电商平台市场占有率排名前三的益生菌补充剂品牌,具备良好的品牌基础。表9-3列示了2017年汤臣倍健、LSG经审计的财务数据对比情况。如表9-3所示,汤臣倍健本次并购交易标的公司LSG,截至2017年12月31日的资产总额与交易作价孰高、归属母公司资产净额及交易作价孰高等指标,占上市公司汤臣倍健2017年经审计合并财务会计报告相同项目金额的比例达到50%以上,且超过5 000万元,营业收入占上市公司比重达到15.24%。这在我国现行规则下被界定为重大资产购买交易,对汤臣倍健此后的战略发展具有重大影响作用。

表9-3　2017年汤臣倍健、LSG经审计的财务数据对比

单位:万元人民币

财务指标	汤臣倍健	LSG100%股权	LSG占汤臣倍健比重
资产总额及交易作价孰高[1]	611 360.96	351 403.20	57.48%
营业收入[2]	311 079.54	47 398.46	15.24%
归属母公司资产净额及交易作价孰高[3]	510 082.51	351 403.20	68.89%

注:1. 交易作价较LSG 2017年年末资产总额更高,LSG公司采用交易作价测算。
2. 采用公司2017年经审计营业收入测算。
3. 交易作价较LSG 2017年年末归属母公司资产净额更高,LSG公司采用交易作价测算。
资料来源:汤臣倍股份有限公司《关于收购Life-Space的可行性报告》。

在本次汤臣倍健对标的公司LSG的跨国收购中,根据《股份出售协议》约定,可能的最高交易总对价为6.900 0亿澳元,采用2017年12月31日折算汇率5.092 8,可折合人民币约为35.14亿元人民币。最终交易价格达6.692亿澳元,按交易日汇率折算折合人民币约33.33亿元,交易对价由汤臣倍健设立的特殊目的公司澳洲佰盛以现金形式全额支付。LSG

在合并日可辨认净资产账面价值1.06亿元人民币,公允价值为10.97亿元人民币,确认商誉22.35亿元人民币,并购溢价高达34倍。

9.2 主要会计问题描述

2018年2月1日,汤臣倍健召开第四届董事会第四次会议,审议通过《关于签署〈股份出售协议〉的议案》等相关议案,同意汤臣倍健澳大利亚全资子公司Australia By Saint Pty Ltd(以下简称"澳洲佰盛")与LSG三名共同控制人签署《股份出售协议》,以现金方式购买标的公司LSG 100%的股份,交易完成后,标的公司将成为汤臣倍健的全资子公司。

9.2.1 收购交易流程设计

汤臣倍健将本次收购LSG公司的交易设计为两步走方案,在2018年7月正式发布交易预案。

第一步,成立特殊目的公司完成收购。

本次并购LSG交易的资金来源于汤臣倍健自有资金、PE(private equity)投资及银行贷款。首先,2018年3月7日,汤臣倍健联合中平国璟、信德厚峡、信德敖东和嘉兴仲平等四家股权投资基金公司共同设立境内特殊目的公司(境内SPV)广州汤臣佰盛有限公司(以下简称"汤臣佰盛"),注册资本为30亿元。其次,为解决跨境竞拍、跨境并购交易备案以及外汇监管等问题,由汤臣佰盛境外孙公司澳洲佰盛开展对LSG的并购活动,并向银行申请贷款资金,澳洲佰盛是汤臣倍健为本次并购交易设立的全资特殊目的公司。最后,在并购交易日,由澳洲佰盛支付对价购买LSG 100%的股权:拟向艾琳·梅塞尔支付现金购买其所持有的LSG 40%股权,拟向艾伦·梅塞尔支付现金购买其所持有的LSG 40%股权,拟向克雷格·思博理支付现金购买其所持有的LSG 20%股权。汤臣倍健并购LSG过程中的股权控制关系如图9-1所示。2018年8月31日,并购双方完成交易对价的支付及资产交割,并购交易正式完成。

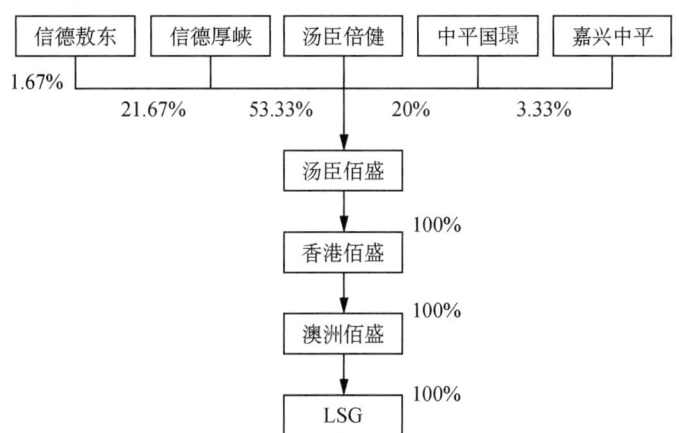

图9-1 LSG收购过程中股权控制关系图

资料来源:汤臣倍健.关于收购Life-Space的可行性研究报告[R].2018.

第二步,汤臣倍健以发行股份的方式购买四个基金公司所持汤臣佰盛46.67%的股权,完成对LSG的100%控股。

2019年4月2日,汤臣倍健发布《发行股份购买资产报告书》,报告指出,公司拟分别向中平国璟、嘉兴仲平、信德敖东、信德厚峡四家联合投资者以12.31元/股定向发行113 728 674股普通股股份,购买其合计持有的汤臣佰盛46.67%股权,作价140 000万元。2019年7月2日,证监会批准同意汤臣倍健发行股票购买资产预案。该项交易完成后,LSG成为汤臣倍健的全资子公司。图9-2描述了汤臣倍健收购LSG公司两步走程序完成后的股权控制关系。如图9-2所示,汤臣倍健完成股票发行购买汤臣佰盛46.67%股权后,实现了对汤臣佰盛的100%控股,从而实现对LSG的100%控股。

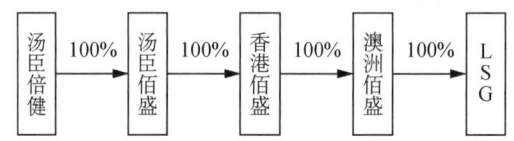

图9-2 汤臣倍健收购LSG完成后股权控制关系图

资料来源:汤臣倍健.关于收购Life-Space的可行性研究报告[R].

9.2.2 对交易标的LSG的估值及交易对价的确定

汤臣倍健收购LSG事件交易标的体量大且为澳洲公司,涉及跨国并购,被界定为横向同行业间非同一控制下企业合并。汤臣倍健聘请中联资产评估有限公司(以下简称"中联资产")对交易标的LSG 100%股权进行评估,最终交易对价由汤臣倍健和LSG实控人双方协商确定。企业价值评估方法主要有成本法、收益法和市场法,对企业进行评估时需根据评估目的、价值类型、评估对象、资料收集情况等相关条件,恰当选择一种或多种资产评估方法。LSG从事益生菌产品的研究、开发及市场营销,属轻资产运营方式,如果采用资产基础法估值则无法全面反映由于企业品牌创收带来的股权价值,因此中联资产本次资产评估采用市场法和收益法对LSG及下属子公司于2017年12月31日的所有者权益进行估值。

第一,市场法估值结果。中联资产采用可比上市公司法和可比交易案例法对LSG公司进行评估:采用可比上市公司法计算的EV/EBITDA倍数为22.39倍,对应LSG股东全部权益价值为413 235.80万元人民币;采用可比交易案例法计算的EV/EBITDA倍数为14.71倍,对应LSG股东全部权益价值为270 768.39万元人民币。对两种方法经加权平均计算后,最终确定LSG股东全部权益价值为356 248.84万元人民币,相对于LSG股东权益账面价值10 147.37万元,评估增值34.11倍,达346 101.47万元人民币。

第二,收益法估值结果。中联资产采用现金流折现方法(DCF)对LSG公司进行评估,分别对原有业务和新增业务进行了估算:原有业务评估值270 748.15万元人民币,新增业务评估值为115 461.78万元人民币,合计386 209.93万元人民币,评估增值37.06倍,达376 062.56万元人民币。

第三,估值结论。经综合考虑和权衡,本次评估最终采用市场法评估结果,确定LSG公司于2017年12月31日公允价值为356 248.84万元。本次评估中,导致被评估单位评估结果较其股东权益账面价值发生巨幅增值的主要原因是:①被评估单位的核心资产,如商标、客户关系、管理团队、人力资源等,并未在账面上予以全面反映。②被评估单位具备较好的成长性,成长动力来自公司益生菌市场的迅速增长,以及Life-Space良好的品牌知名度。

第四,交易对价的确定。根据2018年1月31日澳洲佰盛与LSG公司三名实控人签署的《股份出售协议》,本次并购交易总对价将不超过6.9000亿澳元,包括两部分:①上市公司于交割日将向卖方支付固定对价金额为5.865亿澳元。②根据标的公司经审计后的澳洲2018年会计年度(2017年7月1日至2018年6月30日)EBITDA情况支付不超过1.035亿澳元的尾款。采用2017年12月31日汇率5.0928折算,本次交易总对价折合人民币约35.14亿元,最终实际支付金额将根据购买价格调整条款及实际汇率确定。

9.2.3　收购LSG交易中设计的主要会计问题

由于本次交易涉及母公司汤臣倍健、特殊目的主体汤臣佰盛等一系列会计主体,及汤臣倍健合并财务报表中合并商誉的初始确认和后续计量问题,因此,LSG净资产公允价值以及交易对价设定后,会计处理较为复杂。根据汤臣倍健收购LSG的两步走流程,其间涉及的主要会计问题为:

第一,出资设立境内SPV——广州汤臣佰盛有限公司的会计处理。

第二,向银行借入部分收购资金的会计处理。

第三,企业合并日合并对价的支付、长期股权投资确认以及合并商誉计量等会计处理。

第四,采用上市公司发行股份购买资产的方式收购联合投资者持有汤臣佰盛46.67%股权,将LSG变为全资子公司的会计处理。

第五,合并日后合并商誉减值的判断依据及商誉减值损失的确认与计量。

9.3　相关准则条款解读

对于企业合并中形成的权益性投资主要适用于我国现行第2号企业会计准则CAS 2《长期股权投资》(2014)、第20号企业会计准则CAS 20《企业合并》(2006)、第33号企业会计准则《合并财务报表》(2014)以及第8号企业会计准则CAS 8《资产减值》(2006)。

9.3.1　关于企业合并中形成的长期股权投资之相关规定

CAS 2《长期股权投资》(2014)规定,长期股权投资,是指投资方对被投资单位实施控制和重大影响的权益性投资,以及对其合营企业的权益性投资。在确定能否对被投资单位实施控制时,投资方应当按照CAS 33《合并财务报表》的有关规定进行判断。投资方能够对被投资单位实施控制的,被投资单位为其子公司。企业合并形成的长期股权投资,应当按照下列规定确定其初始投资成本:

(1) 同一控制下的企业合并,合并方以支付现金、转让非现金资产或承担债务方式作为合并对价的,应当在合并日按照被合并方所有者权益在最终控制方合并财务报表中的账面价值的份额作为长期股权投资的初始投资成本。长期股权投资初始投资成本与支付的现金、转让的非现金资产以及所承担债务账面价值之间的差额,应当调整资本公积;资本公积不足冲减的,调整留存收益。

合并方以发行权益性证券作为合并对价的,应当在合并日按照被合并方所有者权益在最终控制方合并财务报表中的账面价值的份额作为长期股权投资的初始投资成本。按照发行股份的面值总额作为股本,长期股权投资初始投资成本与所发行股份面值总额之间的差额,应当调整资本公积;资本公积不足冲减的,调整留存收益。

(2) 非同一控制下的企业合并,购买方在购买日应当按照CAS 20《企业合并》有关规定确定的合并成本作为长期股权投资的初始投资成本。

购买方应当区别下列情况确定合并成本：一次交换交易实现的企业合并，合并成本为购买方在购买日为取得对被购买方的控制权而付出的资产、发生或承担的负债以及发行的权益性证券的公允价值；通过多次交换交易分步实现的企业合并，合并成本为每一单项交易成本之和；购买方为进行企业合并发生的各项直接相关费用也应当计入企业合并成本；在合并合同或协议中对可能影响合并成本的未来事项作出约定的，购买日如果估计未来事项很可能发生并且对合并成本的影响金额能够可靠计量的，购买方应当将其计入合并成本。

购买方在购买日对作为企业合并对价付出的资产、发生或承担的负债应当按照公允价值计量，公允价值与其账面价值的差额，计入当期损益。

9.3.2 关于合并成本的分配

CAS 20《企业合并》中明确规定：购买方在购买日应当对合并成本进行分配，确认所取得的被购买方各项可辨认资产、负债及或有负债。

被购买方可辨认净资产公允价值，是指合并中取得的被购买方可辨认资产的公允价值减去负债及或有负债公允价值后的余额。被购买方各项可辨认资产、负债及或有负债，符合下列条件的，应当单独予以确认：

(1) 合并中取得的被购买方除无形资产以外的其他各项资产（不仅限于被购买方原已确认的资产），其所带来的经济利益很可能流入企业且公允价值能够可靠地计量的，应当单独予以确认并按照公允价值计量。

合并中取得的无形资产，其公允价值能够可靠计量的，应当单独确认为无形资产并按照公允价值计量。

(2) 合并中取得的被购买方除或有负债以外的其他各项负债，履行有关的义务很可能导致经济利益流出企业且公允价值能够可靠计量的，应当单独予以确认并按照公允价值计量。

(3) 合并中取得的被购买方或有负债，其公允价值能够可靠计量的，应当单独确认为负债并按照公允价值计量。或有负债在初始确认后，应当按照下列两者孰高进行后续计量：按照 CAS 13《或有事项》应予确认的金额；初始确认金额减去按照 CAS 14《收入》的原则确认的累计摊销额后的余额。

9.3.3 商誉的确定

(1) 购买方对合并成本大于合并中取得的被购买方可辨认净资产公允价值份额的差额，应当确认为商誉。初始确认后的商誉，应当以其成本扣除累计减值准备后的金额计量。商誉的减值应当按照 CAS 8《资产减值》处理。

(2) 购买方对合并成本小于合并中取得的被购买方可辨认净资产公允价值份额的差额，应当按照下列规定处理：对取得的被购买方各项可辨认资产、负债及或有负债的公允价值以及合并成本的计量进行复核；经复核后合并成本仍小于合并中取得的被购买方可辨认净资产公允价值份额的，其差额应当计入当期损益。

9.3.4 关于商誉减值的会计处理

CAS 8《资产减值》中规定：资产减值，是指资产的可收回金额低于其账面价值。资产，除了特别规定外，还包括单项资产和资产组。CAS 8《资产减值》第六章专门阐述了商誉减值的会计处理:企业合并所形成的商誉,至少应当在每年年度终了进行减值测试。商誉应当结合与其相关的资产组或者资产组组合进行减值测试。相关的资产组或者资产组组合应当是能够从企业合并的协同效应中受益的资产组或者资产组组合,不应当大于按照 CAS 35《分部报告》所确定的报告分部。

企业进行资产减值测试,对于因企业合并形成的商誉的账面价值,应当自购买日起按照合理的方法分摊至相关的资产组;难以分摊至相关的资产组的,应当将其分摊至相关的资产组组合。在将商誉的账面价值分摊至相关的资产组或者资产组组合时,应当按照各资产组或者资产组组合的公允价值占相关资产组或者资产组组合公允价值总额的比例进行分摊。公允价值难以可靠计量的,按照各资产组或者资产组组合的账面价值占相关资产组或者资产组组合账面价值总额的比例进行分摊。

在对包含商誉的相关资产组或者资产组组合进行减值测试时,如与商誉相关的资产组或者资产组组合存在减值迹象的,应当先对不包含商誉的资产组或者资产组组合进行减值测试,计算可收回金额,并与相关账面价值相比较,确认相应的减值损失。接下来应对包含商誉的资产组或者资产组组合进行减值测试,比较这些相关资产组或者资产组组合的账面价值(包括所分摊的商誉的账面价值部分)与其可收回金额,如相关资产组或者资产组组合的可收回金额低于其账面价值,应当确认商誉的减值损失。商誉减值损失一经确认,不得转回。

9.4 会计处理分析

汤臣倍健对非同一控制下企业合并取得的权益性投资相关会计问题,包括合并商誉初始确认及后续减值计量,依据 CAS 2《长期股权投资》、CAS 20《企业合并》、CAS 8《资产减值》中的相关规定进行会计处理。汤臣倍健收购 LSG 公司属于非同一控制下的企业合并,并且是跨国并购,采用了联合投资人设立特殊目的公司广州汤臣佰盛以及境外主体澳洲佰盛的方式进行资金筹集和交易对价支付,涉及会计问题较多且复杂。

9.4.1 汤臣倍健收购 LSG 公司过程中的会计处理

1. 出资设立境内特殊目的公司广州汤臣佰盛有限公司的会计处理

2018 年 3 月 7 日,汤臣倍健根据《联合投资协议》《股东协议》等协议与联合投资人上海中平国璟资产管理有限公司、广发信德投资管理有限公司一起出资成立广州汤臣佰盛有限公司,各方最终确定认缴出资额及相应股权比例如表 9-4 所示,认缴资金均于收购 LSG 事项资产交割日前到位。

表 9-4 汤臣佰盛投资主体出资额及股权比例

单位:元

各投资方	出资额	股权比例
汤臣倍健	1 600 000 000	53.33%
中平资本投资主体	700 000 000	23.33%
其中:中平国璟	600 000 000	20.00%

(续表)

各投资方	出资额	股权比例
嘉兴仲平	100 000 000	3.33%
广发信德投资主体	700 000 000	23.33%
其中:信德厚峡	650 000 000	21.67%
敖东信德	50 000 000	1.67%
合计	3 000 000 000	100.00%

资料来源:根据汤臣倍健股份有限公司《关于重新签署〈联合投资协议〉和〈股东协议〉暨对外投资的进展公告》等整理编制。

根据表 9-4 所示的数据信息,可模拟编制部分会计分录。

(1) 汤臣倍健出资设立汤臣佰盛时的会计分录如下(注:会计主体为汤臣倍健)。

借:长期股权投资——汤臣佰盛　　　　　　　　　　　　　　　1 600 000 000
　　贷:银行存款　　　　　　　　　　　　　　　　　　　　　　1 600 000 000

(2) 汤臣佰盛收到汤臣倍健认缴出资时(注:会计主体为汤臣佰盛)。

借:银行存款　　　　　　　　　　　　　　　　　　　　　　　1 600 000 000
　　贷:实收资本——汤臣倍健　　　　　　　　　　　　　　　　1 600 000 000

2. 通过银行贷款方式借入收购 LSG 所需部分资金

汤臣倍健澳大利亚全资子公司澳洲佰盛于 2018 年 1 月 31 日与标的公司 LSG 三位股东签署《售股协议》,所需资金中的 30 亿元人民币由汤臣倍健及其联合投资人投入,其余资金拟由澳洲佰盛向银行申请不超过 1.2 亿澳元的并购贷款,上市公司拟为其提供担保。2018 年 7 月 2 日,汤臣倍健第四届董事会第十二次会议审议通过《关于向银行申请贷款的议案》,拟由澳洲佰盛向银行申请贷款期限不超过 5 年、金额不超过 10 亿元人民币的银行贷款,实际融资情况以银行最终审批为准,汤臣倍健将以持有的部分固定资产及子公司部分股权作质押。2018 年澳洲佰盛实际取得银行长期借款 1 亿澳元(2018 年年末以"长期借款"项目在汤臣倍健合并资产负债表中列示折合人民币金额 482 500 000 元),可模拟编制澳洲佰盛取得银行贷款 1 亿澳元的会计分录如下(会计分录单位为澳元):

借:银行存款　　　　　　　　　　　　　　　　　　　　　　　100 000 000
　　贷:长期借款　　　　　　　　　　　　　　　　　　　　　　100 000 000

3. 收购 LSG:企业合并日的会计处理

根据 2018 年 1 月 31 日澳洲佰盛与 LSG 股东签署的《股份出售协议》的规定,此次跨国并购交易采取基于"Earn-out"协议的现金对价支付方式。交易总对价主要包括两部分,总对价合计不超过 69 000.00 万澳元:固定交割金额 58 650.00 万澳元;以及根据 LSG 盈利能力确定的浮动金额,上限为 10 350.00 万澳元。澳洲佰盛于交割日将向卖方支付交割金额 58 650.00 万澳元,同时将盈利能力浮动金额的上限 10 350.00 万澳元暂时支付给相关托管机构进行托管。在盈利能力支付日,根据 LSG 公司 2018 会计年度(2017 年 7 月 1 日至 2018 年 6 月 30 日)盈利能力 EBITDA 浮动情况支付不超过 10 350.00 万澳元的尾款;如果 LSG 公司 2018 会计年度 EBITDA 低于 3 087.00 万澳元,则不需要额外支付对价,托管账户中的 10 350.00 万澳元将全部退还至澳洲佰盛；如果 LSG 公司 2018 会计年度 EBITDA 大于 3 087.00 万澳元，则：盈利能力支付的浮动金额＝(2018 年 EBITDA－3 087.00 万澳元)×19.00。该笔尾款支付完毕后，托管账户中托管的剩余款项将退还至澳洲佰盛。

由于汤臣倍健最终收购 LSG 公司的交易日为 2018 年 8 月 30 日，"Earn-out"协议期的考察期即 2018 会计年度已过，故于企业合并日根据 LSG 公司 2018 年度盈利实现情况，澳洲佰盛根据《股份出售协议》及《补充协议》约定，向卖方实际支付固定金额 58 650.00 万澳元和盈利能力浮动金额 8 270.869 4 万澳元，合计交易总对价 66 920.869 4 万澳元，受让卖方所持有的 LSG 公司 100% 股份，并办理资产交割。表 9-5 描述了本次收购 LSG 的合并成本及商誉金额信息。

表 9-5 汤臣倍健收购 LSG 的合并成本及相关商誉金额计算

合并成本	LSG
交易对价(现金)	
澳元(元)	669 208 694.00
其中：固定金额	586 500 000.00
盈利能力浮动金额	82 708 694.00
人民币(折算汇率 4.979 9)(元)	3 332 592 375.00
合并成本合计(人民币元)	3 332 592 375.00
减：取得的可辨认净资产公允价值份额	
澳元(元)	220 367 004.00
人民币(折算汇率 4.979 9)(元)	1 097 405 642.00
商誉	
澳元(元)	448 841 690.00
人民币(折算汇率 4.979 9)(元)	2 235 186 733.00

资料来源：汤臣倍健 2018 年年度报告。

表 9-6 列示了企业合并日 LSG 可辨认资产、负债以及净资产的账面价值及公允价值。合并日 LSG 可辨认资产、负债的公允价值根据中联资产出具的《Life Space Group Pty Ltd 合并对价分摊目的可辨认资产及负债价值咨询报告》(中联评咨字〔2018〕第 2286 号)确认。

表 9-6 合并日 LSG 公司可辨认资产、负债、净资产的账面价值及公允价值

单位：元人民币

项目	合并日公允价值	合并日账面价值	项目	合并日公允价值	合并日账面价值
资产			负债		
货币资金	41 434 983	41 434 983	短期借款	125 382 787	125 382 787
应收款项	69 826 539	69 826 539	应付款项	116 964 158	116 964 158
预付款项	13 742 059	13 742 059	应付职工薪酬	29 777 991	29 777 991

(续表)

项目	合并日公允价值	合并日账面价值	项目	合并日公允价值	合并日账面价值
其他应收款	915 296	915 296	应交税费	3 136 678	3 136 678
存货	239 718 940	237 698 288	其他应付款	10 381 996	10 381 996
其他流动资产	1 350 473	1 350 473	长期应付职工薪酬	936 669	936 669
固定资产	16 919 210	15 969 324	递延所得税负债[1]	424 791 032	—
无形资产	1 413 843 800	844 232			
递延所得税资产	4 252 989	4 252 989	净资产	1 097 405 642	106 226 568
其他非流动资产	6 772 664	6 772 664	减：少数股东权益	—	—
			取得的净资产	1 097 405 642	106 226 568

注：1. 确认非同一控制下合并评估增值引起的递延所得税负债8 530.11万澳元（按合并日汇率折合人民币42 479.103 2万元）。

资料来源：汤臣倍健2018年年度报告。

如表9-5和表9-6所示，2018年8月30日，汤臣倍健收购LSG实际支付交易对价折合人民币3 332 592 375元，LSG在合并日可辨认净资产的公允价值为1 097 405 642元人民币，汤臣倍健在编制合并资产负债表时应确认商誉2 235 186 733元人民币。根据表9-5和表9-6的信息，可模拟汤臣倍健在企业合并日相关会计处理。

（1）交易对价的支付。

可模拟编制合并交易日澳洲佰盛收购LSG的会计确认分录如下：

借：长期股权投资——LSG　　　　　　　　　　　　3 332 592 375
　　贷：银行存款　　　　　　　　　　　　　　　　　3 332 592 375

汤臣倍健为合并LSG公司于2018年支付的现金或现金等价物折合人民币共计3 355 074 934.00元，其中现金支付的交易对价折合人民币3 332 592 375.00元，其余为支付的合并直接费用，在实际支付时计入当期损益，可模拟编制支付合并费用的会计分录如下：

借：管理费用　　　　　　　　　　　　　　　　　　22 482 559
　　贷：银行存款　　　　　　　　　　　　　　　　　　22 482 559

（2）合并抵销分录的编制及合并商誉的初始确认。

汤臣倍健收购LSG公司是非同一控制下的企业合并，应在合并日编制合并资产负债表，将LSG纳入合并范围，可模拟编制合并日汤臣倍健并表时的合并抵销分录如下：

并表LSG时的会计处理*：

借：股东权益——LSG　　　　　　　　　　　　　　1 097 405 642
　　商誉　　　　　　　　　　　　　　　　　　　　2 235 186 733
　　贷：长期股权投资——LSG　　　　　　　　　　　3 332 592 375

* 忽略香港佰盛的相关抵销处理。

并表汤臣佰盛的会计处理：

借：股东权益——汤臣佰盛	3 000 000 000
贷：长期股权投资——汤臣佰盛	1 600 000 000
少数股东权益	1 400 000 000

9.4.2 汤臣倍健收购LSG形成合并商誉的后续会计处理

2018年8月30日合并日后,汤臣倍健因收购LSG形成巨额合并商誉22.35亿元,根据我国现行准则CAS 8《资产减值》,应于每个资产负债表日进行减值测试,当商誉的可收回金额低于其账面价值时,应计提商誉减值准备,确认商誉减值损失,并将减值损失计入当期损益。表9-7描述了汤臣倍健2018—2021年年末合并商誉金额变动情况。

表9-7　汤臣倍健2018—2021年年末合并商誉金额变动情况

单位：元人民币

	项目	2018年	2019年	2020年	2021年
商誉	年初余额	0	2 165 661 155.00	2 192 277 464.02	2 251 524 567.04
	本期增加	2 235 186 733.00			
	本期减少				
	外币报表折算差额	−69 525 578.00	26 616 309.02	59 247 103.02	−176 978 278.17
	年末余额	2 165 661 155.00	2 192 277 464.02	2 251 524 567.04	2 074 546 288.87
商誉减值准备	年初余额	0	0	1 008 708 937.79	1 035 969 667.02
	本期增加		1 008 708 937.79		
	本期减少				
	外币报表折算差额			27 260 729.23	−81 431 102.55
	年末余额	0	1 008 708 937.79	1 035 969 667.02	954 538 564.47
商誉年末账面价值		2 165 661 155.00	1 183 568 526.23	1 215 554 900.02	1 120 007 724.40
商誉占总资产比例		21.90%	14.21%	12.61%	8.64%
商誉减值损失		0	1 008 708 937.79	0	0

资料来源：根据汤臣倍健2018—2021年年度报告整理。

表9-8列示了2018—2021年中联资产对LSG业务含商誉资产组的商誉减值测算情况。

表9-8　汤臣倍健LSG业务相关商誉减值测算

单位：百万元人民币

项目	LSG资产组			
	2018年	2019年	2020年	2021年
商誉账面余额①	2 166	2 192	2 252	2 075
商誉减值准备余额②	—	—	1 036	955

(续表)

项目	LSG 资产组			
	2018年	2019年	2020年	2021年
商誉的账面价值③=①-②	2 166	2 192	1 216	1 120
未确认归属于少数股东权益的商誉价值④	—	—	—	—
包含未确认归属于少数股东权益的商誉价值⑤=④+③	2 166	2 192	1 216	1 120
资产组的账面价值⑥	1 352	684	714	637
包含整体商誉的资产组账面价值⑦=⑤+⑥	3 518	2 877	1 929	1 757
资产组预计未来现金流量的现值(可收回金额)⑧	3 679	1 868	2 045	2 067
商誉减值损失(大于0时)⑨=⑦-⑧	0	1 009	0	0

资料来源:汤臣倍健股份有限公司商誉减值测试所涉及的LSG业务含商誉资产组评估报告书(中联评报字〔2019〕第152号;中联评报字〔2020〕第258号;中联评报字〔2021〕第325号;中联评报字〔2022〕第277号)。

如表9-7和表9-8所示,汤臣倍健收购LSG形成的合并商誉,2018年年末账面价值达到216 566.12万元,占汤臣倍健总资产比重21.9%。2019年,受《电子商务法》实施的影响,LSG公司在澳洲市场业绩未达到预期,依据CAS 8《资产减值》之规定,汤臣倍健对合并LSG形成的商誉包含在资产组中进行了减值测试,计提商誉减值准备100 870.89万元。2020年、2021年该商誉未发生减值,虽然LSG资产组可收回金额在2020—2021年均高于包含商誉的LSG资产组账面价值,但已计提的商誉减值损失不得转回。

如表9-8所示,汤臣倍健2019年商誉减值测试过程如下:

(1) 截至2019年12月31日,LSG资产组主要资产为固定资产、无形资产以及商誉,包含商誉的资产组账面金额为2 877百万元人民币。

(2) 在对商誉进行减值测试时,先对不包含商誉的资产组进行减值测试,确认相应的减值损失;再对包含商誉的资产组进行减值测试。中联资产按照资产组收益法与市场法两种方法测算了汤臣倍健包含商誉LSG资产组的可收回金额,最终取收益法结论1 868百万元作为资产组可收回金额(表9-16列示了LSG资产组可收回金额计算的关键参数信息,本次减值测试基于2019年实际经营情况对购买日后相关预测进行调整)。最终确定2019年商誉减值损失10.09亿元。

根据表9-7和表9-8所示的商誉减值信息,可以模拟编制2019年汤臣倍健计提商誉减值相关会计分录如下:

  借:资产减值损失   1 008 708 937.79
    贷:商誉减值准备   1 008 708 937.79

9.4.3 汤臣倍健发行股票购买汤臣佰盛46.67%股权的会计处理

2019年7月2日,汤臣倍健取得中国证监会核发的《关于核准汤臣倍健股份有限公司向上海中平国璟并购股权投资基金合伙企业(有限合伙)等发行股份购买资产的批复》(证监许可〔2019〕1029号),以非公开发行新股113 728 674股(首发后限售股)的形式购买汤臣佰盛46.67%股权,发行价格12.31元/股,交易作价共计1 400 000 000元人民币,新股上市日期为2019年8月21日,非公开发行后公司总股本增至1 582 492 554股。2019年7月31日,汤臣佰盛就本次交易资产过户事宜完成工商变更手续。本次交易完成后,汤臣倍健直接持有汤臣佰盛100%股权,通过澳洲佰盛间接持有LSG 100%股权。表9-9描述了汤臣倍健定向增发股票换购汤臣佰盛46.67%股权的具体情况。

表9-9 汤臣倍健定向增发股票换购汤臣佰盛46.67%股权的情况

交易方	交易股份数(股)	汤臣佰盛股权比例	交易作价(人民币元)	占汤臣倍健股票增发后总股本比例
中平国璟	48 740 861	20.00%	600 000 000	3.08%
嘉兴仲平	8 123 476	3.33%	100 000 000	0.51%
信德厚峡	52 802 599	21.67%	650 000 000	3.34%
信德敖东	4 061 738	1.67%	50 000 000	0.26%
合计	113 728 674	46.7%	1 400 000 000	7.19%

资料来源:根据汤臣倍健2018年《重大资产购买报告》整理编制。

本次汤臣倍健发股购买交易,属母公司取得对子公司的控制权后购买少数股权,其会计处理应遵循下述原则:第一,在汤臣倍健母公司个别财务报表中,应将其取得的46.67%汤臣佰盛的长期股权投资,按CAS 2《长期股权投资》(2014)之规定确认和计量;第二,在编制合并财务报表时,子公司汤臣佰盛的资产、负债应以合并日开始持续计算的金额反映,购买汤臣佰盛少数股权的交易日,母公司汤臣倍健新取得的长期股权投资与按照新增持股比例计算应享有子公司汤臣佰盛自合并日开始持续计算的净资产份额之间的差额,应当调整合并财务报表中的"资本公积——股本溢价"项目,"资本公积——股本溢价"项目余额不足冲减的,调整留存收益。表9-10描述了本次汤臣倍健发股购买汤臣佰盛46.67%股权的合并成本计算过程。

表9-10 汤臣倍健发股购买汤臣佰盛46.67%股权的合并成本计算

单位:人民币元

项目	广州汤臣佰盛有限公司
购买成本	
——发行普通股股数(股)	113 728 674
——发行价格(元/股)	12.31
购买成本合计(元)	1 400 000 000.00
减:按取得股权比例计算的子公司净资产份额(元)	1 272 025 532.08
差额:调整资本公积	127 974 467.92
支付发行费用(元):冲减资本公积——股本溢价	3 979 932.71

资料来源:根据汤臣倍健2019年年度报告分析整理。

根据表 9-10 所示信息,可模拟编制相关汤臣倍健个别财务报表长期股权投资确认与计量会计分录以及合并报表合并抵销分录。

① 2019 年汤臣倍健定向发行 113 728 674 股普通股购买汤臣佰盛 46.67% 股权。

借:长期股权投资——汤臣佰盛　　　　　　　　　　1 400 000 000
　　贷:股本　　　　　　　　　　　　　　　　　　　　113 728 674
　　　　资本公积——股本溢价　　　　　　　　　　　1 286 271 326

② 2019 年汤臣倍健支付定向发行股票费用 3 979 932.71 元。

借:资本公积——股本溢价　　　　　　　　　　　　　3 979 932.71
　　贷:银行存款　　　　　　　　　　　　　　　　　　3 979 932.71

③ 2019 年编制合并财务报表时,汤臣佰盛 46.67% 股权的合并抵销处理。

借:股东权益(46.67%)　　　　　　　　　　　　　1 272 025 532.08
　　资本公积——股本溢价　　　　　　　　　　　　　127 974 467.92
　　贷:长期股权投资　　　　　　　　　　　　　　　1 400 000 000.00

9.5　报表项目列示及财务影响

汤臣倍健本次收购 LSG 公司,以设置特殊目的公司方式完成整个收购过程,资金筹集采用"自筹＋PE＋银行贷款"组合的方式,且由于标的公司轻资产运营的本质,导致高溢价收购形成巨额商誉,而当被收购公司达不到预期业绩时又确认了高额商誉减值损失,这些都在很大程度上影响汤臣倍健相应会计年度的财务状况和业绩信息。与此同时,资本市场上市公司的股票交易价格应当是上市公司企业价值的反映,汤臣倍健本次并购及商誉减值的市场反应是否反映了市场投资者对汤臣倍健收购 LSG 事件战略协同目标的认可呢?

9.5.1　汤臣倍健通过特殊目的公司现金收购 LSG 影响的合并财务报表项目

根据我国 CAS 2《长期股权投资》以及 CAS 20《企业合并》之相关规定,汤臣倍健收购 LSG 属非同一控制下的企业合并,而且采用联合共同投资人设置特殊目的公司(SPV)广州佰盛和澳洲佰盛实施具体收购行为,并最终通过定向增发股票购买广州佰盛共同投资人所持 46.67% 股权实现对 LSG 的 100% 控股。

1. 收购 LSG 当年对汤臣倍健合并财务报表的影响

收购 LSG 的具体行为是由澳洲佰盛实施的,汤臣倍健编制合并财务报表时,将通过广州佰盛、香港佰盛、澳洲佰盛实现的对 LSG 的股权投资,以合并日 LSG 可辨认资产、负债、净资产的公允价值为计量基础,以并表方式将 LSG 资产、负债、收入、费用等项目金额在合并财务报表中予以列示。表 9-11 列示了汤臣倍健编报的合并日资产负债表中因收购 LSG 而增加的 LSG 资产、负债的公允价值,以及由于收购事件而影响的合并日合并资产负债表其余项目的变动金额。

如表 9-11 所示,汤臣倍健收购 LSG 的合并日合并资产负债表中显示,增加 LSG 相关货币资金等资产合计 1 808 776 953 元,增加短期借款等负债合计 711 371 311 元。同时,增加由于支付收购交易对价超过 LSG 可辨认净资产公允价值 1 097 405 642 元形成的合并商誉资产 2 235 186 733 元。

表 9-11 汤臣倍健合并日资产负债表中与收购 LSG 相关的资产、负债项目列报金额

单位:元人民币

合并日增加的 LSG 资产、负债的公允价值			
资产		负债	
货币资金	41 434 983	短期借款	125 382 787
应收款项	69 826 539	应付款项	116 964 158
预付款项	13 742 059	应付职工薪酬	29 777 991
其他应收款	915 296	应交税费	3 136 678
存货	239 718 940	其他应付款	10 381 996
其他流动资产	1 350 473	长期应付职工薪酬	936 669
固定资产	16 919 210	递延所得税负债[1]	424 791 032
无形资产	1 413 843 800		
递延所得税资产	4 252 989		
其他非流动资产	6 772 664		
合计	1 808 776 953	合计	711 371 311
其余相关项目的影响金额			
商誉		2 235 186 733	
长期借款(折算汇率 4.979 9)		497 990 000	
少数股东权益(广州佰盛 46.67% 股权)		1 400 000 000	
货币资金(以对广州佰盛 53.33% 股权现金投资的形式最终转为澳洲佰盛的现金支付来源,进行实际支付对价调整)		−1 434 602 375	

注:1. 确认非同一控制下合并评估增值引起的递延所得税负债 8 530.11 万澳元,按合并日汇率折合人民币 42 479.10 万元。

资料来源:根据汤臣倍健 2018 年年度报告、中联资产关于 LSG 的资产评估报告以及相关临时公告编制。

收购 LSG 过程中向澳洲借入的 1 亿澳元长期借款通过并表显示为汤臣倍健合并资产负债表中长期借款增加 497 990 000 元人民币。

通过设立广州佰盛筹集的中平国璟等四家基金的 1 400 000 000 元 PE 资金作为少数股东权益确认,将广州佰盛并入汤臣倍健合并日合并资产负债表时可模拟编制合并抵销分录如下:

借:股东权益　　　　　　　　　　　　　　　　　　　　　3 000 000 000
　　贷:长期股权投资——汤臣佰盛　　　　　　　　　　　　1 600 000 000
　　　　少数股东权益　　　　　　　　　　　　　　　　　　1 400 000 000

同时,合并资产负债表中显示,对整个汤臣倍健集团而言,为收购 LSG 而实际减少的货

币资金为1 434 602 375元(考虑到支付对价调整以及取得的LSG公司持有的货币资金)。

结合表9-6所示的LSG公司在合并日资产、负债公允价值与账面价值的对比信息,显而易见,本次收购对汤臣倍健最大的影响在于确认合并商誉2 235 186 733元,以及LSG无形资产公允价值1 413 843 800元(原账面价值为844 232元),两者合计占合并后汤臣倍健总资产比重的近40%。这两项虚资产具有很大的收益不确定性,若LSG未来在澳洲市场的经营环境持续恶化或在中国市场业务推广不达预期等,其将会面临商誉减值与无形资产减值风险,可能对公司当期损益造成一定影响。事实上,如前所述,2019年由于LSG业绩未达预期,汤臣倍健计提商誉减值准备100 870.89万元,计提LSG商标及客户资产等无形资产减值准备56 176.89万元,并转销递延所得税负债16 853.07万元。表9-12列示了汤臣倍健2018—2021年的经营业绩信息。如表9-12所示,汤臣倍健公司2019年合并净利润为−41 505万元,如果不考虑LSG相关商誉和无形资产减值损失的影响,公司2019年营业利润与净利润分别为110 506万元和115 543万元,从趋势看,公司依旧保持了良好发展的势头。

表9-12 汤臣倍健2018—2021年经营业绩信息

单位:万元人民币

时间	营业收入	营业成本	毛利润	营业利润	净利润	商誉及无形资产减值损失	不考虑减值损失的营业利润
2018年	435 078	140 692	294 386	110 260	90 843	0	110 260
2019年	526 180	180 070	346 110	−46 542	−41 505	157 048	110 506
2020年	609 490	226 636	382 845	178 872	154 410	0	178 872
2021年	743 128	252 183	490 945	202 678	176 630	0	202 678

资料来源:根据汤臣倍健2018—2021年年度报告整理、计算、编制。

2. 收购LSG完成后LSG实现业绩对汤臣倍健营业收入列报金额的影响

表9-13列示了LSG公司2019—2021年营业收入及其占汤臣倍健营业收入总额的比重。从业务协同和进军国际市场的LSG并购目标看,如表9-13所示,汤臣倍健2019—2021年营业收入构成中,境外业务总额持续上升。境外业务中,LSG实现的营业收入稳中有升,在2021年达到6.59亿元人民币。

表9-13 LSG公司2019—2021年营业收入及其占汤臣倍健营业收入总额的比重

单位:亿元人民币

项目		2019年		2020年		2021年	
		境内	境外	境内	境外	境内	境外
汤臣倍健营业收入总额		48.36	4.25	55.09	5.86	66.04	8.28
其中:LSG营业收入	金额	1.29	4.58[1]	1.32	5.67	1.84	6.59
	占营收总额比重	2.67%	—	2.40%	96.77%	2.79%	79.59%

注:1. 其中2018年合并后并表收入2.73亿元。
资料来源:根据汤臣倍健2019—2021年年度报告整理、计算、编制。

3. 汤臣倍健定向增发股票购买汤臣佰盛少数股权将LSG变为100%控股子公司对合并财务报表的影响

2019年7月汤臣倍健定向增发股票购买广州汤臣佰盛46.67%少数股权,导致2019年合并资产负债表相关少数股东权益、股本及资本公积项目列报金额发生重大变化。表9-14描述了汤臣倍健由于定向增发股票所产生的合并资产负债表股权权益构成项目的变化情况。

表9-14 汤臣倍健2019年定向增发股票所产生的合并资产负债表股权权益构成项目的变化情况

单位:人民币元

项目	2019年			
	期初余额	本期增加	本期减少	期末余额
股本	1 468 817 880.00	113 728 674.00	−54 000.00	1 582 492 554.00
其中:与汤臣佰盛相关		113 728 674.00		
资本公积——股本溢价	1 979 722 562.91	1 299 935 433.50	132 243 300.63	3 147 414 695.78
其中:与汤臣佰盛相关		1 286 271 326.00	131 954 400.63	
少数股东权益——汤臣佰盛	1 341 442 519.04	0	1 341 442 519.04	0

资料来源:根据汤臣倍健2019年年度报告整理编制。

表9-14所示项目中,股本本期增加113 728 674元,均为定向增发购买汤臣盛46.67%股权所致;"资本公积——股本溢价"项目本期增加1 299 935 433.50元,其中1 286 271 326.00元为2019年发行股份购买汤臣佰盛少数股权的发行溢价金额;"资本公积——股本溢价"项目本期减少132 243 300.63元,其中127 974 467.92元是因购买汤臣佰盛46.67%少数股权,将支付交易对价高于取得子公司净资产份额的差额冲减"资本公积——股本溢价"项目,3 979 932.71元是发行股份购买汤臣佰盛的股票发行费用,于实际发生时冲减股本溢价,与汤臣百盛相关的股本溢价合计减少131 954 400.63元。

如表9-14所示,本次换股购买汤臣佰盛46.67%的少数股权,不考虑股票发行费用,最终导致少数股东权益较期初减少13.41亿元,股本增加1.14亿元,资本公积股本溢价净增加11.58亿元。

9.5.2 汤臣倍健溢价收购LSG的市场反应

2019年,鉴于LSG在澳洲市场的业绩未达到预期,汤臣倍健当年计提商誉减值准备超过10亿元,加上来自LSG的商标及客户关系类无形资产价值减值准备5.7亿元,直接导致汤臣倍健2019年经营业绩出现大幅亏损。商誉减值的预期在股价上会有所反应(巴曙松等,2019),股票市场交易价格是对企业未来价值的预期。汤臣倍健高溢价收购LSG事件及商誉减值损失确认而释放的预期业绩高估风险是否可以被市场上的投资者观察到,并由此调整对汤臣倍健的未来收益预期?

2019年1月《电子商务法》的正式实施可能对LSG电商途径销售产生的影响已经开始被市场预期。2019年汤臣倍健第一季度财报披露了可能导致LSG合并商誉的一些减值迹象。2019年4月至2019年12月,汤臣倍健商誉减值风险的存在直接导致股价由22元/股跌至13元/股;随着汤臣倍健2019年年报的公布,汤臣倍健商誉减值风险全部释放,公司股价开始一路上扬,交易价最高曾升至37.90元/股。

同样的股票交易价格变动趋势也反映在汤臣倍健收购LSG公司事件的市场反应上,在2018年8月30日完成并购交易之前,汤臣倍健战略性收购LSG的业务协同效应已在先前的股价一路上扬中得到了市场的逐步消化,到企业并购日,收购LSG事件的利好消息基本释放完毕。

汤臣倍健商誉相关的市场反应似乎验证了当前部分学者的研究结论(Li和Sloan,2017;李明和彭川,2021;王艳等,2021):在企业并购交易中使用间接计量方法确认商誉,很难从企业合并中剥离收购方的自创商誉,此后将商誉作为现金产生单元的一部分进行减值测试,测试单元中的净空值掩护效应会使商誉的资产属性和费用属性均存在减值确认太少、太晚的问题,在"倒挤式"商誉及商誉减值确认准则下,资本市场可能在商誉减值信息披露前已经吸收了部分商誉减值信息,商誉减值信息披露并不具有价值相关性。

9.6 汤臣倍健溢价收购LSG形成商誉的进一步探讨及商誉会计准则的国际进展

汤臣倍健高溢价并购LSG及其后巨额商誉减值损失的确认,在一定程度上凸显和放大了现行准则下商誉会计的缺陷:商誉具有费用和资产的双重属性,收购方支付的超额并购溢价与商誉的费用属性部分相关联(Henning等,2000)。而现行准则下商誉的确认和后续计量均依赖于管理层对于购买标的预期值的估计,忽视了商誉作为资产的消耗本质,并购实务中涉及较多关于购买标的未来预期的主观判断,在给予企业较多会计自由裁量权的同时,也给予了被收购公司进行业绩管理的动机。从汤臣倍健溢价收购LSG事件看,对LSG采用市场法进行的估值为356 248.84万元,相对于评估基准日2017年12月31日的账面价值10 147.37万元,评估增值34.11倍。交易日以现金实际支付对价333 259.24万元,相对于交易日LSG可辨认净资产公允价值109 740.56万元,确认合并商誉223 518.67万元,再加上交易日评估入账的LSG商标及客户关系形成的无形资产公允价值141 384.38万元(原账面价值84.42万元),本次交易致使汤臣倍健总计增加虚资产364 903.05万元,占合并后总资产比重的近40%。而2019年随即发生的合并商誉及无形资产的巨额减值,在引发市场对汤臣倍健超溢价收购LSG行为中轻资产企业估值问题关注的同时,对商誉实质及相关会计问题的讨论再一次成为热点。

9.6.1 汤臣倍健合并商誉及减值损失成因

关于商誉减值损失的确定,除受到我国相关会计准则中关于商誉后续计量的硬性规定制约外,并购业务特征(Ramanna,2012)、盈余管理动机等因素均会影响商誉减值的计提。而对于我国资本市场上市公司2018年商誉暴雷现象的相关研究,多认为是我国现行并购中的业绩承诺制度忽略了承诺业绩与估值对价的不对称性,推高了并购溢价和商誉初始确认金额,加重了未来商誉减值风险,加重了大股东、管理层等信息优势方的利益攫取及机会主义行为(谢纪刚和张秋生,2016;李秉祥等,2019;李晶晶等,2020)。细查汤臣倍健巨额商誉形成及其减值计提,虽然并购协议中未涉及业绩承诺机制,然而基于"Earn-out"的支付协议依旧将一部分支付对价设计为依赖被收购方考察期业绩 EBITDA 指标实现与否的形式,而对 LSG 公司业绩预期的不合理在推动 LSG 公司高溢价并购估价的同时,亦是后续汤臣倍健 2019 年计提巨额减值损失导致当期利润为负的重要原因。

1. Earn-out 支付协议的不合理:难以有效考察被收购方盈利能力

汤臣倍健购买 LSG 协议中,引入的"Earn-out"并购协议要求:被收购方只有在达到一定业绩或技术等约定要求时,收购方才向被收购方支付交易对价尾款。汤臣倍健与 LSG 的并购协议中,固定支付价款为 5.865 0 亿澳元,而基于"Earn-out"的尾款最高为 1.035 0 亿澳元;以 LSG 公司 2018 会计年度的 EBITDA 是否超过 3 087 万澳元为基准线,低于 3 087 澳元则交易对价仅包括固定支付价款 5.865 0 澳元;如果超过 3 087 万澳元,则根据超出金额按约定比例支付尾款。基于 Earn-out 协议的交易对价实质上将本次并购的交易对价锁定在 5.865 0 亿澳元至 6.900 0 亿澳元之间。

汤臣倍健收购 LSG 公司未设置业绩承诺,一方面导致一旦 LSG 公司业绩无法达到预期,则会给上市公司经营业绩带来不利影响。同时,基于"Earn-out"支付协议中设置的考察期过短,仅 2018 年会计年度(2017 年 7 月 1 日至 2018 年 6 月 30 日)一年,再加上仅用了 EBITDA 一个考察指标,难以有效考察 LSG 这样一个轻资产运营企业的核心竞争力(品牌效应和研发能力),从而也就很难真正考查被收购方的盈利能力。

2. LSG 业绩预期的不合理:并购溢价过高形成巨额商誉的减值

汤臣倍健收购 LSG 的目的在于实现跨国扩张和业务协同,但是汤臣倍健在对 LSG 的并购估值中,对 LSG 的业务预期过于依赖 LSG 近 3 年的财务指标。表 9-15 列示了 LSG 公司 2016—2018 年度的部分财务指标及其增长趋势。如表 9-15 所示,LSG 存货等非流动资产占据总资产的绝大部分,固定资产占总资产的比例极低,无形资产增幅最大,这些都表明 LSG 是典型的轻资产企业,核心资产依赖于品牌和客户关系等无形资产,而无形资产在 2017 年 12 月 31 日评估价值为 1 413 843 800 元人民币,仅这一项的公允价值就是 LSG 资产总额账面价值的 4.9 倍。LSG 营业收入等未来业绩的增长,很大程度上依赖于品牌和客户关系等无形资产预示的超额收益,LSG 在 2017—2018 年通过高额的营销费用和赊销政策等推动两期营业收入快速增长。从汤臣倍健的并购目的看,LSG 营销的电商渠道是本次并购中应着重考虑的政策性因素,而我国 2013 年启动立法程序的《电子商务法》,加大了对国际代购市场的管理和监督力度,提高了中小代购商的运营成本,该法案的实施必定会对国内销售以电商为主的 LSG 经营造成重大影响。2017 年,《电子商务法》向社会公开征求意见稿,然而对 LSG 以 2017 年 12 月 31 日为评估基准日的资产评估报告,并未考虑该法案的预期影响。

表 9-15　LSG 公司 2016—2018 年部分财务指标及增长趋势

单位:万元人民币

项目	2016 年	2017 年		2018 年	
	金额	金额	环比增长	金额	环比增长
营业收入	30 723.63	47 398.46	54.27%	71 903.40	51.70%
营业成本	13 829.27	21 643.31	56.50%	31 842.36	47.12%

(续表)

项目	2016年	2017年		2018年	
	金额	金额	环比增长	金额	环比增长
销售费用	6 243.72	11 698.73	87.37%	21 604.34	84.67%
营业利润	8 816.72	10 053.41	14.03%	12 688.59	26.21%
销售商品、提供劳务收到的现金	30 514.50	51 310.43	68.15%	73 074.33	42.41%
项目	2016年12月31日	2017年12月31日		2018年12月31日	
	金额	金额	环比增长	金额	环比增长
应收账款	4 970.78	6 278.25	26.30%	12 411.45	97.69%
存货	6 738.71	10 362.91	53.78%	22 979.12	121.74%
固定资产	563.16	812.05	44.19%	1 644.70	102.54%
无形资产	0.75	64.00	8 533.33%	1 172.16	1 831.50%
资产总额	20 307.87	28 807.08		43 649.69	

资料来源：根据普华永道对LSG报告期业绩真实性和关联交易的核查报告及汤臣倍健重大资产购买报告书等计算、整理、编制。

表9-16列示了2018—2021年度对汤臣倍健LSG资产组可收回金额测算的关键参数。如表9-16所示，由于2019年实施的《电子商务法》等因素影响，LSG公司2019年业绩未达预期，因此汤臣倍健在2019年大幅调减对LSG未来5年期间（2020—2024年）的预测增长率等确定商誉可收回金额的重要技术参数，从而导致2019年年底测算的包含商誉的LSG资产组可收回金额低于账面价值10亿有余，相应确认巨额商誉减值损失。而对LSG公司依据财务指标进行的未来业绩预期，也是在对LSG公司评估采用收益法估值时采用的重要技术参数，虽然最终采用的是市场法估值结果，但在很大程度上影响了汤臣倍健最终确定的高溢价收购LSG价格。

表9-16　2018—2021年对汤臣倍健LSG资产组可收回金额测算的关键参数

项目	关键参数				确定依据
	2018年	2019年	2020年	2021年	
预测期	2019—2023年	2020—2024年	2021—2025年	2022—2026年	—
预测期增长率	12.25%～39.93%	5.9%～28.79%	5.76%～23%	4.7%～24.64%	参照当年实际销售情况第二年预算、公司对未来增长预测
稳定期增长率	0	0	0	0	—
毛利率	61%～62%	62.9%～63.2%	64.5%～64.9%	64.3%～64.5%	历史毛利率水平

(续表)

项目	关键参数				确定依据
	2018年	2019年	2020年	2021年	
税前折现率	14.88%	12.20%	11.83%	11.78%	按加权平均资本成本计算

资料来源:汤臣倍健股份有限公司商誉减值测试所涉及的 LSG 业务含商誉资产组评估报告书(中联评报字中联评报字[2019]第 152 号;[2020]第 258 号;中联评报字[2021]第 325 号;中联评报字[2022]第 277 号)。

9.6.2 关于商誉实质及其减值的学术探讨和国际商誉会计准则的进展

对于商誉实质的探讨,现已经形成了较为鲜明的论点:哈特菲尔德(Hatfield,1906)提出商誉体现为两个概念,一个是持续经营价值概念,一个是未入账资产概念。杨汝梅在 1926 年的博士论文中提出,"凡足以使一企业产生一种较寻常收益为高之收益者"即是商誉,商誉具有"持久性""有转让之可能性"和"可以货币之计量性",并在 1936 年提出商誉本质是"企业中由于一切组织制度完善及管理得法所获得的利益"(杨汝梅,1963;许家林,2006);纳尔逊(Nelson,1953),认为商誉是企业内部价值的体现,也是市场对企业信赖度的体现;亨德里克森(Eldon S. Hendriksen,1987)在综合评价的基础上,将商誉实质总结为"三元论",其中,超额收益论认为商誉是企业超额盈利能力的体现,总计价账户论认为商誉是企业总体价值与其各部分现值加总和之间的差额,好感价值论认为商誉是将外部对企业好感进行量化而形成的。除此之外,米勒(Miller,1973)提出了商誉的协同效应论,认为商誉是不同要素在同一家企业相互融合、相辅相成中产生的、能够产生更大效益的协同价值。

关于商誉实质的讨论可归为一句话,即商誉可以由于市场对企业的高度认同等原因而给企业带来未来超额收益,当这种能够带来未来超额收益能力下降的时候,商誉就发生了减值。国际上及我国现行会计准则对于商誉的计量均以超额收益理论为商誉本质定义,体现为商誉资产化,并依据总计价账户论构建基于交易价格的商誉计量方法(葛家澍和杜兴强,2007),对商誉的初始计量一般以并购时交易对价超过被并购方可辨认净资产公允价值份额的差额确定。商誉的后续计量可以采用摊销法或商誉减值测试法,会计实务中,2001 年美国财务会计准则委员会(FASB)在 SFAS 142《商誉和其他无形资产》中,将商誉后续处理的方法由分期摊销修改为每年对商誉进行减值测试;2004 年,国际会计准则理事会(IASB)发布第 3 号国际财务报告准则 IFRS3《企业合并》,也将商誉后续计量由分期摊销改为每年需进行减值测试;我国 CAS 20《企业合并》(2006)的制定考虑了国际趋同,同样将商誉减值作为商誉后续处理的唯一方法。

近年来,国际上各准则制定机构不约而同地对将商誉减值测试法作为商誉后续处理方法的规定进行了深入探讨和研究。美国 FASB 于 2019 年 7 月就《可辨认无形资产与商誉的后续会计处理》发布征询意见稿,其中就"公众营业实体(public business entity)是否应重新引入商誉摊销,或进一步简化商誉减值测试"公开向利益相关方征询意见。2013 年 7 月,IASB 就 IFRS 3《企业合并》开展实施后审议,反馈意见中提及:商誉减值测试过于复杂且执行成本高,通过商誉减值测试方法确定的商誉减值滞后于减值事件的发生,不能及时有效反映减值事件对商誉的影响,及商誉减值测试采用的诸多关键假设以及分摊商誉的账面价值至资产组等方面很大程度上依赖于企业主观判断,影响了测试有效性。2020年3月,IASB发布《企业合并——披露、商誉和减值》(Business Combinations—Disclosures, Goodwill and Impairment)的讨论稿,IASB初步认为,虽然减值测试和摊销均存在固有缺陷,但确认减值损失可以提供重要的证实性信息(尽管可能会延迟),从而有助于管理层承担起管控责任,也有助于投资者评估管理层对公司资源的尽责管理情况;导致近年来商誉余额上升的原因有很多,不能仅因为担心减值测试未被严谨应用,或是仅为了降低商誉账面金额而引入摊销,而且也没有有力证据证明商誉摊销能够给投资者提供更有用的信息;商誉减值发生与减值确认之间存在时间差,投资者会基于企业和市场信息提前获取商誉减值信息,商誉减值确认难以成为管理者盈余管理的工具。因此,IASB初步决定暂时保留现有减值测试的方法。2019年1月4日,我国财政部下属会计准则委员会发布《关于咨询委员对会计准则咨询论坛部分议题文件的反馈意见》,大部分专家研讨意见认为商誉后续会计处理应该采用摊销办法,引起市场轩然大波。2019年1月8日,我国财政部会计准则委员会发布《关于咨询委员就商誉会计处理研讨意见的说明》,要求各有关单位和企业按照我国企业会计准则现行规定对商誉做好相关会计处理。

9.7 讨论要点

问题一:讨论商誉的类型。解析为什么现行准则下仅有合并商誉得以进行会计确认与计量。

问题二:同一控制下的企业合并计量与非同一控制下的企业合并计量有何差异?为什么将汤臣倍健收购LSG界定为非同一控制下的企业合并?

问题三:分析讨论汤臣倍健收购LSG的两步走流程及相关会计处理过程,从整个集团公司的角度衡量汤臣倍健收购LSG的全部成本,及其对汤臣倍健财务状况的影响。

问题四:深入讨论汤臣倍健收购LSG形成的合并商誉体现了哪些商誉本质,其计量有何特点。在此基础上进一步讨论汤臣倍健商誉减值的深层次原因。

问题五:商誉价值减少的后续计量方法包括使用分期摊销法和减值测试法。我国2007年之后的现行相关企业会计准则采用的是减值测试法,即不作分期摊销,而是在每个会计期末进行减值测试,如果商誉可收回金额低于账面价值,则计提减值准备。深入讨论两种方法的优缺点,并评议2018年我国上市公司商誉减值集体暴雷以来对商誉减值方法的争议。

问题六(思政专题):通过商誉会计近年来在全球范围内的进展,讨论"全球视野、合作精神、规则意识、创新应变以及会计诚信"等在会计规则演进中的作用及意义。

参考文献

[1] Guf, Lev B. Overpriced Shares, Ill-advised Acquisitions, and Goodwill Impairment[J]. The Accounting Review, 2011, 86(6):1995-2022.

[2] Henning S L, B L Lewis, W H Shaw. Valuation of the Components of Purchased Goodwill[J]. Journal of Accounting Research, 2000, 38(2):375-386.

[3] Li, Kevin K, R G Sloan. Has Goodwill Accounting Gone Bad?[J]. Review of Accounting Studies,

2017,22(2):964-1003.

[4] Miller, Malcolm C. Goodwill: An Aggregation Issue[J]. The Accounting Review,1973,48(2):280-291.

[5] Nelson, Robert. The Momentum Theory of Goodwill[J]. The Accounting Review,1953,28(4):491-499.

[6] Ramanna K, R L Watts. Evidence on the Use of Unverifiable Estimates in Required Goodwill Impairment[J]. Review of Accounting Studies,2012,17(4):749-780.

[7] 埃尔登 S 亨德里克森. 会计理论[M].王澹如,等译.上海:立信会计图书用品社,1987.

[8] 巴曙松,汪钦,陈雨桦.创业板上市公司并购业务中的商誉减值探讨——以第一批上市的28家公司为例[J].杭州师范大学学报(社会科学版),2019(4):89-103.

[9] 耿建新,丁含.资产评估机构对商誉泡沫的影响及机制研究[J].管理学报,2021,18(11):1730-1738.

[10] 葛家澍,杜兴强.中级财务会计学[M].3版.北京:中国人民大学出版社,2007.

[11] 李秉祥,简冠群,李浩.业绩补偿承诺、定增并购双价格偏离与整合效应[J].管理评论,2019(4):19-33.

[12] 李晶晶,关月琴,魏明海,等.商誉、准则与制度:万亿商誉资产之谜[J].经济管理,2020(12):151-167.

[13] 李明,彭川.商誉理应减值还是摊销?——兼评IASB《讨论稿》[J].会计研究,2021(1):26-43.

[14] 汤臣倍健.2017—2021年度报告[R].2022.

[15] 汤臣倍健.关于收购Life-Space的可行性报告[R].2018.

[16] 汤臣倍健.关于重大资产购买报告[R].2018.

[17] 汤臣倍健.关于重大资产购买报告[R].2019.

[18] 王竞达,瞿卫菁.创业板公司并购价值评估问题研究[J].会计研究,2012(16).

[19] 王艳,李涛,王得力,等.商誉"暴雷"是否夸大其实?——基于"优质公司"的视角[J].会计研究,2021(11):44-59.

[20] 谢纪刚,张秋生.股份支付、交易制度与商誉高估——基于中小板公司并购的数据分析[J].会计研究,2013(12):47-52.

[21] 许家林.商誉会计研究的八十年:扫描与思考[J].会计研究,2006(8):18-23.

[22] 杨汝梅.无形资产论[M].北京:中国财政经济出版社,1963.

[23] 中联资产.Life Space Group Pty Ltd合并对价分摊目的可辨认资产及负债价值咨询报告【中联评咨字[2018]第2286号】[R].2018.

[24] 中联资产.汤臣倍健股份有限公司商誉减值测试所涉及的LSG业务含商誉资产组评估报告书.(中联评报字[2020]第258号;中联评报字[2021]第325号;中联评报字[2022]第277号)[R].

第10章　康美药业：会计差错更正及财务报表重述

2021年1月29日,证监会披露了2020年20起证监稽查的典型违法案例,康美药业股份有限公司(以下简称"康美药业")造假案是其中6起财务造假案之一。2018年12月底康美药业被证监会立案调查,2021年11月12日,广州中院针对康美药业集体诉讼案作出一审判决。康美案的意义不仅在于揭露资本市场虚假财务信息治理、注册会计师审计责任和勤勉尽职义务、中小投资者保护等问题,其作为2020年3月1日我国开始实施新《证券法》后的中国特色证券特别代表人诉讼制度第一案,在成为资本市场财务报表虚假陈述负面典型的同时,也自然成为我国完善资本市场集体诉讼制度的经典案例。新《证券法》不仅大幅提高了欺诈发行和信息披露违法的罚没款金额,而且借鉴美国经验,尝试探索建立具有中国特色的证券集体诉讼制度,这是完善资本市场基础制度建设的重要环节之一。新《证券法》中关于投服中心、特别代表人诉讼等创新性制度安排,有利于实现私人执行机制与公共执行机制的有机结合,是"政府有效监管"与"市场充分参与"相结合的中国特色实践,并可对财务重述产生治理效应(陈运森等,2020)。康美案发生后,相关研究结果表明,中国特色证券特别代表人诉讼能够发挥应有作用,诉讼判决对资本市场产生溢出效应(李娜等,2022)。

从前期会计差错信息更正和财务报表重述的会计反映视角看,康美药业在2018年12月月底被证监会立案调查之后,立即启动自查程序,并在2019年4月29日发布《康美药业股份有限公司关于前期会计差错更正的公告》,自曝2017年会计处理存在多项重大会计差错,包括多计货币资金299.44亿元、营业收入88.98亿元、净利润19.51亿元等,在运用前期差错更正相关会计准则规定,对包括货币资金、存货、应收账款、营业收入等多个会计科目进行追溯调整,并重述2017年财务报表后,康美药业2017年经营业绩发生颠覆性扭转。康美药业案例会计处理的特殊之处还在于:2017年度会计差错源起于货币资金虚增,但在会计差错更正之后,调减货币资金的同时调增存货约195.46亿元,康美药业财务报表项目列示由货币资金金额异常变为存货金额异常,并引致其后年度进一步的资产减值计提;"存货——开发成本""在建工程"等工程支出项目结转固定资产等长期资产后的错误估价,继而引发2018年会计差错更正主要内容之一。从证券监管的视角看,重大会计差错和财务造假行为均构成虚假陈述,会误导资本市场投资者的投资决策,但会计差错、财务造假及会计舞弊有着本质区别,财务造假是导致会计差错的原因之一,也是前期会计差错更正的内容之一。本章案例拟通过对康美药业前期会计差错更正的确认和计量及其对相关年度财务报表的重述,分析会计差错更正对康美药业业绩信息的影响,透过康美案深入分析重大会计差错与财务造假之间的关系,①审视资本市场投资者行为是否受到了财务报表重述信息的影响。本章案例数据资料主要来源于康美药业 2012—2021 年度报告,康美药业 2019—2020 年披露的关于 2017—2020 年前期会计差错更正等临时公告,以及证监会下达的问询函、行政处罚决定等资料。

10.1 案例公司简介

康美药业股份有限公司成立于 1997 年 6 月 18 日,前身为广东康美药业股份有限公司,由民营企业家马兴田创立。2001 年 2 月 6 日,证监会出具《关于核准广东康美药业股份有限公司公开发行股票的通知》(证监发行字[2001]17 号),核准康美药业公开发行股票。2001 年 3 月 19 日,康美药业股票在上海证券交易所主板上市交易,股票代码为 600518,属医药制造业。2009 年 1 月 7 日,广东康美药业股份有限公司正式更名为康美药业股份有限公司。康美药业普通股总数 4 973 861 675 股,注册资本为人民币 4 973 861 675 元。2021 年康美药业引入国有资金及实力产业投资者,实际控制人变更为广东神农氏企业管理合伙企业(有限合伙)。

10.1.1 康美药业主营业务发展概况

康美药业主营业务为医药制造,以中药饮片生产、销售为核心,在全国各地拥有近 100 家涵盖药材种植、中药材交易市场、现代物流中心和产业基地等业务的企业,建有 11 个中药饮片和医药现代化生产基地,其管理的中药材市场交易规模占全国 60%以上。康美药业投资管理康美医院、康美中医馆等,与多家医疗机构、药店建立长期合作关系,其基于全产业链资源优势率先打造的"智慧药房"模式,业务覆盖广州、深圳、成都、北京、上海、重庆、普宁、昆明、江门等城市,被列为国家中医药服务标准化研究基地,基本形成互联网时代就医用药新模式。康美药业基本形成中医药全产业链一体化运营模式和业务体系:上游产业涉及中药材种植、产地趁鲜加工与资源整合;中游产业涉及中药材专业市场经营,中药饮片、中成药制剂、保健食品、化学药品及医疗器械的生产与销售,现代医药物流体系;下游产业已形成集医疗机构资源、智慧药房、OTC 零售、连锁药店、直销、医药电商、移动医疗等于一体的全方位、多层次营销网络。

截至 2018 年,康美药业的主要产品包括中药饮片、中药配方颗粒、中成药、西药、食品及保健食品等。表 10-1 列示了康美药业 2018 年各主要产品营业收入占营业总收入的比重。

表 10-1 康美药业 2018 年主要产品营业收入构成[1]

产品	营业收入(千元)	占总营收比重	比 2017 年增减
中药饮品	4 141 739	21.40%	22.80%
中药材贸易	602 232	3.11%	−23.79%
自制药品	43 330	0.22%	24.28%
药品贸易	7 937 981	41.01%	−15.07%
医疗器械	3 778 918	19.52%	88.80%
保健食品	371 830	1.92%	0.89%

---

① 康美药业实际控制人、董事长兼总经理马兴田,在 2018 年 10 月康美案财务丑闻曝雷后,面对公众质疑回应"财务差错和财务造假是两件事",引起市场哗然。

(续表)

产品	营业收入(千元)	占总营收比重	比2017年增减
食品	1 109 660	5.73%	41.77%
物业租售及其他	1 118 327	5.78%	46.54%
营业收入总额	19 356 233	100.00%	10.11%

注:1. 本表数据信息是未进行财务报表重述前的信息,康美药业2020年在报出2019年财务报表时对2018年度财务信息进行会计差错更正和财务报表重述,其中调减2018年度营业收入至170.65亿元,但不影响理解康美药业的业务构成信息。

资料来源:根据康美药业2018年年度报告计算编制。

康美药业自2001年上市后,开始采取多元化发展战略,不仅将公司的主营业务从聚焦于中药饮品行业扩张至药品贸易、中药材贸易、中药饮片、医疗器械齐头并进,并逐步迈入物业租售领域;同时将经营区域从广东发展至安徽、河北、广西等多个省市。随着康美药业的飞速发展,其对巨额资金的需求不断增加。2001年3月至2018年10月,康美药业通过发行股票、债券和贷款等多渠道累计融资达803.93亿元,其中,股权融资163.48亿元、债权融资516.50亿元、贷款融资123.95亿元。① 但这些资金大都不与项目相关,如关联方占用资金等,即使仅有的一些相关项目,由于项目进展缓慢,也难以为康美反哺资金。

10.1.2 康美药业2016—2018年的财务信息虚假陈述案

康美案起始于2018年10月自媒体"初善投资"的《康美药业究竟有没有谎言》和微信公众号"市值相对论"的《千亿康美药业闪崩! 大存大贷大现金大质押哪个是坑?》两篇文章的发布。文章认为康美药业存在财务造假嫌疑,其对诸如货币资金和贷款存贷双高、大股东质押股票过高、中药材毛利率过高等现象的质疑,引起社会公众广泛关注。

1. 行政处罚

因康美药业2016—2018年间财务信息披露涉嫌违法违规,2018年12月,证监会下达《调查通知书》(粤证调查通字[180199]号),立案调查康美药业。2019年8月,证监会下达《行政处罚及市场禁入事先告知书》(处罚字[2019]119号),定性康美药业是"有预谋有组织长期系统实施财务造假",其行为"影响极其恶劣,后果特别严重"。2020年5月,证监会下达《行政处罚决定书》([2020]24号),查明康美药业2017年虚增299亿货币资金属实。在2016—2018年3年期间,康美药业累计虚增营业收入206.44亿元,累计虚增利息收入3.79亿元,累计虚增营业利润20.72亿元。证监会出具最终行政处罚结果,对康美药业公司处以罚款60万元,对董事长、董事(包括独董)、监事、高管等21名主要责任人分别处以10万元至90万元不等的罚款,共计595万元,并对6名主要责任人处以市场禁入10年到终身不等的处罚。

2. 集体民事诉讼

2020年12月31日,康美药业收到广东省广州市中级人民法院下达的《应诉通知书》,11名自然人就康美药业证券虚假陈述责任纠纷一案,向广东省广州市中级人民法院提起诉讼。2021年4月8日,中证中小投资者服务中心接受56名证券投资者的特别授权,向广州

---

① 资料来源:Wind数据库和康美药业年度报告。

中院申请作为代表人参加诉讼。2021年4月16日,经最高人民法院指定管辖,广州中院适用特别代表人诉讼程序审理该案。2021年11月,广州中院对康美药业特别代表人诉讼作出一审判决,判处康美药业及相关责任人向52 037名投资者共计赔偿人民币24.59亿元。除康美药业及其实控人和董监高等相关责任人被依法追究责任外,审计机构广东正中珠江会计师事务所及其合伙人杨文蔚被法院判决对康美药业债务承担100%连带清偿责任,创下中介机构承担连带赔偿责任金额之最,且首次落实到注册会计师个人的记录。

3. 刑事诉讼

2021年11月2日,康美药业收到《广东省佛山市中级人民法院并案审理决定书》,决定将([2021]粤06刑初114号)案件并入([2021]粤06刑初113号)案件审理。2021年11月17日,康美药业收到([2021]粤06刑初113号)《广东省佛山市中级人民法院刑事判决书》,马兴田因操纵证券市场罪、违规披露、不披露重要信息罪以及单位行贿罪数罪并罚,被判处有期徒刑12年,并处罚金人民币120万元;康美药业因单位行贿罪被判处罚金500万元;康美药业原副董事长、常务副总经理许冬瑾及其他责任人员11人,因参与相关证券犯罪被分别判处有期徒刑并处罚金。

10.1.3 康美药业2021年重整计划、控股股东变更和经营发展战略变化

在连续对2016—2020年各年度前期差错进行更正并重述财务报表后,康美药业2020年12月31日合并财务报表显示未分配利润为－278.82亿元,实收股本为49.74亿元,公司未弥补亏损金额已超过实收股本总额的三分之一。2021年4月22日,康美药业收到揭阳中院送达的([2021]粤52破申1号)《通知书》,广东揭东农村商业银行股份有限公司以康美药业不能清偿到期债务为由,向法院提出破产重整,法院裁定受理重整。

2021年9月30日,康美药业发布《康美药业股份有限公司关于公开招募和遴选重整投资人的公告》。截至2021年10月31日,广州医药集团有限公司代表广东神农氏企业管理合伙企业(有限合伙)向康美药业重整管理人提交《重整投资方案》。2021年11月15日,康美药业召开第二次债权人会议及出资人组会议,财产担保债权组、普通债权组与出资人组均表决通过重整计划草案以及相应出资人权益调整方案。2021年11月26日,康美药业收到揭阳中院送达的([2021]粤52破1号之一)《民事裁定书》,裁定批准重整计划,并终止康美药业重整程序。

康美药业重整计划主要内容如下:康美药业现有总股本4 973 861 675股,其中涉及员工股权激励需回购注销股票34 970 000股,重整计划以康美药业扣除上述股票后的4 938 891 675股为基数,按照每10股转增18股的比例实施资本公积金转增股票,共计转增股票数8 890 005 015股,转增后康美药业总股本由4 973 861 675股增加至13 863 866 690股。转增的8 890 005 015股票中,1 265 822 785股用于解决资金占用问题;1 113 309 515股用于向中小股东进行分配;2 879 473 356股由重整投资人有条件受让,重整投资人作为受让股票条件之一所支付的现金对价,专项用于根据本重整计划支付重整费用、清偿债务、补充公司流动资金;3 631 399 359股将通过以股抵债的形式用于清偿康美药业债务。通过本次重整,预计引进重整投资人有条件受让总计4 145 296 141股股票,以康美药业重整后总股本为基数,重整投资人持股比例约为29.90%。

2021年12月17日,重整投资人广东神农氏企业管理合伙企业(有限合伙)与财务投资人全部重整投资资金支付完毕,共计6 500 000 000元。截至2021年12月23日,康美药业

重整计划中的资本公积金转增股本事项实施完毕,广东神农氏与财务投资人认购康美药业资本公积金转增的共计4 145 296 141股股票已分别登记至相应账户。2021年12月27日,康美药业向法院提交重整计划执行情况报告。2021年12月29日,广东揭阳中院作出([2021]粤52破1号之四)《民事裁定书》,裁定确认康美药业重整计划执行完毕。

根据康美药业《重整计划》及《重整投资协议》的相关安排,表10-2描述了本次重整中重整投资人认购资本公积金转增股票情况,表10-3描述了康美药业2021年12月31日主要股东持股比例构成情况。如表10-2和表10-3所示,广东神农氏企业管理合伙企业(有限合伙)以25.313 4%的持股比例成为康美药业第一大股东,其他股东持股比例均相对较小,且广东神农氏可实际支配的公司股份表决权足以对公司股东大会决议产生重大影响,广东神农氏成为康美药业控股股东。康美药业原控股股东揭阳易林药业投资有限公司所持有的29.90%股份对应的表决权及提案和提名权比例被动稀释至10.73%。

表10-2 康美药业重整投资人认购股票情况

股东名称	认购股票数量(股)	持股比例	支付对价(元)
广东神农氏企业管理合伙企业(有限合伙)	3 509 413 788	25.313 4%	5 419 000 000
财务投资人	635 882 353	4.586 6%	1 081 000 000
合计	4 145 296 141	29.900 0%	6 500 000 000

资料来源:康美药业《重整计划》和《重整投资协议》。

表10-3 康美药业2021年12月31日主要股东持股比例构成情况

股东名称	持股数量(股)	持股比例
广东神农氏企业管理合伙企业(有限合伙)	3 509 413 788	25.31%
康美药业破产企业财产处置专用账户	1 443 511 581	10.41%
康美实业投资控股有限公司	1 263 328 032	9.11%
合计	13 863 866 690	100.00%

资料来源:康美药业2021年年度报告。

2022年1月25日,康美药业召开2022年第一次临时股东大会,选举产生第九届董事会、监事会。康美药业2022年经营策略定为:坚持"布局中医药全产业链,以中药饮片为核心,以智慧药房为抓手"的发展思路,继续对整体经营业务采取"聚焦优势实业、强化规模商业、盘活潜力产业、清理边缘副业"的经营策略,持续优化业务结构。对于非主营业务,康美药业一方面减少资源投入,稳定维持业务;另一方面,在夯实、发展中医药核心业务的基础上,瘦身健体,剥离非核心业务。①

10.2 主要会计问题描述

2018年12月28日,因涉嫌财务信息披露违法违规,证监会下达《调查通知书》立案调查康美药业。康美药业随即启动自查程序,于2019年4月29日发布《关于前期会计差错更正

---

① 资料来源:康美药业2021年度报告及相关公告。

的公告》,并提交《2018年度前期会计差错更正专项说明的审核公告》,自曝由于会计处理差错,2018年账面上的299亿货币资金并不存在,而是以存货、应收账款等形式存在,并且由于2017年前期会计差错导致2017年多计营业收入88.98亿元和营业成本76.62亿元,对本次发现的前期会计差错一并采用追溯重述法进行更正,重述2017年度财务报表。

2020年6月,康美药业公告《关于前期会计差错更正的公告》,并提交立信会计师事务所出具的《2019年度前期会计差错更正专项说明的鉴证报告》,申明2018年财务报表存在多项重大差错,需要进行会计差错更正并重述2018年财务报表。

康美药业2019年和2020年连续两年发布关于前期会计差错更正的公告,自曝2016—2018年存在虚增货币资金、虚增营业收入和营业成本等多方面重大会计差错,并按规定会计处理方法予以更正。表10-4描述了康美药业2016—2018年3年通过会计差错调整更正的货币资金、营业收入等主要项目金额,以及证监会2019年8月下达的《行政处罚及市场禁入前通知书》、2020年5月下达的《行政处罚决定书》和《市场禁入决定书》中公告的康美药业财务信息虚假陈述金额。

表10-4 证监会认定康美药业2016—2018年财务虚假陈述金额与康美药业2016—2018年主要财务报表重述项目调整金额对比表

单位:亿元人民币

	项目	2016年	2017年	2018年	合计
证监会认定财务虚假陈述金额	营业收入	89.99	100.32	16.13	206.44
	利息收入	1.51	2.28	0	3.79
	营业利润	6.56	12.51	1.65	20.72
	货币资金	225.49	299.44	0[1]	—
	其他应收款(未入账)	三年向控股股东及关联方提供非经营性资金合计116.19			
	固定资产	0	0	11.89	
	在建工程	0	0	4.01	36.04
	投资性房地产	0	0	20.15	
康美药业会计差错项目调整金额	营业收入	−69.48	−88.98	−22.91	−181.37
	营业成本	−61.35	−76.62	−19.23	−157.20
	利息收入	−1.51	−2.28	0.01	−3.78
	营业利润	−16.69	−19.51	−5.75	−41.93
	货币资金	−299.44		−0.04	−299.84
	其他应收款	57.14		12.53	69.67
	固定资产			−4.08	
	在建工程	6.32		−1.56	20.19
	投资性房地产			−9.87	
	存货——开发成本	18.04		0	

注:1. 证监会认定2018年半年报中虚增货币资金361.88亿元,但在2018年度报告中年报余额无认定虚假陈述,故本表中不显示2018年虚假陈述货币资金金额。

资料来源:康美药业《关于前期会计差错更正的公告》《行政处罚及市场禁入前通知书》等临时公告。

如表 10-4 所示，在证监会 2018 年年底立案调查康美药业涉嫌违法违规虚假陈述财务信息后，康美药业启动自查程序，其对 2016 年、2017 年的前期会计重大差错更正项目金额基本与证监会认定虚假陈述金额一致，这意味着康美药业通过各期会计差错更正和财务报表重述基本更正了虚假信息披露问题：

第一，证监会认定康美药业 2016—2018 年 3 年虚增营业收入合计 206.44 亿元，虚增利息收入 3.79 亿元；2016 年、2017 年分别虚增货币资金 225.49 亿元、299.44 亿元。康美药业在 2018 年度报表报出时对 2016 年、2017 年财务报表进行重述，2019 年度报表报出时对 2018 年财务报表进行重述，3 年调减营业收入 181.31 亿元，调减利息收入 3.78 亿元，调减货币资金 299.48 亿元。

第二，证监会认定康美药业 2016—2018 年 3 年向控股股东及关联方提供非经营性资金共计 116.19 亿元未入账。康美药业未重述 2018 年报前显示 2018 年新增应收大股东及其关联方非经营性往来款 88.79 亿元，其中期初余额 57.14 亿元（为 2017 年度报表重述金额），2018 年年度报告显示新增 35.95 亿元，加上 2018 年重述调增金额 12.53 亿元，3 年合计调增其他应收款入账金额增加超过 100 亿元。

第三，康美药业 2018 年财务报表报出时调整 2016 年、2017 年未入账已付款工程支出共计 24.36 亿元（其中存货——开发成本 18.04 亿元，在建工程 6.32 亿元），在 2018 年转入固定资产等长期资产项目；根据 2018 年年度报告信息，康美药业新增 6 个前期未纳入报告的工程项目（即亳州华佗国际中药城、普宁中药城、普宁中药城中医馆、亳州新世界、甘肃新世界、甘肃陇西中医药、玉林中药产业园），截至 2018 年 12 月 31 日，康美药业通过自查已补计未入账工程款金额为 36.05 亿元（其中：固定资产 11.8 亿元；投资性房地 20.15 亿元；在建工程 4.01 亿元）。根据康美药业 2018 年非标准审计意见审计报告，其子公司在项目建设及落实期间存在项目不完整、财务管理不规范等问题。事实表明，这些工程项目与会计确认与计量条件不符；根据 2019 年 8 月 16 日证监会下发的《行政处罚及市场禁入前通知书》，康美药业 2018 年调整的在建工程 4.01 亿元、固定资产 11.89 亿元和投资性房地产 20.15 亿元，均为虚增金额。如表 10-4 所示，康美药业在 2019 年度报告报出，重述 2018 年报表时，调减固定资产、在建工程和投资性房地产共计 15.51 亿元。

康美药业对 2016—2018 年度的前期会计差错更正和财务报表重述的会计处理，在三个层面上引人深思：

第一，既然康美药业已经将虚假行为造成的会计差错予以更正并重述相应期间财务会计报表，为什么证监会依旧认定康美药业 2016—2018 年的虚假陈述并追究相关责任呢？康美药业自查自曝财务虚假行为，对其信息订正，适用会计差错更正相关准则吗？

第二，依据我国现行准则，应该如何通过恰当的会计处理程序进行会计差错更正，以实现重述财务报表，如实反映公司财务状况、经营业绩和现金流量信息的目的？

第三，康美药业 2016—2018 年年度财务报表重述后，其和重述前的财务报表信息揭示的康美药业财务状况、经营成果和现金流量有何差异？资本市场对这种差异作出反应了吗？换句话说，资本市场认可重述财务报表信息的有效性了吗？

10.3 相关准则条款解读

我国现行第 28 号企业会计准则 CAS 28《会计政策、会计估计和差错更正》,规范了企业会计政策应用、会计政策、会计估计变更和前期差错更正的确认、计量和相关信息的披露。CAS 28 共包括总则、会计政策、会计估计、前期差错和披露等五章十八条,其中第四章"前期差错更正"中明确界定了前期差错的定义,规范了前期差错更正的会计方法。

1. 关于前期差错的定义和类型

前期差错是指由于没有运用或错误运用下列两种信息,而对前期财务报表造成省略或错报:第一,编报前期财务报表时预期能够取得并加以考虑的可靠信息;第二,前期财务报告批准报出时能够取得的可靠信息。

前期差错通常包括计算错误、应用会计政策错误、疏忽或曲解事实及舞弊产生的影响以及存货、固定资产盘盈等。

2. 关于前期差错的更正处理

企业应当采用追溯重述法更正重要的前期差错,但确定前期差错累积影响数不切实可行的除外。

追溯重述法是指在发现前期差错时,视同该项前期差错从未发生过,从而对财务报表相关项目进行更正的方法。

3. 关于前期差错更正的财务报表重述

企业应当在重要的前期差错发现当期的财务报表中,调整前期比较数据。

确定前期差错影响数不切实可行的,可以从可追溯重述的最早期间开始调整留存收益的期初余额,财务报表其他相关项目的期初余额也应当一并调整,也可以采用未来适用法。

4. 关于前期差错更正的披露

企业应当在附注中披露与前期差错更正有关的下列信息:第一,前期差错的性质;第二,各个列报前期财务报表中受影响的项目名称和更正金额;第三,无法进行追溯重述的,说明该事实和原因以及对前期差错开始进行更正的时点、具体更正情况。

此外,证监会 2018 年修订发布《公开发行证券的公司信息披露编报规则第 19 号——财务信息的更正及相关披露》,其中明确规定该编报规则适用于三种情况,即公司公开披露的定期报告中财务信息存在差错被责令改正、经董事会决定更正,以及证监会认定的对定期报告中的财务信息进行更正的其他情形。该编报规则也规定了更正后财务报表的鉴证问题:如果会计差错更正事项对财务报表具有广泛性影响,或者该事项会导致公司相关年度盈亏性质发生改变的,会计师事务所应当对更正后财务报表进行全面审计并出具新的审计报告;除上述情况外,会计师事务所可以仅对更正事项执行专项鉴证并出具专项鉴证报告。根据该编报规则,公司应单独以临时报告的形式及时披露更正后的财务信息,包括:公司董事会对更正事项的性质和原因的说明;更正事项对公司财务状况、经营成果和现金流量的影响及更正后的财务指标;更正后经审计年度财务报表和涉及更正事项的相关财务报表附注,以及会计师事务所出具的审计报告或专项鉴证报告;更正后的中期财务报表及涉及更正事项的相关财务报表附注;公司独立董事和监事会对更正事项的相关意见。

10.4 会计处理分析①

10.4.1 康美药业前期会计差错及其更正是否与财务造假是两回事

根据我国现行企业会计准则 CAS 28《会计政策、会计估计和差错更正》之规定,前期会计差错既包括客观非故意的计算错误、疏忽等一般错误造成的财务报表省略或错报,也包括舞弊等主观故意财务造假造成的财务报表省略或错报,会计差错仅仅是财务造假后果的表现形式,并不是根源所在。证监会《公开发行证券的公司信息披露编报规则第 19 号——财务信息的更正及相关披露》中明确规定财务信息存在差错时应当予以更正。可见,对于财务造假需要更正前期会计差错,调整前期比较财务报表数据,还原公司原本经济面貌。财务造假是出现更正调整前期会计差错的原因之一,前期会计差错更正是针对已发生会计差错的一种纠正,包括针对财务造假行为的修正和调整。因此,会计差错只是一种表象,并不是根本问题所在,从证券监管视角看,重大会计差错和财务造假行为均构成虚假陈述,需要进行财务报表重述(袁小平等,2020)。简而述之,会计差错与财务造假主要存在下述区别:第一,内涵不同。会计差错是表象,是由于计算或账户分类错误采用了不允许的会计政策,对事实的疏忽或曲解,以及财务舞弊、财务造假所造成的。财务造假是会计差错的本质之一,是单位领导和财会人员在会计核算过程中,违反国家法律法规编制虚假财务报表的一种行为;第二,动因不同。会计差错可能是无意或有意行为,而财务造假必然是故意行为;第三,处理结果不同。不重要的会计差错只需调整发现当期相同项目的报表数据;重要会计差错需要采用追溯重述法调整前期比较财务报表数据;财务造假行为不仅仅需要追溯更正会计差错,企业相关责任人需承担相应行政、民事,刑事责任。

2019 年 4 月 30 日,上海证券交易所基于康美药业前期会计差错更正事宜发出监管工作函。2019 年 5 月 5 日,康美药业收到上海证券交易所上市公司监管一部下发的《关于对康美药业股份有限公司媒体报道有关事项的问询函》,强调康美药业"应当严格区分会计准则理解错误和管理层有意财务舞弊行为性质的不同",康美药业表面上的"会计差错"绝不能成为其实质上"会计造假"的替罪羔羊。还要求会计师就会计差错的会计处理和追溯调整等问题发表意见。2019 年 5 月 17 日,中国证监会通报康美药业存在财务报告造假行为,涉嫌虚假陈述。2019 年 5 月 21 日,康美药业主动戴帽变为"ST 康美"。2019 年 8 月,证监会完成对康美药业涉嫌信息违法违规披露行为调查后,定性康美药业 2016—2018 年的重大会计差错是"有预谋、有组织、长期、系统实施财务造假行为",对康美药业相关责任人作出行政处罚以及市场禁入决定。此外,如第 10.2 节所述,康美药业因本次信息违法违规披露问题,《行政处罚决定书》([2020]24 号)、《广东省佛山市中级人民法院刑事判决书》[(2021)粤 06 刑初 113 号]以及 2021 年 11 月的广州中院一审裁决,相继判定康美药业及相关责任人承担相应刑事责任以及民事责任。

---

① 本章第 10.4 节及第 10.5 节所作康美药业会计差错更正处理,仅针对该公司合并财务报表。

10.4.2 康美药业 2018 年年报报出时对 2016—2017 年前期重大会计差错的更正处理①

2019 年 4 月,康美药业通过自查发现多项 2016—2017 年度财务报表存在的会计差错,在报出 2018 年度报告时作为前期差错采用追溯重述法予以更正,并调整重述 2017 年合并财务报表。

1. 康美药业 2016—2017 年会计差错分析及应调整的主要报表科目

(1) 2016—2017 年会计差错分析。

康美药业对发现的 2016—2017 年存在的多项前期会计差错采用追溯重述法进行更正,涉及需要调整项目及金额如下:

2017 年度采购付款、工程款支付以及确认业务款项时的会计处理存在错误,造成"应收账款"项目少计 64 107.32 万元;"存货"项目少计 1 954 634.99 万元;"在建工程"项目少计 63 160.01 万元;由于核算账户资金时存在错误,造成"货币资金"项目多计 2 994 430.98 万元。

收入确认时存在错误,造成"营业收入"项目多计 889 835.23 万元;"营业成本"项目多计 766 212.94 万元;在核算销售费用和财务费用时存在错误,"销售费用"项目少计 49 716.44 万元;"财务费用"项目少计 22 824.00 万元。

采购付款、工程款支付以及确认业务款项时的会计处理存在错误,造成合并现金流量表"销售商品、提供劳务收到的现金"项目多计 1 029 986.02 万元;"收到其他与经营活动有关的现金"项目少计 13 766.78 万元;"购买商品、接受劳务支付的现金"项目多计 730 134.07 万元;"支付其他与经营活动有关的现金"项目少计 382 199.51 万元;"购建固定资产、无形资产和其他长期资产支付的现金"项目少计 35 239.25 万元;"收到其他与筹资活动有关的现金"项目多计 36 045.70 万元。

(2) 应调整的主要报表项目。

表 10-5 描述了康美药业 2019 年发现的 2016—2017 年存在会计差错应调整的主要报表项目及金额。如表 10-5 所示,康美药业对发现的 2016—2017 年具体会计差错更正内容如下:

表 10-5 康美药业追溯调整 2016—2017 年前期差错涉及的主要报表项目

单位:万元

资产负债表项目(2017 年 12 月 31 日)

应调整项目	调整金额	对应科目	对应调整金额	调整原因
应收账款	64 107.32	货币资金	−64 107.32	调整业务还原真实应收账款余额
其他应收款	571 382.10	货币资金	−571 382.10	支付其他资金往来
存货—中药材	1 834 307.70	货币资金	−1 834 307.70	采购中药材支出

---

① 本小节数据信息主要来源于:康美药业 2019 年 4 月公布的《关于前期会计差错更正的公告》,随后公布的《2018 年度前期会计差错更正专项说明的审核公告》,以及《关于上海证券交易所〈关于对康美药业股份有限公司前期会计差错更正等有关事项的监管工作函〉的部分回复公告》。

(续表)

应调整项目	调整金额	对应科目	对应调整金额	调整原因
存货—开发成本	180 400.09	货币资金	−180 400.09	支付工程支出
在建工程	63 160.01	货币资金	−63 160.01	支付工程支出
未分配利润	−281 073.76	货币资金	−281 073.76	调整业务还原项目
合计			−2 994 430.98	

损益类报表项目(2017年)

应调整项目	调整金额	对应科目	对应调整金额	调整原因
营业收入	−889 835.23	货币资金	889 835.23	核减不实业务入账收入
营业成本	−766 212.94	货币资金	766 212.94	核减不实业务入账成本
销售费用	49 716.44	货币资金 其他应付款	−49 716.44	调增业务相关销售费用
财务费用	22 824.00	货币资金 应收利息	−22 824.00	核减多计货币资金计提利息
资产减值损失	−1 239.69	应收账款 坏账准备	1 239.69	调整业务还原真实应收款余额,追溯业务应收账款账龄分析,对应调整资产减值损失——坏账准备、递延所得税资产及所得税费用——递延所得税资产
所得税费用	185.95	递延所得税资产	−185.95	
净利润合计			−195 108.99	

损益类报表项目(2016年)

以前年度损益调整	调整金额	对应科目	对应调整金额	调整原因
营业收入	−694 835.87	货币资金	−694 835.87	核减不实业务入账收入
营业成本	−613 552.36	货币资金	613 552.36	核减不实业务入账成本
销售费用	52 630.23	货币资金 其他应付款	−52 630.23	调增业务相关销售费用
财务费用	15 119.30	货币资金 应收利息	−15 119.30	核减多计货币资金计提利息
资产减值损失	20 964.12	应收账款 坏账准备	−20 964.12	调整业务还原真实应收款余额,追溯业务应收账款账龄分析,对应调整资产减值损失——坏账准备、递延所得税资产及所得税费用——递延所得税资产
所得税费用	−3 144.62	递延所得税资产	3 144.62	
净利润合计			−166 852.54	

资料来源:《康美药业股份有限公司关于上海证券交易所〈关于对康美药业股份有限公司前期会计差错更正等有关事项的监管工作函〉的部分回复公告》。

① 通过不同途径在产地收购中药材,截至 2016 年 12 月 31 日,已支付采购款但未入账"存货——中药材"项目 1 793 394.27 万元,截至 2017 年 12 月 31 日,通过不同途径在产地收购中药材,款项未经审核已作支付且未入账"存货——中药材"项目 1 834 307.70 万元。

② 2017 年使用不实单据及业务凭证进行财务核算,造成前期重大会计差错。根据康美药业业务实际发生情况,应作如下调整:

调增"应收账款"项目 64 107.32 万元、调减"应收利息"项目 4 719.04 万元、调增"其他应付款"项目 19 054.60 万元、调减业务系统已发出"存货"项目 60 072.79 万元;

调减"营业收入"项目 889 835.23 万元、调减"营业成本"项目 766 212.94 万元、调增"销售费用"项目 49 716.44 万元、调增"财务费用"项目 22 824.00 万元、调减"资产减值损失"项目 1 239.69 万元、调增"所得税费用——递延所得税"项目 185.95 万元。

自查发现的 2016 年前期差错应更正调减留存收益 166 852.54 万元,其中:调减 2016 年"营业收入"项目 694 835.87 万元、调减 2016 年"营业成本"项目 613 552.36 万元、调增"销售费用"项目 52 630.23 万元、调增"财务费用"项目 15 119.30 万元、调增"资产减值损失"项目 20 964.12 万元、调减"所得税费用——递延所得税"项目 3 144.62 万元。

③ 截至 2016 年 12 月 31 日,发现实际已支付但未入账工程款 113 469.80 万元(其中:"存货——开发成本"项目 85 549.04 万元,"在建工程"项目 27 920.76 万元);截至 2017 年 12 月 31 日,经统计工程款支付情况,发现实际已支付但未入账工程款 243 560.10 万元(其中:"存货——开发成本"项目 180 400.09 万元,"在建工程"项目 63 160.01 万元),调增相应项目同时调减货币资金。

④ 截至 2016 年 12 月 31 日未入账已支付其他关联方往来款("其他应收款——普宁康都药业有限公司"项目)229 483.57 万元,截至 2017 年 12 月 31 日存在未入账已支付其他关联方往来款 571 382.10 万元,调增"其他应收款——普宁康都药业有限公司"项目,相应调减货币资金。

2. 对发现的 2016—2017 年前期会计差错的会计处理

根据表 10-5 所示应予以调整报表项目,以及对 2016 年、2017 年存在前期会计差错的分析,可模拟编制有关项目的会计差错调整分录如下。以下分录的单位为万元。

(1) 补记 2016 年、2017 年已付款未入账存货、工程支出。

借:存货——中药材	1 834 307.70
——开发成本	180 400.09
在建工程	63 160.01
贷:货币资金	2 077 867.80

(2) 补记 2016 年、2017 年已支付未入账应收关联方往来款项。

借:其他应收款——康都药业有限公司	571 382.10
贷:货币资金	571 382.10

(3) 调整不实业务影响的应收账款,调整业务系统已发出未入账存货。

借:应收账款	64 107.32
贷:存货	60 072.79
货币资金	4 034.53

(4) 核减2017年不实业务入账收入、成本及调整相关销售费用、财务费用等影响。[①]

借：以前年度损益调整(2017)——营业收入	889 835.23
——销售费用	49 716.44
——财务费用	22 824.00
——所得税费用	185.95
应收账款——坏账准备	1 239.69
贷：以前年度损益调整(2017)——营业成本	766 212.94
——资产减值损失	1 239.69
递延所得税资产	185.95
货币资金	172 389.09
应收利息	4 719.04
其他应付款	19 054.60

(5) 将2017年度损益调整金额调减未分配利润。

借：未分配利润	195 108.99
贷：以前年度损益调整(2017)	195 108.99

(6) 如表10-5所示，2016年会计差错应予以调整会计科目，可编制调整更正2016年度留存收益有关项目的调整会计分录。

① 核减不实业务入账收入、成本及调整相关销售费用、财务费用等影响。

借：以前年度损益调整(2016)——营业收入	694 835.87
——销售费用	52 630.23
——财务费用	15 119.30
——资产减值损失	20 964.12
递延所得税资产	3 144.62
贷：以前年度损益调整(2016)——营业成本	613 552.36
——所得税费用	3 144.62
货币资金	81 283.51
应收利息	15 119.30
其他应付款	52 630.23
应收账款——坏账准备	20 964.12

同时编制：

借：应收利息	15 119.30
其他应付款	52 630.23
贷：货币资金	67 749.53

② 将2016年"以前年度损益调整"科目余额转入未分配利润。

借：未分配利润	166 852.54
贷：以前年度损益调整(2016)	166 852.54

---

① 调整更正合并财务报表时，可直接调整更正比较年度报表项目，在工作底稿中可不设置"以前年度损益调整(2017)"项目，康美药业2017年调减的净利润195 108.99万元，可相应直接调减合并资产负债表中盈余公积和未分配利润项目。(4)、(5)关于2017年损益调整及其对2017年留存收益的影响采用了对个别财务报表进行前期差错更正的方法。

(7) 因减少 2016、2017 年度净利润合计 361 961.53 亿元,相应调减盈余公积。①

借:盈余公积——法定盈余公积　　　　　　　　　　　　　　36 196.15
　　贷:未分配利润　　　　　　　　　　　　　　　　　　　　　　36 196.15

3. 2016、2017 年度前期会计差错应重述调增的 2017 年财务报表项目

康美药业在列报 2018 年年度财务报表时,对于发现的 2016—2017 年前期会计差错,应调整 2018 年合并资产负债表有关项目的期初余额,合并利润表有关项目的上年金额,以及合并股东权益变动表的相关项目金额。

(1) 资产负债表项目的调整。

2018 年年初相关项目调整如下:调减"货币资金"项目 2 994 430.98 万元,调增"应收账款"项目 64 107.32 万元,调增"其他应收款"项目 571 382.09 万元,调减"应收利息"项目 4 719.04 万元,调增"存货"项目 1 954 635.00 万元,调增"在建工程"项目 63 160.01 万元,调增"递延所得税资产"项目 2 958.66 万元,调增"其他应付款"项目 19 054.60 万元,调减"盈余公积"项目 36 196.15 万元,调减"未分配利润"项目 325 765.38 万元,调减股东权益共计 361 961.53 万元。

(2) 利润表项目的调整。

2017 年相关项目调整如下:调减"营业收入"项目 889 835.23 万元,调减"营业成本"项目 766 212.94 万元,调增"销售费用"项目 49 716.44 万元,调增"财务费用"项目 22 824.00 万元,调减"资产减值损失"项目 1 239.69 万元,调增"所得税费用"项目 185.95 万元。

(3) 股东权益变动表项目调整。

调减前期差错更正中"盈余公积"项目上年金额 16 685.25 万元、"未分配利润"项目上年金额 150 167.29 万元、股东权益合计上年金额 166 852.54 万元;调减前期差错更正中"盈余公积"项目本年金额 19 510.90 万元、"未分配利润"项目 175 598.09 万元、股东权益合计本年金额 195 108.99 万元。

(4) 现金流量表项目调整。

略。

(5) 财务报表附注说明。

略。

10.4.3　康美药业 2019 年报报出时发现的 2018 年前期重大会计差错②

2020 年 5 月,中国证监会下达《行政处罚决定书》及《市场禁入决定书》,康美药业 2016—2018 年财务信息违规违法披露案行政处罚最终定案。根据康美药业自查结果及《行政处罚决定书》中判决事项,康美药业 2018 年度存在多项会计差错。康美药业报出 2019 年财务报表时对发现的 2018 年存在的前期会计差错采用追溯重述法进行更正,并调整重述 2018 年财务报表项目。康美药业本次会计差错更正内容主要涉及需要调整的合并财务报表项目及金额如下:

---

① 这里的会计处理未考虑对任意盈余公积的调整,考虑到任意盈余公积调整后,调整后 2016—2017 年未分配利润调整额合计应为调减-281 073.76 万元,以下对报表项目的调整数相同。

② 本小节数据信息主要来源于康美药业 2020 年公布的《关于前期会计差错更正的公告》,以及《2019 年度前期会计差错更正专项说明的鉴证报告》。

(1) 合并范围不正确,通过追溯重述合并范围减少四家被合并公司,导致货币资金减少,加上入账不及时或错误等原因共计需调减"货币资金"4 013 017.76元。

(2) "应收账款"项目重分类错误、"营业收入"和"营业成本"项目确认时存在错误等原因,造成"应收账款"项目多记24 623.30万元,"营业收入"项目多记229 115.42万元,"营业成本"项目多记192 306.37万元;在核算"销售费用""管理费用""研发费用""财务费用"项目时存在错误,导致"销售费用"项目少记21 408.46万元,"管理费用"项目多记1 396.96万元,"研发费用"项目少记544.02万元,"财务费用"项目少记108.65万元。

(3) 公司关联方往来出现入账错误,导致"其他应收款"项目少记125 321.26万元;其中"其他应收款——康都药业"项目少记135 332.00万元,以及对应多记"存货"项目135 332.00万元。

(4) 收到与资产相关的政府补助时一次性将其计入当期损益,没有确认递延收益,导致少记"递延收益"项目8 500.36万元,多记"其他收益"项目8 285.62万元。

政府投入企业指定用途的资金入账错误,导致公司多记"递延收益"项目4 200.00万元,将其调整记入"长期应付款"项目4 200.00元。

递延收益重分类入其他流动负债866.03万元。

(5) 与工程项目相关的会计核算中,历史数据入账存在错误,导致少记"存货——开发成本"和"开发产品"项目89 018.78万元,"投资性房地产"项目多记98 650.65万元,"固定资产"项目多记40 808.07万元,"在建工程"项目多记15 622.00万元,"其他非流动资产"项目多记32 271.55万元。

(6) 商誉初始计量不符合现行企业会计准则相关规定,未在公司收购时点对被收购单位可辨认净资产进行识别并按公允价值入账,入账后也未对商誉作减值测试,导致多记"商誉"项目30 787.64万元以及少记对应相关资产。

(7) "长期应付款"项目中180 000.00万元不符合分类为长期负债的条件,调整记入其他流动负债。

表10-6描述了康美药业2019年年度财务报表中应对2018年前期会计差错调整更正的财务报表项目。

表10-6 康美药业2018年度会计差错应调整的合并财务报表项目及金额

单位:万元

资产负债表项目		利润表项目	
应调整会计科目	累计影响数	应调整会计科目	累计影响数
货币资金	−401.30	营业收入	−229 115.42
应收账款	−24 623.30	营业成本	−192 306.37
预付款项	3 406.06	税金及附加	178.41
其他应收款	125 321.26	销售费用	21 408.46
存货	−36 204.28	管理费用	−1 396.96
其他流动资产	−3 463.89	研发费用	544.02

（续表）

资产负债表项目		利润表项目	
可供出售金融资产	662.51	财务费用	108.65
投资性房地产	−98 650.65	其他收益	−8 285.62
固定资产	−40 808.07	资产减值损失	−1 246.48
在建工程	−15 622.00	资产处置收益	−1.26
无形资产	3 877.37	营业外收入	−1 662.42
开发支出	−3 349.17	营业外支出	142.81
商誉	−30 787.64	所得税费用	6 265.72
长期待摊费用	6 631.60	其他综合收益税后净额	1.12
递延所得税资产	−2 062.25		
其他非流动资产	−32 271.55		
短期借款	400.00		
应付账款	8 890.04		
预收款项	502.53		
应付职工薪酬	−565.46		
应交税费	−2 389.73		
其他应付款	54 703.64		
其他流动负债	180 934.54		
长期应付款	−175 800.00		
递延收益	3 434.33		
递延所得税负债	−60.53		
资本公积	120.63		
库存股	−0.04		
其他综合收益	1.16		
盈余公积	−5 909.90		
未分配利润	−215 157.43		

资料来源：康美药业 2019 年年度报告、《关于前期会计差错更正的公告》《2019 年度前期会计差错更正专项说明的鉴证报告》。

10.5 报表项目列示及财务影响

康美药业对前期会计差错的更正处理，在调整重述 2018—2019 年年度财务报表的同时，改变了对该公司财务状况、经营成果和现金流量的反映，通过资本市场上康美药业股票价格的表现，可以确定其在很大程度上影响了利益相关者对康美药业公司未来发展的预期。

10.5.1　康美药业 2018 年、2019 年财务报表项目信息重述列报

表 10-7 和表 10-8 分别列示了对康美药业 2018 年、2019 年财务报表可比项目信息的重述情况。如表 10-7 和表 10-8 所示，会计差错更正前后，康美药业货币资金、应收款项、存货等多项资产项目金额发生重大变化，营业收入、营业成本等多项损益项目金额发生重大变化，从而导致康美药业资产、股东权益及盈利状况发生重大变化。

表 10-7　康美药业 2018 年合并财务报表重述的 2017 年可比项目信息表

单位：元

2018 年合并资产负债表项目重述前后对比表			
受影响各比较期间报表项目名称	2017 年 12 月 31 日更正前金额	累计更正金额	2017 年 12 月 31 日更正后金额
货币资金	34 151 434 208.68	−29 944 309 821.45	4 207 124 387.23
应收账款	4 351 011 323.40	641 073 222.34	4 992 084 545.74
应收利息	47 190 356.13	−47 190 356.13	0
其他应收款	180 323 027.94	5 713 820 971.90	5 894 143 999.84
存货	15 700 188 439.34	19 546 349 940.99	35 246 538 380.33
在建工程	1 084 519 812.47	631 600 108.35	1 716 119 920.82
递延所得税资产	261 001 505.68	29 586 632.91	290 588 138.59
其他应付款	1 603 455 877.02	190 545 991.67	1 794 001 868.69
盈余公积	1 882 478 621.90	−361 961 529.28	1 520 517 092.62
未分配利润	10 985 258 959.65	−3 257 653 763.48	7 727 605 196.17
2018 年合并利润表项目重述前后对比表			
受影响各比较期间报表项目名称	2017 年度更正前金额	累计更正金额	2017 年度更正后金额
营业收入	26 476 970 977.57	−8 898 352 337.51	17 578 618 640.06
营业成本	18 450 146 871.00	−7 662 129 445.53	10 788 017 425.47
销售费用	740 581 081.08	497 164 407.18	1 237 745 488.26
财务费用	969 264 876.00	228 239 962.83	1 197 504 838.83
资产减值损失	92 280 215.15	−12 396 935.10	79 883 280.05
所得税费用	732 053 848.25	1 859 540.27	733 913 388.52

(续表)

2018年合并现金流量表项目重述前后对比表

受影响各比较期间报表项目名称	2017 年度更正前金额	累计更正金额	2017 年度更正后金额
销售商品、提供劳务收到的现金	28 766 131 827.76	−10 299 860 158.51	18 466 271 669.25
收到其他与经营活动有关的现金	943 030 295.93	137 667 804.27	1 080 698 100.20
购买商品、接受劳务支付的现金	24 324 394 786.49	−7 301 340 657.76	17 023 054 128.73
支付其他与经营活动有关的现金	924 659 143.70	3 821 995 147.82	4 746 654 291.52
购建固定资产、无形资产和其他长期资产支付的现金	1 795 351 236.12	352 392 491.73	2 147 743 727.85
收到其他与筹资活动有关的现金	361 587 400.00	−360 457 000.00	1 130 400.00

资料来源：康美药业 2018 年年度报告及相关《前期会计差错更正公告》等。

表 10-8　康美药业 2019 年合并财务报表重述的 2018 年可比项目信息表

单位：元

2019年合并资产负债表项目重述前后对比表

受影响各比较期间报表项目名称	2018 年 12 月 31 日更正前金额	累计更正金额	2018 年 12 月 31 日更正后金额
货币资金	1 839 201 190.32	−4 013 017.76	1 835 188 172.56
应收账款	6 318 314 928.75	−246 233 009.26	6 072 081 919.49
预付款项	1 264 127 768.16	34 060 593.63	1 298 188 361.79
其他应收款	9 228 373 561.04	1 253 212 563.49	10 481 586 124.53
存货	34 209 621 065.03	−362 042 789.80	33 847 578 275.23
其他流动资产	1 200 692 800.48	−34 638 869.05	1 166 053 931.43
可供出售金融资产	1 114 426.94	6 625 052.03	7 739 478.97
投资性房地产	4 169 523 939.38	−986 506 544.82	3 183 017 394.56
固定资产	8 950 247 894.15	−408 080 742.98	8 542 167 151.17
在建工程	2 987 222 911.41	−156 219 969.47	2 831 002 941.94
无形资产	2 097 529 662.30	38 773 744.53	2 136 303 406.83
开发支出	37 437 362.56	−33 491 736.56	3 945 626.00
商誉	568 846 334.41	−307 876 430.71	260 969 903.70

（续表）

受影响各比较期间报表项目名称	2018年12月31日更正前金额	累计更正金额	2018年12月31日更正后金额
长期待摊费用	242 975 607.71	66 316 042.95	309 291 650.66
递延所得税资产	333 864 056.84	−20 622 451.65	313 241 605.19
其他非流动资产	442 738 116.54	−322 715 465.69	120 022 650.85
短期借款	11 576 570 400.00	4 000 000.00	11 580 570 400.00
应付账款	3 077 957 126.72	88 900 417.27	3 166 857 543.99
预收款项	1 572 425 130.58	5 025 261.53	1 577 450 392.11
应付职工薪酬	105 895 676.03	−5 654 559.30	100 241 116.73
应交税费	400 632 869.79	−23 897 285.92	376 735 583.87
其他流动负债	6 750 000 000.00	1 809 345 432.11	8 559 345 432.11
其他应付款	2 470 507 405.65	547 036 373.53	3 017 543 779.18
长期应付款	1 800 000 000.00	−1 758 000 000.00	42 000 000.00
递延收益	1 027 289 818.83	34 343 318.53	1 061 633 137.36
递延所得税负债	714 410.43	−605 312.67	109 097.76
资本公积	11 649 935 101.00	1 206 293.76	11 651 141 394.76
库存股	383 210 500.15	−400.15	383 210 100.00
其他综合收益	−2 790 045.57	11 568.52	−2 778 477.05
盈余公积	1 611 321 377.68	−59 099 003.14	1 552 222 374.54
未分配利润	7 378 131 915.92	−2 151 574 322.18	5 226 557 593.74
少数股东权益	105 075 764.82	25 508 386.69	130 584 151.51

2019年合并利润表项目重述前后对比表

受影响各比较期间报表项目名称	2018年度更正前金额	累计更正金额	2018年度更正后金额
营业收入	19 356 233 375.88	−2 291 154 236.43	17 065 079 139.45
营业成本	13 542 410 877.21	−1 923 063 725.34	11 619 347 151.87
税金及附加	192 489 169.43	1 784 082.15	194 273 251.58
销售费用	974 137 006.41	214 084 621.94	1 188 221 628.35
管理费用	1 234 379 252.57	−13 969 559.43	1 220 409 693.14
研发费用	136 819 406.02	5 440 151.46	142 259 557.48
财务费用	1 886 352 383.13	1 086 531.85	1 887 438 914.98
其他收益	147 035 601.38	−82 856 236.73	64 179 364.65

(续表)

受影响各比较期间报表项目名称	2018年度更正前金额	累计更正金额	2018年度更正后金额
资产减值损失	226 524 386.17	12 464 757.50	238 989 143.67
资产处置收益	96 312.15	−12 561.16	83 750.99
营业外收入	29 250 048.81	−16 624 198.23	12 625 850.58
营业外支出	25 636 512.75	1 428 092.82	27 064 605.57
所得税费用	239 783 556.19	62 657 232.47	302 440 788.66

2019年现金流量表项目重述前后对比表

受影响各比较期间报表项目名称	2018年度更正前金额	累计更正金额	2018年度更正后金额
销售商品、提供劳务收到的现金	21 050 617 208.56	−13 592 822.06	21 037 024 386.50
收到其他与经营活动有关的现金	587 165 912.80	−2 469 309.79	584 696 603.01
购买商品、接受劳务支付的现金	16 977 584 003.77	−13 614 936.45	16 963 969 067.32
支付给职工以及为职工支付的现金	999 197 215.27	−646 503.34	998 550 711.93
支付的各项税费	1 878 927 686.87	−866 902.24	1 878 060 784.63
支付其他与经营活动有关的现金	4 973 603 791.76	−3 498 080 093.57	1 475 523 698.19
取得子公司及其他营业单位支付的现金净额	65 327 993.67	3 956 497.40	69 284 491.07
偿还债务支付的现金	26 122 646 000.00	3 497 000 000.00	29 619 646 000.00

资料来源:康美药业2019年年度报告及相关《前期会计差错更正公告》等。

如表10-7和表10-8所示,康美药业在2019年和2020年分别发现的2016年、2017年和2018年3年的前期会计差错,按相关会计准则规定进行更正并重述财务报表之后,相应引起多项财务报表项目列报金额发生变化,且变化幅度之大令人惊叹!如货币资金项目,2017年调减299亿货币资金,约占调整前该项目比例的88%,调整后的金额仅余42亿;再如营业收入,2017年调减89亿营业收入,约占调整前该项目比例的34%。更正幅度如此之大,直接引起相关重要财务业绩指标发生巨大变化。

表10-9列示了康美药业2017—2020年相关财务指标变动表。

表 10-9 康美药业 2017—2020 年相关财务指标变动表

单位：亿元

项目		2017 年		2018 年		2019 年	2020 年	
		调整前	调整后	调整前	调整后		调整前	调整后
货币资金		341.51	42.07	18.39	18.35	5.02	5.52	5.52
存货		157.00	352.47	342.09	338.48	314.08	90.4	57.09
负债总额		365.87	367.78	463.28	470.28	439.35	432.72	437.36
股东权益		321.35	285.15	283.00	261.16	206.51	−70.59	−104.1
资产总额		687.22	652.93	746.28	731.44	645.86	362.12	333.26
营业收入		264.77	175.79	193.56	170.65	114.46	54.12	54.12
营业利润		48.35	28.86	13.59	6.87	−38.69	−271.42	−304.91
净利润		40.95	21.44	11.23	3.7	−46.55	−277.47	−310.96
按净利润计算	加权平均净资产收益率	14.02%	7.68%	3.44%	0.63%	−21.2%	−416.16%	−416.16%
	基本每股收益（元/股）	0.784	0.388	0.184	0.03	−0.99	−5.62	−2.25
按扣非后净利润计算	加权平均净资产收益率	13.46%	7.39%	3.01%	0.47%	−22.08%	−408.67%	−408.67%
	基本每股收益（元/股）	0.769	0.374	0.161	0.02	−1.03	−5.51	−2.11

资料来源：根据康美药业 2017—2020 年年度报告和相关《前期会计差错更正公告》编制。

表 10-10 列示了康美药业 2012—2020 年净利润及经营活动产生的现金流量净额的变化情况。

表 10-10 康美药业 2012—2020 年净利润与经营活动产生的现金流量净额变化情况

单位：亿元

	2012 年	2013 年	2014 年	2015 年	2016 年	2017 年	2018 年	2019 年	2020 年
净利润	14.41	18.80	22.86	27.56	33.37	40.95	11.23	−46.55	−277.47
重述后净利润	—	—	—	—	—	21.44	3.70	−46.55	−310.96
经营活动产生现金流量净额	10.08	16.74	11.32	5.09	16.03	18.43	−31.92	28.82	45.77
重述后的经营活动产生的现金流量净额	—	—	—	—	—	−48.4	3.05	28.82	10.31

资料来源：根据康美药业 2012—2020 年年度报告数据编制。

如表 10-9 和表 10-10 所示，2017—2018 年年度财务报表重述的结果引致资产、负债和股东权益总额均发生变化,①但变化幅度最大的还是营业收入、相关营业利润和净利润这些经营业绩指标。如果按财务报表重述前的相关财务信息,康美药业经营业绩在2018年度才开始出现下降趋势,但其净资产收益率仍可达到3.44%;而重述过的财务报表显示,康美药业净利润在2017年即出现不利趋势,从2016年的33.37亿元下降到2017年的21.44亿元,2017年财务重述后的净资产收益率仅是重述前的一半。2018年重述后的业绩数字出现微盈,净资产收益率仅为0.63%。而如果从反映企业利润质量的指标,即从表10-10所示的净利润与经营活动产生的现金流量净额之间的差异来看,经过财务报表重述后,康美药业经营活动现金流量净额直接变正为负,显示出康美药业糟糕的业绩信息。

10.5.2 康美药业2001—2021年股票价格走势

康美药业自2001年在上海证券交易所主板上市以来,业绩良好,截至2017年,其年度报告出具的均为标准意见的审计报告。随着2018年10月康美药业2016—2018年虚假财务信息的暴雷,以及数次对公司财务报表信息的重述,康美药业年度报告审计意见出现保留意见、否定意见、无法表示意见,并多次被证监会问询、监管。如表10-9所示,康美药业经会计差错更正过的2017—2020年财务状况和经营业绩迅速恶化,2019年净利润开始为负数,至2020年开始资不抵债。

2019年4月30日,康美药业公布自查结果《关于前期会计差错更正的公告》,主动对2017年度财务报表进行前期会计差错更正并重述财务报表,当天股价为9.54元/股,但资本市场投资者并未就此重拾对康美药业未来发展的信心,截至2019年6月20日,康美药业股价最低跌至2.56元/股。其后,康美药业股价跌跌撞撞一路下降。康美药业2020年财务报告揭示的资不抵债信息,直接引致其股价在2021年三四月间跌至最低谷1.66元/股。

2021年4月月底,广州中院裁定康美药业破产重整,利好消息引致康美药业股价小幅上升,直至2021年12月月底破产重整完毕,康美药业股价一度回升至每股5元左右,显示出资本市场投资者对康美药业引入战略投资者国资股的信心。

10.6 讨论要点

问题一:会计差错、会计舞弊、财务造假是一回事吗?

问题二:前期会计差错和当期发现当期的会计差错更正处理有何不同?重要的前期会计差错和不重要的前期会计差错需要运用同样的会计处理程序吗?

问题三:前期会计差错更正,对资产、负债等实账户的更正调整,与对损益这些虚账户的更正调整,在会计处理上有何不同?

问题四:对个别财务报表的前期会计差错更正,与对合并财务报表的前期会计差错更正,有何相似之处?又会存在何种差异?

问题五:很多企业前期差错更正信息不会影响现金流量表项目,为什么康美药业对2016—2017年更正的会计差错,会影响现金流量表信息?

问题六:康美药业2017—2021年在资本市场上的股票价格变动,是否及时反映了康美

---

① 业界广泛探讨的康美药业2017年度"存贷双高"现象和会计差错更正后的存货高估现象,在表10-9中2017年货币资金和存货项目的调整有所体现,限于本章节撰写目的和篇幅所限,这里不作深入探讨。

药业财务信息披露中揭示的康美药业经营情况？是否充分反映了投资者对康美药业未来经营的预期？

问题七（思政专题）：分析康美药业出现会计差错的动机，讨论本案例中社会主义核心价值观"公正""敬业""诚信"的意义所在。

参考文献

［1］陈运森,袁薇,兰天琪.法律基础建设与资本市场高质量发展——基于新《证券法》的事件研究［J］.财经研究,2020(10):79-92.

［2］陈运森,袁薇,李哲.监管型小股东行权的有效性研究:基于投服中心的经验证据［J］.管理世界［J］.2021(6):142-158.

［3］李娜,张括,石桂峰.中国特色证券特别代表人诉讼的溢出效应——基于康美药业的事件研究［J］.财经研究,2022,48(8):139-153.

［4］立信会计师事务所.《2019年度前期会计差错更正专项说明的鉴证公告》信会师报字［2020］第ZA14991号［Z］.2020.

［5］叶凡,叶钦华,黄世忠.存货舞弊的识别与应对——基于康美药业的案例分析［J］.财务与会计,2021(13):48-52.

［6］袁小平,刘光军,彭韶兵.会计差错与会计造假辨析——以康美药业为例［J］.财会通讯,2020(11):138-142.